虚人と巨人

国際暗黒プロデューサー康 芳夫と
各界の巨人たちの饗宴

康 芳夫のメッセージ

この書を我が最も親愛にして偉大なる友モハメド・アリに捧ぐ。
友よ安らかに永遠に眠れ。

この世には、右も左もない。私はすべてを超越した、「世を睥睨するスフィンクス」としてこの世を見てきた。そして、まったく新しい思想形態を発表する準備も、着々と進行している。
本著は、それに至るまでの経緯を記した、一つの指南書と受け取ってくれればよいだろう。

国際暗黒プロデューサーとして、私は数多の興行を仕掛けてきた。私の導きで、１９７２年に初来日を果したモハメド・アリも亡くなってしまった。人は誰もが死ぬ。
しかしアリの死は、私の心にも一つ大きな穴をぽっかりと空けた。

この世の何が本物で嘘か、すべては虚実皮膜の狭間にある。私のしてきたすべては、「暇つぶし」。それが「虚人」の生き方なのだ。

平井 有太のメッセージ

康さんの存在を教えてくれたのは、かのビースティ・ボーイズと一緒のステージに立つミュージシャンの先輩だった。具体的に康さんを紹介してくれたのは、Yah。。!で副社長などをやっている高校の先輩だった。康さんには過去約10年間「ユンターマン」と呼ばれながら、お会いする方々に「僕のゴーストライター」と紹介されてきた。

私にとって康さんは、一人の人間が叡智と体力、そして度胸をもって成し得る可能性そのものだ。人間は群れる動物である。群れて力を誇示し、他を蹂躙し、時に奪い取る。ラ・ボエシが言うように自発的に隷従し、周囲を蹴落とし、傷い「平和」を求める。時に哲学的に、大抵はいたずらに舌を出しながら、群れる大衆を笑いたい。あらゆる枠から逸脱した笑いは、笑われる対象の心までをも揺らすものだから。

成し遂げてきた偉業をもって「暇つぶし」と言い切る、生きる「真理」を垣間見た。かと思えば、「ニーチェが現代に生きていれば私に影響されたはず」、「従来の左派右派を超えた、新たな思想体系を構築中」と、サラッと言い切るスケール感。

「痛快に生きたい」と願いながら、今日も私は新宿の文壇バーで、康さんの言葉に耳を傾ける。

目次

康芳夫のメッセージ・・・2　平井有太のメッセージ・・・3

第1部　虚人と巨人たち・・・・・・6

康芳夫×木幡和枝（翻訳家・東京藝大 先端芸術表現科 名誉教授）・・・8

康芳夫×磯崎新（建築家）・・・34

康芳夫×堀江貴文（実業家）・・・52

康芳夫×荒木飛呂彦（漫画家）・・・60

康芳夫×金平桂一郎（協栄ボクシングジム会長）・・・68

康芳夫×室井佑月（作家・コメンテーター）・・・78

康芳夫×光安久美子（銀座伝説のクラブ「グレ」創業者）・・・82

康芳夫×廣瀬和吉（辰巳出版創業者）・・・88

康芳夫×熊切和嘉（映画監督）・・・94

康芳夫×猪瀬直樹（作家・元東京都知事）・・・110

第3部　巨人、虚人を語る・・・・・・・・192

テリー伊藤　僕らは康さんに立ち向かうドン・キホーテだ・・・194
小学館 週刊ポスト1998 5月1号 より

五木寛之　怪人コーサンの真実・・・196
小学館 週刊ポスト1997 9月12号 より

嵐山光三郎　アリをおびえさせた人・・・198
小学館 週刊ポスト1996 4月5号 より

唐十郎　康さんの一面・・・200

島田雅彦　四次元の〝帝国〟住人・・・202
小学館 週刊ポスト1995 3月3号 より

志茂田景樹　宇宙人か、地底人か・・・204
小学館 週刊ポスト1994 4月22号 より

小学館 週刊ポスト1993 3月26号 より

◆このページは左開きです◆
（裏表紙からご覧ください）

5 16
2 23
30

第1部　虚人と巨人たち

康　芳夫×木幡　和枝（翻訳家・東京藝大　先端芸術表現科　名誉教授）　繋ぎ役をすべき人たち
康　芳夫×磯崎　新（建築家）「知」とは何か？　そして「間」とは
康　芳夫×堀江　貴文（実業家）東大同窓生　異次元　超人類対談
康　芳夫×荒木　飛呂彦（漫画家）生命の神秘
康　芳夫×金平　桂一郎（協栄ボクシングジム会長）金平会長、亀田問題をはじめて語り尽くす！
康　芳夫×室井　佑月（作家・コメンテーター）親密な関係
康　芳夫×光安　久美子（銀座伝説のクラブ「グレ」創業者）男が成長するための条件
康　芳夫×廣瀬　和吉（辰巳出版創業者）裸になる女を探すアルバイト
康　芳夫×熊切　和嘉（映画監督）破壊したいという想いが原動力
康　芳夫×猪瀬　直樹（作家・元東京都知事）裏都知事　VS　元都知事

康芳夫×木幡和枝・・繋ぎ役をすべき人たち（Interview Date：2016 4/8）

康　工作舎には何年にいたの？

木幡　私は、1974年から、5、6年いましたよ。

康　いや、しかし、あなた健在だな！

木幡　私は全然健在ですよ。幼稚園の時から健康優良児ですから。

康　今日は、何の話したらいいんだよ！　何でもいいよ、オレは（笑）。

――康さんと言えば、やはり世間一般的には「モハメド・アリ」であると。そして、康さんにアリ招聘時のお話を伺うと、いつも「いいタマがいるんだよ」ということで、「オレを通り越してアリのインタビューとっちゃったのがいる」と、お名前が挙がるのが、木幡さんです。

康　木幡君は、知る人ぞ知る。

木幡　セクシーな女で（笑）。モハメド・アリも女好きです。

康　君と最後に会ったのは、銀座の「アイリーン・アドラー」ってバーだったよね。あの時、大江（健三郎）と（スーザン）ソンタグがトラブッた話をしたんだよ。あれを、君がどういう風に考えるか。それは例のユーゴスラヴィアへのNATOによる空爆の話なんだけど、あの時、君は「私は単なる通訳ですから」って言ったんだよ。そうはいかない！って（笑）。

木幡　それは、使い分け（笑）。

康　あの事件て言うのは、大江にとってもきわめてやっかいで、ソンタグはもう死んじゃったでしょう？　僕も彼女にはニューヨークで会ったことあるけど。

木幡　亡くなって、もう10年になりますね。

康　大江とソンタグの問題は、バーでやる話じゃないと思ったけど、たまたまあの時そういう事件が起きて、大江は空爆反対、ソンタグは仕方ない、でね。やっかいだけど、それぞれ考え方があるから。

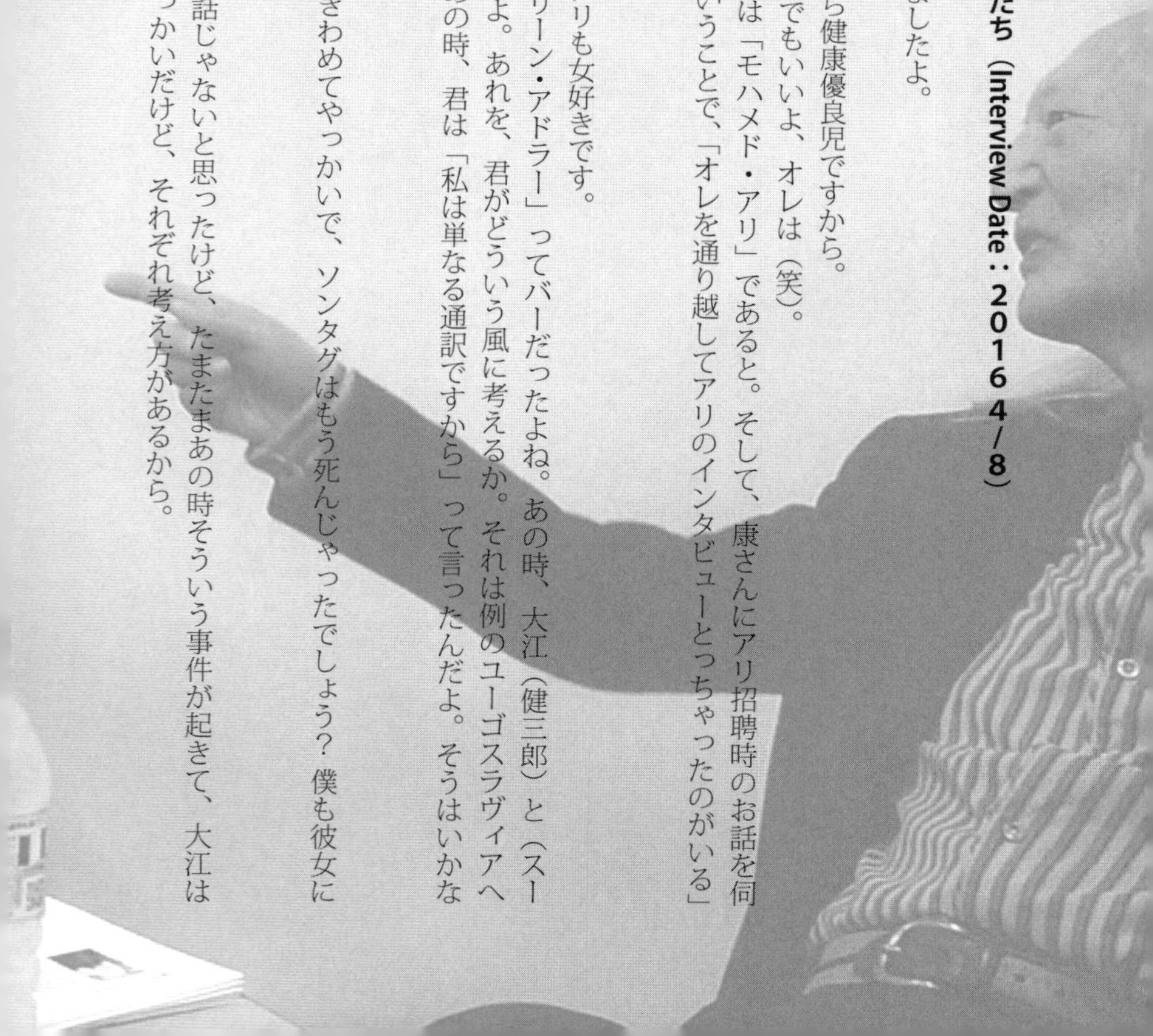

木幡　ソンタグは最終的にというか、アジアにおけるベトナム戦争の延長線上にカンボジアとかの経験があって、我々がインテリとして自分の政治的アイデンティティだけを守っていて、その間に現実にはどれだけの人間が殺されたり、苦しめられてきたか。それはカンボジアの例を見ても明らかで、ここからは彼女が言ったわけではないですが、「そんなにきれいごとでは許されない」と、これは私の個人的な受けとめ方ですが。だから、そういう気持ちがある中での話です。実際には彼女はセルヴィア勢に封鎖され銃撃など起こっている中、サラエヴォに赴いて現地の演劇人と一緒にベケットの『ゴドーを待ちながら』を演出上演したんです。現地の友人たちの気持ちを受け止め、自分がもっとも大きな貢献を果たせるのは芸術を通じてだと、謙虚に。さらなる民間人の死を食い止めるにはＮＡＴＯによる空爆もいた仕方ないという彼女の発言に、日本では、首とったように、「勢いいいこと言っておきながら、なんだ！」みたいな世論が強かった。

康　僕があの時感じたことは、ソンタグはしかるべき思想家、思索家で、大江も共にその辺のこと考えていると。それがいわゆる政治的リアリズム、ポリティカル・コレクトネスという部分でね、大江とのギャップができちゃう。

木幡　仰る通り。

康　大江はいわゆる日本的な理想主義者というか、その典型的なケースにあたるでしょう。

木幡　「自虐」と言われようが、「自分を汚さない」と。

康　それはそれで大江の偉いところというか、我慢強いというかね（笑）。しかし、自虐もあそこまでいくと精神病理上の問題になってくるね。

木幡　そうでしょうか。

康　あのギャップはね、ある意味で象徴的な事件だったよね。僕はそう思っているんだよ。

それでその空爆問題から時を経て、後に君はイタリアからアントニオ・ネグリを呼ぼうとしていたね。

木幡　でも、かつて政治囚だったことにからんで入国拒否されて。

私は当時、国際文化会館のアドバイザーで、招聘したのは国際文化会館です。でも、呼んだはいいけど、国際文化会館は外務省OBでつくってる団体であるにも関わらず、外務省に入国許可させることができなかった。
それなもんだから、私と、東大から姜尚中、京大からも誰かいて、「今の時代に何言ってるんだ」と言って、私は学長を口説いて藝大の彫刻室を全部使って、「とにかく、集まりたい人全員集まれ」と。それで、携帯電話でイタリアのネグリさんと繋いで、「ハ〜〜イ！」って。だから、普通に喋れたんですよ。

康 でもネグリに対しては、僕はダメなんだよ（笑）。あれは言葉表現のペテン師だよ。

木幡 ある意味で、あの方は学者なんですよ。活動家じゃないの。

康 僕はその件について、柄谷君ともよく話したよ。だって、「帝国」と「帝国主義」って、どういう風に違うの？

木幡 スーザンは、柄谷さんとも良くなかったんですよね。

康 だから、言葉をいじったって、実情をどうにかしないとね。

木幡 でも、去年でしたか、ネグリさん、やっと来れたんですよ。まあ、それで国際文化会館としては一応「メンツをたてた」ということでした。

康 誰か、保証人か何か要求したの？

木幡 もちろんです。あとは社会学会、それこそ上野千鶴子たちが「問題になるようなことにはしません」と、密かに、かたちの上で書いて外務省に出してるんです。それで正式に、堂々と娘さんと入国して、普通に歓迎会、シンポジウムをやって。

康 そんなことよりも、あの時点で、「ネグリの入国拒否を国際問題にする」って、外務省を脅しちゃうのが早いんだよ。

木幡 外務省ですよ。当時の大臣は鳩山邦夫だから、あれなら「右から左から、両方からやればどうにかなる」って言ってたんだけど、ダメだったのよ。

康 兄弟でアンポンタンだから（笑）。

木幡 全然わかってないですよね。

康 それで、今は南米から元大統領が来てるじゃないか。フジテレビが呼んでるって、これもブラックジョーク（笑）。

――ウルグアイのホセ・ムヒカ前大統領ですね。

木幡　まさしく。だから、「なぜかな」と。

康　フジテレビももう切羽詰まってね、ある上層部に聞いたんだけど、今フジテレビも経営的にパンク寸前だから、もう「何でもいいんですよ」と。右も左も何でもいい（笑）。それで、司会するキャスターが、まったく右もいいところで、元大統領の考えてることなんか全然わかりゃせんのに（笑）。トランプを支持するアメリカ大衆とメンタリティは同じだね。

木幡　でも、トゥパマロスご出身って聞いて、私もビックリしちゃった。俄然興味湧いちゃって。

康　あの大統領も、誰が自分を呼んだかよくわかってないんだよ。だから宿泊ホテル等をめぐって行き違いが起きたんだ。

木幡　康さんは今、おいくつですか？

康　79。

木幡　すごいなー。

康　木幡女史はいくつ？

木幡　69。37年でしょう？　私、46年ですから、9歳違うのね。

私は、いわゆる大学の先生は1年くらい前からやっていません。とはいえ若い人はたくさんいるし、アクティビティは色々やっています。

こういった対談でそれが出版物になるならないはもちろん、私が痛切に感じるのは、個人的にももちろんですが、「私たちの頃はまだ、いた」。でも「今、こういう人がいない」ということ。

それは、ただ「ダラダラと生き延びればいい」ということじゃなくて、「時代をこういう風に生きていこう」、「面白い時代にして欲しい」ということを考えると、離れた世代を「繋ぐ」人、「ブリッジする」人が以前はいたんですよ。

例えば1946年生まれの私が興味をもった過去の思想家、活動家がいると、すると、その両方を繋ぐ存在がいた。

その方がいたからこそ、そのままだったら我々も掴みどころがなかったのが、呑ましてもらったり、その人自身がとても魅力的だったり、何らかのサポートと共に繋がれていくと。
その「繋ぎ」の役割が、今、私は痛切に「いないな、本当に」って。

康　あなたなんか適役だよ。

木幡　私だって、先達から「繋いでもらう」側じゃないですか。だから、私よりもう少し若い方で、下とも繋がりがあって、ご自身の時代感覚として「繋ぐ」ことを喜びとするような存在。それはもちろん、他のこともしながら。

康　うん、そういう時代ですよね。

木幡　これはＳＭＡＰもいけないんだけど、要するに、「一番じゃなくていい。みんな固有だ」みたいな。私は、「固有でさえあればいいのか」と問いたい。
確かに、「一番である必要はない」。だけどね、みんな「個性」とか、「固有性」とかね、争って一番にならなくても、「あなたはあなたとしての固有性でＯＫよ」というのは、安上がり、安易だと思うんです。
私は、突然古い話になっちゃうんだけれども、「個と類の重なり」というものを体現するような人が必要だと思うんです。個で安心していたらダメだと。類との繋がりというものに関して、康さんに対して私が思うのは、普通だと、ちょっと「金もないのに、よくやるよ！」ということをなさってこられたのは、「波及度」ということを、すごく意識してらしたと思うのね。

康　僕なんかは無思想、無節操の典型で、君みたいにちゃんと筋立てて生きてきてないから（笑）。上智での学生運動は、何派だったの？

木幡　言えません。と言えば、誰だかわかるでしょう。「言えない」というのは誰のことか（笑）。言えない派。

康　じゃあ、松岡正剛氏に共鳴し出したのは、大学を出てから？

木幡　そうですね。私の大学時代の友人が、『遊』という本を出す時の松岡さんと同じグループでやってて、それで紹介してもらって。当時私はまだ、堅苦しいブリタニカ大百科事典の編集部にいたんですよ。

康　彼はね、ある意味特異というか、なかなか才覚がある男ですよ。学生運動から入ってきて、その後日本文化に深く入っていく、一種の転向者なんだけどね。

木幡　そうですね。

康　でもその転向の仕方がね、ペダンティックというか（笑）。相当ユニークといえばユニークだね。

木幡　稲垣足穂に憧れたりね、そういうところはありました。

康　そうだね。ただ、基本は埴谷さんだよ。「不合理ゆえに、吾信ず」ってね。あれが今の彼を支えてるメンタル・ストラクチャーでね。まあ、そんなことはどうでもいいとして、今日本文化の論者として、なかなか才覚があって、ユニークな人ですよね。

それで工作舎をはじめ『遊』とか色々やって、あなたをはじめとした優秀な賛同者を集めてああいう、一種の「ムーヴメント」を起こしたということは、僕は、それはそれで一つ功績として残るものだと思っている。

今、彼に対する評価は色々分かれちゃってるんだけど、そこらへんの話も、君との対話ということでは、「今日の一つのテーマかな」と思ってはきた。

——松岡さんと木幡さんがぶつかることもあったんでしょうか？

木幡　だって、私はそんなイデオロギー闘争なんかしてないもん。だから最初は単に、友達が工作舎の編集部にいて、彼女が「こういうの出すから、面白いよ」という風に誘われて。

康　それは、あなたなりに共鳴するところもあったんでしょう？

木幡　本当のことを言うと、共鳴するも何も、『遊』は字が小さくて読めなかったですよね。それが良かったんじゃないかって（笑）。杉浦康平さんのデザインは、私にとって本当にショッキングなものでした。

康　杉浦さんは、僕のやってる興行のデザインを、横尾君と一緒に代行してやってくれていたところがあって、非常に親しかった。あと彼は、松岡さんのところ以外に、『噂の真相』などもやってたから。彼も非常にユニークですね。

僕が松岡氏に一番注目していたのは、ソーシャル・インフルーエンスというかね、木幡さんも含めて、非常にインパクトを与えた時期があって、その時に浅田彰君とぶつかっちゃったんだよ。それがね、彼にとって不幸とか不幸じゃなかったということとは別に、客観的には、浅田君に、一種のリーダシップをとられちゃったな。浅田君と僕は親しいんですが。

——康さんは松岡さんなり、工作舎の動きをどんな風に捉えられていましたか？

康　非常にユニークな動きだと思って、あれに賛同する若者が出てくることも理解できます。それなりの賛同者がいて、離れちゃった人間もいるし、木幡君がどんな立場で彼と距離をおいているか知らないけど、彼の本を読んでると、インパクトはないけれど、多様なサジェスチョンがありますね。高度な意味で一種の才子。「なるほど、こういう風に考えていけばいいのか」という、日本文化論とか、なかなかユニークですよ。

木幡　切口とか、どういうところから入っていくべきかとか。

それにしても康さんは、いまだに皆さんが覚えている。それはモハメド・アリだけじゃなくて、むしろアリよりもネッシーやオリバーは子どもまでみんな巻き込んで、お金の問題だけではない、ある種の訴求力をスタンダードとして置いてらしたと思うんですね。それはもしかしたら、神彰さんという先例もあるのかもしれません。

私が思うのは、その「訴求力がないと意味がない」という、私のようにひっそりどこかの地下室で20人相手にやっ

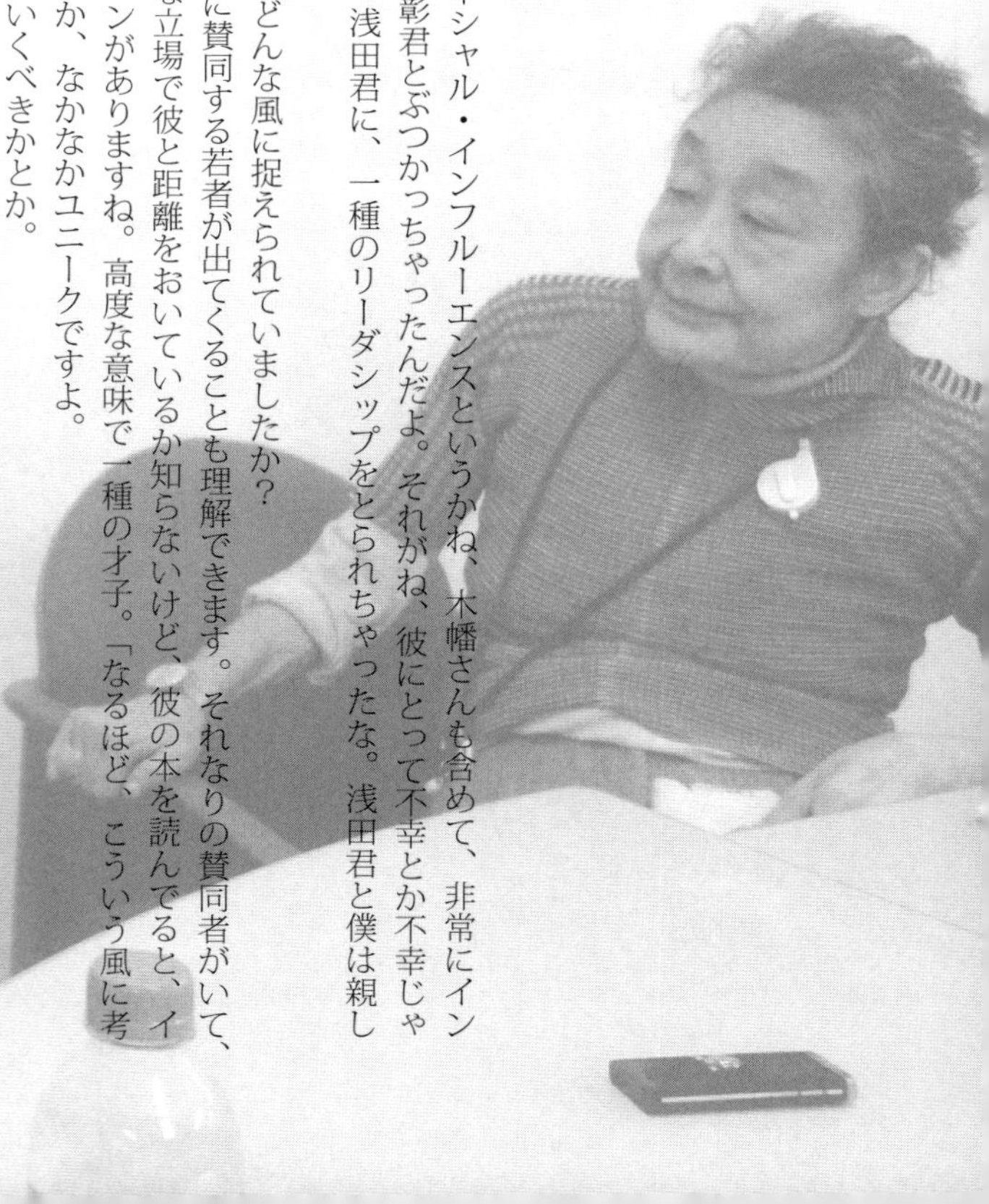

てるのとはまた違う、「インパクト」を狙ってらした。

それからもう一つ、密かに自分なりに康さんのすごさだと思うのは、単に個人的なのか社会的なのかわからないけれど、金も権力も名声も、それは芸能界でも、スポーツ界でも、そういうものを持っていなくても「方法はあるぜ」というメッセージは、私にとってはすごい勇気づけでした。

それは、正力さんにアプローチなさったとか、私も、知らずにそういうことをやっていたこともあります。「自分では足りない」と思ったら、じゃあ「誰を頼ったらいいのか」という。

そこに、色々な方法はあるはずなんです。

だから、その2つの大きいこと。実際やる……ことのインパクトを、ひっそり「私たちは正しくていいことをやったんだから、誰も知らなくてもいい」とか、私なんかはそうなりがちです。そうして自分を許しがち。

でも、康さんにおいては「それじゃあ、ダメだ」と。「この規模のインパクトがなければ」というのは、非常に大事なことだし、正しい。そして実際は自分自身は、どの分野においても「元手」スーザン・ソンタグは「元手」という言葉が好きでね。「CAPITAL」って、要するに、『もともと持ってる』ことを日本語でも元手って言うのよ」と。生まれた時から持ってる「元手」というCAPITALが、「自分にない」と思ったら、そう気付くということは、「どこにあるかはわかってる」ということですよね。

じゃあ、「それを引っ張り込めばいいじゃないか」と。

その2つ。私にとってものすごくそれが、みんなは「僕なんか」みたいな、たいていそこでギブアップするんだけど、康さんに関しては、まったくそういうことがないわけ（笑）。

康　オレが見ててね、君とは常に接触してきたわけじゃないけれど、この人もいっぱしの「女プロモーター」よ。

木幡　いやいや、私は儲かること、一度もやったことないもの。

康　いや、「儲ける」という意味では僕との違いはあるかもしれないけれど、でもあなたは、それはコーディネーターなんてレベルじゃなくてね、やっぱり本来の意味のプロモーター。それは、例えば上野千鶴子ともちょっと違うんだよな。

康　彼女は今や、老後生活、セックス評論家になっちゃったよ。彼女の「生き方」というのは、いろいろな意味で暗示的ではあるな。やっぱり女性はすごいね、最後は男に勝つ。生理的に生活リアリストだからね。彼女はその典型だよ。

木幡　とってもいい方で、真面目だけどやっぱり学者だから。今はもう、ご出身の立命館に戻りましたね。だけどね、社会学でフェミニストというか、女で、「必ずしも結婚しなくたってやっていける」、「楽しいわよ」という立場からすると、もう老後の評論しかないじゃないですか。

老後は「惨めじゃない」とか、要するに、如何に世にあるものを利用すべきかだし、お洒落もすべきで、老後を如何に惨めに捉えないかということを、女性たちに語り、男たちに知らしめると。

そういうことが、彼女の今の仕事みたいですね。

康　あとはね、やっぱり関西女だから、きわめて具体的リアリストなんだよ。あなたは、出身どこ?

木幡　私は東京都中野区。もう、東京以外あり得ないです。

康　東京の中野女と関西女は、そりゃあ全然違うぞ（笑）。女性はそもそも現実的だけど、関西だからそれがもっとね。でもリアリティがあるから、人気あるんだよ。

木幡　彼女は学者だなっていまだに思ったりするんだけど、あれくらい真面目に、あの手この手で言うべきことを言うっていうことは、本当に頑張って欲しいと思います。

康　木幡君も、君に固有な人生評論家を始めればいいじゃないか（笑）。

木幡　私は東京のね、中野と四谷の間、「山の手」ってところなんですけれど、その悪いところがあって、「格好良い」ことを言いたがるんですよね。それじゃダメなんです。人の役には立たない。

康　それはそれでいいんだよ。

木幡　上野さんなんかはもうちょっとね、康さんの仰る通りだと思います。

私はね、「武士は食わねど高楊枝」ですよ。

康　東京人の方が、見栄っ張りだよな。でもこの人はね、大江でしょ。磯さんでしょ。日本を代表する国際的知識人をうまくコントロールしている。磯崎新さんとは学生時代から約50年僕は親しいけど、大江とはしっくりいかないね。

木幡　そりゃそうだよ（笑）。

康　それから、一番君の存在を認識したのはね、土方巽ですよ。

木幡　土方さんは、私にとっても大事です。

康　土方の正式通訳をやってね。土方ファンというのは、国際的にいっぱいいたわけですが、それに大きく貢献したのが貴女の語学力だね。堂々たる仕事ぶりでね、大変なものです。

木幡　私は土方さんからものすごく多くのことを学んだし、それはいまだに大事だし。

康　何が一番大きい？　それを是非聞きたいな。

木幡　一言では言えないですね。

ともかくね、彼のことを「努力の人」という風に言う人もいるんですが、「努力」というのはあれだけど、現実にそれに勤しみましたよね。自分が興味あること、好きなこと、大事だと思うこと、全部自分のために。

私なんかは、「誰か見つけて一緒にやればいい」とか思うんですけど、彼はそういうことができない。好奇心が強過ぎて、努力しちゃうんですね。

康　それはよくわかるんだけど、土方の本質は、僕は当時から名前も呼び捨てにしてきたけど、彼の本質は「ペテン師」なんだよ。この「ペテン師」という言葉はなかなかやっかいな意味を持っているが、土方にあてはめると「虚実皮膜の間」ということになるかな。

木幡　田中泯さんなんかはその「かけひきの才」が自分にはないと思っているようですが、私は土方さんを「ペテン師」だとは思いません。

康　田中君はペテン師じゃないよ。彼は真面目な男よ。

あの頃、木幡君もよく知ってるようにね、三島だろ、埴谷さんだろ。

木幡　石原慎太郎だってそうじゃないですか。

康　慎太郎はまあ、どうでもいいんだけど（笑）。

木幡　石原さんは、土方さんのお葬式の時、一番最初にいらしたんだから。すごかったですよ。

康　もちろん、僕も行きましたよ。

とにかくね、みんな土方にひっかかっちゃう。インテリっていうのは基本的にバカだからね。「土俗性」、「反近代」に決定的にヨワいんだ。

――突き抜けて格好良かった。

木幡　魅力的なんですよ。

康　魅力的というか、奇々怪々なんだ（笑）。

木幡　そして真面目で。

康　あの男の通訳をやるっていうことは、大変なことですよ。

木幡　土方さんの通訳をやるってことは、「半分創造的」ってことでしょう？「捏造する」ってことだから（笑）。

康　それはだって、彼を創造する、捏造するってきわめてやっかいな作業だよ。それだけでも君は大変なタマだね。

木幡　土方さんのところには、スーザン・ソンタグも連れて行ったんですよ。本当に嬉しそうだった。アントナン・アルトーの肉声のテープを聞かせてもらって、涙、流してましたけ。

康　今は、例えば大江なんかには会わないの？

木幡　大江さんはここ2年くらい会ってないです。読売新聞がノーベル賞受賞者フォーラムやってる時は、日本人の受賞者少ないから、大江さんも割と結構ね、不思議ですけれども（笑）、読売新聞にちゃんと礼を尽くして出席なさっていらしたので。

そこで私も10年間通訳をやりましたし、その、ノーベル賞受賞者フォーラムには色んな人が来るじゃないですか。だからゴルバチョフなんて、ご夫妻と3日間続けて一緒にディナー食べました。

ゴルバチョフ、イスラエルのペレス大統領、ナベツネさん、大江健三郎、私というのがね、同じテーブルで3日間ですよ。そんなこと普通あり得ないでしょう（笑）。

康　それに、朝日がヤキモチ焼いちゃって。

木幡　ナベツネさんって英語がお上手なんですよ。だから、手がかからないから、私としては楽なんです。２人で語ってくれていれば、仕事しないでいいし、食べるのに勤しめるので（笑）。

康　それにしてもね、ゴルバチョフから大江、ナベツネさんまで通訳するってのはね、単に技術的な意味じゃなくてね、相当腹が据わってないとできない。

木幡　それより、好奇心がないとね。

康　普通だとブルッちゃうからね、その点だけでもあなたは大変な人だと思っているんだ。

木幡　私はやっぱり、とっても人間に興味があって、テロリストだったりある意味で極端な政治家だったり、そういう人たちは好みなんだけど、同時にね、なんかあるじゃないですか。

例えば、アイルトン・セナってＦ１レーサーがいますが、自分のできない、例えば「超高速で走るってどういうことだろう？」という。だからプロレスラーとか、スポーツ選手とか、いわゆる超人的なことをやる人に、アブドーラ・ザ・ブッチャーとか、通訳としてじゃなくて、インタビュアーとしてお話を聞きに行ったりもしましたよ。

康　これは観察しながらの話ですが、他にも「木幡君が本当にすごい」と思っていることがあります。それは超高度資本制情報社会というか、大抵の人はこのシステム特有の「オトシアナ」にはまって、好奇心の奴隷になっちゃうとかね、固有性の蟻地獄に陥っちゃうとか、松岡正剛はそういった蟻地獄からやっと抜け出したと思いますが、あなたはちゃんとはじめからスタンスを保ちながらやっていると。チープな好奇心の奴隷になっていない。それは君のすごいところだよ。

これだけ色々な人間に接してるとね、それは好奇心と相対主義の蟻地獄にはまって、グチャグチャになっちゃうの。決してそうならないのが、木幡女史の固有性じゃないですか。

木幡　それは、あらゆる分野に触れているからかもしれません。

同時通訳だとか、ノーベル平和賞のこともあって、自分が結果的に色々な分野、それは、「私は文系だけよ」とか「スポーツ系だけよ」、「音楽だけ」とかじゃなくて、本当にあらゆる、素粒子物理学から、何から何まで。

康　本当にすごい。通訳技術的にも非常に難しいしね。ところで、昔は通訳といわずに通弁といったのだが、これはある意味正しいね。

木幡　もちろん通訳をする上で勉強しなければならないですし、ですけれど思いますのは、仕事を通じて、素晴らしい方々と出会いますよね。それが最先端の研究者だったりするから、話がつまらないわけがない。凡庸な人だとつまらないけれども、その人たちが魅力的なんです。

そうすると、ちょっと勉強するだけでその分野が理解できるなんてことはないんだけど、何となくですが、何かがわかるんですよ。「この辺に位置する問題かな?」、「この辺かな?」みたいなことが。

例えば私ちょうど来週には10日間、ニューヨークのホイットニー美術館で、ピアニストのセシル・テイラー、87歳の連続演奏を聴きに行くんです。

そこでセシルの、あの自由な即興の「この部分と、似てるな」って、それが例えば素粒子の動き方の「フリーダム」と呼ばれている部分を感じるの。それは、あらかじめ「フリーというかたち」じゃなくて、「かたちのないフリーって何?」みたいな、そこで違う分野がどこかで符合したりするの。

だから、「超高度情報処理能力」と仰ってくださいましたが、そういうことが見えてくるのかもしれませんね。

康　君は、この究極の超高度情報社会で、好奇心の奴隷にならず、自分でちゃんとコントロールしながらね、君の個性というのものがある。普通の人はまず埋没しちゃうんだ。

その彼女がね、いみじくも大江とソンタグの空爆問題の時に、「私はただの通訳ですから」って、ただ逃げた（笑）。でも彼女は、ただの通訳じゃないんだよ。君は君の考えを持ってるの。

木幡　それとね、モハメド・アリというのは、アメリカの中の黒人解放闘争というのかな。私はそういうものにのめり込んできたわけですから、「アリ」という存在は英雄です。

そういう意味では最初から彼のことは大好きだったし、しかも彼はモスクワやミュンヘンで、アメリカ批判とか、格好良いことを言うわけですよ。いわゆる体育会系、ボンクラの右派ではないし、顔もいいし、試合ももちろん素晴らしいし、大ファンだったわけ。それは彼の頭もプレイも、すべて。

――では、来日の話を聞いた時点で、「どこかでつかまえてやろう」と考えてらっしゃった？

康　木幡君がアリを認識し始めた頃ね、彼はアメリカの最高裁で徴兵問題で勝ったの。それはボブ・アラムって、僕の顧問弁護士がやったわけだけど。

木幡　どこかでつかまえて、記事を売り込んで儲けてやろうって動機はまったくなくて。

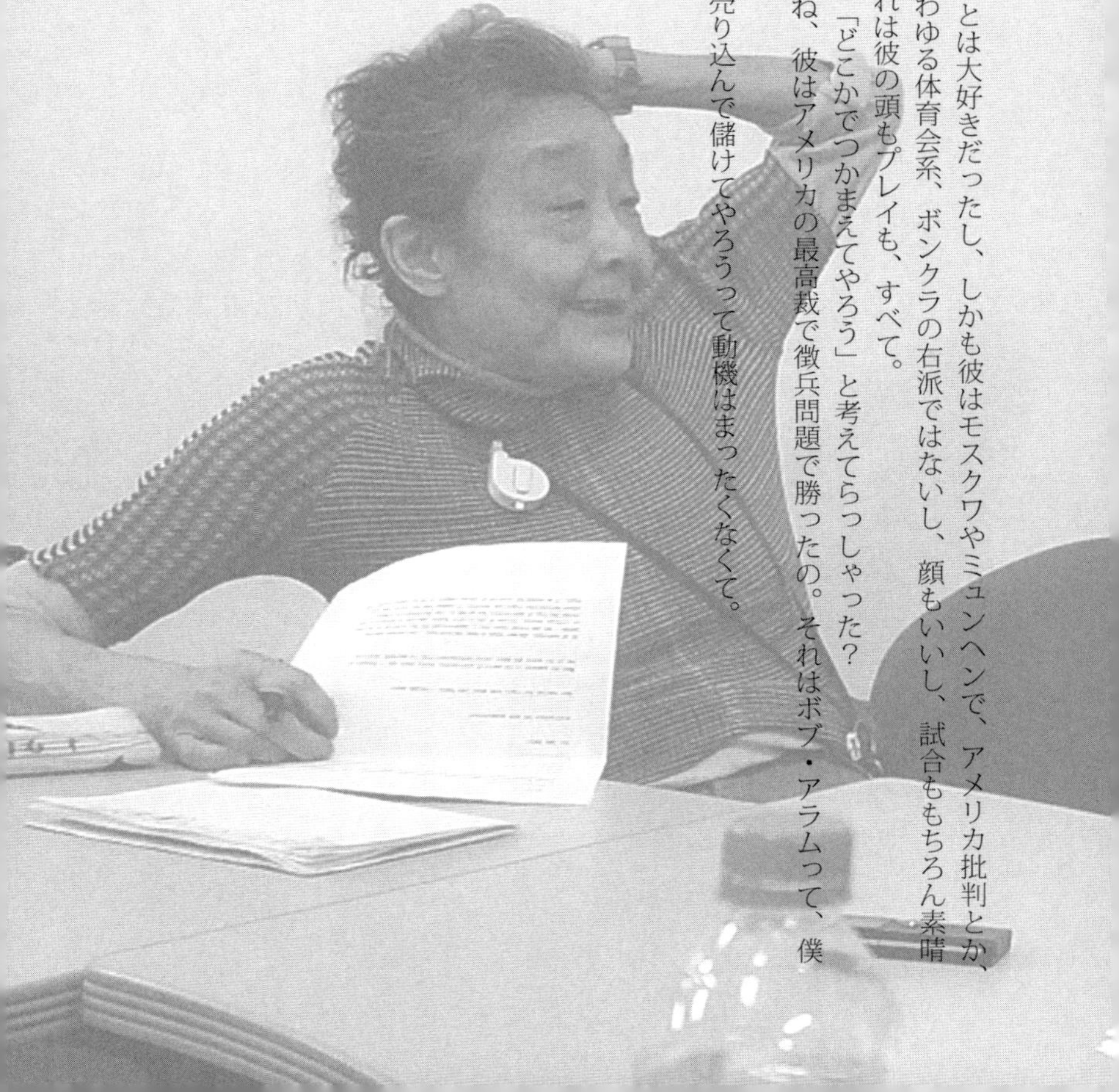

こんなに魅力的な、大事なものを持った人に、「会わないわけにいかないじゃないか」というのと、あとはやっぱり、ものすごく興味がありました。

康　モハメドは今病気してるんだけどね、今はもう昔のモスリムの連中とは決別しててね。もうちょっと声が出るようになったらね、今彼に関して衝撃的な企画を考えているので、その時は木幡君に一役買ってもらいたいと思ってね。

木幡　もう、全然喋れない？

康　掠れ声だね。パーキンソン病だから。

木幡　さっきも申し上げたように、そもそもは一介の単なる百科事典の編集者だった私が、当日午後にテレビでもちろん試合を観ましたよ。

だけどね、モハメド・アリに関しては、それだけじゃなかったわけ。

プライドのある、ディーセントな、立派で魅力的な、それでいて格好良くて強くて、「そういう人間に会ってみたい」と思ったの。スポーツと格好良さを見るだけだったら、見てるだけでいいんだけど、何か本当に大事な、言うことがあるんじゃないかと。だから、インタビューというか、直にお話したいと。

康　木幡君は、インタビュアーとしても、きわめて有能だと思っています。君は相手を自分のペースにはめこむ天才だな。

木幡　ありがとうございます（笑）。

康　イタリアの女の、オリアーナ・ファラーチって世界的なインタビュアーがいてね、あれだってアリとのインタビューの時は、大喧嘩になっちゃって。

木幡　あら、そうですか。彼女はイランのホメイニさんにもインタビューされてるのに。

——木幡さんのアリ独占インタビューは、どうやって実現させたのでしょう？

木幡　まず、康さんがアリの来日を仕掛けられているってことは知ってたし、期待していたし、お金はないので高い切符を買うということはなくても、もちろんテレビで観るつもりでいました。

当時はアリはアフリカで試合したり、当時はオリンピックや何でも、彼がそこで何を言うか、どう出るかというのは、多くの人が注目していたわけです。単なる「強いボクサー」以上に、そういう彼のポリティカルなポジションというのはあったわけで、私はあらゆる面で興味がありました。ともかく彼は、今までにないかたちで「何か言ってくれるはずだ」、「大事なことを言うはずだ」と思っていました。

その頃はもうカシアス・クレイからアリになってしばらく経っていましたし、それも「なんだろう?」というわけで。そして私にとってのイスラム教というものがあって、彼もブラック・モスリムというものに入って、私の勤めていたオフィスは新宿で、彼のホテルは京王プラザだったんです。だから毎日定時にマラソンとかして、中央公園とかに行くわけ。

そこで私の友人の、バイリンガルで、天才的な同時通訳の方で、すごく魅力的で、柔らかそうで、声が素晴らしくきれいな人が大活躍したんです。彼女が1週間くらいかな、毎日チャンプがトレーニングして、ホテルに帰ってくるところに張ってたんですよ。「ハ～イ、チャンプ!」とか言って、きれいな声で、嬉しいことを言うわけ。すると、彼もそのうち、「彼女はまたいるかな?」となるわけですよ。

それで、「じゃあ、今日こそ決行!」ということで、2人で京王プラザの入口で待ち構えてて、もちろん取巻きには、でかい男たちが10人くらいいるわけです。みんなで囲んでるところに、私たちも一緒にエレベーターに乗っちゃったの。それで、上の階に行くまでに、チャンプに「インタビューしたいんですけど」と伝えたら、取巻きに「バカヤロウ、もし負けたらどうすんだ。お前なんか生かしちゃおかねえぞ!」なんて言われて。でもそこで、チャンプ本人が「なんだ、その『負けたら』って?」って、逆にその人が怒られて(笑)。

それで、チャンプは「いいよ」と。「OK、じゃあ、試合の日の夜10時」って言ってくれたの。それで、「じゃあ、絶対お願いね」って言って、試合の、その当日よ! そうして、私たちはカメラマンを連れて3人で部屋に行きました。チャンプは腰にタオルを巻いて、そして脚が、あの試合ではアントニオ猪木さんにバンバン蹴られたでしょう?

康　70発くらい喰らって、こんな腫れちゃって。

木幡　だからそれで、氷を入れた大きな棺桶みたいなのに足を入れて、冷やしてらしたんですよ。それで私が行ったら、もう一度ガウンを来て、それで話したの。

まあ、かわいいんですよ。「腹減った」とか言って、チキンピラフかなんか、「あら、ずいぶん質素なもの食べるんだな」と。

――アリさんは、足の痛みや試合の疲れもおありだったと思うんですが、時間通り応じてくれたんですね。

木幡　よく覚えているのは、まわりにたくさんのチャンプの子分がいるわけですよ。「こいつら、どうするつもりだ」みたいな空気もあったんですが、するとチャンプがね、その取巻きに気をつかって、必ず、色々言うんですよ。「この間のお前の女房のケーキ、美味かったよ」とか、「かわいいじゃん、おたくの子ども」とか、それでよくわかったんです。

みんながチャンプを誉める。するとチャンプは、同じ量だけ、相手を誉め返すの。絶対自分が誉められて、その借りをつくっておかないのよ。それで私の友人にも、「君の英語は素晴らしいね、どうしてそんなにいい声で喋れるの？」なんて言っているわけです。

でも、私はソファの隣で取材の準備とかしていて、誉められてないんです。それで、彼も一生懸命「この人に何て言って褒めればいいのかな」って探してるふうなんだけど、なかなか見つからない（笑）。それで遂に、私のももに手を置いて、「オレはももの柔らかい女が好きなんだ」って、誉めるところを「やっと見つけてくれたのね、チャンプ！」って思った。

それで、私たちは10時に行って、２時間以上いましたよ。コーランを朗誦してくださったり、間に色々な方が訪ねて来たりしながら、でも、ずいぶん真面目に。

――木幡さんのアリ取材は、康さんが把握されてないうちに行われた。

木幡　中身的には、私たちのとったのが一番面白かったと思いますよ。

康　木幡君に代表取材をお願いすればよかったな（笑）。当時は忙し過ぎて、頭がまわってなかったから。

木幡　そして彼は、時間が来たらちゃんと1時に、「ＯＫ、レディース。パーティー・イズ・オーヴァー」と。本当にプライド高く、礼儀正しい、そして、規律のあるプリンスだと思いました。

あんなに疲れてらして、脚も痛いのにサービスしてくださって、しかも誉めてまでくださって、そしてちゃんと時間に、失礼のないかたちで「もう、時間ですから」というね。本当に、プロフェッショナルでした。

——興行実現に際して大変な苦労をされた康さんに対して、アリの一番いいところを独り占めできたかたちに聞こえます。

木幡　取材を申し込んでね、まさか許してもらえると思わなかったもの。

康　あと彼は昔、世界モスリム青年会議の議長をやってたの。それは例えば、今のＩＳなんかのリーダーが子どもの時の話ですよ。だから、彼らが尊敬する本当の神ですよ。

モハメドはもちろん個人的には信者だけど、色々やっかいなことがあって、今アメリカのモスリムとは表向きには縁を切ってるわけ。それに、「ブラック」という言葉を彼は嫌うわけだよ。ブラックもホワイトも、イエローもクソもない。

ただ、当時はエライジャ・モハメドっていう教祖と、その息子がマネージャーで、これがモハメド・アリのファイト・マネーをむしりまくって、それは見ててあまりにもヤバ過ぎて、あいつらの生活のゴージャスなことと言ったらね、無茶苦茶なんだよ（笑）。

モハメド自体は過激なモスリムでも何でもないんだけど、非常にモスリムの連中から尊敬されている。だからＩＳの今のリーダーも、色々なところでモハメド・アリの名前を出してますよ。

北朝鮮もね、今の将軍のオヤジの時に猪木君とモハメドは行っててね、今度平壌でマラソン大会があるんだけど、「そのスターターに」って話をモハメドは断った。一つには医者に止められたということ。それから、その他諸々、まわりが「今ノースコリアに行くのはやめたらいい」ということと。

木幡　でも、猪木さんは行くんだ。偉い！

康　アントニオ君とモハメドじゃあ、世界からの対応がずいぶん違うけど（笑）。とにかくモハメドは行かなかったの。あとは、この前の北京のオリンピックの時にはね、モハメドに招待状来たんですよ。その時もね、「ミスター・コウ、君が一緒に行ってくれるなら僕も行くよ」と。だから、中国から僕にも「チケット用意しますから」ときたの。ですから、モハメドが最終的にＯＫした場合には、僕も一緒に行く予定でした。でも結局それも、ドクターがね、パーキンソン病には一番飛行機がよくないと。

木幡　もう、黒人運動だとか文学だとかって、とりたててそこだけ研究したり語ったりすることは少ないじゃないですか。

今、アメリカで面白い論争があって「それって、敗北なのか？」と。だって今も「実際に差別が起きてるじゃないか」と。

康　「敗北」というか、一種の停滞状態に入ってることは事実ですね。「これを打開しなきゃならない」ということを、日本の黒人文学の理解者もサポーターもみんな考えているわけだけど、そこに木幡君も入るのかもしれないけれど、ちょっとね、停滞したままだね。

木幡　そうなんです。今、エクストリーム、過激じゃないからね。こういう言い方はなんだけど、バカスカ殺されまくっているとか、そういうわけじゃないから。

――とはいえ最近また徐々に、警官による黒人市民の殺害が増えてきた印象で、何も終わってはないかと思います。

木幡　もちろんです。それは法律的には、以前に比べればよっぽどちゃんと訴えられたりしてますよ。もちろんそこはもっともっとそうなって欲しいんだけど、私が一番関心があるのはね、なぜ「相手を差別してよい」、すなわち「劣っている」だとか思ってしまうのか。

そこがわからない限り、これは私自身もかつて、子どもの時に実は、黒人を差別したことがあるんですよ。「誰が教えたの、私に、差別せよ、と？」って思ったもの。

「黒人のＧＩは危ないから避けて通りなさい」って、誰が私に言ったの？　そう母に訊いたら、「私は絶対そんなこと言ってない」と。じゃあ、「誰が？」って、それがいまだに解決されていないんです。

康　木幡君は、自分は好奇心の塊でやってきたということだけど、彼女の好奇心の本質を見極めたいと思う。そのベースメントに何があるか。本質は単なる好奇心じゃない、一つの方向性を持ってるわけだから。

――哲学、と言いますか。

木幡　いや、そういうことじゃなくて、子どもの時からあるの。

康　でもね、あなたにオブジェクションするわけじゃないけど、ディスクリミネーションていうのはね、人間の本能の部分にありますよね。

　例えば、日本人が朝鮮人を差別する。でも朝鮮人や、中国も、もっと厳しい差別を日本人に対してしています。こっちはチャンコロ、チョンコウ程度だけど、向こうは倭人扱い。つまり「蛮人」というね、もっとすごい差別。さらにもっと酷いのが、「豚足」扱い。それは、豚の指が4つしかないというね。そして在日にはパンチョッパ、つまり「半分チョッパリ」という、これも大変な差別。

　僕はね、差別は基本的にはおかしなことと思ってるけど、同時に人間の本能であって、しかもグローバルな視点で見ると社会的潤滑油になってる部分もゼロとは言えない。だからって「それを認めていい」とは僕は言わないし、その話になると木幡君と大論争になっちゃう（笑）。

木幡　それは例えば、身体の大きい、小さいだけだって、小さいってだけで「あいつはどうでもいい」、「いらない」とか、それは普通動物の世界だってそうですよ。そうなるの。それに、大きい人にはヘイコラするじゃないですか。動物だって、大きい、強そうな相手にはヘイコラする。それは「サバイバル」ですよね。

　だから、そういう生物学的、物理的レベルからそういうことが起きるということは認識した上で、だけど、それがわかってるんだったら「なぜ、拡大してまでそれを許すのか」と。それは、そういう理由で「強いから、負けちゃうから、ヘイコラするんだ」と。

　それはわかった。

　じゃあ、ヘイコラしたまんまだったら、強いやつがそれを権力にして、ヤバイことになるから、「そういう考え方をとらないような、別の考え方をみんなに流布、語ろう」と。そうすればいいのに、それを利用して拡大するというのが、悪い例でしょう？

　そこなんですよ。

康　だけどね、差別反対運動というのは、一つの市民運動として、グローバルなかたちで存在してるんだけど、僕はどうしても、そこに偽善、ヒポクリシーの匂いを嗅ぐんです。つまり、「嘘」があると思う。差別反対運動の中に。本音じゃない部分がありますね。

だからそれはね、日本人だけの問題じゃないんだよ。全世界的な問題を言ってるわけだからね。

木幡　もちろん、そうですね。

康　もっと広い意味では、弱者に対する暖かい対応というかね、それは当然のことで、例えば今の中国と韓国、日本の問題に限定して考えてもね、やっぱり差別の問題は考えざるをえないんだよ。

その点について話は飛ぶけどね、サイードの『オリエンタリズム』（平凡社、1986）というのは、僕はもちろん大変な名著だと思います。

木幡　はい、大江さんも大好きですね。

康　だけど同時に、「迷」う「書」でもあるんだよ。

木幡　（笑）。

康　「どこが？」というとね、サイードはやっぱりね、欧米帝国主義の犠牲になったイスラム文化、民族をかばい過ぎててね、彼らの弱点とか問題点にまったく目をつぶっちゃってるんですよ。いつも、このポイントについて僕は主張するんだけど、みんなに怒られるんだよね。

木幡　それは明確な、いわゆるサポートというか、理解してやる、寛容であることの対象になる、ある「欠陥」とか「不足」があるという。

サイードの中に、相手がパレスチナ人だったりイスラムだったりする場合、歴史的な経過からいって、その相手がユダヤ人、イスラエルだったりするともっと厳しく言うところ、実際大変過ぎて「ここまで要求できない」、「批判できない」という気持ちがサイードの中にあると？

康　ある。あってね、僕は実はサイードと大ゲンカ、ディスカッションを6時間やりました。コロンビア大学のキャンパスで。僕の知り合いがコロンビアで教えてて、30年以上前の話だけど、このテープをおこしたら1冊の大著になるよ。

そうしたらサイードが言ったのは、「君、揚げ足をとっちゃいかん」と。自分の本の、「一番大事なところを読みなさい」と（笑）。これはある意味、彼の「敗北宣言」と僕は受けとった。

木幡　なるほど。そんな、わざわざマイナスなところを汲み取るなと。

康　でも、それにしたって、「あなたが書いてることじゃないですか」と。

木幡　でも、ずいぶん図々しいかもね。確かに、向こうが歳上かもしれないけど。

康　まあ、オレが図々しいんだよ（笑）。相手は天下のサイードですよ。

木幡　いやいや、サイードも物書きだったら、自分が書いたものに関して、ありがたい批判をいただいてね、それなら「考えてみる」とかって言えば良いのに、頭ごなしじゃあおかしい。

康　とはいえね、やっぱりあの本は、すごい本ではあるよ。

木幡　もちろん！　それは私も全然評価はやぶさかじゃないですけれど、でもある欠陥とか、そういうものを指摘された時に、優れたインテレクチュアルならば、普通、どこか偉くなり過ぎちゃった人以外は、批判してもらうと喜ばない？　それは「あ、そこまで読んでくれてるんだ」という意味でね。

康　そういう寛容さは彼にはなかったね。

木幡　誰かが持ち上げ過ぎたのかもね。

でも、工事現場の基礎みたいなもので、「サイード」とかね、何人かいるんですよ。そういう人をバチッと打ち出しておくと、例えばサイードまでひっくるめないと、いろいろな個人を批判できないじゃないですか。

康　あなたは今、大江に対してどういう風に考えているの？

木幡　心配ですよ。健康のこととか。

康　健康はいいけれど、精神健康状態は？（笑）。

木幡　私は大江さんの小説っていうのは、出たらすぐ読んでますけれども。

康　僕も『万延元年のフットボール』あたりまではね、ある程度までは読んできたけど、あれからちょっとおかしくなってきたと思うんだけど。

木幡　私はそれでも、おかしかろうが何だろうが読まざるを得ないし、本当に読むし、少なくともそこら辺の小説家に比べたらずっと面白いし、文体も含めて常に新しいし、大江さんの書いたものは、義務感じゃなくて、やっぱり「読みたくて」読んでるんですよ。

康　それはわかるんだけれども、私はもうある時期から、彼はどうしようもないマンネリズムに陥っちゃったというね。

やっぱり、いわゆる一つの、小説家の姿だと思っています。

木幡　そうかなあ？

康　僕にはディスアポインティングな部分も多々あってね、色んな小説家とも話すんだけど、それでも日本には大江の信者って多いから。

木幡　今、どうなんでしょう？　ちゃんと語ってくれる人ってね、初期の作品についてはいても、今のものを語る人はいないよう。

康　初期のものは、僕も非常に評価してますよ。僕の学生時代だしね。

木幡　学生たちには、今でも『飼育』なんかはね、一度は読んで欲しい。

康　そうね、あれは大島が映画にしたしね。

木幡　今の話をしてもつくづく思うんですけれども、康さんももちろんそうでらっしゃるし、私もある意味そういう側面を持ってるわけですが、先ほど申し上げた、例えば戦後すぐの小説、60年代という時代があって、世界的にはスターリニズムから反スターリニズムになっていって、毛沢東が出てきて、そういうことが色んな分野で、さっきも私が申し上げた「語り継ぐ」、「ブリッジする」、「繋ぐ」人があまりにもいない。

康　それはそうですね。

木幡　それは私たち自身を含めて、今「やれていないじゃないか」と。そういう意味ではね、結果的に「繋ぐのが目的」ではないにしても、そういう役にたてるものになればいいなと。

康　貴女は、実際には大プロデューサーなんだよ。でも立場上「コーディネーター」というか、陰に隠れる方が多くて、本来は上野君なんかよりも貴女に出てきて欲しかった。藝大時代の動きも見てたんだけど、どこか控えめなところがあって（笑）。

木幡　いや、いいアーティストを何人かは育てましたよ。これからですよ（笑）。

康　図々しさがない、東京人なのかもしれないね。

木幡　でもね、とにかくより前向きに、ポジティブに言うとですね、昔はその「繋ぎ」の役割の人がいたんですよ。私にとってそれは、例えばコリン・ウィルソン。実際に会ったのはずっと後でしたが、大学にポーンと入って何も知らなくて、でも『アウトサイダー』を読んで、フーコーやアルトーのことを知ったのもそこからでした。コリン・ウィルソン自体は面白くも何ともないんだけど、紹介役として、そういう役にたつと。

それから、谷川雁さんなんかも、私にとってはそうだったんですが、彼の著書を読んでると「あ、これ読まなきゃいけないみたい」という。雁さんがいなかったら、私はたぶん「この人は読んでなかっただろう」みたいな、そういう役割。

もう、土方さんなんか、まったくそうですけどね。

康　谷川雁には会ったことある？

木幡　もちろん。お酒も呑んだことあります。

康　オレはもうしょっちゅうケンカしてて。最後は平岡正明問題でケンカしたんだよ。その後、平岡を『血と薔薇』第４号でつかってね、そして例の『家畜人ヤプー』を掲載したということだ。あいつが雁に散々イジめられて、ノイローゼになっちゃって、それを救ってあげたんだ。ちょうど澁澤龍彦が僕とトラブッて、第３号で降りてしまった後のことだよ。

木幡　今日の対話にしても、私と康さんが、お互いの自慢話と誉め合いをするんじゃダメなのよ。同世代とか、私たちのちょっと上の人たちも含めて、「そうだよ、そういうことあったな！」と、「ヒマだし、もう一回あれ読もうかな」と思わせるような話をすべきなんじゃないですか？

あるいは下の世代が、「先生、大学でこんな話一言もしてくれなかった」というような話。もう藝大なんかそうじゃないですからね。今の子たちは、大事な本、大事な作品、人物って、誰にも教わってないんですよ。

自分も含めて、ちゃんとした繋ぎ役をすべきだった人たちが、やってない。そういうことを考えると、個人として語るだけではなくて、できるならば、その若い人自身が何らかの知的冒険とか、好奇心を喚起して、自分で道を探していくことができることに、ちょっとは役に立つような話になるようにしたい。

それは、私が誰かに教えるという関係じゃなくて、実際、自分が30年前に夢中になって読んだ本、夢中になって書いたビラというのは、今も私にとってリアルじゃなきゃいけないんですよ。もちろん間違ってて、「訂正したい」ということもあったとしても、そのリアルなものを、「あなたにお渡しする」ということですよ。

師弟関係で、「おまえ、これ覚えておけ」みたいなことじゃなくて、そういうリアルな要素を孕んだものでなければ、私にとっては生きた言葉にならないわけ。

康　なるほど。

――それは、木幡さんにとって、ここ近年の問題意識なんでしょうか？

木幡　いや、そんなことはない。何をやるんでも、そうです。

かつての売れた本とか、栄光とか、それが厳然としてあって、それを康さんに当てはめて言えば、もの凄くみんなを「あっ」と言わせて、期待を募らせてくれた、いくつかの大きなお仕事があります。

ただ、それを過去のものとしてただ説明してもらったり、その時の気持ちだけを言ってもらっても仕方がない。「今、どうなのよ」、「その延長線上は、どうなのよ」ということなんですよ。

康　それはそうです。

木幡 私ははっきりと、自分には庶民的な面がたくさんあります。それは実際にそこら辺の学者のおじちゃん、おばちゃんより感覚も食べる物もそれはそうで、「庶民的な私で本当に良かったな」と本当に思います。
　私は、そういう庶民性と同時に、自分の中のものすごいエリート性を、ちゃんと意識すべきだと思ってますよ。「エリートじゃない、とんでもない」なんて、そんな嘘を言うつもりはないです。

康 エリート主義を否定するなんてのは、それこそヒポクリジーです。そこら辺に関して木幡君については、世間が評価を決めかねている部分があるかもしれないね。
　まあ、世間はどうでもいいんだけど、あなたは然るべき要人の通弁者で、藝大で教えていた訳で、その割に彼女に対する評価が聞こえてこないんだな。
　それは、上げろとか下げろってことじゃなくて、こう「ピタッ」ときていない部分があるかなという気がしちゃってね。

木幡 それから、私としては康さんというと必ず出てくる『家畜人ヤプー』。あれは、書いたのは誰なんですか？

康 もう死んだよ。あれは、コラボレーションだから、最終的にまとめたのが沼正三。「沼正三」とされる人物はもう死んで、それは「沼正三」追悼文として、亡くなった時「新潮」にすべて書きました。立花隆君が最初『血と薔薇』編集長（澁澤龍彦責任編集）に内定していて、澁澤とトラブッて辞めた裏話も含めて。当時、ロッキード事件の前で彼はまったく無名だったんだ。原作は僕が最初から完全に管理しています。
　文春を辞めてブラブラしていた、まったく無名の彼を僕がスカウトしたんだ。若し、立花隆編集長が実現していたら、『家畜人ヤプー』が立花編集長編集の『血と薔薇』に掲載されるという、今考えると「歴史的事件」になっていたのは間違いない。
　また、「誰が作者か」ということは、最初から三島か澁澤か、あるいは種村かとか言われてきて。

木幡 そうなんですね。でも、ちょっと待ってください。
　その、今仰ってたのも、康さんが振り撒いた噂でしょう？（笑）。

康芳夫×磯崎新・・・「知」とは何か? そして「間」とは（Interview Date：2016 7/1）

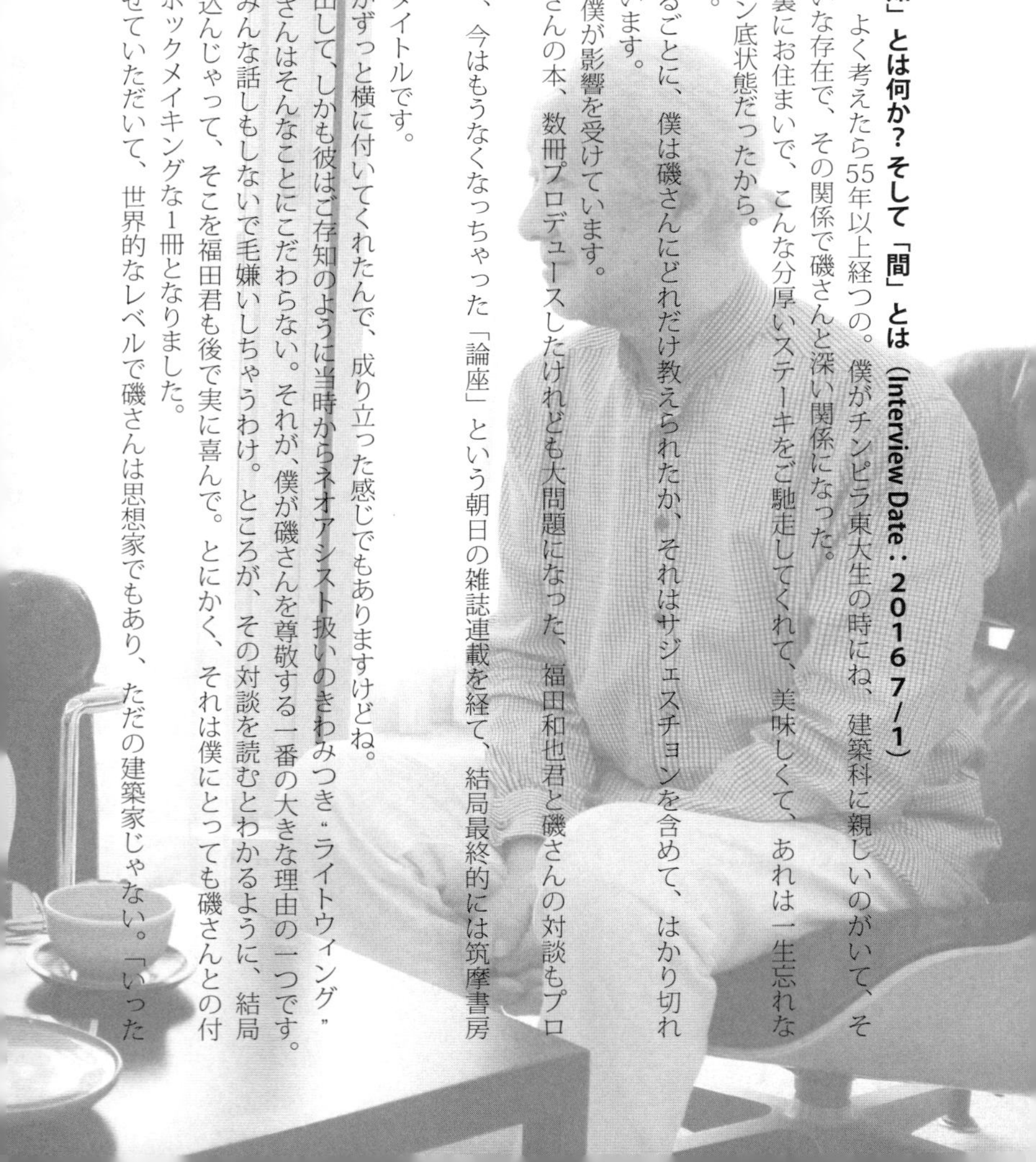

康　磯さんとの関係は、よく考えたら55年以上経つの。僕がチンピラ東大生の時にね、建築科に親しいのがいて、それが磯さんの弟分みたいな存在で、その関係で磯さんと深い関係になった。
　当時磯さんは大学の裏にお住まいで、こんな分厚いステーキをご馳走してくれて、美味しくて、あれは一生忘れない（笑）。僕も友人もドン底状態だったから。
磯崎　そうですか（笑）。
康　あれから、ことあるごとに、僕は磯さんにどれだけ教えられたか、それはサジェスチョンを含めて、はかり切れないくらい影響されています。
磯崎　逆ですよ（笑）。僕が影響を受けています。
康　それでね、僕は磯さんの本、数冊プロデュースしたけれども大問題になった、福田和也君と磯さんの対談もプロデュースしています。
　「空間の行間」という、今はもうなくなっちゃった「論座」という朝日の雑誌連載を経て、結局最終的には筑摩書房から出して。
――お2人ならではのタイトルです。
磯崎　それも、康さんがずっと横に付いていてくれたんで、成り立った感じでもありますけどね。
康　福田君を引っぱり出して、しかも彼はご存知のように当時からネオアシスト扱いのきわみつき“ライトウィング”ですから（笑）。でも、磯さんはそんなことにこだわらない。それが、僕が磯さんを尊敬する一番の大きな理由の一つです。
　福田君については、みんな話しもしないで毛嫌いしちゃうわけ。ところが、その対談を読むとわかるように、結局磯さんは福田君を包み込んじゃって、そこを福田君も後で実に喜んで。とにかく、それは僕にとっても磯さんとの付き合いの中で、最もエポックメイキングな1冊となりました。
　55年間を共に過ごさせていただいて、世界的なレベルで磯さんは思想家でもあり、ただの建築家じゃない。「いったいこの人の本質は何者か？」ということは、いまだに僕は掴み切れていないほど、大きな人だから（笑）。
最初の細かい付き合いからいけば、新宿にネオダダの篠原有司男君と、磯さんの高校時代の同級生である吉村益信君の「新宿ホワイトハウス」を設計したわけ。

磯崎　吉村は、僕の一級下なんですけどね。僕は、赤瀬川原平の兄貴、赤瀬川隼と同級生なんです。

――直木賞作家の？

磯崎　はい、彼です。そして、さらに数年下に原平がいたんです。これは全部、大分の高校で。

――濃厚な高校です！

磯崎　（笑）。
だからその連中とは、すべて高校からの付き合いなんです。
そして、赤瀬川の兄貴の結婚式に吉村と出て、その後一緒に立ち小便をしていたら、親父が早々と7、8人いる兄弟に遺産を分けてくれるという話で。それをつかって「アトリエをつくりたい」ということで、「設計をしてくれ」という（笑）。それもまだ、僕が学生の頃の話でしたが。

康　その「新宿ホワイトハウス」はね、日本の前衛運動史上、燦然と輝く「ハウス」なんだよ。みんなあそこに集まってきた。

磯崎　そして、いまだに残ってるんだ。あとは、ニューヨークにずっと行ってて亡くなった荒川修作というのがいて、それは原平の同級生で。
だから全部、日本の外れものの「ダダ」ですからね。ダダというのは、全部壊す側だから。

――磯崎さんは、ご自分も「ダダ」と認識されていますか？

磯崎　決して「建設的」とは言えなくて、やっぱり破壊する側に僕もありますが、とはいえ建築というのは、そういうわけにもいかないから。

康　そもそもはね、東京オリンピックの設計は磯さんのボスである丹下（健三）さんが責任者で、磯さんはその片腕として全部を仕切って。

そこから現代に繋がって、今、磯さんは2020年に向けて「東京祝祭都市」というのを世界に発信しているわけ。これは大変な計画で、皇居前の広場を独占して、みんなそれをどう風に解釈していいのか（笑）。

今やそれは世界中で知らない人のいない、大変なことになっているわけ。

磯崎　ちょっとオリンピック関係がごたついたから、もうちょっと理屈を固めながら、どうせこういう類のことは1年もあれば全部決まることですから。だから、もっと盛り上がって「ボン」と持っていく方法を考えようと。

——皇居前広場の占拠は、左右の立場から、すでに際どく聞こえます。

康　磯さんはそれ全部統合して、乗り越えているから。さっきも述べた通り、僕は、お付き合いいただいている55年経っても、磯さんが何者かわからない。それくらいこの人は、複雑かつ、多岐に渡ってる方です。

磯崎　正直に言うと、康さんが「脱イデオロギー」というか、右も左もない「もう一つ先を」と。私も、ネオダダや現代美術や建築を通じて「右も左もないよ」と言おうと思っていたんですが、政治については、まわりがみんな左で（笑）。だから、どちらかというと、理屈は全部左から咀嚼していたんですが、個人的には、これは福田さんとの話の時に色々出てきたんですが、実は、右翼の三浦義一という。

康　三浦は当時、児玉（誉士夫）を凌ぐ、右翼の大物ですよ。

磯崎　僕の初めての仕事は、三浦義一が表にあまり立てない頃、お母様の名前で県の図書館を寄付したんです。それを「お前やれ」と言われたのが、初めての仕事です。

——初仕事にして、三浦義一さん。

磯崎　新宿ホワイトハウスは友達にスケッチをあげただけのもので、まあ一応、今も残っていると。でも作品のうちには入らないから、最初はこれだったんです。

それは今大分の「アートプラザ」という名称になって今も残っていて、中には三浦義一の御母堂の胸像も飾ってあります（笑）。

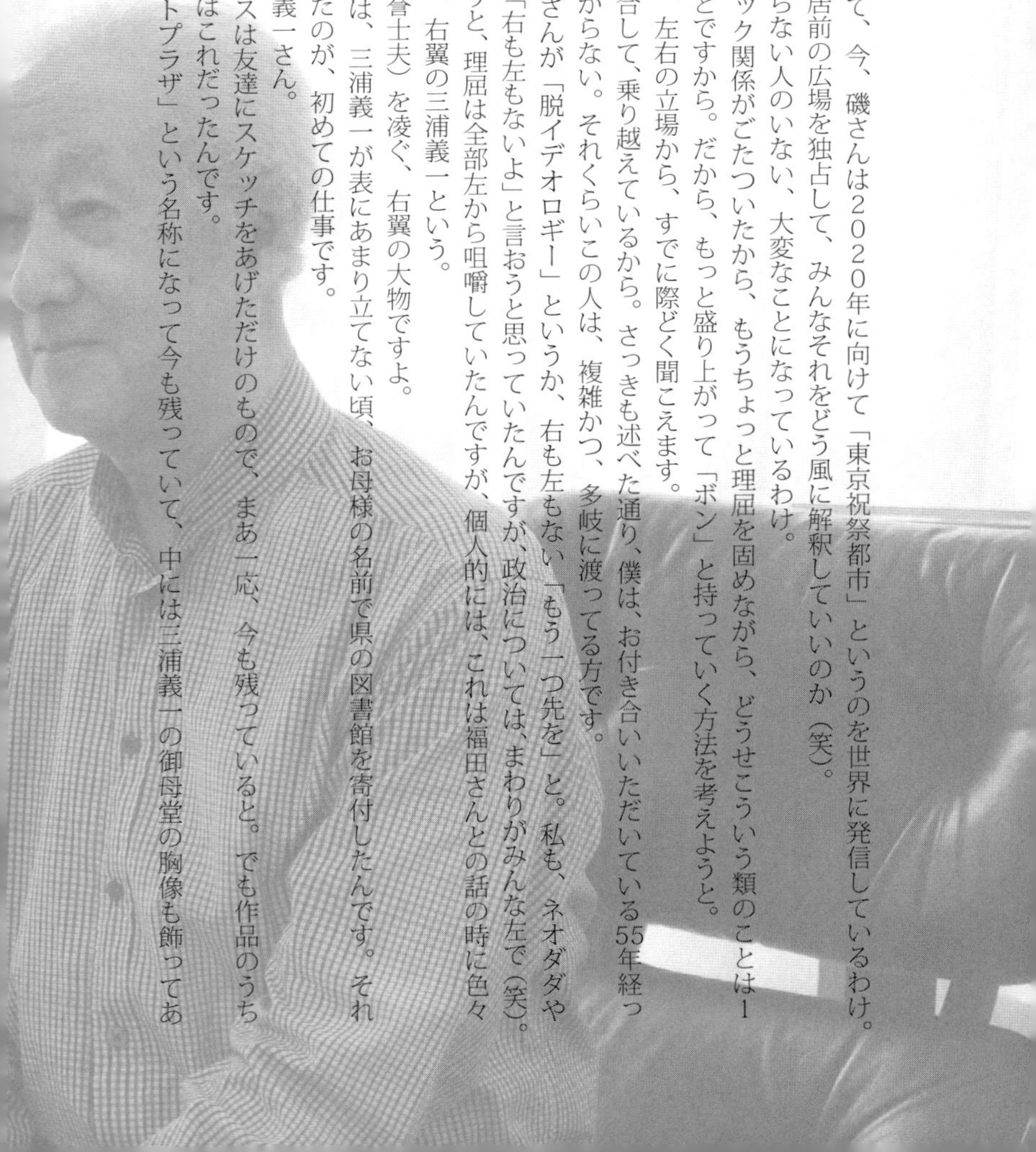

康　磯さんと三浦義一の関係というのは、磯さんがご自分から言い出したことだけど、これは大変なことだったわけ。三浦は、児玉が頭を下げる「室町将軍」と言われた男。それで一時、磯さん「右翼じゃないか」って言われて（笑）。

磯崎　それで、これは康さんと一緒か、福田君と行ったのか、三浦義一の墓の隣には、保田与重郎の墓が並んでいるんです。

康　そうですか！　それはあまりにもすごい話で、できすぎだ。

磯崎　大津に小さなお寺があって、そこには保田与重郎が、三浦との関係を石碑に残しています。

康　それは初めて聞きました。

磯崎　そしてその、寄付をさせた人間というのが、僕が設計した建築を建てた建設会社の人間なんです。三浦義一の「お父さん」という人が大分の市長で、彼はその子分だったんです。そして、私の爺さんも子分の一人だった。

康　だから磯さんはね、今の話を聞いてもそうだけど、右翼に対する一種の免疫性を持ってらっしゃるわけ。ところが磯さんの「総合性」、総合的文化人、元来プロデューサーという意味は、磯さんの周りではかなり複雑に「解釈」されている。磯さんの知人の多くは圧倒的に、左かリベラルの人が多いわけですから。

磯崎　（笑）。

康　その中で福田君と付き合ってる人達は、ほとんどいないんだよ。だから「空間の行間」をやった時には、ここであえて名前は挙げないけれど、色んな人が磯さんのことを批難して大変だったんだけど、そういうことに動じない方だから。そして、「僕は僕の考え方でやってるんだから」ということなので、相手も引き下がるしかない。しかも堂々たる、誰も反発できない論理的かつ生理的な根拠を持ってるから。

磯さんは福田君と話していても、非常に自然に話ができる。そして彼もそれなりの、磯さんについて来れるだけの日本及び、日本文化論というものについてのディープな素養を持っている。

これは非常に稀有なことなんだ。

このことを、僕はみんなわかってないと思っている。だって磯さんのまわりには故 加藤周一、例のノーベル賞作家とかまでいるんだけど（笑）。

磯崎　この頃は右翼左翼関係なく、どちらかと言うと右翼も評価する。あるいは戦争中の色々なことも、同じように見ることができる論者が、だんだん出始めたじゃないですか。

左翼の人は構えちゃうけれど、僕は割と、「そういうのは普通に見るんだな」という感じです。

――康さんはご両親が中国人と日本人だったことで、幼い頃から生い立ちの部分で両面性をお持ちだったと理解しています。磯崎さんにも、生い立ちからの影響はあるんでしょうか？

磯崎　その辺のことを言うと、林房雄さんという作家がいるでしょう？　うちの爺さんが住み、商売をやっていた通りの、斜め向かいに「後藤」という名前の人がいて、それが林房雄なんです。

康　そうですか。

磯崎　彼は、東大新人会で、左翼で出たじゃないですか。そしてある意味で転向して、非常にはっきりと『大東亜戦争肯定論』のようなものまで書く人になったわけですね。そして、僕の親父は林房雄とほとんど同じ歳なんです。

康　俳人のお父様ですね。

磯崎　どうも親父はアジア主義にかぶれていたらしく、『東亜同文書院』というところにいたんです。ということは、上海です。同文書院というのは、「日本語も中国語も字が一緒だ」ということで「同文」と言って、それで「アジアの人間として考える」と。

だから戦前の日本は、満州ができる前、アジア主義がかなり強かったんですね。それが戦争中、ちょうど林房雄なんかが運動を始めた頃に、だんだんと政策が侵略戦争に変わり始めた。この時に、親父は「オレはやることない」と、日本に帰ってきたんです。

康　そうですか！　それもすごい話だ。

磯崎　そして日本に帰ってきたら、もう左翼的にはなれなくなっていた時期ですよね。恐らく悶々としていたんだと思います（笑）。

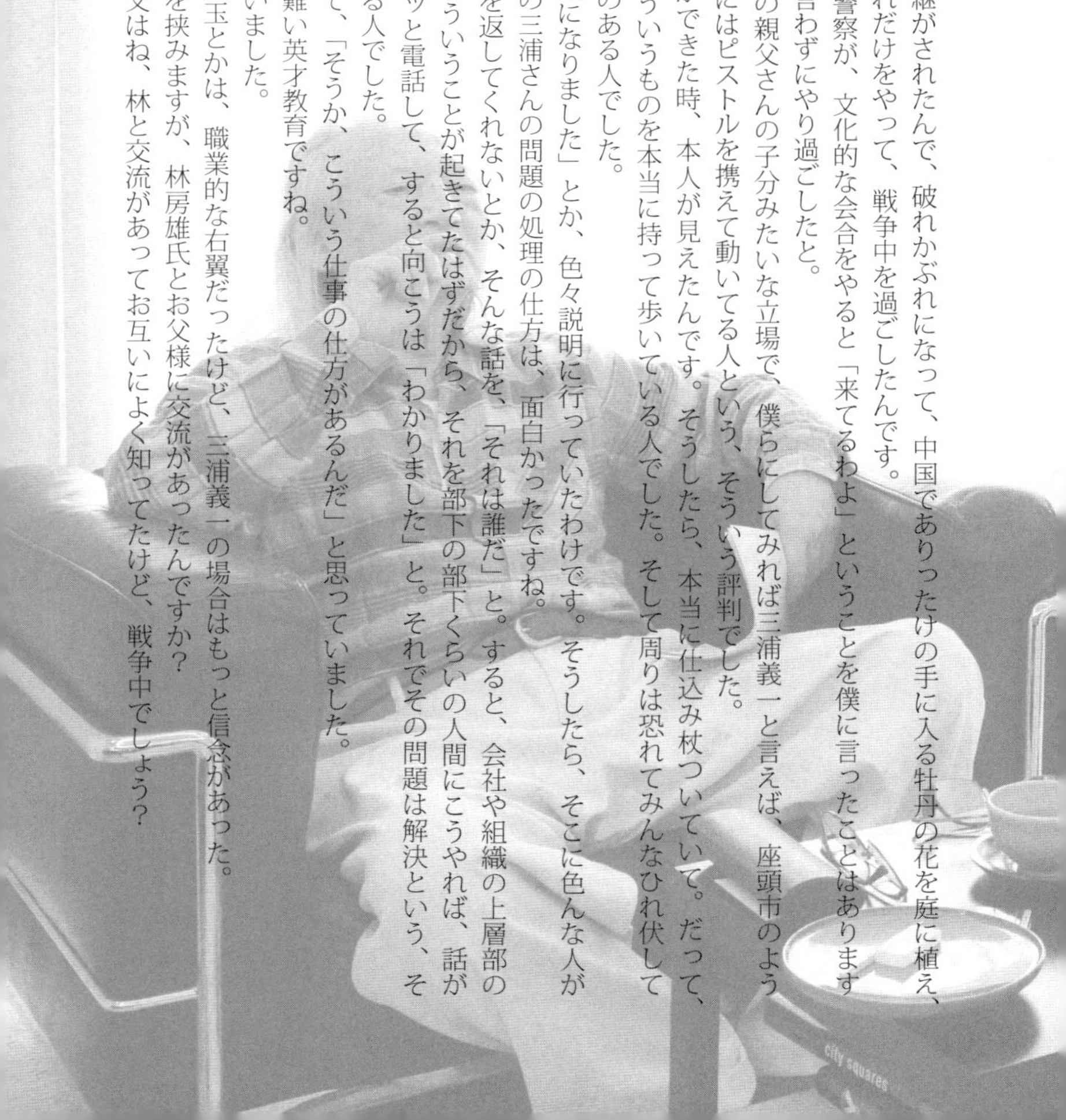

それで結局爺さんの家業を継がされたんで、破れかぶれになって、中国でありったけの手に入る牡丹の花を庭に植え、そして芸者で遊ぶという、それだけをやって、戦争中を過ごしたんです。

僕のお袋なんかは、特攻の警察が、文化的な会合をやると「来てるわよ」ということを僕に言ったことはありますけども、政治的なことは何も言わずにやり過ごしたと。

そして爺さんは、三浦義一の親父さんの子分みたいな立場で、僕らにしてみれば三浦義一と言えば、座頭市のような「仕込み杖」をついて、懐にはピストルを携えて動いてる人という、そういう評判でした。

僕が設計した県立図書館ができた時、本人が見えたんです。そうしたら、本当に仕込み杖ついていて。だって、1966年ですよ。まだ、そういうものを本当に持って歩いている人でした。そして周りは恐れてみんなひれ伏しているという、なかなかオーラのある人でした。

僕はそれまで、「こういう案になりました」とか、色々説明に行っていたわけです。そうしたら、そこに色んな人が陳情に来るんですね。その時の三浦さんの問題の処理の仕方は、面白かったですね。

何かしら悪いことしてお金を返してくれないとか、そんな話を、「それは誰だ」と。すると、会社や組織の上層部の流れがあって、「あそこではこういうことが起きてたはずだから、それを部下の部下くらいの人間にこうやれば、話がつくから」ということで、パッと電話して、すると向こうは「わかりました」と。それでその問題は解決という、そういうことをずっとやっている人でした。

それを僕は目の当たりにして、「そうか、こういう仕事の仕方があるんだ」と思っていました。

——ある意味で、何にも代え難い英才教育ですね。

磯崎　いわゆるヤクザとは違いました。

康　「フィクサー」ですね。児玉とかは、職業的な右翼だったけど、三浦義一の場合はもっと信念があった。

磯さん、ここでちょっと口を挟みますが、林房雄氏とお父様に交流があったんですか？

磯崎　あったんです。僕の親父はね、林と交流があってお互いによく知ってたけど、戦争中でしょう？

そこで林はガンガンやるけど、親父の方は遊び人にならざるをえなかった。ただ俳句をやって、割と新興俳句で戦争中にモダニズムの人ではあるんですが（笑）、父は40代、若くして亡くなりました。戦後は上から全部パージされて、親父は割と地方政治の役職みたいなのをもらったんだけど、毎晩呑んでるうちに死んじゃったんです。

どう言ったらいいのか、それは僕が大学に入った途端だったわけですね。その時に、まわりの関係者が「林房雄に会わせてもいいんだけど、文学をやりたくなると困るから勉強しろ」ということで、会わせてくれなかった。僕は、彼の本は色々読んではいたんですが。

——そこはもしかしたら、人生の大きな分岐点だったのかもしれない。

磯崎　僕としては、学生時代の左翼の続きが残っていたのかもしれないですね。

康　当時の林房雄はね、戦時中はいわゆる共産主義者で、戦後は転向者。それで例の、『大東亜戦争肯定論』を書くわけです。

これは大きく賛否両論分かれたんですが、僕は非常にユニークな、大東亜戦争論だと思いました。彼はまず、大東亜戦争を、「東洋人を白人から解放するための正当な闘いだった」ということを言ったのと、もう一つ、大きく他と分かつのは、「中国とか朝鮮半島には非常にご迷惑をかけたこの事に関してはピシッと『ケリ』をつけなければいけない」と、はっきり書いているわけ。ここが、いわゆる他の『大東亜戦争肯定論』と袂を分かつところだ。

僕はこれは「すごいな」と思って、「一度お会いしたい」と思っているまに亡くなられちゃったんです。

しかも、当時の朝日新聞の大編集者・扇谷正造が、彼に文芸時評を書かせたわけですよ。それが朝日の社内で、「あの転向者で左翼崩れのオポチュニスト右翼に、しかも『大東亜戦争肯定論』を書いた直後に文芸時評を書かせるとは何ごとか」と、会社を二分するくらいの大問題になっちゃって。

磯崎　朝日だったら、そういうことになるでしょうね。

康　言ってみれば福田君に朝日新聞の文芸時評書かせるようなもの（笑）。

磯崎　だって、その福田君との本も、最初は朝日から出るべき本だったのに、筑摩にまわったんだから（笑）。福田さんを理由に。

康　内部事情を言うと、論座は行き詰まっちゃって、当時の編集長も編集者も打つ手がなくて。そこに磯崎VS福田対談が企画され、日本文化論を語る上で多くの人がアッと驚く、非常にリフレッシングな内容だったにも関わらず、朝日新聞社からは出版されなかった。

そういう意味も含めて、磯さんとの関係の中でご一緒にやらせていただいたものの中でも、非常に記憶に残る一件でした。

磯さんは幼少時から三浦義一、林房雄も含めて、日本及び日本人の右と言われる方の人たちを自然体で生理的に受け入れる環境に育ったことは事実だけど、それをご自分に組み込んで、かつ磯さん独自の文明論、思想の中に取り組んでいく。しかも、押しも押されない世界第一級の建築家である。これは、すごいことです。

だから日本のインテリの中では、磯さんを後継する人物を考えても、今のところまずいないですね。だいたい右とか左に分かれちゃうわけだから、総合的な思考者プロデューサー、文化人は磯さんだけなの。僕は本当に偶然のチャンスだったけど、そういう方に学生の時にお会いできて、色んなことを教えていただいたことを感謝しています。

磯崎　たまたま今、とりかかっていることがあるんです。

（40年前に篠山紀信さんが撮ったという、スナップ写真を持ってこられて）

これがロラン・バルトで、これはミシェル・フーコー。それで僕もいる。

康　ポストモダンの錚々たる面々ですね。

磯崎　篠山はこの2人を主に撮っていたんですが、これはパリで「間」という展覧会をやった時のものなんです。文化人を呼んで、僕のためにパーティーを開いてくれました。

「間」展は1978年、日本には持って帰らなかったんです。理由は、「間」については誰でもわかってるから「やる必要ない」、「日本でやってもしょうがいない」という判断でした。

パンフレットは杉浦康平のグラフィックで全部やって、僕が色々と解説を付けたんです。僕自身、もともと日本のコンセプトについて関心を持っていたものですから。

康　「間」というのは究めて重要な概念で、それをこういうかたちで、国際的に初めて紹介したのが磯さんだったわけ。

磯崎　今もある「ル・モンド」という新聞があって、それまで日本文化について取り上げられた記事は囲みの展覧会紹介くらいしかなかったのが、この時は1ページ全面特集をやってくれたんです。

　ロラン・バルトが評を書いて、ジャック・デリダもその後日本に来て、議論の時に「間」について誰もうまく説明できなくて困っていたら、彼が説明してくれた（笑）。だから、向こうのやつはよくわかっているんです。

「間」というのは、「時間」と「空間」じゃないですか。「時間」も「空間」も日本には昔はなかった言葉で、最初は「Time」と「Space」という言葉で入ってきたんです。それを日本人が訳す時に、「時」と「間」、「空」と「間」をくっつけて「時間」、「空間」という造語をつくったわけです。

　それは「建築」も同じなんです。「Architecture」を「建築」としたのは、もともとヨーロッパでローマ以来あったものに、漢字はありませんでした。でも今、逆に日本が漢字を輸出して、韓国、ベトナム、中国に日本がみんな「建築」という表現になった。それは「時間」、「空間」も同じです。

　つまりそういった特殊用語が、日本語に訳されているからといって、最初から日本にあったと思っていても、19世紀以来の話で、それ以前は全部「間」なんです。

康　なるほど。

磯崎　あるいは「時」、あるいは「空」ですね。そういうバラバラのものを寄せ集めた概念だったものに対して、ヨーロッパの「時間」、「空間」の方が新しく、「間」の方が元じゃないかと。そこにヨーロッパ人が、「間」というものに「時」や「空」をディコンストラクト＝「脱構築」したと。

　そういう言い方というか、その解説をしながら、色々なことがわかってきたんです。デリダが、その時「ディコンストラクト」を言った人ですけれども、本人はそんなにいい言葉だったとは思っていなかったみたいですね。

康　この「間」という言葉はね、今もって僕にもよくわからない部分がいっぱいある。それをね、こういうかたちで国際的な展覧会をやっている人は他にいない。「間」を、一つのコンセプトとして掲げて、定義付け、再認識を含めた、非常に重要なものだと思っています。

磯崎　僕は、日本文化というものは、一つのものが、建築物として永久に残るということは、考えていないと。壊して、つくり替えて、新しいものにしてしまう。しかも「そっくりなものをつくるんだ」というのが、日本文化の受け継ぎ方なんじゃないかと思っているんです。

だから、がんじがらめにごっついものをつくっても、理屈は一緒で、映像が消えるように、本当は何十年かで消える類のものであると。

つくり替えて、更新し、反復する。「継続する」よりも、その「反復する」ことの方が重要だと。そういうような日本文化の在り方が、一番意味があるんじゃないかと。

それを一番わかっていたのが、三島ですね。

――そうなんですね。

磯崎　三島の、『文化防衛論』。これはほとんど、代々継続していく天皇制の反復についてと、70年当時、彼が最後にそれを書いた時、「日本文化が危機に陥る。それを防衛しなきゃいけない」という言い方をしているんです。

康　『文化防衛論』には一種の、天皇制に囲まれた日本文化の「継続性」という言葉がでてきますよね。いわゆる「破壊」というセンスは彼にはないから。

磯崎　彼は、いわゆる継続というか、そのシステムがそのまま反復していくと。そして「継承」していき、代が変わり、人も変わっていく。そこで「変わってもいいんだ」と。「入れ物の中の人は変わっていい」と。

極端に言うと、「天皇の身体は入れ物に過ぎない」。その、もうちょっと前からある、折口信夫とか、そういう人も考えていた「天皇霊」は一種のシャーマニズムと近いところがあります。この「天皇霊」が、天皇の「身体」という容器を借りて、代々通り抜けて行くんだと。だから天皇霊は一つで、あとは容器であると。それは、ケガをしたり身体に穴が空いたりしたらそこから抜けるから、天皇の資格がなくなってしまう。それくらいに思われていたらしいですね。だから実際に、割と早く退位させられたりする例もあります。

今、なんだかんだと、天皇制の問題について、戦後我々は何十年か議論させられてきています。でもこれは近代の制度の問題であって、もうちょっと昔からのことを考えると、制度は変わっても受け継がれ方は変わらない。そこの部分が日本の特徴であることが見えてくるんです。

康　昭和天皇がいて、今は平成天皇がいらっしゃって、それ自体は大した問題じゃないと。

磯崎　僕が、三島とか折口信夫なんかの考えを拡大解釈すると、この間平成天皇が手術したじゃないですか。でも手術をすると、容器から漏れちゃうはずなんです。そうすると歴代、天皇が亡くなると、「殯（もがり）」といって、次の天皇にきちんと即位させるまで、そのまま放っておくんです。

この「放っておく」ということは、つまり皇后であろうが誰であろうが、触れない。するとお棺の中で、腐っていったりするわけじゃないですか。昔はそうやって、何年もその状態で同居することがあったらしいです。

それくらいシステムはきちんと護られて、そして、即位すると。これは秘密なんですが、実は平成天皇もそれをやられています。

まったく新築の建物に、寝床を2つつくって、天皇が片方で一晩寝るわけです。もう片方は、着物もスリッパも何も全部同じものをもう一つ揃えて、そこに天皇霊がどこかからきて、乗り移る。

こういう式があって、それをやらなかったら天皇にならないと。近代は、国家の元首としての「象徴天皇」というのが政治的に決められたじゃないですか。でもその他に、即位式は国家のもので、大嘗祭は内輪のお祭が、必ず行われるんですね。そのやり方が、僕は、伊勢神宮の式年遷宮と同じ理屈であると。

それからもう一つ、康さんね、金正恩は正日が死んで、一晩正恩は棺の脇で、彼だけで過ごしているんです。そして翌日出て、棺のまわりに4人だかの重要人物がついて、運んでいましたね。僕はそれを見て「あ、これは日本の即位式と同じやり方を、北朝鮮はやったんじゃないか」と思ったんです。

康　まったく同じですね。

磯崎　これはだからね、金家と天皇家と、昔を考えればもともと一緒ですからね（笑）。

康　繰り返すことになってしまうんですが、『文化防衛論』というのは、昭和とか平成天皇なんていうものはどうでもいいんであって、代々移り変わって、「ずっと引き継がれているものを護ろう」ということですよね。三島個人としては昭和天皇に対して、色々な意味で不信感を持っていたし。

磯崎　「『人間』と言ってしまったのが間違い」というのが、三島の考えだと思います。人間宣言をしたことで「彼は自ら、自分の任務を放棄した」という。

――三島さんと同じ文脈ではないとしても、日本の文化を何らかから防衛しないといけない、という想いはおありですか？

磯崎　僕は、防衛するかどうかというのはわからないけれども、実はこういう風に考えているんです。

　例えば、僕なりに考えた「間」展というのは、日本の色々な側面を、特徴をつけて組み立てたコンセプトですが、これを伊勢の式年遷宮と同じ様に、例えば20年ごとに、僕は責任持てないけれども、この展覧会を同じコンセプトで全部中身が違う、何十年か後の「間」展をやってくれないかなという。

　もう、みんな忘れているんで、これを引っぱり出して、２０２０年を目安に、これについて考える展覧会がやれないものかということを、ちょっと言おうかと。当時はパリから世界をまわったわけですから、最後に日本に戻ってくればよいわけです。

康　パリでの磯さんの展覧会に来ていた連中というのは、全部今のポストモダニズムの源流になった人たちですから。そして磯さんは、その連中と対等に付き合ってるわけ。

磯崎　ともかく、まずはそういうことに関心を持ってくれる人が出てきて、そしてそれは、うんと若いジェネレーションじゃないと。この時にやった連中というのは、例えば芦川羊子と田中泯は、彼らが始めた新人の時に連れて行ったんです。あと他には武満、篠山と。

向こうにいたのは、アンドレ・マルローの後の文化大臣で、フランス側のディレクターであるミッシェル・ギーという、彼は大島渚の「愛のコリーダ」を無修正で上映する許可を出した男です。この男がロラン・バルトに「どうしよう」と相談して、武満と僕が呼び出されたという経緯です。

そしてロラン・バルト、フーコーもそうですが、その時に「面白い」と思われていた人間は、みんなエイズで死んでいます。

康　東京祝祭都市のロケーションが皇居になったら、バルトは何て言いましたかね。つまり「空虚なる空間」というのは、彼が最初に言い出したわけだから(笑)。いずれにしても、彼は磯さんの目論みに対して、素晴らしい祝辞を送るでしょう。

磯崎　彼は非常に関心を持ってくれて、いろいろ文章をつけてくれました。この展覧会に関しては、レヴィ・ストロースも文章を書いてくれています。フーコーは、その後「禅をやりたい」ということで、死ぬ直前に日本に来ているはずです。だから、こういうフランスの、哲学的にポストモダンをやった連中は、全員日本の「間」については関心を持ってくれました。

日本では、「それを言っても仕方ない」と思ってそのまま放ってあったのですが、はたと考えてみて、是非これは「反復」。僕は、「反復」というものが重要だと思って、伊勢をちょっと勉強した時に、「継続」よりも、代替わりで「反復」していくことが、「日本の受け継がれ方」じゃないかと。

それは中国でもそう言えるわけですが、その違いは、中国は易性革命じゃないですか。王朝も何も、全部変えていくのが中国の歴史です。日本の場合は、一つのシステムが通り抜けていくだけで、「側」は残っている。ある姿をしている「側」はあるけれど、本来は目に見えない、姿のない「なにものか」ですよね。

――伺っていると、とてもしなやかで、何かに抗ったりするわけでなく、自然に側だけをそのままに、時の流れの中で中身が入れ替わっていくという。

磯崎　基本的に「無神論」と言われているものとは違う考えですね。だけどそれは、無神論以外は全世界、キリスト教、イスラム教、中国のいろいろな「鬼」と呼ばれているものは全部「霊」みたいなものですから、そういったものと日本とは、

本来であればほとんど全部が共通している要素ではないだろうかと。

一神教と多神教の違いなんだけど、多神教というのは本当はいろんな人の言い方がありますが、「最後には一つの神になるんだ」という風に、解釈されていますね。

——日本における「八百万」の考え方も？

磯崎 それはあるんだけれど、それだって我々があの当時生きていれば、やっぱり「八百万になった」というぐらいに思っていればいい（笑）。それをもうちょっと抽象化、超越化した「神」のようなものが、本来仮定してあることは確かですね。

——磯崎さんは、「建築」についてというより、「間」について考えておられる？

磯崎 だから、僕は建築を超えて、やっぱり時間、空間を超えて「間」というもの、それは「空虚」みたいなものかもしれないし。

——「脱イデオロギー」という言葉にもおさまりきらないスケールを感じます。

磯崎 「イデオロギー」なんていうものは、ある意味で言えば、ここ2世紀くらいの、近代になってつくられたものであって。さっきの連中も含めて、「ポストモダン」というのはそれが行き詰まった挙げ句、「もう近代は終わった」というところで、近代の理論を壊して組立て直す方向に動き始めた。

——三島さんのお名前が出ました。磯崎さんのしなやかさに対して、ある意味もっと荒々しく、がむしゃらな印象の方です。

磯崎 「過激に動く」というのが、それは右も左も、60年代の同じ動きだったんだと思うんですね。それは赤軍派や、三島の事件にまで行き着くようなことであって。僕はこの2つの事件は、ほとんど同じ様に思えたんですよ。

康 右と左というね。分かれはしているが、「根」は同じという事ですね。

磯崎 極端なので、もちろん重なり合う方法はないけれど、行き着くところまで行き着いた。

康 それから、あの吉本（隆明）がね、三島事件当時完全に沈黙しちゃいました。

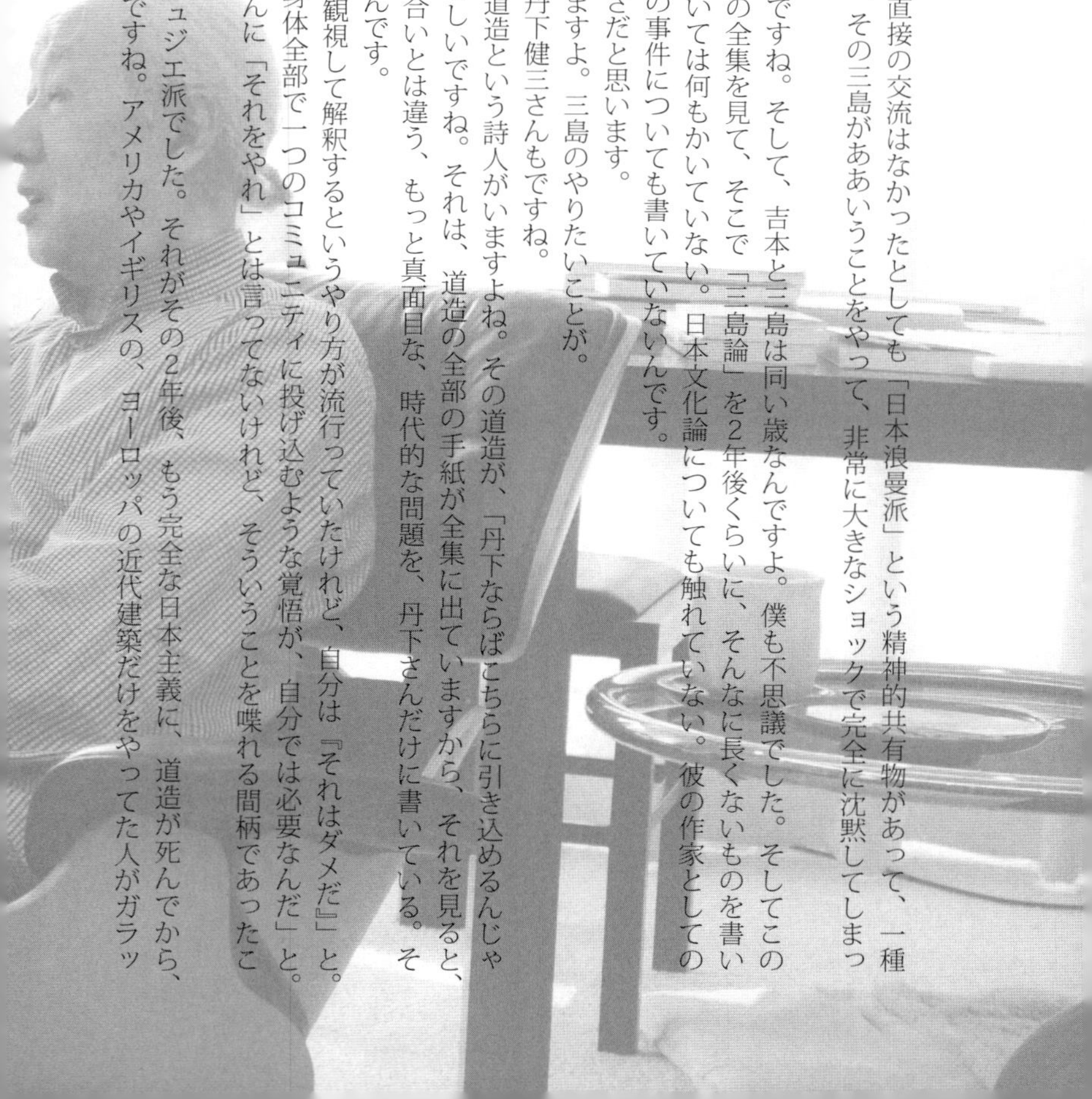

磯崎　そうですね。

康　それはつまり、戦争中彼らに直接の交流はなかったとしても「日本浪曼派」という精神的共有物があって、一種のメンタルクロスフレンドとして、その三島がああいうことをやって、非常に大きなショックで完全に沈黙してしまった。

磯崎　あの時、彼は喋らなかったですね。そして、吉本と三島は同い歳なんですよ。僕も不思議でした。そしてこの間ちょっと、あの頃出ている吉本の全集を見て、そこで「三島論」を2年後くらいに、そんなに長くないものを書いているんです。でも、天皇制については何もかいていない。日本文化論についても触れていない。彼の作家としての良し悪しにもっぱら集中して、あの事件についても書いていないんです。

康　それこそ彼に与えた衝撃の深さだと思います。

磯崎　吉本もわかったんだと思いますよ。三島のやりたいことが。

康　そして日本浪曼派と言えば、丹下健三さんもですね。

磯崎　それは、日本浪曼派に立原道造という詩人がいますよね。その道造が、「丹下ならばこちらに引き込めるんじゃないか」という風に考えていたらしいですね。それは、道造の全部の手紙が全集に出ていますから、それを見ると、その中でまったく他の友達の付き合いとは違う、もっと真面目な、時代的な問題を、丹下さんだけに書いている。そして、こういうことを言っているんです。

「歴史というものを、近代的に客観視して解釈するというやり方が流行っていたけれど、自分は『それはダメだ』」と。そして、丹下さんに向かって、「身体全部で一つのコミュニティに投げ込むような覚悟が、自分では必要なんだ」と。そう自分について言って、丹下さんに「それをやれ」とは言ってないけれど、そういうことを喋れる間柄であったことは確かだと思うんですね。

　丹下さんはその頃はまだコルビュジエ派でした。それがその2年後、もう完全な日本主義に、道造が死んでから、丹下さん自身が変わっていったんですね。アメリカやイギリスの、ヨーロッパの近代建築だけをやってた人がガラッと変わって、最後は「玉砕してもいい」と言うくらいまでいっちゃった人なんですね。

そのきっかけは、浪曼派に入っていた立原道造の呼びかけだったという風に思っているんですが、だから僕の「丹下論」というのは、それで始めで終わりということで（笑）。

康 丹下さんの設計図の中には、日本浪曼派的な志向性を顕著にあらわすものはあるんですか?

磯崎 それはね、建築学会というものが、公にあります。そこが、アンケートをとっているんですね。そこで丹下さんが結構過激な一文を書いているんですが、「これを学会の意見にしてしまう」と。

それは丹下さんの、まだ20代の頃に書いたものが採用されて、そこでは「八紘一宇と今後」という言い方で、今も文章はほとんどその頃のまま、それこそ日本浪曼派的な理解なんです。丹下さんはそこまで言って、その後一切口をつぐんで、後は死ぬまで言いませんでした。

康 そうですよね。僕もそのことを磯さんから最初に聞いて、ビックリしました。そしてそこに日本浪曼派、立原道造とのこみ入った関係があって。

磯崎 立原道造は、堀辰雄の弟子です。そして吉本も、三島と共に、日本浪曼派なんですよね。

吉本の「ハイ・イメージ論」は80年代でした。実はあの頃、都市論とハイ・イメージ論で、僕は割と吉本と、お互いわかるような気分になっていました。吉本は、ある意味で言うと、徹底してロジックの人でしょう? 理屈というか、ロジックをきちんと整理して、その「根底は何か」。「故に、こうなっている」という、その説明がものすごくよくできた人だから、僕は「おかしな理論でも説得力がある」というのが、この人の特徴だと思っているんです。

ところが、「イメージが先行しちゃう」と。それが情報化時代の一つの流れであって、それを80年代になって彼がバーっと「都市論」でやり始めた。今度は僕の方は、論理化できなくて、彼はまた別のかたちで、恐らく随分ずれてはいたんですが、何となく、例えばファッションなんかでも、彼はコムデ（ギャルソン）で、僕はイッセイ（ミヤケ）でという違いがあったんだけれど（笑）。

康 しかも磯さんの三宅一生は非常に似合うけど、彼のコムデは全然フィットしない（笑）。

だからその違いはね、磯さんはファッションを生理的にわかっている方だから、ピタッと巧く着こなす。吉本はそこへ行くと、辺境から突然そこに来ちゃったというような、ミスフィットというか、そこら辺に一つ問題があるかなと思うんだけど（笑）。

磯崎　それから、僕は人とどういう付き合いかというと、一本の筋があるわけじゃなくて、ただ「面白い」から、「興味がある」から、という。

康　そこは非常にやっかいなところなんだけど、それこそ磯さんが総合者たる所以だ。もちろん国際的レベルで。僕がこう言っているのは、国際的な意味です。

例えば建築家でも、この間のオリンピックスタジアムを最初に設計したイラクの女性も、彼女は磯さんが最初に見つけて、育てた女性。彼女なんかは一番の最先端だし、それは安藤忠雄君しかり、みんなが慕ってくる。これは巨大な存在ですよ。

「もし、磯さんに何かあったら」って、これは失礼な言い方だけど、その後を誰がやるかというか、問題が残る「やる必要がそもそもあるのか？」という問題もあるかもしれないが、磯さんみたいな存在は国際的にもぜったい必要だと思っています。

——「間」展を、2020年のオリンピックに合わせて東京でやりますと言った時、どなたが受け継げるのか。

磯崎　僕は、それを探しているんですよ。

——もしかしたら、康さん？

康　いやいや、とんでもない（笑）。

磯崎　恐らく、70年代でほとんど無名というより、嫌われていたおかしな人たちを、ともかく今「まとめる」こと。そしてそれが一つ、日本の特徴である「間」というようなものを、作品の中にどこか持っていく。そのことがわかって、さらに、それを情報化したり、表現手段がまったく変わったり、それがたとえ身体じゃなくなったりしても、同じような考えが出てくるような。

そういうものとして、次の展覧会が組立てられていったら「面白いな」と。それで僕自身は、パリというのは言わばヨーロッパの理性的の中心的みたいなところで、当時はそこでやった。

それは、「ポストモダニズムの時代」には、そういう「地域」としてはたまたまうまく当たったと言えると思うんですが、40年経って「もう、場所が違うんじゃないか」。

それでこういう日本のものが、現在を含めて持ってる特徴が、アートとしての、或いは思想的なものを含めて、「どこか伝わる感覚を持ってる場所はないか、東西文明の「間」とすれば中央アジア、シルクロードあたりが地政学的にも時空を超えた「間」を感知する素地が理解されやすいと思う」など妄想しています。

康芳夫×堀江貴文（実業家）・・・東大同窓生 異次元超人類対談

（集英社weeklyプレイボーイ2009.12.14 No.50より）

昭和と平成を。描いた夢は違えど、ニッポンを大いに熱狂させ、そして、その何倍もの非難を浴びた。ひとりは"騙し屋"と疎まれ、ひとりは"乗っ取り屋"のレッテルを貼られた。ただ、そんな非難は彼らにとって取るに足らないことなのかもしれない。未来へ、気が遠くなるほど大きな夢、終わりのないロマンを追い求めて。

――ふたりが夢見る"スーパー人類"とは？

康　芳夫（以下、**康**）　今はあれですか、とりあえず裁判の後は宇宙旅行？

堀江貴文（以下、**堀江**）　いや、"宇宙開発"ですね。

康　宇宙開発ってのは、具体的に？

堀江　最初はロシアの有人宇宙カプセルを修理して、ロケットに乗せてて飛ばそうっていうプロジェクトに投資したんですね。ほかにも「スペース・アドベンチャーズ」っていう、30億円払ったら宇宙に行ける、もう10人くらい行ってるんですけど、その会社にも出資してます。それと、日本独自でロケット・エンジンの開発をしていて、小型ロケットをイチから造って実験を繰り返しています。

康　火星とか木星までコントロールできる技術が可能な今、あなたがリーダーになって、資源開発とかいろんな意味も含めて、そこに共和国かなんかを造っちゃうようなことまでやるのかな、と（笑）。

堀江　とりあえず、どれだけ遠くまで行けるのか、と。新しいものを見つけるってこと自体が刺激的な話じゃないですか。

康　そういうことか。

ふたりが夢見る未来世紀ニッポンとは？

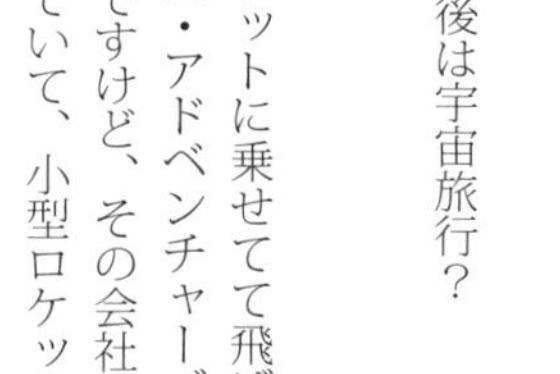

＊集英社 weekly プレイボーイ（2009　12.14　No.50）

――康さんは〝ヒトクローン計画〟に関わられているとか。

康　クローンに関しては、法律的なことがまだ整備されてないんであんまり具体的なことはいえないんだけどね。それがまったく合法的な国っていくつかあるんですよ。マッドサイエンスとマッドキャピタリズムの連鎖反応という意味では金儲けにつながっているんだけど、それを超えてもっととてつもないロマンがある気がして。堀江君はクローンに対してどういうお考えを持っていますか？

堀江　クローニングそのものよりも、もっと実現性が高い過渡的なニーズとして、万能細胞を使って脳細胞の修復をしたり、心臓を20〜30個も作ったりとか、そういう技術に興味があります。

康　具体的で、よくわかります。

堀江　心臓がたくさんあれば、1個壊れても平気でしょう？　あれはただのポンプで体の中で協調して動いていればいいわけで、協調は別にコンピュータ回路でできるわけだし。〝長生きプロジェクト〟っていうのがあって、それは宇宙開発と不可分なんですよ。

康　ああ、そうだなあ、うん。

堀江　さらに僕は、五感を通してのインターフェースだけじゃなく、脳と直接結びつけるワイヤレスのインターフェースを作りたいんです。映画の『マトリックス』とか『マルコビッチの穴』を観るとわかるんですけど、宇宙にはものすごい集合的な知的生命体が実はいろんなところにいるのかな、みたいな。不老不死とか、それこそ宇宙的なものになったら時間の概念すらないわけで。

康　彼は非常に重要なことを言っていて、時間の概念や宇宙の広さは人間が本来考えるべきことじゃないんです。

堀江　脳っていうのは、けっこう柔軟性があって、何もなかったところに刺激を送ってやると、突如回路ができてくる〝ダイレクト・コミュニケーション野《や》〟みたいなものがあったとして、そこを無線通信で結びつけ合うとものすごいスピードで考えていることを伝えられる。そんな〝スーパー人類〟みたいなものが出てきたら口すらも退化するかもしれない。

康　機能が変化するってことだよね。今、宇宙とかクローンの問題から発展したんだけど、堀江君はおそらく今の宇宙理論物理学者や生物学者よりよっぽど先をいっている。僕はそもそも時間とか空間の広さを人間が考えたこと自体がとんでもないことだと思ってるんですよ。アインシュタインも最後は行き詰まっちゃって、結局、宗教家になっちゃいましたね。

堀江　彼が、いつか宇宙が終わることを恐れたっていう話がありますけど、実際ホーキングの本を読んでも同じ話になっていて、要は人間理論みたいな、人間が宇宙だと認識するからこそ宇宙は存在するんだというような話にまで言及してますよね。

康　ホーキングの一番新しい本を読むと、ギリギリのところまできちゃっていて、ここから先にいったら精神病理学が言うところの発狂状態に入っちゃう。

堀江　僕は、そこはもっと突き詰められる気がするんですけど。

康　そうですか。

堀江　ただ、永遠に続くマトリョーシカみたいな、終わりがないっていう……。どこにつながっているんだろう？ どこにもつながってないんじゃないか、って。

康　堀江さんは非常にリアリスティックだから、次から次に紐を解く、イタチごっこを続けることに刺激を感じているかもしれないけれど、そんなものはオモチャみたいなこと(笑)。

――康さんは、いわゆるロマンを追い続けることも、人生の「退屈しのぎ」にすぎないっていうことをよく言われています。

堀江　僕の中では常に考え続けていて、こないだ別の本を出す時、そこが仏教系の出版社で「それは瞑想修業っていうんですよ」って言われて。仏教は「死」から発生したもので、僕は自然とずっと何かをやって、刺激的なことをどんどん追い求めていく。刺激って終わりがないじゃないですか？ その代わり人間は3つの魔法の呪文を与えられていて、それは「食欲」、「性欲」、「睡眠欲」。これは毎日リセットされて、そういうものに助けられながら、新たな刺激を追い求め続けていくことが生きていく上では根本的なことかな、と。

――宇宙の終わりに震撼した、小学1年生の秋

康　今、彼が言っていることと、僕が言っていることはほとんど同じことになると思うんだけど、「退屈しのぎ」っていうのは死の恐怖から逃れることと通じるわけ。

堀江　人間をもし肉体から解放することができれば、宗教もいらなくなるんじゃないかって話があって。

康　まったくそうですね。いやはや、堀江君は哲学者だな！

堀江　そうですか？

康　世間はキミを曲解してるんじゃないか？

堀江　僕はでも、頭の中で考えているだけじゃなく実践をしたいんですよね。

康　そこのところで僕と違ってくるかもしれないね。

堀江　追い求めたいんですよ。逆に、終わりのない旅っていうのは幸せなことなんだな、と。

康　それは「退屈しのぎ」の究極の手段。

堀江　伝統的な価値観や倫理観、宗教観っていうのは「人間は必ず死んでしまう」というところから生まれているものであって、そこで不老不死がどうのこうのって言うこと自体がタブーになっているのは事実ですよね。

――その「突き詰めたい」という姿勢は昔から？

堀江　ある時、気づいちゃってからはずっとそうですね。6～7歳かな？

――明確な気づきのポイントが？

堀江　田舎の小学生なんて暇でしょうがなくて、思索に耽るわけですよ。それでふと、小学

校1年生の時、秋、晩秋ですね。トボトボと歩いていて、家に着く直前で気づいてしまって「ああ、どうしよう！」みたいな。宇宙はビッグ・クランチが起こるんじゃないかってことは当時からいわれていたわけですよ。でも、宇宙も科学の力でなんとか恒常的な状態を保てるかもしれない。じゃあ、この宇宙はどこ？って考えた時に、ヤバい、どこにあるかわからないってことになって。

康　「道を誤った」って言い方は大変失礼かもしれないけれど、宗教家になるべきだったな！

堀江　宗教家・・・・・。（苦笑）。

――今日、堀江さんにお会いする前と後で印象は違いますか？

康　僕は今、頭が混乱しているんだけど（笑）。僕が最近出した本の中でね、「虚業家」っていうのは、いわゆる資本主義の泡をカスってる人たちのことを指していて。堀江君はもっと超越したものを持ってるね。フジテレビの株をかっぱらうなんて話は極めて小さなことかもしれないな（笑）。

堀江　そうかもしれないですね。要は、会社を乗っ取るとかそういう話じゃなくて、「みんなでこれから繁栄していきましょうよ。オレのアイデアでやればフジテレビは潰れなくてすむよ」ってことを言いたかったんですよ。

康　これは一種の、共産主義というより、人民資本主義の発想だよ。

堀江　ネットの事業を取り込まないとテレビの広告モデルはいずれ崩壊するし、それはもう間近にきていて。ナンバー１のテレビ局なんだから、力があるうちに視聴者から集金できるシステムを作っておいたら永遠に繁栄できますよ、と。さらに、「そのシステムを海外へM&Aなどを通じて展開していくんですけど、どうですか？」みたいな話をしていたら、「オレの人生をどうしてくれんだ！」みたいな話になって。

10億、20億のシード・マネーで政権はいつでも獲れる

＊ 集英社 weekly プレイボーイ（2009　12.14　No.50）

康　なんだかキミは田中角栄のイメージと重なるね。彼は中学校しか出ていなくて支配権力の頂点に立ったので、日米を中心とする旧ルーリング・クラス（支配階級）が恐怖心から締め上げにかかった。ロッキード事件の経緯とはつまりそういうことです。しかし、大衆にとって彼は大ヒーローですよ。でも、こういう人たちが出てくると疎外されちゃう。それは本当の意味で社会がダイナミックに発展する上で良くないことだと僕は思うの。

――政権交代で日本はより〝ヤバく〟なる

堀江　社会システムってある一定以上経つと、どっかで澱を思い切って捨てないと定期的にカタストロフィックなことが起きるんですよね。例えば日本の歴史を見ると、明治維新なんかはカタストロフィが起きる前にうまくリセットできたなと思うし、太平洋戦争の時はカタストロフィックなことが起きてしまってからしか変えられなかった気はするんですけど。今はまさに、その前夜な感じがして。

康　だから例えば、昔の世界的な革命家のカストロがね、僕が22歳の時にキューバ革命を起こして問題になったわけだけど、今やさすがのカストロもグローバル管理システムに閉じ込められ、ＷＢＣの野球解説者にすぎない。これを僕は非常に悲劇というか、彼をそこに追い込んだグローバル管理システムに問題があると思うけど。キミもね、この社会の檻の中でどんなことがあっても必ず埋もれないでほしい。

――政権交代は社会がドラスティックに変わる一端？

堀江　全然全然、澱が溜まっていく方向ですよね。世界は模索して、もがいてるわけですよ。本当はドラスティックに変えなきゃいけないんですけど、今どう考えても、みんなで等しく貧しくなる方向にいってるわけじゃないですか。最初に体制維持ありきで考えるから 解決方法がないんですよ。既存のヒエラルキーとか既得権を守りながら発展していくなんていうのは、こういう時代には無理。まったく新しいシステムにリニューアルする必要があるんですけど、民主党は社会民主主義的な政党なので、よりヤバくなりますよ。

康　社会民主主義政党の運命の行き着く先を突いた発言だ。これ以上のことを言う必要はない（笑）。

堀江　民主党ができて12年、小沢さんが合流して6～7年。逆に言えば、たったそれだけで政権を獲れちゃうんですよ。

もちろん、鳩山さんのシード・マネーがあったからできたわけですけど、10億、20億の世界ですよ。だから僕は「ああ、5年で政権獲れるな」って思いました。100億もいらなくて、10億、20億のシード・マネーで政権はいつでも獲れる、と。

――実際に「獲る!」という気は?

堀江　いや、誰か僕と考え方が近い人がやってくれればいいんで(笑)。

康　僕は彼が選挙に出た時にね、「一種のトリックスターかな?」という程度の判断だったんだけれど、今日話してみてよくわかった。彼はね、本当の革命児だよ。僕は「永久革命」って言葉がとても好きなんだけどね、堀江君は客観的に永久革命の思想性ってのを本能的に捉えてるよ。

堀江　みんな僕が選挙に出て「何でもやるやつだな」みたいに思われてますけど、選挙は面白かったですよ。民主党政権はぶち壊せるだけぶち壊して欲しいけど、社会民主主義的な政策がこれから4年間とられて、それはやっぱり澱が溜っていきますから。僕は意外と、次の参議院選挙で「みんなの党」が結構躍進すると思っていて。

康　私は、もう1回、必ずキミの時代がくると思う。ただ、キミにも多少ミスがあったかもしれないけど、やはりハメられた部分があるから。それはそれなりに反面教師として今後の参考にする。それと、堀江君ね、金、つまり金銭の問題について。あなたは金銭に非常に深く関わられてる人だけど、僕はドルを機軸にした貨幣経済はフィクションだと思ってますよ。

堀江　フィクションというか、バーチャルですよね。

康　もう過剰金融投機経済しかないんですよ、今や。本来はモノを生産して売って、それで利を得て、そういうのが成熟した〝資本主義の形態〟でしょう? それができないのは通貨の基軸であるドルがタダの紙切れだから。だから僕は北朝鮮のあのガキ将軍がね、世界中に偽札、ドルを撒いてるのは、一種のブラック・ジョークだと思ってる（笑）。

堀江　彼はね、意図してやっているのかわかりませんけど、世界一のブラック・ジョーカーだと思います。実はアメリカ・ドルと核ミサイルっていうのは表裏一体なんですよね。

康　まったくそうです。

堀江　アメリカは核ミサイルで世界中を脅してドルの信用を保ってるんですよ。やつは、あんな本当に竹槍みたいなミサイルを持って、ぶつかる方法を考えついたわけです。アメリカは追い詰められて金兌換制をやめたわけだし、その後、レバレッジに重しをつけてるのは金融当局なんで、だからイコール、アメリカ政府なんですよね。アメリカ政府が「膨らみすぎた」と思ったら、締めつければいいわけです。要はチキンレースをやってるだけで、例えばサブプライムローン・バブルだって、やってるやつらはみんな「ヤッベーな！」と思いながらやってるわけで。

康　ババ抜きやってるようなもんだ！

堀江　最初はババの入ってないババ抜きをやってるんですけど、途中で金融当局がババを入れるんです。

康　元締めがフィクションなんだから、全部フィクション（笑）。

堀江　ただ、悪いところばかりではないと思うんですよ。そのレベレッジの仕組みが、イノベーションを生み出すのに実はけっこう役に立ってるところがある。

康　うん、それは非常にキミのリアリスティックなところでね、実体に対しての信頼感があるわけですよ。僕の場合は全くの虚人、「虚ろな人」だから、そこが僕との違いかと思うんだけど。だけどね、僕が今日わかったことはね、本来的にキミは革命児だね。永久革命児（笑）。僕はね、あなたのことがよくわかりました。

康芳夫×荒木飛呂彦（漫画家）・・・生命の神秘

（講談社月刊KING2008.3月号&2008.4月号より）

——お二人の出会いはいつだったんですか？

荒木　確か2002年だったと思います。当時「変人偏屈列伝」というシリーズを描いてまして、そこに登場していただくために、一方的に取材させていただいたんです。

康　荒木さんは、当時と印象が本当に変わらないですね。

——康さんを描こうと思った理由は何だったんでしょう。

荒木　物語を描く時に、僕は登場人物の「動機」を大事にするんです。なぜボクサーになったのか、その人の子供時代にまで遡って、原点を知りたいんです。世界には「どうしてこんなことをするのか?」と特に強く思ってしまう、漫画に相応しい「変人」がいるんですが、日本にはなかなかいません。社会とか組織とか、自分を貫くことが難しい環境なんでしょうね。そんな中で、こういったら失礼というか僕としては褒め言葉なんですが、康先生はまさに「変人」だったんです。ルックスも怪しい感じでしたし（笑）。

——康さんの存在を知った、きっかけは何ですか？

荒木　子供の頃に「ネッシー」とか「オリバー君」をテレビで観てはいたんですよ。それを仕掛けたのが康先生だったというのを荒俣宏さんが書かれた著書や康さんの自伝を読んで知ったんです。

康　荒俣君もね、僕のところにきて取材してましたね。

荒木　僕の中で「変人」の必要条件は「ブレない」ことなんです。1~2年だけ変わったことをして目立っても、それは「一発屋」でしかないですから。一生ブレずに貫くことが本当に難しいことだと思うし、そこがすごい魅力なんです。

「生命の神秘」から「変人の魅力」

＊講談社 月刊KING　2008年3月号

康　大変失礼なんですが、僕は当時、荒木さんの作品を詳しくは読んでいなかったんですよ。その後、取材をきっかけに色々調べさせていただいて。今回の対談に荒木さんを指名させていただいたのは「ジョジョの奇妙な冒険」という長編シリーズには大きな問題を孕んでいると思ってね。根本的な世界観というか、ある種の黙示録を感じるんです。すべてを読ませていただいたわけではないんですが、「ジョジョ」には「スタンド」という存在が出てきたり、いろいろな「善人」と「悪人」が出てきたり……主人公も、善と悪の二人を立てていますよね？

荒木　そうですね。

康　善と悪の規定が、これからそれを超えた境地に辿り着くのか？　それとも同じように対立を繰り返すのか？そこら辺が重要な問題だと思うんです。

荒木　おそらく康先生と共通だと思えるのが、まず「謎を知りたい」という気持ちがあることです。ネッシーがいるのかとか、ＵＦＯは存在するのかとか、子供の頃から「謎」を知りたがる性格でした。大人になると「謎」の質が少し変わってきて、たとえば「善と悪の境界線はどこにあるんだろう？」といったものが「謎」になったりする。そういうものを、永久に解らないままなのかもしれませんが、描いていきたいんです。超能力という言葉だけでは片付けられない、物理的に説明できない領域ってあるじゃないですか？　それを読者に具体的に示したいと思ったのが「スタンド」という絵による表現になったんです。それ以外では「光」も絵で描きたいですし、善と悪というのも、どこからが善で、どこまでが悪という問題じゃなくて、白があれば必ず黒がある、という「二元性」が存在しているということを描かざるをえないんです。

康　大事なことを聞きたいんだけど、あなたの世界観の中で、善や悪に対する定義がないということですか？そうじゃないですよね。市民社会の基本ルールは、そこにあるわけでしょう？

荒木　はい、それはベースにあります。

――たとえば悪が、何かのきっかけで善に変換されることもありますか？

荒木　裏返しになることはあまりしないです。やはり白と黒とで、曖昧にしたくないですから。

康　ただ僕は、荒木さんが描いているものは市民社会のルールの枠では語れない、超越的な善と悪を描くことになるんじゃないか、と思ったりするんだよ。将来的に黙示録的な善と悪に到達せざるを得ないんじゃないか、というね（笑）。今はありとあらゆるタイプの善悪が存在していると思うんだけど、最終的な、もう一つ超越的なところに荒木さんがいくかもしれないと僕は考えた。もちろん、作品を掲載する雑誌の意向もあるかもしれないけどね（笑）、本人はどこまで考えているのか知りたかったんです。

荒木　それは「表現」という意味で、でしょうか？　謎を追求しているという意味では、今はまだ「はっきりした答えがないのかもしれない」としか考えが至らない段階です。

康　たとえば、あなたが考えるストーリーの中で「光」や「時間」を絵として描くこともありますよね？　それは時間とか空間に関して、新しい概念を生み出そうとしているんじゃないのか、と思ったんです。

荒木　なるほど

康　理論物理学をやっている人間でトップレベルのほとんどが絶望しているんですよ。つまり行き詰まっている。たとえばホーキング。彼は完全に行き詰まって、だんだん宗教的、文学的にならざるを得なくなった。アインシュタインも最後は宗教家になってしまった。つまり今の最先端に位置する理論物理学では「何も解らないこと」が解ったんです。まさに宇宙の構造そのものが究極のミステリーだということです。例のオウム真理教の主要幹部のほとんどが、理論物理学者、医者、生物学者で、その世界では究めつきのハイパーな連中だったわけ。それこそ東大のトップクラスの成績だった人間が結局、宗教に走るしかなくなったんです。重力引力が「ある」ってことは解るけど実際その正体が「何なのか」ってことは解らない。医学、生物学の世界も同様に「生命」の正体は、いまだ突き詰められてない。「これ以上、

＊講談社 月刊KING　2008年3月号

俺たちは何もできない」ってことを彼等は思い知って、結果、たまたまそこにあったオウム真理教というイカサマ宗教に入ってしまった。彼らの「行き詰まり」につけ込んでオウムはもっともらしい解決策を差し出したわけ。そういう世界に、これから荒木さんはどういうやり方でアプローチしていくのか・・・・・そうなると話が面白くなってくるんだけどね（笑）。

荒木　人間の思考の限界というか、到達点がありますよね？その先を絵で描きたいという気持ちはあります。

康　つまり、説明できない何かをビジュアル化するわけですよね。そこに期待するんですよ。ただ、そこまでいくと既存の読者は離れるかもしれない。でも、新たな読者は加わるかもしれない。新しい展開としては大変リスキーですね（笑）。ただし大いに期待します。あなたの従来の熱狂的なファンからすれば想像を絶する「スタンド」が次から次に登場する。これってすごいことですよ。

荒木　絵で描く大前提として、読者に解りやすく伝わらないといけないと思うんです。

康　それは、もの凄く難しいことですけどね。

荒木　かつて、僕の担当編集者に「メジャー誌でマイナーなことをやれ」と言われたことがあるんです。マイナーな雑誌でマイナーなことをやっても面白くないけれど、メジャーな雑誌でマイナーなものを描いたら面白い、と。ただしメジャー誌でやるからには、マイナーなことを解りやすく読者に伝えたいといつも思っていて。

康　それは、非常に大切なことですよね。

荒木　ただ、たとえば「善と悪の境界線」とか「宇宙の究極はどこだ」という「謎」を追求して作品を描いていきたいんですけど、それは「答え」を求めている、というのとは違うと思うんです。

康　求めていない？

荒木　「答えを示す」というよりは、絵で読者に「なんとか伝わればいい」というのかな？もちろん伝わるということは、辻褄がどこかで合っていないとダメなんです。理論的におかしいと突っ込まれちゃいますし。でも「答え」を求めるのは、その分野の専門家にお任せしたいんです。たとえば「超ひも理論」とか、今後発展して「答え」が解るんでしょうか？

康　うーん・・・・・・「超ひも理論」は、まあインチキだと思います（笑）。理論物理学が絶望的に行き詰まっているから、それを飛び越えて、一つは宗教にいく。もう一つは東洋的な叡智に辿り着く、というのもあります。たとえばインド哲学に基づく宇宙の解明の仕方は宇宙理論物理学の立場から判断すればとても納得できるもんじゃないんですが、最終的にホーキングと同じ結論に辿り着くのが面白い。なにせ西洋文明にない「叡智」を東洋文明は持っているから。

荒木　西洋学と東洋学を統合したら、説明できることもあるかもしれませんね。

康　西洋学は「広さ」とか「速さ」を規定したがるでしょう。でも規定の仕方がそもそも間違っている場合があるから行き詰まるわけです。あらゆる現象が理論物理学で証明されるべきだと考えるからダメなんだ。見えないから証明できないだけで、実は光速より遥かに速いものがすでに存在していて、とっくに宇宙の果てまで届いている可能性は十分にある。僕の場合はそれを直感でわかっている、というか。もちろん宇宙が「有限」だと仮定（僕の考えでは「無限」）した場合に「超高速」を当てはめているだけなんだけど。

荒木　確かに、絵で描いていると、直感で解ることがあります。超能力を証明することはできなくても、絵で描ければ、それは存在するような気がするんです。「変人偏屈列伝」に話が戻るんですが、そこに登場する人は、皆さん「直感力」に優れていると思うんですよ。いつの世も、新しい時代を開拓していくのは変人で偏屈ですし、間違いなく「直感力」がある人でしょうね。

康　時間の概念や深いテーマを作品で描いてらっしゃるけれど、たとえば「人間の終焉」について考えることはありますか？

荒木　作品はともかく、科学にせよ芸術にせよ、発展のしようがなくなれば、それが「終わ

「人類の終焉」から「本物と偽物の境界線」

＊講談社 月刊KING　2008年4月号

り」なのかなという想いはあります。

――発展というと？

荒木　たとえば60～70年代に世の中に登場したものは、音楽にせよ何にせよ、見るものすべてが新しかった。自分が歳を取ったからかもしれないですが、最近は「新しさ」が鈍くなっているような気がします。とはいえ、社会的な境界を超えて、ルール無用で新しさを追求しても、それを発展とは言わないでしょうし。

康　荒木さんが巷で言われている「超能力的なもの」に対して、不信感を抱いていると発言したのをどこかで読んだんですよ。作品の中でＵＦＯや宇宙人的なものが出てこないのと、何か関係がありますか？

荒木　僕は、ＵＦＯを信じていないいんですよ。特に作品について言えば、無限の宇宙を舞台に、まったくでたらめな生物まで登場してしまうと、表現が曖昧になってしまうので、地球に限定して描きたいとは考えています。

康　あえて手を触れたくない、ということかな？

荒木　そうですね。たとえば「人類の起源が宇宙人だった」とか、「人は神が作った」という類の話はすごく嫌いなんです。やはり、生物学的にきちんと辻褄が合っていてほしいんですよ。

康　荒木さんがスーパーナチュラルな領域に入り込むこともあるかと思ったんですが、現段階では有り得ないですね。

荒木　それと、超能力的なものを「宗教の世界」で説明するのも嫌なんですよ。「超ひも理論」は、たとえ嘘臭くても、理論で説明しようとする姿勢には賛成できるんです。少しでも「開拓しよう」という気概を感じるし……結局、僕が言いたいのは「人間讃歌」なんでしょうね。

康　人類の救済という想いは十分に伝わりますよ。しかし、これからもずっとその視点に基づいて「スタンド」を描き続けるのは大変じゃないですか？

荒木　交通や通信が発達すればするほど、世界には秘境が少なくなって、僕が描きたいと思う謎がなくなってしまうんじゃないかと考える時期もありました。でも世界は依然として謎だらけですし、人間の内面にも目を向ければ、可能性はもっと広がります。理論物理学が「無限」について答えを出せていないのと同じように、漫画で謎を解明できるかは分かりませんが、それでも「スタンド」は描き続けられると思うようになりました。

康　理論物理学における究極の解明はあるはずなんですよ。しかしその場合「無限」や「時間」に関する考え方を根源的に作り変えざるを得ない。でも、どう改めるべきかが掴めない。非常に優秀な理論物理学者で、全共闘の代表を務めた山本（義隆）君の著書があるんだけど、結論として重力と引力の正体には誰も触れることができてない、と書かれているんです。つまり、現段階では重力や引力は「神秘」としか言いようがない。

荒木　理論物理学もそうですが、美術の世界も行き詰まっているところがありますよね？今「新しいもの」といえば、極端になると贋作だとか、他人のものを搾取しているだけ、という時代の空気がある気がして……まあ、直感的な話なんですが。

康　ある時期からそのあたりのことが無茶苦茶になってますよね。でも、ひょっとすると、そこから新しいものが生まれる可能性もある。実は、僕は贋作について非常に興味を持っているんですよ。本物と偽物、その境界がもの凄く面白い。作家本人が贋作を見た時に「ここまでやるか！」と腰を抜かすほどクオリティが高い偽者もありますから。つまりたとえば絵を鑑定するのには、絵の材質鑑定しか「決め手」がない。それで本物か偽物かを判断することに、どこまで意義があるのかと思うんです。単純に見比べて、本物より偽物の方が素晴らしければ、それが「本物」じゃないか、と（笑）。

荒木　（笑）。以前、名画とその贋作を一緒に並べる展覧会を企画してらっしゃいましたよね？

康　『血と薔薇』という雑誌で実質的な編集長だった種村季弘というドイツ文学者がいてね、彼と一緒に世界的レベルの真贋展を絶対やろうと言ってたんだけど、展覧会を開催するのに必要な新聞社のバックアップがまったく受けられなかった。世界中の画壇や画商を巻き込む、非常にやっかいな問題になってしまいますし、どの新聞社も尻込みするのは当然です。ほとんどの美術評論家にも「これだけは止めた方がいい」って当時は言われましたね。権威主義だけを頼りにおいしいビジネスに浸っている美術評論家、美術鑑定家にとっては、絶対に踏み込んできてほしくない領域ですから。

荒木　逆に「これだけはやった方がいい」と思えるくらい興味深いですけどね（笑）。でもそういうのを聞くと「さすがだなあ」って思うんです。社会からはみ出しているようで、実は社会のために問題提起をしている。それだけで涙が出るようなヒーローですし、僕が康さんを漫画に描いた理由もそこにあったんです。きっと、そういう人たちが困難や社会に立ち向かって切り拓いて、その先に理論的にも合致する「新しいもの」が生まれるんじゃないでしょうか。

康芳夫×金平桂一郎（協栄ボクシングジム会長）…金平会長、亀田問題をはじめて語り尽くす！

（講談社月刊KING2008・1月号より）

康芳夫（以下、康）今日はね、パパ（金平正紀。協栄ボクシングジム前会長）のお通夜以来なんだよ、このジムに来るのは。

金平桂一郎（以下、金平）亡くなったのが1999年の3月26日ですから、もう8年以上も前になりますね。

康　なかなかやっかいな男でね、それは面白かった（笑）。

金平　確かに、やっかいが服を着ているような人でした（笑）。

康　あまり悪い影響を受けずに、あなたはまともに生きているようでよかった（笑）。

金平　（笑）。でも、先代とシンクロする部分もあるんですよ。人は、ただ食べて日々を暮らせばいいわけではなくて、娯楽や芸術が必要な生き物だと思うんです。そんなエンターテイメントを世間に知らしめていくのが興行師の仕事ですよね？　たとえばきれいな絵があって、それを描いた人が納得すればいいかもしれないけど、我々の仕事は「いいもの」をどう表現し、社会と接点を持って広めていくかが重要です。そういう意味で先代や康先生がやられてきた仕掛けはすごく斬新で、興行師の“あるべき原点”だと思うんです。

康　そう言ってもらえると嬉しいね。パパとは気が合って、モハメド・アリを呼ぶ時に、僕が日本のプロモーターライセンスがないこともあって、いろいろと協力してもらいました。

金平　当時は私がまだ10歳にならなかったくらいですね。一大プロジェクトですから、お金のことはもちろん、成功させるために多くの障害があったと思うんです。ただ算盤上の計算の前に、康先生も父も非常に純粋な「アリ呼んだれ！」という勢いと情熱があったんでしょう。きっとアリも、その「意気」を感じてくれたと思うんです。

金平会長、亀田問題をはじめて語り尽くす！

＊講談社 月刊KING　2008年1月号

康　まったくおっしゃる通りです。「興行」という意味において、頭抜けて「センス」を持っていたのが先代だった。だから、アリを呼ぶ時は、まず先代に相談したんですよ。ニューヨークで試合の発表をしたら、日本のボクシング界から総スカンを食らうし、アメリカのマフィアの折衝したり金の工面で大わらわで、彼には随分助けられましたよ。当日の仕切りや日本の関係者との交渉なんかをお願いしてね。ただ、彼に渡していたお金を「どこかにやっちゃった」って言うんだよ（笑）。終いには関係者から東京地検特捜部に訴えられてさ！ 尋問待ちの控え室で先代と一緒になったんだけど、彼は下手すればそのまま「ガチャン」という時に、声を潜めて「康さん大丈夫、大丈夫」って暢気に言うんだ（笑）。何に対しても怯えないのは、さすがだよね。

金平　一言で言えば「怖いもの知らず」ですよね。「これは盛り上がる」と確信すれば、とにかく万難を排してやるわけです。

康　しかし誤解を怖れずに言えば、最近話題になっている一連の亀田親子の問題で、興行師としてパパを乗り越えたね！ 亀田問題は「ヤクネタ（いわゆるトラブルメーカー）」扱いで、先代一流のトリッキーなやり方で仕切ったはずだから、もし彼が生きていたら、もっとややこしくなってたかもしれない。

金平　「時代」だと思うんですよ。30年程前のアリの興行なら父のやり方が正しかっただろうし、現在なら現在の方法がある、と。すべては結果論なので、とやかくは言えませんが、ともかく感心するのは、一筋縄ではいかない曲者の父を使って、あり得ないと思わせる興行をまとめ上げた康先生の求心力ですよ。

康　「曲者」は、言葉を変えれば「食わせ者」でもある。当時の世界ヘビー級チャンピオンを日本に呼ぶという大仕事だから『食わせ者』じゃなければ組もうと思わなかったですよ（笑）。

金平　「曲者」や「食わせ者」という呼び方は、興行師やプロモーターにとっては最高の誉め言葉ですからね。

康　さっき「時代」と言ったけど、今はＫＹ（空気が読めない）って言葉があるだろう？ それにグレートのＧを付けて「ＧＫＹ」なんですよ。要は時代の空気から逸脱すること。それが興行師、つまり食わせ者の条件。だからあなたも間違いなく食わせ者ですよ（笑）。

金平　康先生がそう言うと、そうなってしまいますから（笑）。

康　しかし、マスコミは亀田親子を叩くけれど、マスコミ自身が亀田親子にパフォーマンスを期待しているからね。

金平　大毅も一皮剥けばそこいらの18歳の青年ですし、犯罪者ではないですから、再起してもらいたいですね。ただ、酷い反則行為を犯したことについては、管理しきれなかったことはひとえに私の責任ですし、社会的バッシングも甘んじて受けなければならない。

康　モハメドはね、リングの外で口にすることが、亀田とは比較にならないくらい酷かったわけ。でも､リングに上がれば「ビッ」とする。今回の問題はそこで､リング上でも多少オーバーランしたことなんだ。加えて「市民的なルール」という、ある種のファッショ的規制が、最近は過剰にうるさい。デタラメな連中が、昔よりもはるかに受け入れられ難くなっている。

金平　興行は時代に即応した許される範疇で面白いことをやらなきゃいけない。さらに言えば日本という「お国柄」も考慮すべきですよね？　もし私が世界を相手にするなら、やり方を変えることになるでしょうから。

康　日本の市民社会は、ちょっとしたことに文句をつけるようになった結果、スポーツ界に限らず、いわゆる「ハミダシ者」たちが非常に息苦しい状況に追い詰められている。でも実は、人々はそんな状況に飽き飽きしているはずで、本当は亀田のようなヒールを求めているのは間違いない。だから文句は言うけど「カタチだけ」というかね。

――日本が失ってしまった父と子が持つべき美徳

康　先代は多くの事業に手を出したけど、やっぱり原点であるボクシングを最後まで捨てなかったのが見事だと思うんだ。

金平　最終的な「拠り所」がボクシングだと分かっていたんでしょうね。親父はボクサーを引退した後に、実はトンカツ屋をやりたかったらしいんですよ。でも海老原博幸さんとの電撃的な出会いがあり、トンカツ屋をあきらめてボクシングジムで勝負することになるわけです。ただ、それ以外の経営にも多く手を出していて、しかも、はっきり言って、ことごとく失敗してますからね（笑）。

康　その失敗の仕方がまたすごいんだ。もう究極のテレビドラマだよ（笑）。

金平　99年に、私に残されたのは、ボクシングジムと膨大な借金でしたから。

康　大変な思いをしただろうけど、ある種の「宿命」だからね。借金もそうだけど、親が「偉大」過ぎると跡継ぎは潰れてもおかしくない。そこをきちんと乗り越えてきたのが素晴らしい。

金平　しぶとい性格なのかもしれません（笑）。時々、本当に疲れることもありますが、それよりも、やり続けなければいけない責任感の方が強い。当初は「お前ごときに、先代のようにはできっこない」と言われていました。それに対する反発心が、やり続けられる理由の一つなのかもしれません。

康　それだけ先代が残したものがあまりに大きかったんだよ。単なるボクシングジムの経営じゃ片付けられない。やっかいで複雑な問題なんだ。それにしても、先代がやったことで印象深いのは、例の毒入りオレンジ事件だ（笑）。亀田問題について漫画家風情、コメンテイター風情がテレビで空騒ぎしているけど、彼らが毒入りオレンジ事件の時にいたら、どうなってただろうね。完全にパニックになって、精神病院行きは間違いないよ。

金平　あの時は、僕がまだ子供で、細かいことは理解してなかったですが、とにかく周りは尋常じゃない騒ぎでしたね。

康　もう刑事事件ですから！　いいタマだよ、まったく。きっとね、今回の亀田問題に関しても「俺に比べればラクなもんだ。頑張れよ、息子」なんて墓の中で言ってるよ（笑）。

金平　「まあ、いい経験だろう」くらい言いそうですね（笑）。ただ今回は私自身だけで解決するわけではないですから。亀田親子当人たちにとって大きな問題ですし、現在進行形です。

康　彼らは一般的なファミリーと比べて社会的な訓練を受けてない部分があるから、そこら辺をそれなりに、あなたがボスとして丸く収めればいいんです。ただし本音を言えば、一般大衆もボクシング界も、今回の盛り上がりについては大喜びといったところだよ。

金平　今回の問題で考えたのは、早く情報公開をし、まず誠意をみせて謝罪することでした。それが時代のニーズでもあるし、その先の進め方や戦略は、後で考えようと。これが、親父だったら強行突破で、違う手段を選んだでしょうね。たとえば、それまでの問題がチャラになるくらい、もっと凄い発言をかぶせる、とか（笑）。

康　どちらのやり方がスケールが大きいとか小さいとかではない。どちらも、その時代では「正しい」と思うんです。

金平　今回、責任が重いのは一つの家族の運命を左右することです。だから、どうしたって亀田親子にとって一番いい方法を考えます。謝罪会見も、本当に「素」で行きました。要するに、このようなケースなら下手な芝居をしても必ずバレます。だから細かいことは言わず、誠意の伝わる服装と言葉で話しなさいとだけ伝えました。あの試練を興毅は一生懸命乗り切ったと思います。父親の史郎さんについては本人が釈明できない場所で彼を批判しても仕方がないですし、身を引くと決断したわけですから、それを認めるしかないですよね。今後は時代の空気を読んで、肌で感じて、亀田家のキャラクターのいい部分を残しつつ試行錯誤しながらやっていくしかないです。

康　あの事件が、なぜこんなに大きな問題になるか。亀田兄弟が単なるヒールだったら、とっくに話はついてる。重要なのは、それがファミリーの問題だという点。日本全国民で家族に

自分の親を世界一だと言える男はエライ！

＊講談社 月刊 KING　2008 年 1 月号

ついて悩んでいない人は誰もいない。だからみんな注目するわけです。今回の会見で大衆が感動したのはね、「何があっても私の親父は世界一の親父です」という、あの一言。よく言ったと思ったね。小市民的な細かい常識とか、良心でいくら彼をいじめても、親子の繋がりは消えません。演出でもなんでもない本音。あの一言がすべてですよ。漫画家風情もコメンテイター風情も、完全にリング外にブッ飛んだ。だから彼らの「ファミリーの本質」を失う必要はまったくありません。それこそ、今の日本では希有なんだから。

金平　今、史郎さんは週刊誌などでいろいろと叩かれていますよね。しかし、ここ数年の事象だけを取り上げてすべてを否定してもしょうがない。息子を世界チャンピオンにし、食わせてきたのはお父さんです。息子たちの親への恩は、日本にあるべき最大の美徳じゃないですか。だから、マスコミに自分の親父を否定されたからといって、態度を変えたらね、それこそ欺瞞であり嘘になりますよ。ただ、社会に出るための親離れ、子離れも、もちろん必要ですよ。

康　最初は、もしかしたら、あの一言も仕組んだのかと思ったんだけどね（笑）。でも間違いなく本音ですから、市民社会の、いわゆる良識や常識が、ある種の欺瞞であることを明らかにして……その過程も見事な興行になりましたよ。

金平　私自身が、それを興行だと言ってしまうと問題がありますが、結果論としてはそうかもしれません。我々がやることはプロセスも興行ですから。アリの話だって、試合そのものもそうですが、記者会見の対応とか、絡んでくる登場人物のキャラクターや人生をひっくるめたプロセスが本当に面白い。もっと言えばプロセスがあるからこそ、今でも語り継がれる話になるんじゃないでしょうか。

――ビジネスにも生かせる興行師の危機管理能力。

康　つい先日、あるテレビ局や新聞社の幹部と話したんだけど「金平ジュニアは他の仕事もちゃんとできる」という見解が出たんです。今回の事件で認められた、あなたの見事な危機管理能力は、どの仕事でも通用するから、何か他にやらないのが惜しい気もする。ただあくまで「興行師」だから、普通のビジネスと違うのは確かだけどね。

金平　自分のことをビジネスマンだと思ったことはありません。今回のことも、やるべきことをやった。それだけです。起こった問題を解決するのはビジネスマンだろうが、興行師だろうが、もっと言えば主婦であろうが、当然のことですから。私の職業は興行師であり、プロモーターで、危機管理のプロでもなければ、名を売って政界で勝負することもありませんしね。

康　ビジネスマン向けに危機管理を謳っている本などは、いわゆるマニュアルでしかないからね。現実は解決するのは「直感」と「肝」しかない。それに加えて興行師は「プラス何か」を持っていないといけない。亀田問題では、マニュアルを参考にしたとしても、それは単にヘルプに過ぎなくて、必要だったのはハートと胆力、そして直感的判断ですよ。

金平　父が亡くなる一年前に癌が発覚して、ある程度の覚悟は決めましたけど、まさかあのタイミングで死ぬとは思っていなかったんです。抱えている問題が複雑過ぎて、跡を継ぐ自信がまだなかった時期だし、親父も心配していたし、周りからは「後を継いだら一ヶ月と保たない」と言われていましたから。

康　正直、俺もそう思いました。

金平　だから、協栄ボクシングの経営に関しては、継いだ当初から危機に面していましたから、今では「危機慣れしている」といいますか（笑）。それに、かつてロシアに留学していたことがあって、ちょうどソビエト連邦が崩壊した時だったんです。国家の危機に関する流言蜚語や噂話は飛び交っているけれど、通信連絡網の整備が悪く、社会主義ですから情報統制がされていて、市民にとっては基本的に現実味がなかったんですよ。でも、1991年には崩壊してしまうわけです。その時に思ったのは「これだけ巨大な国家ですら、あっけなく崩れるんだ」ということ。その記憶が今でも強烈に刻み込まれています。親父にしてもそうです。本当にいろいろ仕掛けてきて、その度にいろいろやらかして（笑）、協栄ボクシングジムの看板を築いたパワーのある人が、自分の目の前であっけなく息を引き取るわけじゃないですか。本当にどうしようもないことですし、突然、危機を突きつけられて、とにかくど

ビジネスにも生かせる興行師の危機管理脳力

＊講談社 月刊KING　2008年1月号

うにかしないといけなくて、いつの間にか年月が過ぎていました。もう日常が危機でしたから、慣れもしましたよね（笑）。

康　先代も、日常から危機が連続していた人でしたから、小さい頃から側にいて、それを肌で感じてたってこともあるだろうね（笑）。でも、そんな経験だけじゃなくて、やはり資質がないと勤まらないですよ。

金平　しかし、親父のような面白い人間ではないですよ（笑）。

康　本当にドラマチックな人生だったよね、先代は。とてもシュールだった。なぜ彼のことを漫画とか劇画にしないのかと思うね。いずれにせよ、彼の人生をもっと語り継ぐべきだよ！

金平　自分のブログにも書きましたが、とにかく面白い人で、たとえば銀座でモテるためには、生まれたばかりの僕でさえ、そのための小道具として利用した人ですから（笑）。

康　昔は、よく一緒に銀座の超高級クラブで飲んだからね。本当はもっとすごいこともあるんだけど、ここじゃさすがに言えないな（笑）。

金平　そうですね（笑）。関わった中で、まだ生きてらっしゃる方もいますし。

康　亀田事件は一応、収まったけど、本当にうまいことまとめましたね。マスコミに追いかけられながら、あなたが先代と霊感で交信しながら解決したんじゃないかと思ったりしてね。

金平　親父に相談したら、もっと力攻めだったと思います（笑）。ただ生前、親父が言っていたのは「お前は、俺と同じやり方は無理だろう」と。親子でもキャラは違うということで、「別のやり方をしろ」と常々話していました。それに「時代も変わるから」と先を読んでもいましたね。そんな親父の言葉は、今でも私の大きな指針になっています。

――「興行師」の資質が日本の未来を明るくする!?

金平　よくお話をさせていただくK－1の谷川プロデューサーは、エンターテインメントとしての「見せ方」もそうですが、ピュアにどの対戦カードが面白いかを追い続けていて、それが時代やファンのニーズに見事に応えていると思うんですよ。かつて親父がやっていた方法とは違うけれど、現代で興行を成立させている「ビジネスモデル」というわけです。谷川さんはとても尊敬できる、よき先輩ですね。

康 谷川君は、この連載にも出てくれたんだけど、本当に大した男ですよ。システマチックに物事を運ぶという意味で、時代の空気をちゃんと読んでいるからね。もちろん、それ以外のものも持っているけれど、今は時代が求める枠の中できちんと仕切ってますよ。だからといって、昔と比べて興行師が大人しくなったとか、破天荒なイベントができなくなったというわけではない。いわゆる「GKY」が前提ですが金平君だって、ひょっとしたらボクシングプロモーターだけじゃないかもしれないけどやる時は何かやってくれますよ（笑）。興行というのは「流れ」ではなく「瞬間的なタイミング」でやるものだから、何があるかはなかなか読めない。そこが実に難しくて面白いところです。

金平 亀田問題については、これから兄弟をちゃんとジムに迎え入れて、まずはアスリートとしてトレーニングしてもらうことになるでしょうね。いくら見せ方が派手でも、ボクシングの実力がなければ成立しません。メキシコで練習して日本に帰ってきて、そしてどう育っていくのか。これはたとえば、ほつれたセーターを地道にほぐして毛糸に戻し終えた、という状態です。今度は柄や色を変えつつ、編み直していく作業に移る時です。出来上がるのがセーターなのかマフラーなのかは分かりませんが。

康 よくここまで持ち直したよ。あなたが培ったノウハウは、下手なビジネス講座よりも、一般の会社経営などで、もっと役立つかもしれない（笑）。

金平 エンターテイメント性を大事にする部分と「成すべきことを成す」という基本中の基本も、きちんと押さえないといけませんからね。

康 興行の中に、ビジネス的な大事なエッセンスがいっぱい詰まっているからね。

金平 亀田問題は、結果的に収まりましたが、家族のストーリーもありますし、解決する案件としては難しかったかもしれません。単純に世界チャンピオンが何か問題を起こした、というものなら、それなりの処分をして終わりだったはずです。でも、たとえば「そもそも家族とは何ぞや」と、今回はボクシングの枠を超えたいろいろな問題があったので、他のケースに比べて複雑だったのは確かです。

康　スポーツとしての問題と、社会的に注目すべき要素が入ってたわけだから。モハメドの場合も、宗教の問題もあったし、ベトナム戦争で兵役を拒否するという社会問題も孕んでいたから、あそこまで問題になった。もちろん個人のキャラクターの強さもあるし、世界中が注目するのに値する兵役拒否問題も相まって彼の存在をいっそう引き立てました。だから今度の場合も、再生の道が見えるまで引き戻したから、この先は彼等の責任でもあるし、統率者としての金平君もいるし、共同作業として戦略を立てていけばいいんですよ。「千万人といえども吾往かん」という気持ちがあれば、この世に怖いことなんか何もない。全部クソくらえということだ。これがパパや僕の「共有哲学」です。そして先代の遺伝子を継いでいるあなたなら、社会が注目する面白い興行を今後必ず成立させると思うんです。

康芳夫×室井佑月（作家・コメンテーター）・・・親密な関係

（講談社月刊ＫＩＮＧ２００７.12月号より）

――この連載のテーマは、謎の大物である康さんと関わった人が「何を学んだか」なんですが、室井さんの場合は・・・・・・？

室井佑月（以下、室井）　人生はバクチってことかな。

――一同笑

康　芳夫（以下、康）　それよりどうしたんだよ？ＴＶではこの前の内藤―亀田戦については遠慮して発言してないか？

室井　だって今、息子が協栄ジムに通ってるから（笑）。それに、たとえば横峯パパもそうだけど、亀田パパもそんなに悪くないと思うもん。それで金を儲けようとする、周りの人たちが良くないわけでさ。

康　それは、すごく正論だよな。

室井　今回の騒動で文句を言っていいのは内藤さんとか、ボクシングを真面目にやってる人たちだよね。私なんか面白がってるだけだから。

康　それにしても、ボクサーにしようと思ってるお前の息子が、とにかくすごいんだよ！

室井　ただボクサーにするだけじゃないんだから。麻布（中学・高校）に入れるつもりなの（笑）。家庭教師もつけたし。

康　この間まで慶応義塾に入れるって言ってたじゃないかよ。

室井　だって東大に入学する人数は開成が一番多くて、その次が麻布だもん。それに、これからは海外の大学に入らなきゃダメだと思うんだけど、海外留学の切符は東大に入学すれば簡単に手に入るらしいから。

親密な往年の飲み仲間

＊講談社 月刊KING　2007年12月号

康　そりゃ「低俗教育」じゃないか！（笑）。

室井　人生はバクチでしょ？ 殺されるか大物になるかってくらいの覚悟でやってんの。それに、腹違いの兄弟が4人いるから、その中で一番優秀じゃないと私のプライドが許さない（笑）。

康　こいつの息子をガキって呼ぶと「オレをガキって呼ぶな、このオヤジ！」って言ってくるんだよ。とんでもない子供だよな。

――小学1年生でしたっけ？

室井　そう。ボクシングを習わせた本当の理由はイジメとか今ひどいでしょ？ だから人として辱めを受けないようにと思って。

――人生はバクチだってことを康さんから学んだわけですしね。

室井　食べさせてもらっている間は親の言うことを聞いて、会社に入れば上司の言うことを聞いて、歳をとれば身体が言うことをきかない……。そんな人生なら、たとえ大失敗する可能性があったとしても、自分の好きなことをした方がよくない？

――身近なお手本が康さん？

室井　そうだね、康さんは嫌いなことやらないもんね。

康　マイペースってことかな。

室井　ある意味「潔癖」だから、嫌いな人には「嫌い」と言わないと気が済まないんだよ。

康　しかし説明できないんですよ。この女とどうして気が合うのか。何の利害関係もないから非常に珍しいケースだ。まるで親子みたいでときどき不思議に思うことがある。

室井　私は「第二のオリバー君」って言われてるんだから（笑）。康さんに出会った当時はエネルギーがあり余っていて、喧嘩のやり方から面白い遊び方まで、いろいろ教えてもらったよね？ 康さんのやることは世間で言えばルール違反になるのかもしれないけど、想像を超えた外れ方だから本当に面白い。

——息子さんも、康さんのようになってほしいと思います？

室井 そんなわけないじゃん！（笑）人生はバクチだとしても、なるべく高い確率で息子には当ててほしいから。具体的に言うと詩人でプロボクサーになってもらいたいけど、それは当たりの少ないクジをひくようなもんだから、できるだけ確率が上がるように手伝ってあげたいと思う。

康 室井との関係が長く続いている大きな理由の一つは、お互いに言いたい放題でマイペースを崩さないこと。それから「蛮勇」と「勇気」って言葉があるでしょう？向う見ずに飛び込んで、いざやられるとしょげてしまう今回の亀田みたいなのは蛮勇。室井はそれと違って先に待ち構えている状況を予知しながら、恐れずに突き進む勇気を持っているのが素晴らしい。

——男性に対する誉め言葉のような気もしますが（笑）。

室井 私はね、小さい頃に父から「辱めを受けたら相手を殺してお前も死ね」って言われて育ったくらいですから（笑）。

康 いざという時の「覚悟」とそれを支える「勇気」を室井は持っているんだよ。そこが亀田家と大きく違う。今回、大毅が本当に腹を切っていたら「勝ち」でしたよ。ちょっとでも切腹していれば、世論は一気に彼らに傾く。まあ、そんなもんだよ、マスコミ世論なんてものは。

室井 康さんがブレーンでついていたら良かったのにね！

康 やだよ、どうせダーティ・ヒーローだろうから（笑）。

室井 結局、今回の問題は亀田が弱かったってだけでしょう？仮に亀田家が道徳的な一家になったところで、エンターテインメントとしては「使い物」にならないじゃない（笑）。

康　要はリングの上でちゃんとやればいいんだから。一年間の謹慎だっけ？ JBC と金平君の決断が厳しいという話もあるけど、彼は父親と比べればまともですよ。僕がモハメド・アリの試合をコーディネイトした時に、金平君の父親に手伝ってもらったこともあるんだけど、当時金平君は4歳くらいだったかな。その前に父親がプロモートした世界戦で試合相手に毒を飲ませたりしてね。

室井　当時、新宿で喧嘩が起こると協栄ジムの先代の会長が警察より早く現場に駆けつけて、喧嘩してる二人をボコボコにして監禁しちゃうんだって。そして「警察に突き出すか？ それともうちのジムに入るか？」って聞くんだって（笑）。

康　当時の協栄ジムでは、新宿の暴れ者が入ったとしても、3日もすれば逃げ出したそうです。ボクシングの世界が、いかに厳しかったかってことだよね。

室井　ここでは紹介できない、いろいろな逸話があるよね。今はまだ話せないけど、康さんが死んだらもっと面白い話を教えますから（笑）。

康芳夫×光安久美子（銀座伝説のクラブ「グレ」創業者）・・・男が成長するための条件

（講談社月刊ＫＩＮＧ２００８・９月号＆10月号より）

康　戦後、銀座にはたくさんの高級クラブが存在していたんだけど、ほとんどが「引き際」に失敗しているんですよ。そんな中、あなたは見事に引いてみせた。お店の売上げもまだピークにあるうちにママの座を他人に譲ったのは、銀座の高級クラブ史上、初めてですよ。

光安　『おそめ』という本に、私よりも一世代前の銀座が描かれていて、銀座という街には本当にいろいろなドラマがありますよね……。でも、『ＫＩＮＧ』の読者は30代が多いんでしょう？　そもそも銀座について関心なんてあるのかしら……。

――若い世代が「大人」になる移行期なので、銀座であるとか、康さんがやられてきたこととか、伝統や昔のものを知ることにも意義があると考えているんです。

光安　康さんは本当にすごい方ですよね。でも、そういう生き方にはエネルギーも必要だと思うんですよ。多かれ少なかれ、銀座には康さんのような人たちが集まってきますし、華やかで面白い街ですよね。

康　演劇空間というのかな。銀座という街は安い芝居もあれば、その逆もある「舞台」なんですよ。それをすべて俯瞰できる立場から、あなたは見てきたわけです。僕も「人生は芸術なり」を信条として実現してきたが、貴女の人生も芸術そのものだね。銀座という「人生劇場」を実にユニーク、まさに光彩陸離として生き抜いて、そのへんに転がっている凡百の小説、芝居のレベルでは語り尽くせない。たとえるなら銀座という、とてつもない泥沼に妖しく咲いた蓮の花のようだ。

光安　銀座は日常では考えられない街ですよね……ものすごいお金を使いますし（笑）。バブルがはじけた時「銀座はもう終わるだろう」と言われて久しいんですが、今でも生き残っ

男が成功するための条件とは？ 前編

＊講談社 月刊KING　2008年９月号

てるわけです。最近ならＩＴ関係など「羽振りのいい」業界の方がいらっしゃるとか、たとえば六本木のようなスタイルに飽きて「ちょっと大人」の銀座に行こうか、という流れもあるようです。

康　経済的な事情が色濃く影響する場所ですから。一方で流行作家や、その他あらゆるジャンルのアーティストなどクリエイティブで一番勢いのある連中が集まっても来る。銀座は時代を敏感かつスピーディーに反映する「象徴」になるのが面白い。

――最近はＩＴ関係以外だと、どんなジャンルの人が集まってきますか？

光安　ちょっと前までは外資系の証券会社が多かったですが、今は激減しているし、不動産業界もミニ・バブルだったから景気がよかったみたいですけど、それもはじけたし……今は少し落ち着いたかもしれません。

――その時代の「流れ」を目の当たりにしてきて、いかがでしたか？

光安　39年間、銀座で働いて知ったのは「程を知る」ということです。どんなに成功した会社の権力者でも、やりすぎて崩壊していった方は何人もいらっしゃいますからね。必死に努力してきた人も、成功を手にすると「慣れ」てしまったり、欲望に負けてしまったり……。逆に何年も続いている企業や人に共通するのは「無駄使いはしない」ことですね。悪い言い方をすれば「ケチな男」じゃないといけない。まあ銀座という街はケチな人ばかりになってしまっては成り立たないのですが（笑）。

康　一晩で何百万円も使っていた人間が、一銭も持たずに死んだり、ブタ箱に入れられるのは、この世界では珍しいことじゃないからね。

――復活する人はいましたか？

康　レアケースとしてはあるだろうけど……シャンパンいかがですか？

光安　お茶でもいいです。飲むと余計なことを言ってしまうから（笑）。

康　二十数年前に彼女と初めて会って「この人はちょっと違う」と思ったんです。自分の人生に対するシビアな志向性があるというか、オリエンテーションを持っているというか……銀座でトップの位置で「やっていける」女性には、少なからず必要なことなんだろうけどね。

光安　でも時代とともに銀座で働く人も変わってきてはいます。別の土地でやってきたお店が参入してきたり、高級クラブを個人が切り盛りするのではなく、いわゆる企業が経営するようになって「銀座の質が変わった」という声も少なくありません。

――銀座とそれ以外で違うことは？

光安　やっぱり、男性は何かしらの「ステータス」を求めますよね？　勲章というか、自分が他とは一線を画すことを証明するものを求めるのは、男性の根本的な欲求だと思うんですよ。たとえば、かつて白洲次郎さんや吉田茂さんなど、政治家や財界の偉い方なんかも出入りしていたお店で自分も飲みたい、という気持ちが、少しはあるんじゃないですか？

康　少しというより、非常にあるでしょうね。虚栄心というものは、特に男性の根本的な本能ですから。

光安　最近ではＩＴや何かで注目された人たちが「六本木では物足りなくて銀座で飲みたい」という話が方々でありますが、お店にやってくると、誰が飲みに来ただとか昔のいろいろな話を聞きたがるんです。女の人を口説くだけであれば六本木でも十分でしょうし、それとは違う「意味」を銀座に求めるんでしょうね。

康　その人が通っていた店というだけでステータスになり得る、いろいろな意味で本当に面白い人間が集まってきてましたから。中にはクサイ飯を食べる羽目に陥った人もかなりいるけど、普通の人たちよりはるかに魅力があった。

光安　その時代の新聞を賑わせる人たちの多くが、お店に顔を出してましたから、本当に面白くて興味が尽きませんでした。それで私は長く居すぎたんですよ。本当は、もっと早く引退するつもりでしたから（笑）。

男が成功するための条件とは？ 後編

＊講談社 月刊KING　2008年9月号

──「グレ」には野球選手が多く訪れると聞きましたが・・・・・・。

光安　単純に、私が野球選手のことを好きだったので、集まってきてくれたんだと思います。

康　あなたに群がる選手だけで1チームできちゃうからね。噂によるとプロ野球界を代表する名（迷）キャッチャーと言われた人が、当時の銀座を代表する文化人のママに強引に拉致された、と聞いたけどね（笑）。

光安　それは言い過ぎです（笑）。私は文化系で運動ができないから、スポーツ選手には憧れました。自分にないものをお持ちの方には惹かれてしまうんです。

康　でもあなたは屈強な男たちだとしても、飲み比べならひけをとらなかったでしょう！

光安　関取も時々いらっしゃって、仲良くなるとヒレ酒の飲み比べもしてました（笑）。ともかく、銀座では普通の人生を送っていれば滅多にお目にかかれない、様々な人と出会えました。心残りとしては、もう少し早く生まれて、白洲次郎さんなどとお会いしたかったですね・・・・・・。

康　彼も、言ってみれば〝虚構の〟伝説の人だからね。あなたはもっとすごい人にたくさん会っていて、それなりのものを精神的栄養として十分に吸収していますよ。ところで、銀座での人生に一区切りをつけて、思うことは何ですか？

光安　流されるように、どこか浮かれて過ごしてきたので、今度は自分が本当にしたいこと、何のために生まれてきたのか、世の中で役に立てる方法を冷静に考えたいです。

康　今でも、十分お役に立っているでしょう。

光安　ある意味、私がやってきたことは経済の活性化には繋がったかもしれませんが、「役に立った」という感覚はありません。銀座の世界で皆に大切にされて、本当に幸せでした。だから「世の中」という大きな存在を相手にはできませんが、まずは自分のやれることから恩返しを始めたい。このタイミングで身を引いたのも、ヨボヨボになってからでは新しいことに挑戦できないので、余力が残っているうちに、と考えたんです。

康　何度も言いますが、その引き際の潔さに皆驚きましたよ。

光安　広く歴史を顧みると、自分の全盛を知っているゆえに、それを引きずって無惨に滅びていくことが多いですよね？　だから私は、まだ余力がある時点で、二代目にバトンタッチしたかった。銀座のお店の場合、あくまでも「立ち上げたママのもの」という認識が強くて、誰からも「うまくいかない」と言われていたんです。だからこそ、誰もが成し得なかったことをしたいという希望を持ちました。人間は、希望がないと動けません。そして、この成功が、銀座のママたちの新しい希望にもなった、と思うんです。

康　その場をやり過ごすだけでなく、その「先」も見越す計画性が、あなたの存在を極めてユニークにしている。

光安　これまで、あまりにも計画性のない人生だったので（笑）。若い頃は流れに任せるだけでも、パワーがあればどうにでもなりました。そのパワーの限界が近づいてきたということを3年前くらいから感じ始めて、無駄に抵抗することなく、素直に受け止めたんですよ。

康　たとえば世の政治家たちも、あなたの姿勢を見習うべきです。大抵が引き際のタイミングを計り間違っているからね。人生に対する確固たる洞察力がないと、なかなかできないことです。

光安　康さんの生き方も素晴らしいですけど、なかなか見習うことはできませんよね？（笑）ビジネス云々よりも、文化的に生きることができる。銀座にいらっしゃる方でも、ここまでロマンティックな人はなかなかいないですし、言ってしまえば康さんは「怪物」なんです。

康　しかし銀座に行くのも、あなたがいたから面白かったということは多分にありますよ。おかげで、いろいろな裏事情を「つかまれて」ますが（笑）。

光安　銀座に集まる男性は、冴えている方だけに、一方で淘汰されていきますよね？　落ちぶれていく人は去っていくしかない、残酷な世界ですから。動物でも、メスはいい子孫を残そうと思って本能で強いオスに寄っていく、それと同じ原理ですよね？　たとえばオットセイは、強いオス一頭に対して100頭ほどのメスが集まるそうです。私の見解では「一夫多妻制」は正しい。一夫一妻制にしたところに人類の悲劇があって、だから先進国では、子供の数がどんどん少なくなっているでしょう？

康　逆に強い女性がいれば、女王蜂のように、そこに男が群がるわけですよ。あなたが、まさに女王蜂だと思うんです。最もすごいと思うのは、千客万来の中、たとえ魑魅魍魎たちが群がってきても、考え方が揺らがないことです。たとえ、どんな金持ち相手でも、安易に結婚するようなことがまったくないから。

光安　人生はお金じゃない、と悟ったんですよ。お金にまみれて生きてきたので（笑）。

康　それに水商売の女性というと、どうしても男性に従うというイメージから離れられないと思うんだよ。

光安　銀座という街は、そういうものを覆した場所でもあるんです。今までは男性に選ばれることで身を立てていたのが、女性が自立して、今度は男性を選ぶ。受け身だった女性が能動的になれる街なんです。

康　そうはいってもね、他の女性に比べて、あなたの能力が特異だとも思うけれどね。

光安　いえいえ、強いですよ、女という生き物は（笑）。ただね、最近では、女性に手玉にとられたい、という願望を持つ男性も多いようです。しかも、会社でも何でも、トップに立つ強い男性ほど、強い女性に弱い。私の経験上、そういう傾向にあるようです（笑）。

＊集英社 weekly プレイボーイ　講談社 月刊 KING　撮影／グレート！ザ 歌舞伎町

康 芳夫 × 廣瀬 和吉（辰巳出版創業者）裸になる女を探すアルバイト・・・（Interview Date：2016 4／22）

康　廣瀬さんは、僕の恩人だよ！

――55年来のお付き合いと伺っています。

廣瀬　私の方がちょっとお兄さんだから。

康　僕がまだ大学にいた頃、今のバー「猫目」の先、医大通りにグラウンドがあってそこを曲がったところの、8畳もないような部屋を当時は会社にされていて。今はこんなすごいビルになっちゃって、それが当時の辰巳出版だったの。

――本当に、立ち上げの頃ですね。

康　そこに僕は、当時「裸になる女を探すアルバイト」がお金になってね、そうやって縁ができたわけ。廣瀬さんは当時写真集を出していて、それも超一流の、今はみんな死んじゃったけど、当時は篠山君だってまだ日大の学生の頃です。

だから、篠山君の恩師になるような、秋山庄太郎、早田雄二、稲村隆正、杵島隆さんとかね、全部本当に超一流のカメラマンが参加して。

廣瀬　その頃は、会社設立から間もなく、利益を出すためにヌード写真集を出したんです。でも、なかなかモデルさんを探すコネクションが難しくて。

康　それが、なかなか特殊な仕事でね。ずいぶん儲けさせていただきました（笑）。

廣瀬　とにかく康さんは学生なのに顔が広くてね。一緒に、色んないい本出したよね（笑）。

康　廣瀬さんはすごく良くしてくれて、面倒もみてくれるので、他にも色々出版社はあったんだけど、僕も廣瀬さんのところを一番大事にしていてね。

廣瀬　康さんはまた、うちの会社とは関係ない、別の大きな仕事をしてたから。その後、神彰さんと一緒になって。

康　でも、神さんのところも色々おかしくなってきた時に、僕は『血と薔薇』をやっていたわけ。これは僕の会社の経営状態とも関係してるんだけど、編集長にすえた澁澤ともケンカしちゃって、その時に廣瀬さんが「僕が引き受ける」

と仰ってくれて。だから、僕はそれを聞いて、そのまま『血と薔薇』をやるつもりでいたの。

ところが神さんてね、彼は有吉佐和子の旦那で僕のボスだったわけだけど、ああいう世界の住人なので、普通の出版界の常識じゃ考えられない値段を提示しちゃって（笑）、結局破談になっちゃった。

——会長は、最初に康さんと出会われた時の印象が覚えていますか？

廣瀬　それは、今も見てとれる清閑なところを感じたし、我々自身は「東大」ブランドに弱いところもあって、そういう意味では私たちも非常に「頼りにする」というか、色んな無理を聞いてもらって、やってもらいました。もちろんモデルさんだけじゃなく、石ノ森章太郎さんの『家畜人ヤプー』をやってもらったり。それも一回とかじゃなく、この何十年を振り返ってみると、「忘れた頃」って言ったら失礼だけど、本当に反復して付き合ってきたなって。

康　本当ですよ。今、ヤプーの話を出されたけど、歴史にイフ（ＩＦ）ってのは許されないけれど、もしあの時に廣瀬さんと話がついていれば、『家畜人ヤプー』は辰巳出版から出ていた。

本当にそうなんだよ。

だけど、結局神さんが法外な値段を言っちゃって、廣瀬さんは計算のたつ方だから、僕も残念だったけど、しょうがないよね。

そしてそのずっと後、廣瀬さんが石ノ森君の漫画版のヤプーをやってくれて。その時は何回も、それこそ廣瀬さん行きつけの歌舞伎町の高級料亭に席をもうけて、石ノ森君も呼んで、話して。

——ここにさらに石ノ森章太郎もいらっしゃった。

康　それからもう一人、シュガー佐藤君というのもいて、彼は石ノ森君の助手的な描き手でね。彼とも深い縁で、それがまだ続いていて、今も辰巳から電子出版で出てるから。それにしても、「これを出そう」というのはオレから言ったんじゃないんだよ。オレはその時ボクシングで色々忙しくて、全然頭まわってなかったから。

——会長から康さんに連絡された。

廣瀬　康さんは「怪物、怪物」なんてメディアで言われるんだけど、私なんかは昔から仲良かったものだから、他の人が受けてるであろう印象がないわけですよ。普通に何十年ていう長い付き合いで、話題になってマスコミに出てくれば「あ、康さん頑張ってるな」なんてもんでね。

——学生時代からの交流あってこそ。

康　ヤプーだけじゃなく、『血と薔薇』にしたって実際に「いける」と判断してくださって、そういった廣瀬さんの経営者としての勘というかね。

『血と薔薇』に関しては、もちろん僕からお願いした側面もあったけれど、もちろん慈善事業をやるわけじゃないからね。そこは直感というか、理屈云々じゃないと思います。

廣瀬　出版というのは、10数年前から非常に落ち込んで、今まさにどん底の時代になって。週刊で500万、600万売ってる漫画誌でさえ非常に部数が落ち込んだり、廃刊してしまった。うちなんかもここ2、3年は体質改善を一生懸命やってる最中で、私はもう会長だから、そんなに細かく個々の成績に口を出すわけでもありません。

本当に色んな本を出してきたなと思います。それは出版の世界の中で、体裁のいいことを言わずに、「売れる本を出す」ということでやってきたからかなと。新しい本でも、話題になりそうなものは「これはいける」と。だから、康さんなんかがもってくる話のだいたいはＯＫなんです。

康　これは僕とお会いする前の廣瀬さんの話なんだけど、『アサヒ芸能』という週刊誌がありますね。あれはもともとタブロイドで、例の徳間書店で有名な徳間康快さんが広瀬さんの後にやっていたものなの。

廣瀬　私は戦争の、本当に末期の兵隊なんです。中国へ派遣されて、終戦も中国で迎えました。それで、私の姉の亭主が竹井博友という男でした。彼は記者出身なんだけど、後日『FORTUNE』という海外の経済誌で、富裕層の世界ランクで6位にまでなった男です。その竹井が戦時中から戦後にかけて、読売新聞の、今でいう事件記者をやっていました。それで徳間さんと竹井も、同期の事件記者だった。

竹井は事件記者として、サッカリン事件という砂糖の事件を警視庁詰めで押さえて。そうしたら、そのサッカリン事件に絡んでいた、ある芸能プロダクションの社長から、「会社の機関誌を出したい」と。それで、竹井が出したのが

『アサヒ芸能新聞』というタブロイド紙だったんです。当時は雨後の筍のようにタブロイド紙が出てきた時期でした。
　私は復員してきて間もなくて、職もないから、竹井博友に世話になって。だから私は、『アサヒ芸能』の初代営業部長なんです。徳間さんもその後竹井の傘下に入って、3代目の営業部長になりました。ですから、私も出版界の中では1、2回の挫折もありますし、会社ではない、出版歴だけの話になると6、70年以上になるんでしょうか。

康　この竹井さんというのを補足すると、大変な人でね。名古屋の読売で社長をやっていた。だから、徳間さんも最後はえらいえばってたけどね、廣瀬さんや竹井さんには全然頭上がらないの。だって『FORTUNE』って世界的な雑誌で、西武の堤義明と並んで、日本を代表する金持ちになっちゃって（笑）。不動産業でアップダウンの激しい人だったけど、まだ読売社長のナベツネさんがチンピラの頃の名古屋読売の社長だからね。

――会長はまさに、戦後出版界の黎明期にいらっしゃった。

康　『アサヒ芸能』は僕が大学の頃はまだタブロイドで、その後ほどなくして週刊誌になって。だから読むたびに、「ああ、これは昔廣瀬さんがやってたやつだな」ってね。今の『夕刊フジ』等々の先駆者ですよね。廣瀬さんは日本の出版界の、裏の裏を全部ご存知の方ですね。

――そんなお2人の対談は、今回が初めてになりますか？

廣瀬　私はあまり表に出てこなかったからね。

康　もちろんだよ！（笑）

――それには何か理由があるんでしょうか？

廣瀬　特にないけど、一言で言っちゃえば、「面倒臭い」（笑）。
　私はマスコミに出てこなかったのは、本当に普通の平凡な人間だと自分で思っているんです。だから、はたから見て偉そうに感じることは大体やらないんですよ。

康　徳間さんは反対だから。まず出たがる（笑）。

廣瀬　まあ、私の話は、あくまで康さんのお話の時代背景を説明したいだけですので。こうやって康さんが頑張って、張り切ってやられているのを拝見するだけで、非常に嬉しいですね。

――ある意味で、会長の在り方は康さんとも対照的な気がします。

康　それにしても、ヤプーに関しては扱っていただいたことで、ある意味で生き返った感じもあるからね。だから、もし『血と薔薇』が辰巳出版に移っていたら第4号にヤプーを載せて、そうなってたらマスコミを含めて、大変なことになっていました。歴史にイフ（IF）は考えられないとはいえ、考えてみたくなっちゃうよね。

廣瀬さんは、徳間さんなんかと比べて確かに地味に活動されているように見えて、やっぱりヤプーとか『血と薔薇』に目をつけるということはね、それは僕が煽ったわけじゃないですし、ただ者じゃないんです。

――社会は、お2人がで出会われた頃と今とでは大きく変わりましたか？

廣瀬　そりゃ、そうだろうね。いっぺんに変わったわけじゃないんだけど、毎日少しずつ変わってきたわけで、それをどう証言したらいいだろうね。

康　廣瀬さんは、ずっと時代の流れを掴みながらここまでこられていますね。まあ、出版社のオヤジがそれをやっていなかったら、それまでだしね。

――康さんご自身も、創魂出版をやられた経験もあり、余計その苦労がわかるかなと思います。

康　廣瀬さんは出版にご自分の人生をかけられているから。僕なんかは、言ってみれば「雇われ」みたいなところもあって、ちょっと違うよね。

廣瀬　康さんのことは、いつも「すごい」、「すごい」と思ってみてきました。いつも康さんについての噂は間接的にどこかしらから聞きながら、私も康さんみたいにテキパキと物事を処理できていたら、世の中また少しは違っていたかなと思いますね。

康　しかし廣瀬さん、90歳、お元気ですよ。

「往事渺茫」って言葉、僕は好きなんですが、まるで「走馬燈」を見ている感じで、色んなことを思い出します（笑）。この50年間、僕の場合あまりにも色んなことがあったけど。

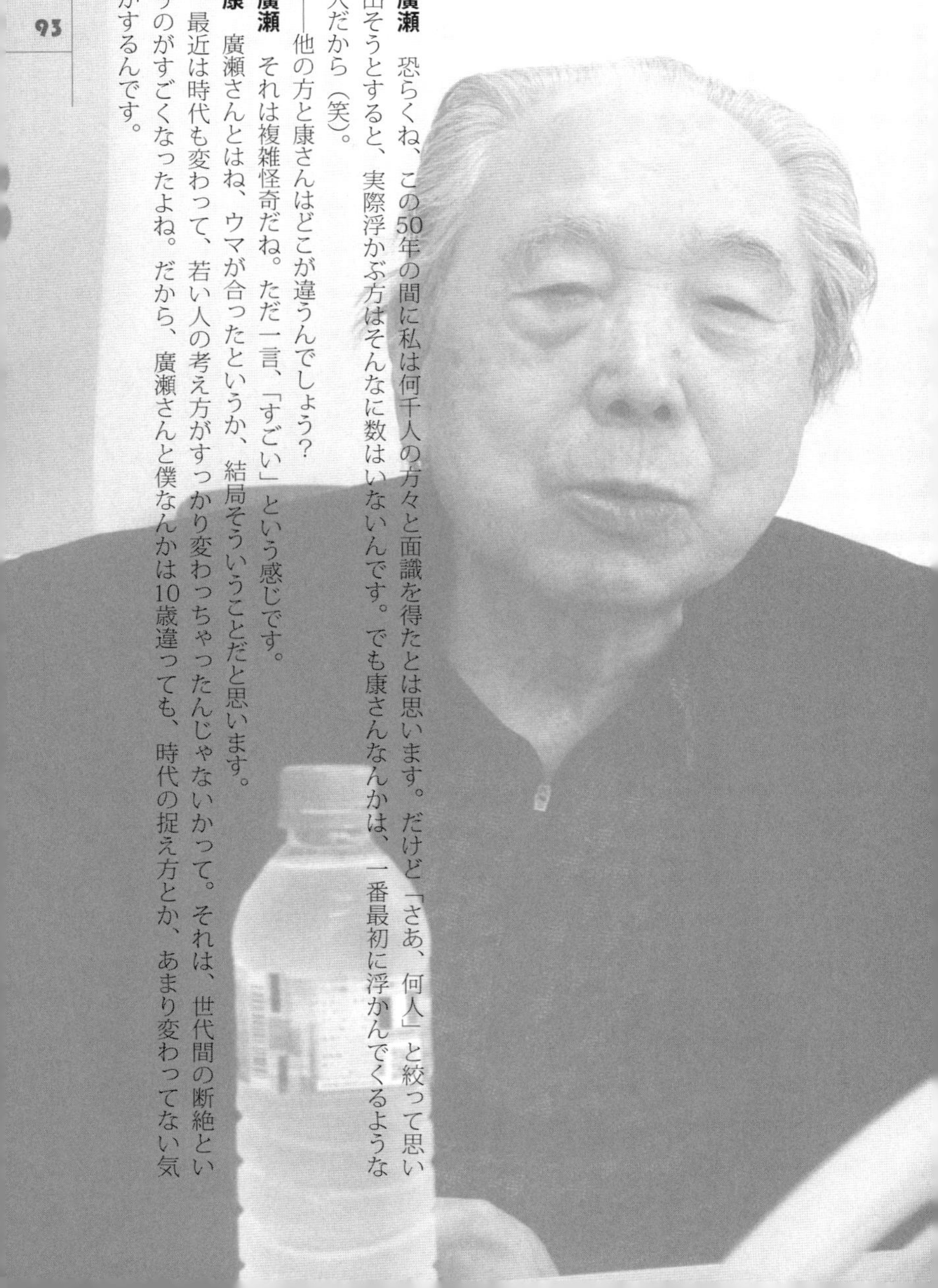

廣瀬　恐らくね、この50年の間に私は何千人の方々と面識を得たとは思います。だけど「さあ、何人」と絞って思い出そうとすると、実際浮かぶ方はそんなに数はいないんです。でも康さんなんかは、一番最初に浮かんでくるような人だから（笑）。

――他の方と康さんはどこが違うんでしょう？

廣瀬　それは複雑怪奇だね。ただ一言、「すごい」という感じです。

康　廣瀬さんとはね、ウマが合ったというか、結局そういうことだと思います。最近は時代も変わって、若い人の考え方がすっかり変わっちゃったんじゃないかって。それは、世代間の断絶というのがすごくなったよね。だから、廣瀬さんと僕なんかは10歳違っても、時代の捉え方とか、あまり変わってない気がするんです。

康 芳夫×熊切 和嘉（映画監督）・・・破壊したいという想いが原動力（Interview Date：2016 7／1）

康　そもそもの話をするとね、監督のプロダクションの代表が女性で、「『家畜人ヤプー』を映画にしたい」ということで僕のところにお見えになったわけ。お会いしたのは4、5年前、まず一緒に高取の『家畜人ヤプー』の舞台を観てね。それでこの間、映画版「ディアスポリス」の試写を初めて観て驚いたのは、『家畜人ヤプー』の舞台初演に出演していたあの大久保鷹が出てる。

今日はね、熊切監督とのご縁で、今回の映画に出る上で最初、監督からある日突然電話いただいて、それも一分で切られちゃったんだけど（笑）。

熊切　すみません（笑）。

康　「康さん、お願いします！」って（笑）。そうしたら2日後に製作委員会のプロデューサーがお見えになって、ホテルオークラで会って、何だかわけがわからなかったけど、僕は不愉快でも何でもなく、非常に楽しかったんですね。ですから、そういった経緯で、『家畜人ヤプー』と「ディアスポリス」。切っても切れない縁になっちゃって、僕みたいなわけのわからないのを使っていただいて、本当に感謝しています。ただ一言だけ言うと、朝がキツかった（笑）。現場の赤羽に行くのに、朝6時頃起きるんだよ。

――康さんを早起きさせるということは、なかなかないですね。

康　でも大変いい勉強になったし、僕は本来、一週間寝ないなんてことは慣れてるんですよ。若い時はプロモーターで、サーカスとかやってるでしょう。すると例えば、千駄ケ谷で終わって朝まで解体工事してトラック部隊で大阪に持って行くとか、それも動物は逃げるし、とてもじゃないけどね、映画の撮影よりはるかにキツかったと思う。まあ、それも40年以上前の話だけど（笑）。

――そもそもヤプーの話は、どんな経緯で進んでいったんでしょうか？

熊切　僕自身は学生時代、石ノ森さんの劇画は読んでいまして、その後小説の方を読みました。ただ「すごい話だな」と思いつつ、あれを映画化できるとは、簡単には結びつかないじゃないですか。そこはプロデューサーが無謀なので（笑）

「聞くだけ聞いてみよう」と、動き始めました。

康　いや、ちゃんとピシッとした企画書を若い女性がお持ちになってね、ビックリしましたよ。「あなたが『家畜人ヤプー』のことなんか、本気で考えているのか？」って（笑）。

もう一つね、熊切監督は大阪芸大。僕から45年前最初にヤプーの権利を買った当時東映の中島貞夫監督がね、彼は僕の大学の2年先輩なんだけど、熊切監督の恩師なの。それも本当に偶然で、4、5年前かな、中島監督に東映の映画祭かどこかで会って「そうか、康さん熊切よろしく頼むよ」って。

僕は最初、熊切監督がどんな方かわからないので、デビュー作の「鬼畜大宴会」を観て、「すごいものつくるな」と。それで「大丈夫だろう」と判断して、もうプロデューサーに全部任せて、だから『家畜人ヤプー』を熊切監督がやるということは、すでに知る人は知っている状況です。

だから、財政的な問題さえ解決すれば着手という状態に入っていて、そこに「ディアスポリス」で、監督とは切っても切れない仲になって（笑）。「これも一種の宿命かな」と。

――ヤプーを巡っては、過去様々なお方が康さんにコンタクトしてきたかと思います。

康　『家畜人ヤプー』はね、さっき話した様に最初は熊切監督の恩師の中島貞男氏が来てね、東映時代に僕から原作買ったんですよ。その後アニメーションを含めて3人くらい、かの中平康氏も来た。他には東京ムービーとか、そして最後は他ならぬ長谷川和彦君だよ。

熊切　実はプロデューサーは、康さんのことを全然知らなかったと言ってました。連絡した後に調べて気付いたようで、「すごい方に連絡してしまったかもしれない」って言ってきて、「あなたね！」って（笑）。それで最初会う時は、すごく緊張したと。

康　彼女には突進力があると思って、もうちょっとで映画化への道が切り拓かれると思うんだけどね。

――監督は、ヤプー以外の康さんの功績はご存知でしたか？

熊切　もちろん、それは「伝説の方」というか（笑）。ただ、本当に接触できるとは思っていなかったので、そこはプ

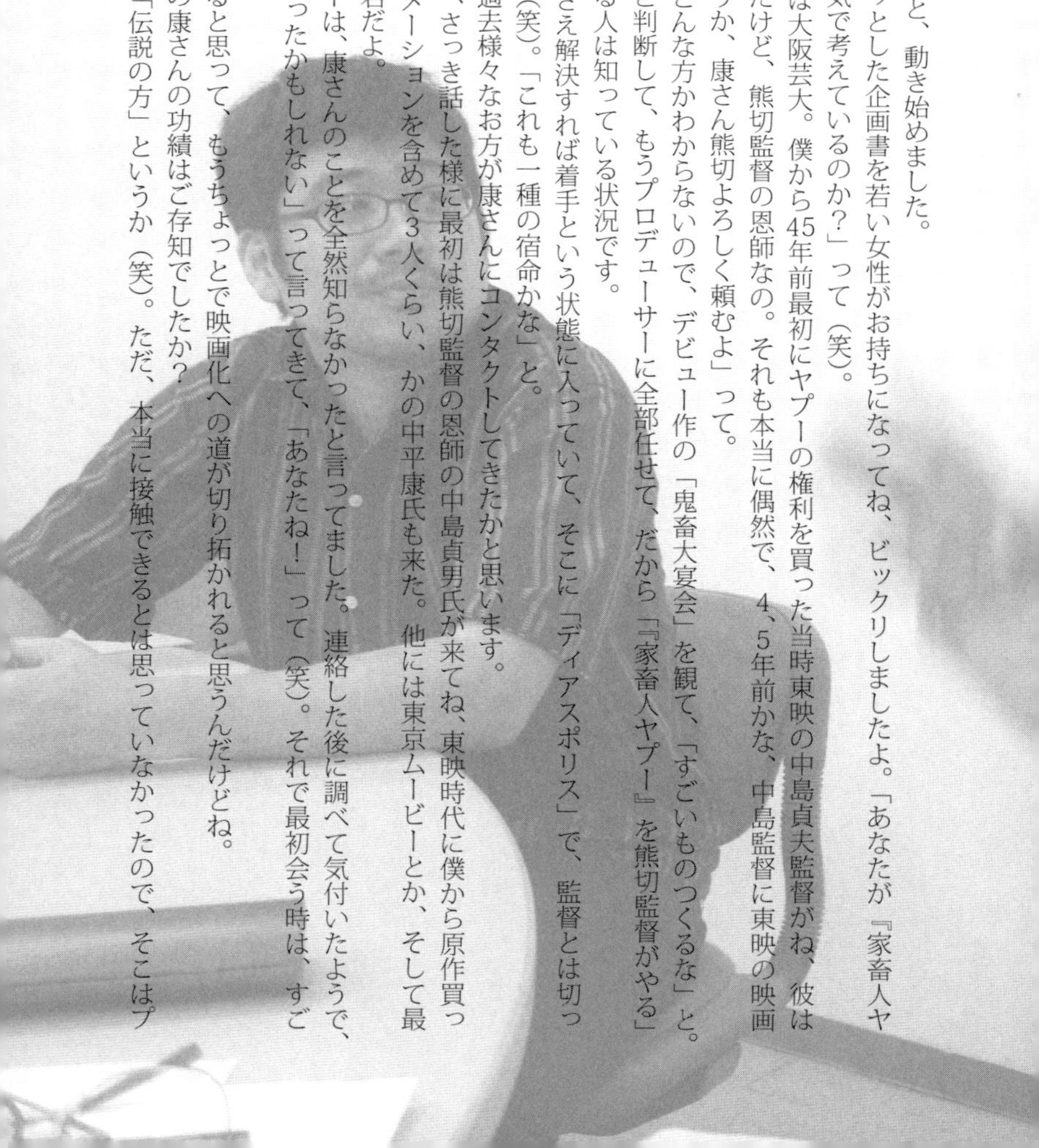

ロデューサーが無謀に動いてくれて。

――ヤプー以外で印象に残っている、康さんの興行は何ですか？

熊切 やっぱり、オリバー君でしょうか（笑）。

康 しかし、もしヤプーが国際的な映画になった場合、色んな意味で大変な反響が巻き起こります。とにかく主要なテーマは、日本民族が、白色人種にあらゆる意味で隷属する民族になるという話ですから。国内の右翼からの反応はもちろん、今、日本が色んな意味で国際的に注目されている状況の中でね、大変なタイミングだと思います。これは、監督の大野心作、決定作の一つになることは間違いないと思います。

――実現を心待ちにしています。

康 思い返せば、監督から電話をいただく前にね、ヤプーについて何度かお会いしていた時、それは僕が中島（哲也）監督の「渇き。」に出た頃で、今考えるとその頃から「ディアスポリス」の伏線はありました。当時は半分冗談だと思っていたんだけど、「僕の映画にも出てください」ってね。

――「数秒の電話」というのは、本当にそんなに慌ててらしたんですか？

熊切 元来電話が苦手なので、もしかしたら、大変失礼だったんですが、本当に短かったかもしれません（笑）。

康 1、2分ですよ！ 何が何だかわからないうちに「映画に出てください、プロデューサーが行きますから」って。

熊切 もともと僕は「渇き。」より先に、ヤプーの件で康さんとお会いしている時から「出て欲しい」と思っていたんです。それで、飲みの席なんかでそういうことを言っていたんですが、なかなか「康さんに合う役」ってないじゃないですか。

一同 （笑）。

熊切 でも「どこかで必ず」と思ってきて、「ディアスポリスをやる」ってなった時に裏都知事役「これは、康さんしかいない」と。

康 こんな一流の監督とプロデューサーがね、僕を必要としてくださって、大変ありがたく思います。僕も楽しくやらせてもらって、非常にいい勉強になって、メディアがこれから「稀代の怪優」、または、迷いの方で「迷優」でやっていけるかどうか。そこは皆さんの厳しい意見も聞きながら、今回の「ディアスポリス」が分岐点になることは間違いない。

――ＴＶ版の方で、康さんがお金を数えるシーンがリアル過ぎました（笑）。

康　リアルというか、「地」というか。ここだけの話、似たような経験もいろいろあるしね（笑）。

今日本には移民、難民を含めた裏社会的なものは、確固たるかたちでは存在しないけれど、ある時はあったんですよ。これは完全な犯罪組織ですけどね。

歌舞伎町を中心に密入国とか、それも中国が経済力をつけるに従ってなくなってきて、取り締まりも厳しくなって、今でもないことはないんだけど、あっても微力です。だから、「ディアスポリス」のモデルになったと考えられなくはない組織も、あることはありますね。

――ディアスポリス原作者のリチャード・ウーさんからも、「康さんとご一緒できるなんて」というお手紙があったり、康さんの抜擢はすんなり決まったんでしょうか？

熊切　僕の中では「やってもらえたらいいな」とは思ってましたけれども、映画のプロデューサーは最初、どうコンタクトをとっていいかもわからない。「じゃあ、僕が連絡します」みたいな感じで（笑）。

あとは、深夜とはいえ、本当にＴＶドラマに康さんが出ていただけるのか自信もなかったので、それでお電話させていただいて。

――コンタクトをとった後は、比較的スムースな話ではあった。

熊切　そうですね。

――そして、後からその配役を知ったリチャードさんも驚かれて。

康　リチャードさんは現場にお見えになって、初めてお会いして、僕が出ることをとても喜んでくれて。

まあしかし、楽しかったし、明らかに異色作ってことになるから、色んな反響が出てくるんじゃないかと思っています。

――康さんは、監督の作品については、どんな印象をお持ちですか？

康　ちょっと意外な作品つくられるなと思ったのは、「夏の終り」。僕はあの作品を書いた、瀬戸内寂聴女史をよく知ってるんですよ。あれは彼女の作品の中でも、自叙伝みたいな、異色作なんですよ。

熊切　そうですね。

康　「あれを映画にするとは」と思ってね。そこで、監督の幅というか、「何考えてるのかな」と（笑）。

――逆に、つかみ切れないほどの振り幅と捉えられた？

熊切　あれは、また別のプロデューサーの企画ですね。

康　ああいう作品にもちゃんと対応するということで、ビックリしました。監督の「幅の広さ」というかね。

――それがより強い信頼にも繋がった。

康　もちろんそうだし、非常に興味を持ちました。僕は京都の瀬戸内尼さんとは色々つながりがあって、今はあまりコミュニケーションないけど、彼女の最後の恋人もね、僕がよく知ってる人だったの。

熊切　小田仁二郎さんですか？

康　違う、彼は「夏の終わり」の「相方」だよ。ドキュメンタリー作家の原君が映画に撮った、井上光晴さんね。もう亡くなったけど、「ゆきゆきて、神軍」の原君がね、「全身小説家」という映画にしてね、あれが本当の意味で彼女の最後の男で、非常に優れた作家だと僕は思っているんですけどね。

――康さんは他に、勝新さんからも、勅使河原宏監督からも映画出演を誘われてらっしゃいます。

康　勝ちゃんには「座頭市に出ろ」ってね。彼とは基本的にすごい親しくて、僕がモハメド・アリを呼んだ時に、彼がドキュメンタリー映画を撮ったんですよ。一緒にニューヨークやテキサスに連れて行って、日本でやった試合も撮りました。

――「黒い稲妻」ですね。とにかく、錚々たる先人たちに誘われても頑に映画に出なかった康さんが、熊切監督のオファーは受けられました。

熊切　お話を伺ってると、すごい名前がいっぱい出てくるので、頭がクラクラしています（笑）。

――現場での康さんは、その存在感や演技含め、いかがでしたか？

熊切　やっぱり迫力がありますよね。ただ座っているだけでも、陰影がつくというか、「ここに座っておいていただけますか」というだけのところだけでも、画面が映えました。

康　監督とは赤羽や渋谷とか、2、3週間にわたってお付き合いさせていただいて。今さら言うまでもないですが、映画は照明の人、録音、助監督と、総合芸術です。僕はああいう現場もよく知ってるんだけど、とてもチームワークもよくて。

それから、俳優さんも松田さん、柳沢さんでしょ、ハマケンさんもとても感じがいいし、ただ何を話していいか、僕は話しかけてくれることに応じるしかないんだけど、皆さん何を考えているのか正直わからない（笑）。まあでも、とても楽しかったですよね。それに柳沢さんは場の盛り立てがすごくお上手で、場を和やかにしてくれて。

――デビュー作の「鬼畜大宴会」ですが、あれは、やはり学生運動やそういったものに興味おありだったんですか？

熊切　はい。ただ、だいぶ軽はずみにやってしまったなということはありました。当時、それこそ若松さんに怒られましたから。でも、2回観てくれて、そして2回とも怒られました。「熊切は連赤をバカの集団みたいに描きやがって」と。

――しかし「鬼畜大宴会」は、熱意と手弁当で「この作品をつくりたいんだ！」という勢いでつくられたと。

熊切　その通りですね。

――監督は、いつ頃映画監督を志したんですか？

熊切　僕は自主制作を高校生くらいからやってきて、撮ったものを人に観せるというより、出身の北海道でちまちまやってきたんです。下手したら中学生の頃から映画を撮って遊ぶのが好きで、基本はその頃とやってることは何も変わっていません（笑）。

康　中学時代からフィルムをまわすフリークはいっぱいいますが、消えていくのも多くて、熊切監督のように最後まで残るのは、きわめて狭き門ですよ。

――それは、お1人で淡々と撮るということですか？

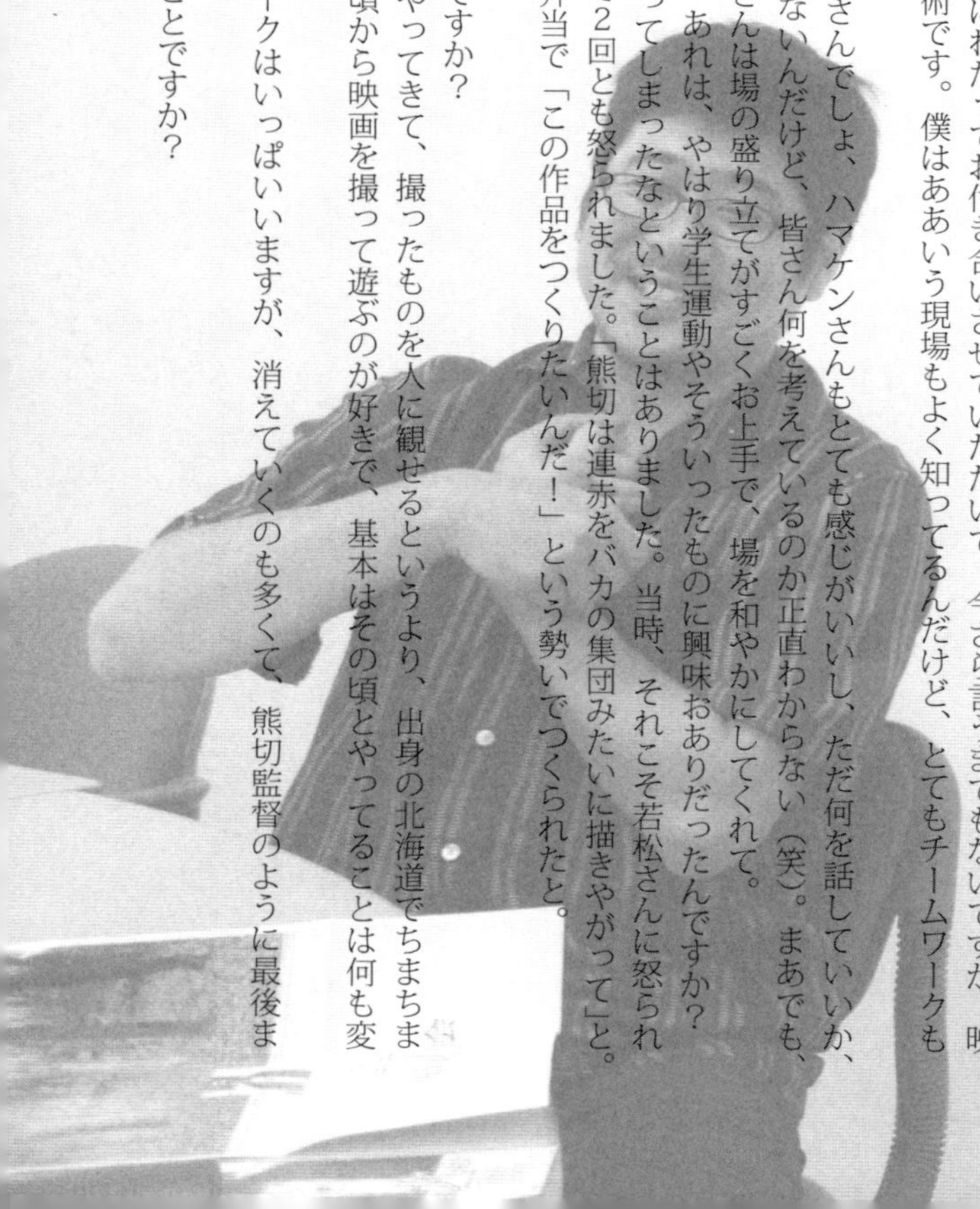

熊切　それと、自主制作はみんな俳優さんにノーギャラで出てもらっているから、腰が低くなっていくという（笑）。

康　富永監督はこの間「ローリング」で非常に注目されて、あとは赤塚不二夫君のドキュメントを撮りましたね。それから、真利子さんはこの間「ディストラクション・ベイビーズ」でブレイク。みんな、すごいですよね。

――「ディアスポリス」は、企画を聞いた時点で、すぐに映画のイメージや、湧きあがるものがおありでしたか？

熊切　企画を聞いた時、ちょうど活劇をやりたい気分だったんです。当時はパリに留学中で、パリなのになぜかアメリカのアクション映画ばっかり観ていて、「こういうのがやりたいな」ということと、まわりも移民街だったので、しっくりくるものがありました。

康　日本の監督では、どういう人に関心がありますか？

熊切　それは本当にたくさん、それこそ若松さんや大島さんは学生時代にほとんどの作品を観てますし、でも、やっぱり僕は、世代的なこともありますが、北野武さんの初期の映画は大好きですね。

康　彼の映画は、「ＨＡＮＡＢＩ」は面白かったな。評価は分かれるけど、いずれにしてもああいう映画を今までつくれた人がいないから、非常にユニークですよね。

どういうところが魅力ですか？

熊切　僕は初期の作品の、あのヒリヒリした感じ、空気感と言いますか、それまでの日本映画では観たことがなかったですね。

康　僕もすごい監督とは思いますが、妙なやつが妙な持ち上げ方をするんで、気にくわないこともあるんだよね。例えばこの前三島由紀夫賞を取って辞退した某評論家。

僕はその持ち上げ方が違うんじゃないかと思ってるんだよ（笑）。

蓮見氏は一応映画評論家の頂点とされているんだけど、僕は評論家として、まったくダメだと思いますよ。「映画評論」をまったく別の目的の為に利用しようとしているわけだ。評論家としては、個人的には存じ上げないんだけど、山根貞男氏の映画評は安定感があって、常識的ではあるけれど、参考になると思いますね。

僕は映画俳優としてチンピラもいいところなのに、映画界を色々敵に回しているところがあって（笑）、荒井晴彦君なんかは、この間コテンパンにやっつけたら彼もショック受けちゃったみたいで。

――すみません、膨らませにくい話が広がりますが。

熊切　（笑）。

――逆に、康さんに「こんな役をやったらはまるのでは」という提案はありませんか？

熊切　パッと思うのは、教祖の役でしょうか。

――なかなか教祖が大事な役を演じる映画も、思いつきません。

康　そういう役を監督からもらえれば、熱演しますよ。僕に向いてないとは思わないから（笑）。

一同　（笑）。

康　某教祖も若い頃オレのところにいたことがあるからな。その某教祖に直接関連するわけではないけれど、「ＦＡＫＥ」ご覧になった？

熊切　いや、まだ観ていないです。

康　売れっ子作家の重松清君てね、僕は彼と仲が良くて、彼が「ＦＡＫＥ」のパンフレットに書いてるみたいなんだけど、この間３時間くらい「ＦＡＫＥ」の話しましたよ。森君らしい、面白いところに目を付けたよね。つまり、何が本当で何が嘘かという、虚実皮膜の間というやつだ。そこに彼は目をつけた。

熊切　プロデューサーには、よく「康さんの人生こそ映画化して欲しい」と言われます。

康　それは何度も聞いています。それこそ、どこまで本当でどこまで嘘かわからない（笑）。

熊切　いいですね。

康　本当に自分でいつもそう思うんですよ。

僕の人生、どこまで本当でどこまで嘘なのか、今度の本でもそこはポイントになってくると思うし、だから「虚実皮膜の間」という言葉を僕はいつも使っているんだけど。「両方をつなぐ一枚の薄い紙の中に真実がある」というね。

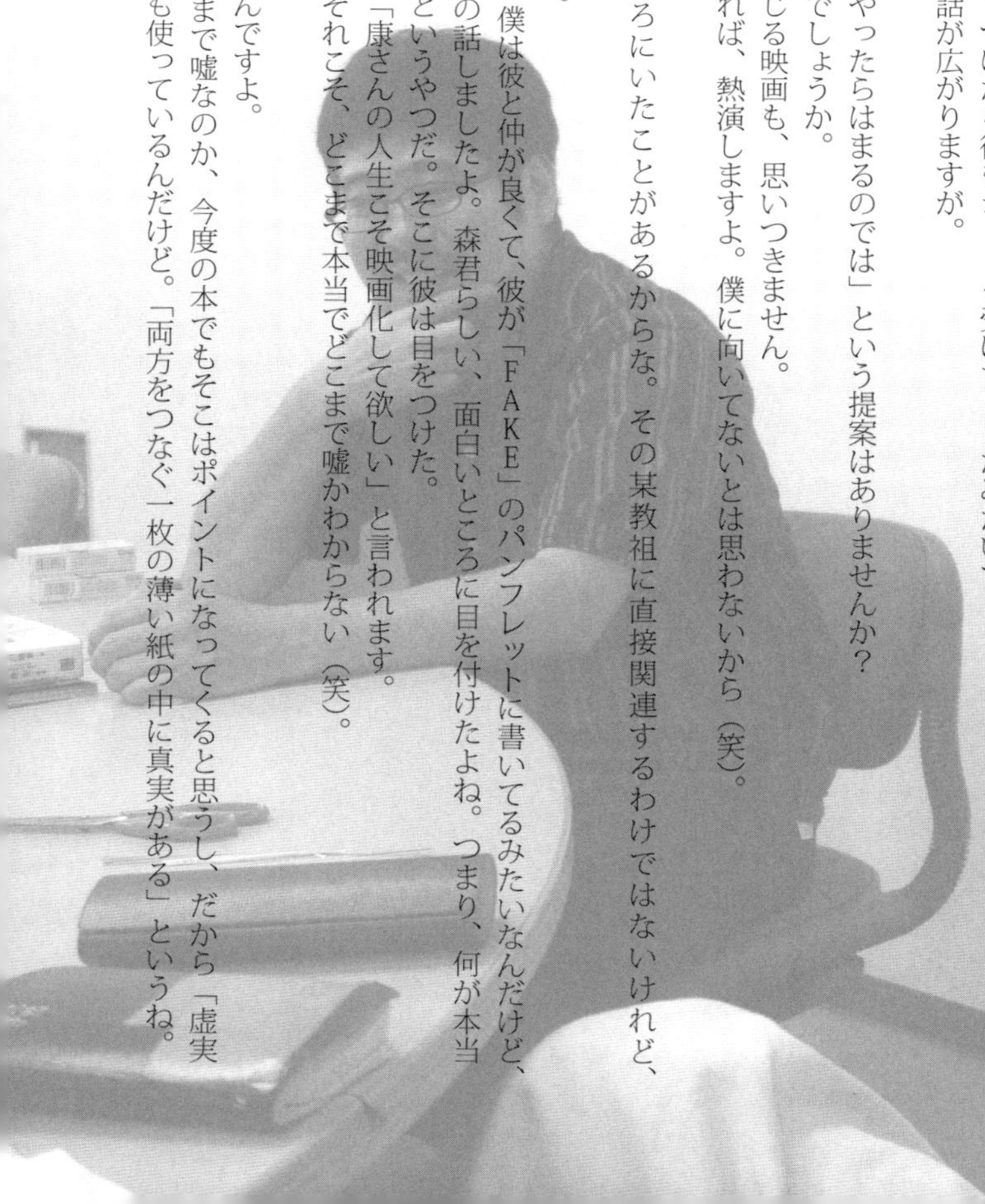

——よもや実在している方とは思えない生き様です。

康　ついこの前、モハメド・アリが亡くなった。僕が彼を日本に呼ぶ経緯だけでも、ドラマにしようと思えば、ならないわけでもない。

例のアントニオ君との試合の4年前に彼を呼んだわけですが、僕のそれまでの人生はほとんどモハメド・アリ招聘の問題で費やされちゃって、その後も色々な関わりあいを続けてきました。僕の人生の重要な部分をほとんど彼と過ごしたというのは事実ですね。

その上で、どうして彼に近づいて、お金をどうつくったかという問題はね、それを映画化するとなれば、それこそ「本当のこと」を話しますよ（笑）。今までは、どこまで本当でどこまで嘘か、わからなかったから。

——社会を煙に捲き続けてきた。

康　モハメド・アリはこの7月に回復する可能性があったんです。当時彼はロスアンジェルスに住んでいたから、そこでＩＳに向けて声明を出すので、金銭的なことを含め「協力してくれ」と言われていて。全面的にサポートするつもりで、しかし、容態が急に変わっちゃって、そしてあっという間に逝っちゃって。

——アリの、ＩＳのテロの問題に世界がどう対応していくべきかという考えが、世界に発信されるはずだった。

康　ＩＳの、テロリストの中のね、モハメド・アリを尊敬しているモスリムの連中。彼が特に過激な思想を持っているわけではないんだけど、ＩＳと対立している欧米のいわゆる空爆勢力を和解させるために、モハメド・アリが声明を出す手はずを組んでいたんです。

というのも、イラクのフセイン大統領の時、11人の捕虜を、彼は現地に行って保釈させてアメリカに連れて帰ったの。それは正に世界的大事件で、フセインもイスラム教徒ですから、非常に彼を尊敬していてね。だから、僕も色々なことで貢献できると思っていたんだけど、つまりＩＳと敵対勢力の、会合の場を呼びかけようと。

モハメド・アリの葬儀では、クリントン元大統領が委員長をやっていたけれど、彼が後ろからいろいろサポートをする可能性もあった。残念でした。実現する前に病気が悪化しちゃってね。

——アリ×猪木戦は、覚えられていますか？

熊切　74年生まれなので、まだ2歳ですので。

——康さんは、数々の興行で世間をあっと言わせてきました。それこそ虚実皮膜の狭間から、社会に「真実とは何か？」と問いかけてきたように思います。そこで、監督の制作のモチベーションには、どのようなことがありますか？

熊切　これが康さんの仕掛けと似ているのかわかりませんが、僕も映画をつくる上で「当り前をひっくり返したい」という気持ちは常にあります。「映画づくりはこう」だとか、そういった決まりごとを破壊したいと思っています。

——なぜ「破壊したい」と思うんですか？

熊切　その想いが原動力になっているとは思います。なぜ「破壊したいか」みたいなことはわからないんですが、言ってみれば、自分の性癖みたいなもののような気はします。

どこかで、「遥か昔にすごい映画はすでにつくられている」とわかった上で、映画をつくりはじめているところがあるのかもしれません。下手したら、「映画なんてとっくの昔に完成されているものはあるんだ」という気もするというか、その上で僕のような、北海道出身の何者でもない者が映画をつくるとなると、どうにかその中であがきたいなと思います。

——康さんがよく仰ることで、一昔前は康さんのような方がプロデューサーとして、イスラム教徒になってまでアリを連れてきたり、アフリカの大統領に会いに行って猪木さんと闘わせようとする企画ができたのが、なかなかその隙がなくなってきたと。その感覚を映画に置き換えて、「もしかして似ているのかな？」と思いました。

熊切　どこかでまだ、「新しいことができるんじゃないか？」という気が常にあります。映画はその手段としても、まだ有効なんじゃないかと。

康　非常に苦労されて、自分の意志を貫くためには、いわゆるスポンサーの意向を排さなければならない。財政的な問題で、それを排すことができない場合は、トラブルが発生しないようにあらゆる手段を講じて、そこを貫かれて、大変だなと思いますね。

——監督は実際にそこを乗り越え、現場と作品で有無を言わさない説得力をもって社会に問いかけている姿は、頼もしく見られていますか？

康　もちろん、そのとおりです。

今日の対話も含めてここまで見てきて、自分の意志を貫く方なんだなと。内に秘めたものは頑固で過激であると、それは強く感じました。

——ヤプーの魅力は、どこにありますか？

熊切　人間の想像が、「ここまでいけるんだ」という、その上で世界観を積み上げている緻密さもすごいと思います。それを「映画というかたちにしたい」とすごく思いますが、あれをどう着地させるかというのは、実は今、もう何となくはあります。

——先ほど仰っていたような、目の前のものを「ひっくり返す」にも、ヤプーの場合は最初からひっくり返っていると言いますか。

熊切　そうですね（笑）。

康　僕はもう、お任せした以上は、熊切監督の解釈に委ねます。破天荒というか、監督にしかできないものをつくって欲しいと思っています。グローバルな意味で、挑発的なものがいいですね。

熊切　ただ、映像って「まんま見えてしまう」ので。

文章なら想像力で広がる部分が、映像で見えてしまうことで、限定してしまいます。かと言って、珍品にさせない、観た人間に「珍品だね」と言われたくないので、そこの持っていき方が大事かなと思っています。

何と言いますか、「一部の人が見ればいい」じゃない域への広げ方を考えています。

康　本当の想像力を掻き立てる文学作品ですから。映像化はそれに矛盾する表現方法であるわけで、そこのところが難しいとは思うんですけどね。

——康さんのやられてきたことは、インディ500やサーカス、ジャズミュージシャンの招聘から、たぶん、中でも

オリバー君はかなり珍品の部類と思います。そして、それを全国的な現実の騒動に仕立て上げる手腕は、他に類を見ないと思います。

康　まあ、今や日本昔話だから、どうということはありません（笑）。

今はそういうことも難しくなってきたから、ネッシーも含めて「メークアップする」というか、話そのものが矮小化されちゃって、人々が乗ってこない。

――康さんの往年の手腕、方法論は、映画制作に置き換えた時に、学ぶ部分はありますか？

熊切　映画というか、康さんのお話を聞くと「やろうと思えば、どんなことだってできるんだ！」という、勇気がわきます。映画づくりには、それに近いものがありますから。

康　そういえば、79歳にして俳優になったのも、そうか（笑）。

熊切　それは本当に思いますね。

――皆が諦めて、「できない」と思いがちなことを、実際やってしまうことで証明できると言いますか。

康　僕は、普通年齢80歳にもなれば普通みんなリタイアするところで「俳優に挑む」という。

それで、ただのゴミで終わるか、国際的に脚光を浴びるかもしれないし、僕のようにトライしてみて、現に79歳にして俳優になったというのは熊切監督のおかげで実感として湧いてきています。そして今も、タランティーノとエージェント経由で色々話もすすんでいるけれど。

――因みに、海外の監督でヤプーに興味を持って、触手をのばしてきたのは。

康　まず、スタンリー・キューブリック。彼は、まずエージェントを通して。あとは、直接的にはデビッド・リンチ。でも僕がなぜリンチに渡さなかったかと言うとね、非常に趣味的で限定的なね、彼の矮小な世界になっちゃうなと。それはそれでいいんだけど、まとまっちゃうかなと思ってやめたんです。それからキューブリックは、途中で死んじゃったから。

――例えばサム・ライミ監督とか、ご興味がある？

熊切　海外の監督で言うと、まず、ずっと好きなのはマーティン・スコセッシです。

康　監督はこれからもずっと変化を続けていくでしょうし、そうあって欲しいと思うし、今の超高度情報化社会というのは複雑怪奇すぎて、映画監督も含めて表現者にとっては、大変な困難ですよね。

そもそも何を選んでいいか？　あまりにも多岐に渡っていて、さらには今や、人工知能なんかも出てくるでしょう。

――言い難いとは思うんですが、康さんに演技上の助言、アドバイスはありますか？

熊切　それは自分の映画の現場で、お伝えしたいです。

康　通行人ということもあるし（笑）。

僕は、監督と最初に会った時の印象でね、あまりに大人しい人なので、「何を考えているのかな？」と。逆に「恐い」ですよ、こういう人は。

――康さんから、これも言い難いかもしれませんが、監督に助言はありますか？

康　いや、今のままでずっと行っていいんじゃないですか。この人は、僕は、自分を曲げない人だと思ってる。大島とか若松みたいな、あんな風に自分の意志を伝えるのに怒鳴る必要もないんだから。彼らとはある時期新宿で呑み続けて、毎晩殴り合い寸前になるけど、最後はやらないんだけど、熊切監督とはあまりに違う。

――荒々しいからこそ生まれたものもあるでしょうか？

康　荒々しい呑み屋の現場からは、ほとんど実質的には何も生まれなかったと思う。

一同　（笑）。

――ところで、康さんと熊切監督には、下積み時代はあったんでしょうか？

康　僕の所属してた会社のボスがいて、それは有吉佐和子という有名女流作家の旦那で、２人とももう亡くなりました。でも「下積み」と言ってもいきなり副社長だったから、そうとも言えないかもしれない。

――さらにその前、東大生時代にイベントをやられていた頃が「下積み」と呼べる時代かもしれません。

康　確かに、それがあって、最終的に有吉佐和子とその旦那の神彰に繋げてくれたのが、石原慎太郎氏。だから、石原さんは僕の社会的な、色々な意味での大恩人ですよ。そういう意味ではとってもいい人ですから。政治的にはまったくオンチで、言ってみれば日本のトランプみたいなものだという人もいるけど。

——その意味では、熊切監督も学生時代に撮った作品で一気にデビューされて、そこに共通点があるような気がします。

康　下積み時代があった方がいいか、なかった方がいいか、熊切監督もある意味ではなかったんじゃないかと思う。僕も、本当はやらなきゃならないことをやってないかもしれないけれど、僕にとってはいいことだったね。下積み時代なんて、バカバカしくて（笑）、エネルギーの無駄ですよ。だって例えば大島渚とか若松孝二の下で助監督でこき使われたら、それだけで僕の大事な才能とかエネルギーが消耗しちゃうから。

因みにね、大島に関しては初期の作品、「青春残酷物語」くらいまでかな、評価するのは。あとはまったく評価しない。それで若松君に関しては、評価に足るものは一つもない。それを本人にはっきり言ってやったら、やつはウィスキーの空瓶を投げつけてくるんだ。でも、しいて言えばね、「水のないプール」。内田裕也君主演で、よくあんなの彼に撮れたなと。

一同　少し、沈黙。

康　大島も若松も、ザクリという把握力はあるんだけど、それを処理していくソフィスティケーションというか、そこが決定的に欠けているよね。若松にいたっては、ほとんど0に等しい。しかし若松に面と向かってこれだけのことを言うのは、僕くらいしかいなかった。みんな恐くて、恐れいっちゃって。

——とはいえ一昔前のやり方と、今の熊切監督のやり方と、どちらが正しいということでもない。

康　もちろんです。

——監督は、社会情勢や世界政治にも興味おありですか？

熊切　ノンフィクションでも、やりたいものはありますね。

康　さっき森君の「ＦＡＫＥ」の話が出たけどね、現代のいわゆる市民社会、この超高度管理社会の中で、マージナルラインの一歩外れると、正に魔界ですよね。そのギリギリのところで、いい意味でもがいている、あがいているという感じがするんですよ。

彼には、どこまでがフェイクでどこまでがリアルか突き詰めてやろうという、壮大な野心があるなと思っているわけ。例えばオウム事件、作曲家偽作事件等、森君のテーマ選択、対応の仕方、どう思いますか？

熊切　「FAKE」はまだ観ていないんです。でも森さんの、「A」の時もそうだと思うんですが、立場の違う両者に素直に訊いていくという、あのスタンスはすごいなと思います。

──もし未来にノンフィクションを撮られることがあるとするなら、是非康さんの映画をお願いしたいです。

熊切　それは、猛烈に面白いと思います（笑）。

康　そもそも「ノンフィクション」という言葉が良くないんですよ。いったい何がノンフィクションなのか。ノンフィクション作家っているでしょう？「ノンフィクション」「フィクション」のマージナルラインは一体なんなのか？それぞれの人生哲学、そしていわゆる主観を持たない人間なんか、絶対存在しないのに。

僕は、今までノンフィクション作家って言われてる何人か、元都知事の猪瀬君もノンフィクション作家です。彼とは仲が良くて、よく議論したんですよ。「ノンフィクションとは、何か」って。

だから、熊切監督の話に戻すと、森君が抱えているようなテーマに、熊切監督的な立場で挑むと、それは「とても面白いものができるな」という予感がしますね。たぶん、もうお考えになってる部分もいろいろあると思うけど。

熊切　森さんも「ドキュメンタリーは嘘をつく」って、よく仰っていますね。

康　僕の思う熊切さんは、最終的に譲らない人。そして「これから何をやらかすかわからない」という不気味な側面がある、そういう意味で、すごく期待しているんですよ。がんばってやりぬいて下さい。

康芳夫×猪瀬 直樹（作家・元東京都知事）・・裏都知事VS元都知事（Interview Date：2016 7／11）

猪瀬直樹×康芳夫対談が行われたのは2016年7月11日、月曜日。
前日は参議院選の投票日。
また、都知事選は告示直前、この時点で小池百合子氏、石田純一氏、宇都宮健児氏が名乗りを上げ、野党統一候補として古賀茂明氏の出馬が取沙汰されつつ、まだ鳥越俊太郎氏の名前は表に上がってきていない状況だった。
元都知事×裏都知事の対話にこれ以上の日はない。
尽きぬ話は、三島由紀夫氏を介した2人の意外な繋がり、そして、昭和の立役者が集った「梁山泊」にまで及んだ。

康　どうですか、昨日の参議院選結果及び今日の都知事選問題は？

猪瀬　要するに、都連の内田なのよ。都連の幹事長である内田茂が権限を全部握ってるわけ。結局僕は、内田たちにやられたの。彼らは、虎視眈々と狙ってたわけだよ。

僕が、石原慎太郎に「知事やってくれ」って言われたのが2007年。東京都議会は二元代表制だから、都知事と議会が対等なのね。かたや議院内閣制は与党の多数派が総理大臣を決めるから、予算案も全部通るわけ。つまり、そっちの方が大統領制よりも弱そうに見えて、実は強いんだよ。

都議会は二元代表だから、対等なわけ。となると、すべて議会を通さないといけない。しかも、アメリカの大統領だったら補佐官を10～20人入れてもいいんだけど、そんな権限もない。

県知事か都知事の場合は、せいぜい特別秘書を2人入れるだけ。だから石原さんは、僕が道路公団民営化で活躍したから「あいつは官僚と闘える」ってことで、助っ人として欲しかったの。それで頼んできたんだけど、今度は議会の承認がとれないわけよ。結局、議会が承認するためには「ラインを渡さない」ということになって。

それは例えば、松下電機に副社長として呼ばれたと。それで行ったら、副社長室はあるけど事業本部はない、という状況。かつ、他には役人の副社長が3人いて、みんな事業本部を持ってる。オレは4番目の副社長で事業本部がなくて、副社長室と秘書しかいないという状況で、やっと議会が承認したの。

――最初から片手落ちというか。

猪瀬 その条件じゃないと議会が承認してくれなかった。副知事は承認案件だから、それで石原さんも、しょうがないから折れて。

康 慎太郎氏は、あまり実務的なことはやらないで、嫌なことは全部彼に押し付けて、それによって敵ができちゃったということは結構あって。

――石原都政はもっと盤石な態勢だったと思ってました。

康 彼は猪瀬さんがいなかったら、どうしようもなかった。全然実務性ないんだから（笑）。

猪瀬 それで僕はなってすぐ、参議院の議員宿舎を、清水谷公園の後ろの森の木を切ってつくる計画をやめさせた。石原さんは迷ってて、「これはやったらヤバいな」と思ってたのを、僕が「やめちゃいましょう」って言い切っちゃって、石原さんはそれで「う、うん」って（笑）。

――そこも分岐点だった。

猪瀬 それが副都知事になった直後、千代田区は内田の選挙区だから、顔に泥塗られちゃって、それからずっと恨まれてる。

――もうちょっと内田さんに気を遣ったやり方もあったんでしょうか？

猪瀬 あったけど、僕は自分は政治家じゃないと思ってるから。「スーパー官僚」だと思ってて、要するに「頭を下げる必要はない」と。

――石原さん自身、その力が欲しくて猪瀬さんをお呼びした。

猪瀬 まずそれで恨みを買ってるでしょう。しかもラインがないから、仕事もできない。そこで考えて、プロジェクトチームを課題ごとにつくると。そこにラインから優秀なやつを入れて、そういうチームをいっぱいつくって僕が指揮するアイディアを考え、どんどん改革を進めていったの。そのやり方だと、従来の副知事権限も超えられるわけ。

そうして5年半くらいが経って、僕が知事になった。その時に内田は一度落選してるわけ。それが、オレが知事になって半年後、第2次安倍政権が始まった時というのは民進党がどん底で、それまで都議会は自民と民進で伯仲してたのに、自民の圧勝になっちゃった。そこに内田も蘇って、しかも内田は落選中でも都連の幹事長やってるわけ。
都連の幹事長は、都議会議員の公認権を持っているから、実は一番の権力者。会長は石原伸晃なんだけど、会長には何の権限もないから、伸晃が弱そうに見えるのは仕方ないので。

——ただの飾りあると。

猪瀬 権限は都連幹事長が握ってて、しかも安倍政権と共に全員当選だから、それが蘇っちゃったわけ。

——合う合わないは別にして「民進党、もうちょっと頑張れ」という想いでしょうか？

猪瀬 「頑張れ」じゃなくて、「普通にしてくれ」って。

康 （笑）。

猪瀬 今はもうアホみたいな世界になっちゃって、政党じゃないよね。つまり、必ずどこの国でも対抗馬があるのに、「対抗馬ナシ」。あれだけみんな民進党が嫌になっちゃってると、何もしなくたって安倍さんが勝っちゃう。

康 安倍内閣は改憲に向かって走って行きますか？

猪瀬 やらないよ、あれは。

康 僕は安倍内閣が改憲に走っても、全然問題ないと思っているんだけど。

猪瀬 問題は「改憲だ」、「改憲だ」って言ってやらないこと。つまり、今回だって選挙の争点にしてないでしょう？それでも民進党は「改憲だ」、「改憲すると困る」って反対する。でも、反対しても「やる」って言わないから、争点になってないわけじゃん。
ずるいのは、今回これで勝ったでしょう？それで「やる」、「やる」って言ってやらないわけよ。すると政権が延命できるという。

——延命の方が重要。

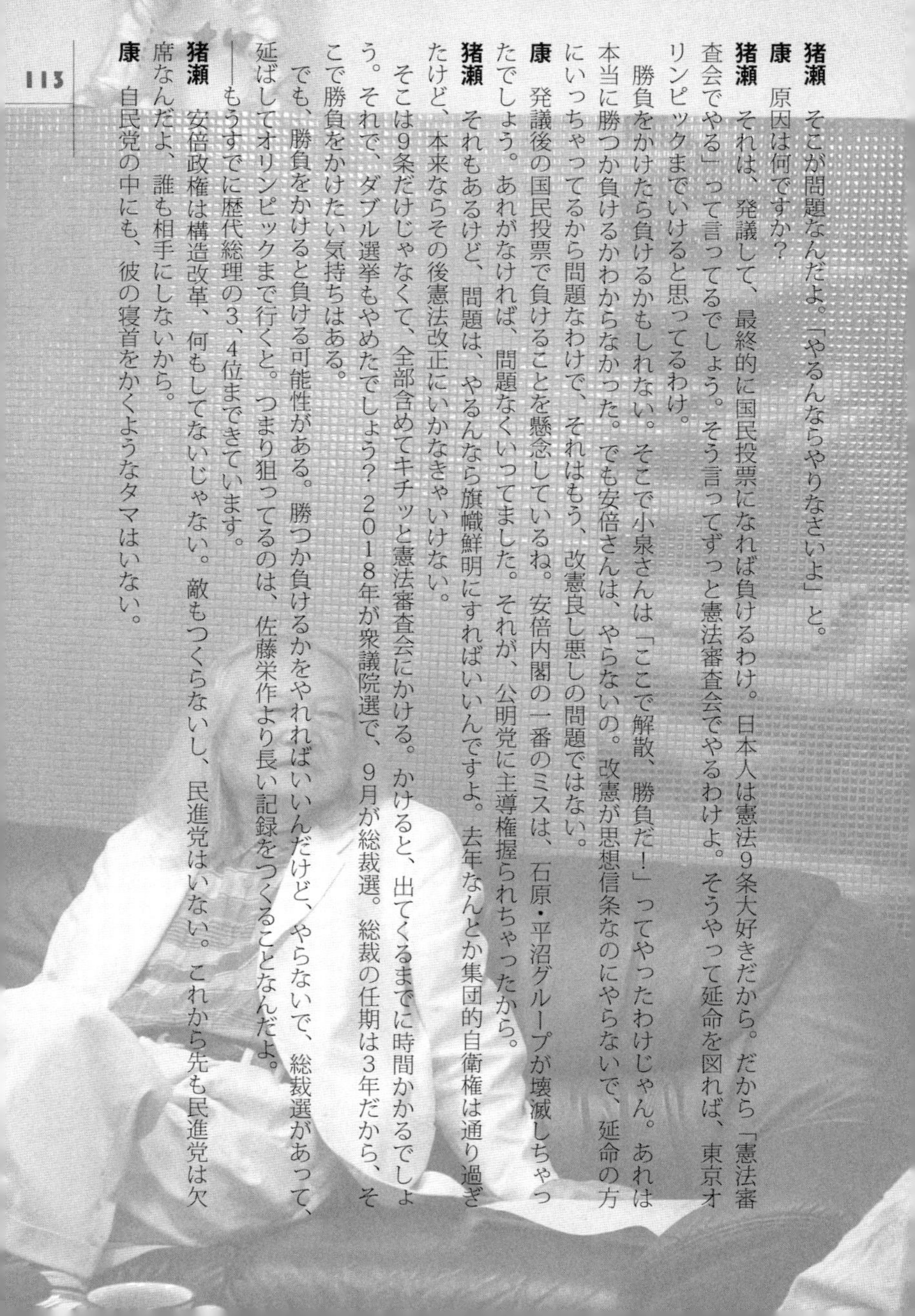

猪瀬　そこが問題なんだよ。「やるんならやりなさいよ」と。

康　原因は何ですか？

猪瀬　それは、発議して、最終的に国民投票になれば負けるわけ。日本人は憲法9条大好きだから。だから「憲法審査会でやる」って言ってるでしょう。そう言ってずっと憲法審査会でやるわけよ。そうやって延命を図れば、東京オリンピックまでいけると思ってるわけ。

　勝負をかけたら負けるかもしれない。そこで小泉さんは「ここで解散、勝負だ！」ってやったわけじゃん。あれは本当に勝つか負けるかわからなかった。でも安倍さんは、やらないの。改憲が思想信条なのにやらないで、延命の方にいっちゃってるから問題なわけで、それはもう、改憲良し悪しの問題ではない。

康　発議後の国民投票で負けることを懸念しているね。安倍内閣の一番のミスは、石原・平沼グループが壊滅しちゃったでしょう。あれがなければ、問題なくいってました。それが、公明党に主導権握られちゃったから。

猪瀬　それもあるけど、問題は、やるんなら旗幟鮮明にすればいいんですよ。去年なんとか集団的自衛権は通り過ぎたけど、本来ならその後憲法改正にいかなきゃいけない。

　そこは9条だけじゃなくて、全部含めてキチッと憲法審査会にかける。かけると、出てくるまでに時間かかるでしょう。それで、ダブル選挙もやめたでしょう？２０１８年が衆議院選で、９月が総裁選。総裁の任期は3年だから、そこで勝負をかけたい気持ちはある。

　でも、勝負をかけると負ける可能性がある。勝つか負けるかをやればいいんだけど、やらないで、総裁選があって、延ばしてオリンピックまで行くと。つまり狙ってるのは、佐藤栄作より長い記録をつくることなんだよ。

――もうすでに歴代総理の3、4位まできています。

猪瀬　安倍政権は構造改革、何もしてないじゃない。敵もつくらないし、民進党はいない。これから先も民進党は欠席なんだよ、誰も相手にしないから。

康　自民党の中にも、彼の寝首をかくようなタマはいない。

猪瀬　石破さんとか、いたとしても、昔のような派閥の闘いにはならない。昔は党の中で戦争して、派閥の交代が政権交代だった。その派閥の交代もなくなり、民進党は壊滅で、政権交代がない。

――小池さんの出馬は、閑職に追いやられている党内勢力からの、せめてもの抗いに見えます。

猪瀬　そう、今やあれが唯一の活路なんだよ。

テレビではよく猪瀬、舛添を「政治とカネで退陣した」と括っているけどそうじゃない。既得権益と闘っていた猪瀬は関係にはまって敗れた。そこに舛添という傀儡政権がきて、それも消えた。

――今回、猪瀬さんにも待望論があったかと思います。

猪瀬　いっぱいあるよ。でも今、公民権が停止で選挙に出れないの。だけど公職にはつけるから、「大阪府市特別顧問」にはなってるわけ。

康　橋下君はチャンスをうかがってますか？

猪瀬　橋下は今回はやる気ない。オレは「出ろ」って言ったんだけど、まだ「しばらく、民間人を謳歌したい」と。子どもが7人いて、金もないから、少し稼いで。

康　僕は、彼が最後に出てくると思ったんですよ。猪瀬　蓮舫はそれで逃げたんだよ。だけど結局橋下は「オレやんねえ」って言って、小池さんが出た。

康　誰が勝ちますか？　猪瀬　だから、自公が増田寛也を推すでしょう。でも東京って浮動票だから、自公が推したからってそこまで組織票はない。

康　野党の統一候補はあり得ない？

猪瀬　石田純一じゃ、まとまるわけがない。誰かでまとまれば宇都宮を降ろすつもりだったのが、どこの素人かわからないのが出てきたって、さすがに都民もついていかない。

――しかも松原、長嶋あたりでは共産が乗れない。

猪瀬　長嶋なんて自民党より右翼だから、共産党は無理だよね。

康　石田君は半分ジョークか（笑）。

猪瀬　石田は「戦争反対」とか言ってたから、あれだと共産も乗れるんだけど、でも「さすがに石田じゃあ」というのもあるでしょう。

　だから、ちゃんといいものを出せば、昔の社共統一戦線みたいに一人区で長野で勝ったみたいになるんだよ。でも民進党に主体性がないから、「これだ」って出せれば共産党もくっつけるけど、出せない。

康　小池は、当選したら復党するの？　彼女は最後石破氏についちゃったから、安倍君に嫌われているのか（笑）。

猪瀬　官邸は結果的に、勝った方につく。増田が勝とうが小池が勝とうがいいわけで、責任をとるのは伸晃。つまり「伸晃と内田がいけない」ということになる。内田が本当は一番の犯人だけど、「伸晃がだらしないから」ってなって、あとは結果的になっちゃった方を最終的に認めると。

康　石破氏個人には、彼の政治家としての能力は別にして、まわりの軍師が物足りないよね。

猪瀬　それは石破さんのせいじゃなくて、制度が変わったから。つまり、小選挙区によって政権交代が可能になったけど、実際民主党がやってみたらひどいことになって、もう「お呼びでない」と。

　それから、中選挙区時代は野党は関係なく、党の中の派閥で政権交代をしていたと。でも、その派閥もなくなっちゃった。だから、政権交代の根がないわけよ。石破さんがいくら頑張っても派閥の時代じゃないので、要は、共産党の中央みたいになっちゃった。分裂主義者はトロツキストみたいになっちゃうの。

　そういう意味で、制度的に手を挙げられない状況が生まれちゃって、その中で「憲法改正」って言いながらやらないで延命して、歴代最長を狙う内閣になってしまった。だって「アベノミクス」って金融緩和以外、何の政策ないわけじゃない？　それだってイギリスのＥＵ離脱で円高になって、その意味すらないという。

――猪瀬さんは、もし出れたら、出てましたか？

猪瀬　政治に「もし」はないから。オレだってその辺出れば、おばさんとかみんなに握手されるんだけど、でも出れないし、それは敵の陰謀にはまって失敗したわけだから、しょうがない。

康　アメリカの今の情勢、まあ最終的にはクリントンに落ち着くんだろうけど、トランプの現象を含めてどう解釈してますか？

猪瀬　世界的にポピュリズムの時代、動乱の時代になっていきています。つまりＩＳの無差別テロだって、バングラデシュなんて、日本人は関係ないのにやられちゃうわけだから。

　そうなってくると第一次、第二次大戦があって、次の第三次がどうあるかわからないけど、要するに「70年間の平和は終わった」ってことだよね。少なくとも、現実に「終わりかけている」のがＥＵ。

康　アメリカの歴史上、サンダースのような極左と、トランプの極右があれだけ伸びたことはないよね。フランスのルペン親子もそうだけど、全体的な右傾化というか、ナショナリズムを超えて、一種のネオファシズムというか。

猪瀬　その辺は見えなくなってきて、さらにはＳＮＳや色々なものも入ってきて、環境が変わったんですよ。過去と同じ言い方はできなくて、色んなかたちで新しいことになって。

　ただ日本は、ぎりぎり今でも平和なんだよ。

　シリアで、船から人がこぼれているじゃない？　すごい映像だよね。国家がないとああいうことになる。国家ってやっぱり防壁で、シリアみたいに国家が崩壊してると、人々はああなっちゃう。でもＥＵは国家の壁を薄くしちゃったので、そこで問題が起きてきていると。

　要は、国家というものは「会員制クラブ」なんだよ。オレは六本木ヒルズクラブの会員だけど、会員料を払ってるわけ。変なやつはあそこに入れない。

　日本は、その良し悪しは別にして、シリアの難民も６人入れただけなんだよ。それはつまり、国の会員費を納税で払ってる「会員制だよ」って言ってるわけ。アメリカやＥＵではそれが崩れてきてるでしょう。20世紀は要するに、国民国家の時代なの。

――色々な意味で国、世界が岐路に立たされているのは感じます。

猪瀬　結局、大江健三郎じゃないけど「持続する志」がないとダメ。それに、それだって一般論で言ってるうちに終わっちゃうので、具体的に「どこで何をするか」という課題解決をしないとならない。そこで、安倍政権は何が課題かはっきりしないわけよ。ただの民進党のオウンゴールだから。

康　まさにオウンゴール（笑）。民進党から、リーダーは出てきますか？ 今なら蓮舫君かな。

猪瀬　彼女は橋下が出ると思って、都知事選から逃げたの。もうそこで、民進党は都知事選のタマをなくしちゃったわけ。

――先ほど「動乱の時代」と仰いましたが、それは楽しめるものでしょうか？

猪瀬　日本はディズニーランドだからね。だけど、いつまでもそのままではいられない。だからトランプが、「兵隊を引揚げるぞ」とか言い出してるわけで、今まではディズニーランドの外側の門番がアメリカ兵だった。それが「門番外すぞ」って言われたら、「自分で考えろ」ってことになる。その時に今までの枠組で考えてたら、話は進まないでしょう。

ちょっと今、リーダー不在なんだよ。

僕が都知事で頑張っていられれば変えられたんだけど、できなくなっちゃった。だから、まずは僕を潰した元凶と小池百合子さんに闘ってもらって、後はそれから考えていくと。

――そもそも、お2人の出会いは、いつなんでしょうか？

康　猪瀬さんとはね、「ホワイト」って六本木にあった、内田裕也君とかみんなが行ってたバーがあって。それも最初は四谷にあったんだけど。

猪瀬　最初は四谷三丁目にあって、その後西麻布に移るんだけど、当時はまだ人が少ない頃で、僕もまだ30代だよね。

康　あとは当時、平岡正明君ってのがいて。平岡君と猪瀬さんの接点はわからないけれど、僕は当時『血と薔薇』という雑誌をやってたんですよ。その4号目に『家畜人ヤプー』を載せたんだけど、その時編集長にすえたのが平岡だったわけ。澁澤一派は降りちゃったから。

猪瀬　『血と薔薇』はどこで出したの？

康　出版社は天声出版。場所は全日空ホテルのあたりで。

猪瀬　そこに『家畜人ヤプー』が載ったのはいつ？

康　正確に言うとね、最初は立花隆君が文春に3年くらいいたのよ。彼がちょうど文春をやめてブラブラしてて、当時は誰もまだ彼のことを知らなかった。僕は彼の才能を認めていたから、最初の編集長にしたんです。そしたら澁澤龍彦ともめちゃって、色々と置き去りになっちゃって。だから本来は立花編集長でヤプーが世に出ていたはずなんだけど、結局平岡の時に出したの。

猪瀬　その話は何年の話？

康　45年くらい前ですね。

猪瀬　その頃、僕はまだ物書きやってないからね。

――当時から「ヤプー」のことは、ご存知ではあった。

猪瀬　それはもちろん、話題になってたからね。僕がまったくのフリーターみたいなことをやってる頃だよ。康さんとは後で会ったりするようになって。

『家畜人ヤプー』って、結局誰が書いたの？

康　あれは沼正三という人物なんだけど。

猪瀬　それは、覆面ライター？

康　複合人物ですね、コラボレーション。

――猪瀬さんから康さんへの、贅沢なインタビューですね（笑）。

猪瀬　僕が気になったのは、康さんのプロフィールに、「三島由紀夫が通い詰めたアラビア魔法団などを呼ぶ」ってあるじゃない？

これは、何年？　三島が生きてるんだから60年代だよね。

康　僕が35、6の時ですね。

猪瀬　三島は1970年に死んでるんで、このアラビア大魔法団は1965、6年かと思うの。というのも、一ヶ月くらい前に中公文庫から、三島の『荒野より』という作品が復刻されて、僕がその解説を書いたのね。

『荒野より』は短編集で、アタマの『荒野より』って小説から色々入ってるんだけど、最後に戯曲「アラビアン・ナイト」があって、僕は「なんでこれをこの時期に書いたのかな」ってことが気になっていて。

――よほど唐突なんですね。

猪瀬　しかも昭和41年、日生劇場で公演もやってるんだよね。つまりそれは1966年。

だから康さん、記憶をはっきり頼むよ（笑）。

「三島が通い詰めたアラビア大魔法団」がいつなのか、そうすると、この戯曲や公演をやった意味がわかってくるんだけど。

――（急いで「アラビア大魔法団」公演日時を調べる）

康　この興行はね、ポスターを横尾君がデザインして、三島は当時横尾君と仲良くて、彼は2回観に来ましたよ。出演者にアラビア人は誰もいないんだけど（笑）。

猪瀬　じゃあ、彼らは何者なの？

康　当時で言う「ジプシー」ですね。

猪瀬　今、「ジプシー」は差別用語だから（笑）。

――今は「ロマ」でしょうか。

猪瀬　その彼らを、どこでどう呼んだの？

康　それはドイツのプロモーターが全部まとめて連れて来たわけ。彼らはヨーロッパ中をまわってるから、神（彰）が「康君、これ『アラビア魔法団』ってことでできるか？」って。僕は「できる」と言って、それを横尾君が「面白いですね」、「僕に描かせてください」って。

猪瀬　「アラビア大魔法団」って、そういうインチキ臭いものだったの？

康　もちろんそうです（笑）。

猪瀬　具体的には何をやったのよ？（笑）。

康　それは、色んな曲芸とか。

猪瀬　今で言うサーカスの、今ほど洗練されてないやつか（笑）。

康　一番問題になったのは「ワニの催眠術」ね。松本清張なんかも観に来たんだけど、それでも「何でかかるか、わかんない」って。「条件反射にしてはおかしい」ということで、今もってあのワニだけは謎なんだよ。彼らが術をかけるんだけど、本当に巨大な狂暴なワニがピタッとかかっちゃうの。

猪瀬　かかっちゃう？

康　クロコダイルが、ピタッと止まっちゃうんだよ。

猪瀬　ワニが出てきて、「大魔法団」だからそれは一応魔法で、「アラビア」なんてのは適当につけたんだね？　康さんが呼び屋として（笑）。

康　そう。神のところでね。

猪瀬　神て人が、変な人なんだよね。

康　彼は当時、有吉の亭主だったから。

――作家の有吉佐和子さんですね。

康　それも、慎太郎氏が紹介してくれたんだよ。

猪瀬　彼は、呼び屋として一つのエポックメイキングだったんだよね。

――石原慎太郎さんは、お2人にとって重要な、共通の存在かと思います。

康　慎太郎氏は当時、言ってみれば有吉さんのボーイフレンドだったの。2人でボクシングを観に行ったりなんかして。オレは大学時代から慎太郎氏に世話になって。

猪瀬　康さんは東大でしょう？　何学部？

康　教育哲学。

猪瀬 そんなところに行って、なんでそんなことに興味を持ったの？ 普通は講談社とか、そういうところに就職するじゃない。

康 他にも日活の助監督とか、あとは羽仁進さんがいた、岩波のドキュメンタリーのところに受かってたんだけど。

猪瀬 岩波映画か。田原総一朗も一回入ってたよね。

大学卒業は何年くらい？

康 25歳の時ですよ。

猪瀬 生まれは1937年でしょう？ そこに25を足すと62年で、その頃大学を出て、当時は神さんが活躍していたと。こうやって整理しないと、聞いてる人はわからないじゃん？（笑）。

――（やっと、調べた結果）アラビア大魔法団は1966年です。

猪瀬 おお、いいじゃない。

それでその、三島の「アラビアン・ナイト」公演は11、12月にやってるわけ。だから、康さんのプロフィールを見て「あれ？」と思ったんだよ。

――何らか、お互いに影響し合っていそうです。

猪瀬 やっとここで、結びついてきた。これでやっと、康さんのことを三島にも影響を与えた「大物」風に話せる（笑）。

康 猪瀬さんは、こういうことにとても厳密な方だから。

猪瀬 こういう仮設が立つかどうかがすでに勝負なわけで。

すると康さんは、大学を出て数年は神さんの下で働いて、有吉佐和子と石原慎太郎がデートしているところを見ていると。それで、そのアラビア大魔法団ではワニが催眠術にかかって（笑）、だいたいの意味がわかってくる。

――しかも三島さんも、どうやらそこからインスピレーションを受けられている。

猪瀬 それはわからないけど、少なくとも公演はやっていると。『荒野より』の解説を書こうとした時、この戯曲だけが唐突で、よくわからなかったんだ。

—戯曲は何か、興味深いものなんでしょうか？

猪瀬 それが、普通の「アラビアン・ナイト」を書いてるだけなんだよ。普通過ぎて「これ、どこか面白いの？」って。

—余計に、なぜそれがあるのかわからない。

猪瀬 全体の中では明らかにいらないわけ。『荒野より』を書いているのは、1965年の10月なの。三島はそこで、自分の人生を振り返って「もう、荒野しかない」と。そこから、例の自決にいく流れができるわけ。だから、ちょうどその分岐点がなんだよ。

—康さんのご見解でも、分岐点になる小説は別にありますね？

康 やはり『鏡子の家』かな。あれは、文学的にはあまり評価しないけど、重要な意味を持つ作品だなと思っています。昔猪瀬さんともその話をして、『鏡子の家』の重要性について同意してくれて。あれは、それまでなかなか同意を得られないところだったので、心強かったですよ。

猪瀬 1960年代を迎えるにあたって、彼は時代を描こうとしたの。そうしたら、みんなわかんないわけ。彼は失望して、それから色々あって、65年に『荒野より』を書いて、確かにあんまり有名な作品じゃないんだけど、僕はポイントだと思っていて。

だから復刻版に書いた解説も、結構長いんだ。僕は三島について、『ペルソナ』って本を書いてるから。

—そして、そこになぜか付いてきた「アラビアン・ナイト」が、康さんとの接点に。

猪瀬 康さんは浪人して、62年の卒業なの？

康 最初は横浜国大に入ったんですよ。その後東大に入り直して、それでまた本郷で留年したから。

猪瀬 岩波映画とか受かってたのに、なんで神さんのところに行ったの？

康 それは、あんまり面白いと思わなかったから、「どうせ」と思い切って。それで結局、神さんのところは、結構面白かった。浮き沈みはいっぱいあったけど（笑）。

—当時ボリショイサーカスを呼ぶということなど、すごいことと思います。

猪瀬　あれはすごいよね。「ボリショイサーカス」って、もう、誰でも知ってるようなものだったから。慎太郎さんは何で知り合ったの？

康　僕は5月祭で委員長をやってて、彼にも来てもらったから。他にも武満、岡本とか、あのあたりを全部呼んでやったのよ。その繋がりで、仲良くなって、後にはネス湖探検隊の隊長になってもらって。

猪瀬　あれは何年？　70年くらいだったかな。

康　あれも、最初は「小松左京がやるから」って言ってたのに、「オレがやる」って（笑）。

猪瀬　本当に行ったんだっけ？

康　もちろん。

猪瀬　ネッシー、（笑）。

――ネッシーは73年です。これもまた、当時の誰もが知っている興行かと思います。

猪瀬　神さんという人は、最初から「呼び屋」なの？

康　彼は最初は株のブローカーですね。満州浪人帰りで。

猪瀬　康さんはそういうところに、本能的に匂いを嗅いだんだな。

康　そういうことですね。「面白いんじゃないか」と思って。

猪瀬　康さんの家は何やってたの？

康　僕の親父は7歳で慶應に入って、その親父、僕の爺さんはお金だけ置いて国に帰っちゃって。親父は慶應の医学部を出て、西神田医院ってのをやって、蒋介石政権の最後の侍従医だったわけ。ところが蒋介石が断交して、その後は南京政府の侍従医になって。

猪瀬　南京政府って、汪兆銘？

康　そう、汪兆銘の侍従医です。近衛声明で、蒋介石と断交したから。でもその代わり戦後、戦犯に引っ張られたわけ。いわゆる典型的な漢奸ですよ。上海軍事法廷に引っ張られて、最終的にはコックと医者は全部無罪。

猪瀬　コックと医者は使えるからね。

康　だけど、オレも子ども心に思ったけどね、大使館は米粒もない時に牛肉でも何でも手に入っちゃうわけだから（笑）。

猪瀬　お父さん、場所はどこにいたの？

康　場所は大使館で、今と同じところです。

要するに、非常にそれまではいい思いをしたから、戦後親父が引っ張られた後の空白の時期が食うや食わずで辛い思いもして、それは「しょうがない」と思って。

猪瀬　何年くらい大陸に引っ張られてたの？

康　僕が小学校1年の時に引っ張られ、上海の軍事法廷に6年くらいいて、帰ってきたのは中学1年の時ですね。日中戦争には、巻き込まれた色んな連中がいるけど、僕の場合は非常に特殊でね。

しかもお袋は日本人で、恋愛結婚なんだけど、戦争で夫婦喧嘩をやるわけよ。親父は中国人特有の典型的なノンポリだけど、大使館にいるから情報は入ってくる。だからミッドウェーなんていうのも、僕は子ども心に聞いててもよくわからないんだけど、お袋は「とんでもない」ってやり出すわけ。でも実際は、親父は日本が大変なことになっているのをわかってる。一時、スパイ容疑で引っ張られた形跡もありましたね。

猪瀬　それで5、6年間、上海の軍事法廷にいたと。あの頃は、日本人の医者もみんなかき集められてたんだよね。満州から引揚げようとしてるのをピックアップされて、国境内戦のために従軍させられるんだ。

康　無罪になったのはいいんだけど、国境内戦に巻き込まれて、両方とも医者の奪い合いだから。最後には神戸に船で帰って来たんだけど、ボストンバッグを15個くらい持ってきたかな。

猪瀬　それは国境内戦を終え、「帰っていいよ」と？

康　いや、最中です。終わったというか、逃げ出したというか、最後は国民党の方にいて。そこで親父が言ったのは、「これは国民党の負けだ」と。「腐り切ってる」と。

猪瀬　そうして育った康さんは、60年安保頃に東大でやってるから、学生の立場で石原慎太郎とか武満を呼ぶわけだ。

就職は神さんのところが面白そうで、そして66年、三島由紀夫が「アラビアン・ナイト」をやるタイミングで、「アラビア大魔法団」をやると。

康　横尾君もプロモーター魂を持っててね、すごいポスターをつくってくれて。彼の大傑作の一つです。

猪瀬　彼はまだ有名になってないの？

康　頭角を現してきた頃ですね。

猪瀬　康さんは他にネッシーの捕獲、オリバー君招聘、アリ対アントニオ猪木、肩書きは「国際暗黒プロデューサー」っていうの？（笑）。

康　オレのことを「国際暗黒プロデューサー」って言ったのは、テリー伊藤君じゃないか？　彼はオリバー君の時、助手だったたから。

――駆け出しＡＤ時代ですね。

康　テリー君は、あなたが政治家になる時「サポートする」って言ってたね。

――猪瀬さんは、三島さんのことをどう評価されているんでしょう？

猪瀬　そんなに熱心な読者じゃないんだけど、彼はあの時代の象徴ですからね。とにかく今日、三島の「アラビアン・ナイト」と「アラビア大魔法団」の面白い仮説がはっきりしたね。

康さんとの出会いの場所、四谷三丁目の「ホワイト」には、たけしも来てたと思うんだ。でもまだ、そんなにうんと有名なわけじゃないんだよ。要するに「その後、有名になるみんな」がいたところなの。

――「ホワイト」はバーやスナックなのか、キャバレーなのか？

猪瀬　狭い店内にカウンターがあって、別に座るところもあって。

――女の子はつく？

猪瀬　つかない。ホワイトのママも不思議な人で、オレらと康さんのちょっと下くらいで、もう亡くなっちゃったんだけど。芸能人や物書き、色々な康さんみたいな人含めて集まる、今考えると非常に珍しい場所だったと思うよ。

僕もまだフリーライターで、本を出した時に「オレ、本出たぜ」って言ってママに言って「おお、いいじゃん」みたいな話をして。康さんもそこにいたけど、まだお互いによくわかってなくて。

康 （笑）。

猪瀬 でも顔に特徴あるから、一回で覚えるでしょう（笑）。とにかく、こういう変な人もいるということも含めて、カオスな場所だった。

色んな人がいて、お互いによく知らないで、なんとなく「ああ、あいつか」みたいな雰囲気の、そういう出会いだったね。

――それ以降康さんとは、出版記念パーティーなどでお会いする？

猪瀬 パーティーに行けば、必ず康さんはいたよ（笑）。

康 昨日石井苗子君が朝5時半頃当選したけど、ずいぶん以前のパーティーで、猪瀬君と一緒だったような記憶があるな。

猪瀬 四谷三丁目の「ホワイト」は、記念すべき場所だったと思うんだ。例えば「ときわ荘」は生活共同体だけど、ホワイトは梁山泊だった。山下洋輔もピアノ弾いたりしてて。

――豪華です。

猪瀬 僕がまだ、ちょうど『天皇の影法師』と、『昭和16年夏の敗戦』を書いてる頃。それは今評価されて売れてるんだけど、当時さして大きな話題にはならなくて。

康 その後猪瀬さんは、『ミカドの肖像』で大宅壮一賞を獲るわけよ。それが大きなポイントで、一躍「猪瀬直樹」が社会的存在となって。もちろん、その前から彼の力は認められていたんだけれど。

猪瀬 それでその後、ホワイトは住所が六本木になる西麻布の一番端のところに移るんだよ。広さも倍くらいになって、その頃には有名になった後のみんなもそこにいるようになって。だから、四谷三丁目は有名以前、西麻布は有名以後というね。

猪瀬 そういえば昔、ホワイトについてエッセイも書いたことあるよ。

始まる直前だった都知事選のキーマンの一人である猪瀬氏。対談中もひっきりなしに電話が鳴り、その渦中、康さんとの最初の出会いである約30年前に想いを馳せていただいた一時。

最後に、88年に氏が書いたホワイトについての原稿をいただいた。

康さんをはじめ、時代を彩った寵児たちが当時どんな時間を過ごしていたか、垣間見れた気がした。

酔生夢宿のころ

ティーンエイジャーのころはいうまでもないが、二十代の自分を思い出すとき、恥ずかしいことばかりが先にたつ。ひやりとする。思いやりという言葉は知っていた。でもいま考えると勝手気儘にちがいなかった。そう感じるようになったのは年齢のせいなのだから歳をとることは必ずしも悪いことばかりではない。

十枚も名刺を取り替えた二十代を終えると、僕は雑誌の記事を書いて生計をたてるようになった。

当時四谷のバーでよく呑んでいたが、投げやりな気分のほうがまさっていた。自民党の代議士に政治資金の出所について根掘り葉掘り訊いたり、どこかの上場企業の社長の背任の疑いについてどうたらこうたらと調べたりするのは、趣味ではなかった。だからといって苦痛を感じるほどのこともない。

とりあえずいまの仕事をやっている、と思っていた。その曖昧な状態がつらいのである。たぶん曖昧なままおカネが余計にはいったら、よかったのかもしれない。

かように醒めていたのに先の見通しの組み立てができない。これがいちばん困る。

仕事のほうはどうも本気でのれない。いまの状態が仮りの宿なのか現実なのか。自分の人生が入り組んだ詐欺に引っ掛かっているようで、考えても考えても堂々めぐりのような状態だから、水割りを呑みながらどこかで解答を探している。仕事にも酒にものめり込めないでいた。

そういう状態で三十代の前半を過ごした。

あのバーで、だから僕はよく考えごとをしていた。別に気むずかしい顔をしていたわけではない。宙吊りの状態の気分のままにほっておいてくれる場所だった。

それにしてもー。小学生のころ、いつまでも子供でいたいと希っていた。大人になるのは厄介なことだという予感はあたっていたのである。

四谷のバーは、いまは西麻布に引っ越した。僕のほうがひと足、先にやってきたのだが、呑む場所まで追いかけて来てくれるとは、よほどの因縁にちがいない。そこで背を屈めて、肘を張っている若い男などを見かけると、少し辛い気持ちになるのは、余裕のせいだろう。（88・6）

第2部 虚人、巨人を語る

虚人交遊録（Interview Date：2010 9～12）

三島 由紀夫（作家）

澁澤 龍彦（作家）

麻原 彰晃（宗教家）

沼 正三（『家畜人ヤプー』原作者）

石原 慎太郎（作家・政治家）

勝 新太郎（俳優）

神 彰（プロモーター）

赤塚 不二夫（漫画家）

正力 松太郎、渡邊 恒雄、氏家 齋一郎、三浦 甲子二、斎藤 十一（メディア）

児玉 誉士夫、笹川 良一、横井 秀樹、百瀬 博教、田岡 一雄、田中 清玄（フィクサー）

三島由紀夫

三島はね、最初に会ったのは僕が学生時代、新宿に**キーヨ**っていう伝説的な**ジャズ喫茶**があったわけ。当時のカメラマンとか、作家までいかないけど、そういう当時のいわゆる**ヒッピー**みたいな連中が毎晩集まってるところだった。例えば立木義浩君やコシノジュンコ君とかも無名な頃、そこにたむろしていた。そこに三島が当時岩波書店の『**世界**』に書いた『**月に昇る**』というタイトルの短編小説のモデルたちも集まってたわけ。その、三島のまわりの連中はみんなオレのことを怖がってた連中でね、それで三島がキーヨに来て、オレは当時東大の学生で毎晩キーヨに行ってたから、そこで初めて会った。その時オレはまったく初めて三島と会って、友好的に話しをした。「あなたの小説のファンです」って。それで突っ込んだ話をしようと、色々話しているうちに**日本浪漫派**の話を出したら、「それは今はやっかいだから、また日を改めて」ってことになって、後はみんなと雑談して、ジャズ聴いて、今でも覚えてるけど、その時彼はヨットマンがかぶる、角張った**海兵帽**みたいなのをかぶってたよ。派手というか、当時の非常にファッショナブルな格好でね、おシャレで「ああ、これが三島か」って、いかにもそういう印象だった。

そしてね、オレは途中で出て行ったんだけど、その後みんながオレの悪口を言ったらしいんだね。そいつらはみんな三島がかわいがってた連中で、当時流行ってた睡眠薬や特に**ハイミナール**とかをいつも飲んでる、画家の卵とか、ファッション・デザイナーや小説家の卵とか、そういう連中ですよ。だから、僕個人との話し合いはそれなりに友好的だったんだけど、取巻き連中の悪口で非常に印象を悪くしたみたいだったんだ。オレには当時から芳しからざる評判といい評判もあったけど、どちらと言えば芳しからざる評判が多かった。女を片っ端からやっちゃうとか、ヤクをみんなに渡してどうのこうのとか。

それがどうしてわかったかと言うと、その後、もうオレは大学を卒業して呼び屋になってた

『月に昇る』 三島由紀夫の短編小説。1950年代後半の『世界』に書いたものとあるが、このタイトルでの小説は不明。1962年8月号の『世界』に「月」という題名の三島由紀夫作品はある。改題したものであろうか？

日本浪曼派 にほんろうまんは。は1930年代後半に登場したとされる文学思想、またそうした理念を持つ作家たちを指す。日本の伝統回帰を提唱するもので、保田與重郎を中心とした。

海兵帽 本来は水兵がかぶるセーラーキャップ(水兵帽)を指すが、ここではヨットマンがかぶるような海洋調の帽子をいう。学生帽型のひさし付きの簡便な帽子で、マリンキャップ(船員帽)、ギリシャ帽、フィッシャーマン帽に同じ。

ハイミナール 催眠鎮静剤、睡眠薬の一種。非バルビツール酸系のメタカロンを成分とし、かつてはエーザイから合法的に製造・販売されていたものの商品名。1960年代に流行し、ハイチャン、ミナハイなどと呼ばれた。

キーヨ 1950年代から1960年代終わりにかけて東京・新宿に存在したジャズ喫茶の老舗。厚生年金会館の近くにあり、モダンジャズのレコードとコーヒーを提供した。後期にはビート族を気取るフーテンたちのたまり場と化した。

ジャズ喫茶 ジャズのレコードを聴かせコーヒーを飲ませるアンダーグラウンドな雰囲気の喫茶店。1950年代に誕生し、60年代に隆盛、70年代に下火となった。モダンジャズを主体とし、新宿、銀座、池袋、渋谷に多く存在した。

ヒッピー 本来は1966年夏サンフランシスコの貧民街ヘイト・アシュベリー地区における黒人暴動をきっかけに生まれた反体制志向の若者たちをいう。これを形だけ真似た日本の若者たちは「ヒッピー族」などと呼ばれた。

『世界』 1945年12月創刊、岩波書店発行の総合論壇月刊雑誌。日本唯一のクオリティマガジンと自負しており、朝鮮問題や政治、経済、社会、教育、文化、安全保障など内容は多岐にわたる。

頃だ。同級生が**文春**の編集部にいて、そいつに頼んで三島と**ホテル・ニュージャパン**のロビーで会ったんだよ。そうしたら、三島がオレの顔を見たとたん、その同級生に「あの人もの凄いやばい人だよ」ってね。それで、オレの質問にはあまり答えたくないと。「今日はやめておこう」ということで、意味がわからなかったんだけどそのままそこで待っていたら、後でその同級生が戻って来て、「おい、お前えらい三島が印象を悪くしてたぞ」と。三島がかわいがってる連中はオレが当時イジめぬいてて、オレは当時それくらいエバってたからね。まあ、それは今でも同じだけど（笑）。

それが第2幕。ちなみにその文春の編集者とは、今をときめく右翼的論客、堤尭君だ。で、第3幕が例の『**血と薔薇**』を出す時ね。澁澤龍彦が責任編集。で、その下に立花隆君がいたんだが、編集長としての立花君は色々行き違いがあって実現しなかった。もし、実現していたら『**家畜人ヤプー**』と立花隆の組み合わせという大事件になっていたね。それはそれとして、三島が「戦後文学史上の最高傑作」と絶賛する『家畜人ヤプー』に関しては三島の推薦もあり、『血と薔薇』に載っけたらいいんじゃないかということになった。ところが、その作者が何者でどこにいるかも全然不明だと言うことがあって、それでオレが作者を探し当てて連載することになった。その時三島は『血と薔薇』の、実質的な最高顧問だったんだよ。だからその時にオレの名前が出たら、「ああ、あの人か」って、もう時間も経ってたしね、そんな不愉快な顔はしなかったらしいよ。三島は、『家畜人ヤプー』に関しては元々連載していた『**奇譚クラブ**』の切り抜きまで持っていた。色んな事情があって澁澤は3号で降りちゃったんだけど、立花隆の代わりに**平岡正明**が編集長になった4号目に『家畜人ヤプー』は掲載されたわけ。

一度**日生劇場**で、三島の原作を石原慎太郎かなんかが演出するって時にも、舞台稽古の合間にすれ違ったたな。その時は「ああ、君、しばらくだね」という程度。石原慎太郎にも三島は「あ

『家畜人ヤプー』『血と薔薇』第4号に掲載された話題の小説。元は1956年から雑誌『奇譚クラブ』に連載され、その後断続的に他誌に発表された沼正三作による長編SF・SM小説で、沼正三は謎の作者として話題になった。

『奇譚クラブ』　いわゆるカストリ雑誌から出発して月刊誌へと成長した伝説的なSM系雑誌。1947年(昭和22)～1983年(昭和58)。団鬼六の「花と蛇」、沼正三の『家畜人ヤプー』などの掲載で話題を集めた。

日生劇場　東京都千代田区の日本生命日比谷ビルの中にある劇場。日生は「日本生命」の略からきており、1963年(昭和38)10月に開館した。浅利慶太らの尽力で完成したもので、劇団四季の公演が多かった。

文春　文藝春秋の略称。株式会社文藝春秋の略であったり、総合文芸の月刊誌『文藝春秋』の略であったりする。文藝春秋社は1923年(大正12)1月、菊池寛によって創業され、芥川賞や直木賞など多くの文芸賞を手がけている。

ホテル・ニュージャパン　1960年(昭和35)、東京・赤坂に開業したホテル。当時は東洋一の格式を誇る日本初の都市型多機能ホテルとされた。1982年(昭和57)2月8日火災によって閉館、廃業した。横井英樹社長で知られる。

『血と薔薇』「エロティシズムと残酷の綜合研究誌」とサブタイトルが付けられた本格的エロス美学雑誌。天声出版から1968年11月1日に発行され、第1号から第3号までは澁澤龍彦の責任編集、第4号は平岡正明の編集。

いつはなかなかやっかいな男だから、気をつけなさいよ」って後で言ってたらしくて、石原慎太郎にもいろいろ聞かれたけれど、しかしオレとの間に直接問題があったわけじゃないからね。だけどむしろ『家畜人ヤプー』に関して言ってみれば、こっちは恩恵を受けてるわけだし、それからずっと会わないうちに例の事件が起きて、結局彼はああいうことになっちゃった。

三島はオレの顔を見て、「殺気を孕んでる」とか、「気をつけた方がいい。北一輝を彷彿とさせる顔だ」って言ってたらしいよ。三島は**二・二六事件**の黒幕たる北一輝に関して非常に複雑な感情を持ってたからね。ああいう、日本を乗っ取ろうと天皇を追っ払って、自分が天皇になろうという奴は絶対許せないことであって、「邪悪な怪人」というか、そういうイメージだったわけ。関西弁で言う「けったいな」、気持ち悪いやつだと、複雑な気持ちでオレを見たらしい。彼は元々小説家だから当り前だけれど、非常にナーバスな警戒心の強い男だから。

僕は彼に対して悪い感情は何も持たないし、作品についてはそうですね、作品によりけりなんだけどね。最近読み直してみたんだけど、『**青の時代**』は僕の大学の先輩で例の自殺した山崎晃嗣がモデル。『**禁色**』と、もう一つは、僕が彼にとって一番重要な作品だと思ってる『**鏡子の家**』。この本について色々彼に聞こうと思ってるままチャンスを逸しちゃったんだけど、これはある大富豪の娘が毎日パーティーを開いて、そこに毎日色んなやつが集まってくる。そこで、夜ごと夜ごと倦怠的な、**アンニュイ**に満ちた生活を送って、何かが起きそうで結局何も起きずに、そのパーティーも主人公の平凡な結婚という日常で終焉するっていう話なの。どういうことかと言うと、革命とか、色んな意味で世の中を変えようとか、変えたいと日常的惰性に飽き飽きしてた連中が集まって色んな生活を繰り返すわけだけど、鏡子はそこの主人公で、結局その鏡子も平凡な結婚をしちゃうというね。その話は三島にとって重要な意味を持っていて、彼は戦後のある時期まで、革命も含め、世の中に何かがおきると、そう思って、非常にスリリン

『鏡子の家』 きょうこのいえ。三島由紀夫の長編小説。1958年(昭和33)10月、雑誌『聲』創刊号に1章と2章の途中まで掲載。翌1959年に書き下ろしとして、新潮社から単行本で出版。三島の青春期の総決算とされる野心作。

アンニュイ ennui(仏) 倦怠、退屈、心配、不安といった意味。けだるい様子をいったもので、ほかに悲痛、困惑、当惑、嫌悪という意味もある。日本人特有のフランス語好きから採り入れられたもの。

二・二六事件 1936年(昭和11)2月26日未明に勃発した日本の陸軍行動派の影響を受けた青年将校らによるクーデター未遂事件。〈ににろくじけん、にいにいろくじけん〉とも称され、2月29日収束をみた。「昭和維新」とも。

『青の時代』 三島由紀夫の長編小説。『新潮』1950年(昭和25)7月号から12月号にかけて連載されたもので、三島の5作目に当たる。1949年11月24日に発生した「光クラブ事件」を題材に書き下ろしたものとされる。

『禁色』 きんじき。三島由紀夫6作目の長編小説。第一部『禁色』が雑誌『群像』に1951年1月号から10月号に連載され、11月10日に新潮社から一旦単行本化。次いで第二部『秘楽(ひぎょう)』が雑誌『文學界』に連載された。

グな期待を世の中に抱いて色んな小説を書いたわけですね。しかし実際は何もおきずに、いわゆる相対的安定期に日本が入ってきたと。何もおこらない。その絶望感から最後に**三島事件**をおこしたわけだけど、それをおこすきっかけになった、初期作品の中でも非常に重要な小説なの。ただ文学作品としてはもっと他に優れたものはいっぱいあって、これはテーマが面白いわけ。その意味において三島作品の中で、きわめて重要な位置をしめる。「ああ、これが彼の言動のすべての根源的モティベーションなんだな」と。

マイアミの、**モハメド・アリ**のトレーニングジムで最初にあの事件のことを聞いて、「ああ、やったな」と思ったんですよ。「こいつはこの世の中に飽き飽きして、何かやるな」とは思っていたけど、ああいうかたちでやるとは考えなかった。アリのジムで、マイアミ・ヘラルドニュースっていう新聞の写真入りトップ記事になってて、最初意味がわからなかったんだよ。ジムのアリのマネージャーが、「ミスター・コウ。ミシマって男がこんなことやったらしい」って、最初何が起きたかさっぱりわからなかった。彼が演説してる写真がトップページに出てて、どうも割腹したらしい。最初ドラマかと思ったんだけど、読んでるうちに彼が首を切られたって話で、すぐ東京に電話した。東京はもう、蜂の巣を突ついたような話でね。僕は瞬間的に『鏡子の家』のことを考えた。

三島の介錯をした、**森田必勝**は実際オレのところにいた。アルバイトで、僕のやっていた創魂出版に、毎日出入りしていた。その頃に**楯の会**っていうのが結成されて、代々木で毎日訓練してたんだよ。三島からは、「あの康君のところは、あまり行かない方がいいぞ」って言われてたようだけど、あの時、森田は事件の準主役だよな。「はぁー」と思ってね。だけど、その時に僕が思い出したのは、森田は「僕等は命懸けてやってるんです」と。ああいう風に制服とかつくって、当時、「三島は遊びでやってる」ってことは色んなところで言われてたんだけど「遊びは、

森田必勝　もりた まさかつ（一般に〝ひっしょう〟と呼ばれる）。政治活動家。「楯の会」第２代学生長。三島事件の際、三島由紀夫にしたがって市ヶ谷駐屯地に突入し、割腹自殺を遂げる。介錯は古賀浩靖。享年 25 歳。
楯の会　作家・三島由紀夫がいわゆる民兵（民間防衛組織）として組織した軍隊的団体。民族派の学生を中心に約 100 名で組織し、日本の伝統と文化の死守を目的とした。
三島事件　1970 年（昭和 45）11 月 25 日、作家・三島由紀夫率いる「楯の会」学生４名とともに陸上自衛隊市ヶ谷駐屯地（東部方面総監部）に乗り込み、クーデターを呼びかけた後、割腹自殺を果たした事件。「楯の会事件」とも。
モハメド・アリ　ムハマド・アリとも。アメリカのプロボクサー、元世界ヘビー級チャンピオン。1964 年、イスラム教改宗でカシアス・クレイから改名した。「蝶のように舞い、蜂のように刺す」の名言でも有名。1942 年１月 17 日～ 2016 年６月３日。

僕は絶対許しませんよ」ってことを、彼は僕に再三言っていた。つまり、三島は追い込まれたと。森田たちが三島を逃さなかったという、もちろん三島自体にもそういう意志はあったけど、彼等がそれに火をつけたのは間違いない、というね。それと先ほど言ったとおり、三島を逃さなかったということ。

世間的には、三島は遊び半分にやってると。しかし僕は、盾の会の若者たちは真剣だな、半端じゃないな、という印象を受けた。「これはやっかいなことになる可能性があるな」とね。

その頃森田は、千葉の習志野に落下傘部隊があって、そこに三島を連れて行って訓練している最中、落下傘で降りる時にやつの金玉が縮んじゃって「恐い」って言うんで、「私が飛行機から突き落としたんですよ」って話をしたことがあってね。この話を聞いた時、嫌な予感がしたんだ。一方で彼等は文学作品をあんまり読んでないし、森田は**早稲田**の学生だったけど、三島に対する深いコンプレックスと反感、そして崇拝があるわけだから。

オレにも最初はあの事件を、退屈しのぎの〝遊びの結果〟というふうに思いたい気持ちがあったけれど、それだけじゃないんだよ。もっと純粋なものがあって、そして実際、世の中が「鏡子の家」で三島が予言している通りになっちゃってるじゃない。何にもおきないいわゆる相対的な安定期でね、ますます世の中つまらなくなって、今に至って悪くなる一方だよ。三島の予言はまったく当たっていたわけです。

あの事件は、あれをもし〝遊び〟というのなら、ある意味最終的な究極の遊びなんだよ。人生を〝退屈しのぎ〟という風に考えると、退屈しのぎの究極なんだ。その場合、〝退屈しのぎ〟を〝遊び〟だけでやったのかどうか、そこは非常に微妙な問題だからね。しかし、社会が相対的安定期に入ってしまったというのはまったくその通りで、経済的パニックがあったり、中国や北朝鮮等と一時的トラブルがおこっても、そんなことは三島及び三島事件の「予言」すると

早稲田　いうまでもなく早稲田大学のこと。森田必勝の母校で、1967年4月に右翼学生組織として「国防部」が結成されている。1966年11月に結成された日本学生同盟(日学同)は、早稲田学生同盟が母体となっている。

ころとくらべれば、何程のものでもない。もう完全に、三島が予言したとおり、日本のみならず「世界」は精神的にダメになってきている。

これは三島に対して失礼かもしれないけれど、僕の手掛けた**オリバー君**やモハメド・アリも退屈しのぎという観点からは同じことなんです。あの三島事件は、つまり究極の退屈しのぎをやっちゃったわけだけど、あれをそれだけで葬り去るにはなかなかやっかいなことで、それを「普通の人ができない」という意味において、まず僕は評価する。

彼は、ある意味でラディカルな反体制的作家なんですよ。反体制というか、反日常性。勿論芸術家の志向は一般的にそうなんだけど、この退屈な日常というレベルでの生活が耐えきれなくなり、それで逃げ込んだ世界が**王朝文学**とか、**天皇制**を中心とする日本文化至上主義だよね。そこのところは僕にはよくわからない部分もいろいろあるけれど、しかし日本人である以上、そこに逃げ込むしかないんだよ。結局天皇至上主義というか、天皇制を中心とする文化至上主義。

彼は、天皇個人に関しては非常に厳しい考えを持っていた。**終戦**時に天皇が**人間宣言**をしたことを『英霊の聲』で厳しく批判したわけ。天皇、および天皇を取り巻く日本伝統文化は非常に神聖な存在で、日本および日本人の究極のエッセンスをそこに求めた。結局それしかなくて、それも結局単純に分類するといわゆる右翼になってしまうわけだけど、必ずしも政治的な右翼とは関係ないと思う。

三島のあの事件に関して、中曽根元総理をはじめとして「あれは精神的に発狂状態にあったから」という人間がいるけど、それはああいうことをやれなかった連中の言い訳でね、あれは仮に発狂状態にあってもなかなかできることじゃない。社会的名声とか、全部を獲得した人間がそれに飽きちゃった末の退屈しのぎをしたということ。だから、それはやっぱりひがみなんです。精神的に異常な状態であの事件をおこしたというのが、何の説明にもならないというの

終戦　日本における第二次世界大戦（大東亜戦争、太平洋戦争）の終結をあらわす。本来は「敗戦」だが、これを潔しとせぬ当時の政府は「終戦」と言い換えた。1945 年 8 月 15 日をそれとするが、9 月 2 日の降伏文書調印の日をもって終戦とするという国も多い。

人間宣言　1946 年（昭和 21）1 月 1 日、官報によって発布された天皇陛下の詔書の通称。この後半部で天皇が現人神（あらひとがみ）であることを自ら否定したと解釈される部分があるところから、このように呼ばれるようになった。

オリバー君　1976 年（昭和 51）7 月に来日したチンパンジーの名前。チンパンジーと人間の中間にあたる未知の動物という触れ込みで康芳夫がプロモートしたもので、ヒューマンジー、人パンジーなどとして話題になった。

王朝文学　平安時代の特に宮廷女性を主な書き手とする仮名文学の総称。平安朝文学とも呼ばれ、紫式部の『源氏物語』や清少納言の『枕草子』などに代表される。日本文化至上主義の台頭から注目されるようになった。

天皇制　天皇を中心とする統治体制のこと。特に天皇に権力が集中していた近代日本の絶対主義的な政治機構を指すことが多いとされる。単に「皇室制度」や「皇統」のことを意味することもある。

は事実だよね。当時中曽根元総理が「あれはキチガイじみた行為だ」ってものすごく非難して、それは一般的な考え方を代表しているといえばしてるけど、中曽根は元々右翼で、いわば右翼的市民原理の代表的意見とも言える。

そう、彼は、僕のやった**アラビア魔法団**にも来たんだよ。僕が**横尾忠則**君にポスターをデザインさせた大インチキ魔法団に感動して2回も観に来て、その時も「ああ、君がこれやってるの?」ってなった。それは『家畜人ヤプー』の前のこと。彼は2回も観にきて、これは僕ははっきり書いたこともあるけど、「こんなインチキ魔法団に感動するなんてバカなやつだ」って思いましたよ。横尾君も横で笑って、横尾君はその時三島とすごい親しかったんだけど、「2回も観るものじゃないよね」と。彼は本当に面白いと思ったんだろうけど、僕等は裏を全部知ってるから。アラビア人は一人もいなくて、全員流れ者の**ジプシー**やロアーナやドイツ人だったから。

三島はあのまま生きていても何もしなかったでしょう。生ける屍ですよ。だって、すべて書き尽くしてもう書くものないんだよ。書いたとしても、倦怠感まみれの、ごくくだらない小説だったろうね。僕はそう思う。あの死に方は彼にとって最高の死に方だったんじゃない?『鏡子の家』がそのことをすべて証明している。

それは日本の社会に一石を投じたけれども、しかしそれは相対的な安定期という、広い意味での日常的惰性。瞬間的にはそれに対し「一石」を投じたけれども、しかしそれはあっという間に泡になっていった。一部の右翼が三島の「英雄的行為」を信奉して「三島祭」ってのをやってるけどね。僕も、彼が非常に意味の深い行為をやったと思っているけれど、もう人々はとっくに忘れちゃったよ。日常性というのはそういうもので、すべて時間が解決してくれる。それは日本だけのことじゃなく、グローバルなレベルでどんな事件がおきても必ず最後は平穏な日常性に戻っていく。

アラビア魔法団　1964年(昭和39)、康芳夫がドイツから招いてプロモートしたイベントのひとつ。アラブ人がひとりもいないにも関わらず、白人の肌を黒く塗ってごまかしたという。これのポスターを横尾忠則が描いている。
横尾忠則　よこお ただのり　美術家、画家、グラフィックデザイナー、イラストレーターなどとして知られる偉大なアーティスト。1936年(昭和11)6月27日兵庫県西尾市生まれ。三島由紀夫と親しかった。
ジプシー　Gypsy　ヨーロッパを中心に点在する放浪の民族。現在は多くが定住するようになっている。特有の音楽や舞踏の伝統を持つ。ジプシーは差別用語であるとして、現在ではロマとかロム、ロマニーなどと呼ばれる。

それは打破したいと思ってる人はすればいいんだけど、今はやっぱりそれは、世界的に風潮として、人間の根元的バイタリティの中から失われちゃっているわけだよね。みんなおとなしくなっちゃって、飼いならされちゃってる。僕もそれは打破すべきだと思いますけど、でも、これはきわめてやっかいな事だから。いわゆる政治的、社会的革命行為ともちょっと違うんだ。

彼は文学者としては非常に際立った存在ですが、人生の本質に触れて際立ったコンテンツを持ってる小説はそんなにないと思う。だけど男色の問題とか、男女関係とかを人工美学的に構築したというのは、彼にしかできないこと。いわゆる非常に人工的な美学をつくりあげたってことはね、それはまったく独自の世界です。

でも、何回も読んでるうちに飽きちゃうよね。あの事件がなければ、日本の文学史に残る作家の一人に過ぎなかったでしょう。もっと大変な人は谷崎をはじめとして、いっぱいいるわけだから。

澁澤龍彦

澁澤は、もちろん本格的に知り合ったのは『血と薔薇』なんだけど、僕は彼とはいろいろ交流があり、彼の知恵袋でもあった**種村季弘**を学生時代からよく知ってたから、彼の書いた色んなものを読んでいた。

ただ澁澤の場合、美学って言ったってみんな毛唐の受け売りですよ。全部ネタ本があるわけね。そんなこと言ったら三島だってある意味でそうなっちゃうけど。

サド裁判の時ね、澁澤がサドを訳して告訴されて法廷に立って権力に対応した時、僕は彼をちょっと見直した。

でもそれ以外に、世間では澁澤美学っていうけどね、全部輸入品というか、加工品だよね。

種村季弘　たねむら すえひろ　独文学者、評論家、エッセイスト。1933 年 3 月 21 日～ 2004 年 8 月 29 日。神秘学や幻想文学に造詣が深く、希代の博覧強記の人物としても知られる。
サド裁判　マルキ・ド・サドの『悪徳の栄え・続』の翻訳出版で起きた裁判事件のこと。1959 年 (昭和 34)、訳者・澁澤龍彦と発行人・石井恭二 (現代思潮社) が猥褻文書販売および同所持の容疑で起訴され、最高裁で被告側の敗訴となった。

オリジナルは全部向こうにあるんだもん。三島だって根元の教養はヨーロッパにあると言えばそれまでだけど、でも三島はそこに「日本及び日本人」として独自のものを付け加えたから。

『家畜人ヤプー』が『血と薔薇』に掲載される直前まで、彼には責任編集をやってもらっていた。編集長には立花隆君をもってこようと思ったんだ。彼は文春をやめて一人立ちしてすでに非常に優秀な編集者だったし、澁澤に対しても色々意見が言えたから。

立花君は僕が経営していた天声出版にほんの少し席をおいて、その後しばらくして例の**田中角栄スキャンダル**問題がおきて、一躍たいへんなことになるわけだけど、政治家のスキャンダルなんて彼にとっては単なる食い扶持で、お金のためにやったことなわけ。結果的に田中問題で市民社会の交通巡査としてのレッテルをはられることになるわけだけど、本来の彼は**アナーキスト**だった。今や彼は、日本の代表的な「知の巨人」というレッテルを貼られているけれど。

『血と薔薇』の創刊は、立花君が東大の仏文科を出て文春に入って、文春をちょうど辞めた直後なんだよ。**新宿のゴールデン街**でバーなんかもやってたけど、また哲学科に入り直そうっていう端境期。彼はその頃はまだ、まったく無名ですから。ただ、彼は1冊すでに本を出していた。日経新聞が新書をつくった時の最初の本なんだけど、エコロジーの本。エコロジーのエの字も誰も言わない時代に彼はそれを書いて、いかに先見の眼があったかということだ。先読みのできるセンシティブなやつは、もうエコロジーが大問題になると見抜いてたわけ。その後も、脳の問題は今の茂木健一郎のずっと先だし、エコロジー、宇宙と、常に最先端を走っている。一応彼は日本の代表的知性だから、先述したとおり、いわゆる「知の巨人」ということ。

だから、オレの思惑もあったし、『血と薔薇』の編集長には彼になってほしかったけど、澁澤としては彼は色んなことをちゃんと発言できるやつだし、非常に煙たいという部分もあってね。立花君は充分にやる気はあったんだけど澁澤の妨害で話がなくなって、立花君にそれにつ

新宿のゴールデン街　東京・新宿の花園神社の裏あたり、歌舞伎町1丁目にある飲食店街。およそ二千坪の土地に280軒ほどのバーを中心とした小さな店が結集し、独特の雰囲気を放っている。文壇バーなど文化人が多く集まるとされる。

田中角栄スキャンダル　田中金脈問題。1974年（昭和49）に起きた日本の政治スキャンダルで、田中角栄首相が辞任に追い込まれた。発端は『文藝春秋』11月号に掲載された立花隆の「田中角栄研究―その金脈と人脈」などから。

アナーキスト　anarchist　無政府主義者。政治的また社会的権力のいっさいを否定して、個人の完全な自由と独立をのぞむ政治思想に立つ人物。アナーキズム（無政府主義）の信奉者。北一輝や大杉栄に代表される。

いて聞かれても一切ノーコメントでしょう。彼にとってみれば内定が決まってたのに、屈辱的な、嫌な思い出なわけだから。

それで結局編集長は澁澤が選んできた人間に落ちついて、澁澤としては作業のしやすい環境ができて良かった。だけど立花君は言ってみればクビになったわけだから、後味のいい話ではなかったね。

澁澤の『血と薔薇』にかける意気込みは相当なものでした。ただ、僕たちの考え方の違いとかその他色んなことがあって3号で降りちゃった。それで4号目で**平岡正明**を責任編集兼編集長にして、そこにヤプーを載せた。

この間平岡が死んでね、大きな葬儀で若松孝二君とかみんな来ましたよ。当時平岡はすでに色んな本も書いてたしね、ある意味ではすでに有名人だった。澁澤にしてみたら、ヤプーが自分と入れ替わりに掲載されたというのはきわめて複雑な心境だったでしょう。僕との関係も『血と薔薇』の一件以来微妙なことになっちゃって、絶交状態というか、会うには会ってたけど、そのうちに死んじゃったしね。

澁澤と三島はとても親しかった。**澁澤美学**と**三島美学**はちょっと違うんだけど、両者お互いにインタラクトというか、フィードバックし合っていた。彼は東大仏文科が生んだ、一つの奇形児ではあるよね。決して正統派ではなく、大学もほとんど行っていなかったし、脇に外れた、言わば東大仏文科劣等生ですよ。でも、自分でああいう世界をつくって、受け売りという言葉は彼には失礼だけど、元ネタが全部ヨーロッパにあって、それが彼が元々持っていた嗜好と一致したっていうこともあるだろうけど、独特の美学及び**ディレッタンディズム**と、何と言うか、趣味性の強い男だった。

あれ以来ああいう人は何人かでてるけれど、東大仏文科が生んだ最初の奇型ディレッタント

三島美学　作家・三島由紀夫に見る独特の美学。硬いものから柔らかなものまでその文学世界に見る魅力や、自ら肉体を鍛えるストイックな生き方など、その男らしい生きざまに共感する人は多い。享年45歳。

ディレッタンティズム　dilettantism　好事（こうず）、道楽。ディレッタントといえば、学問や芸術を慰み半分、趣味本位でやる人を指し、好事家と呼ばれる。

平岡正明　評論家、政治運動家（1941・1・31 ～ 2009・7・9）特に新左翼系活動家として著名。『血と薔薇』において第４号の責任編集兼編集長を担当し、『家畜人ヤプー』を載せた。

澁澤美学　日本の小説家にしてフランス文学者、評論家などとして知られる澁澤龍彦（1928年5月8日～1987年8月5日）に見る独特の美学。名前を旧字体のまま使用（本当は彦も旧字でなければならない）する奇形ディレッタントとしても知られる。

であるし、かつ、変種だな。突然変異みたいな。今も澁澤の本が昔程読まれているということはないけど、根強い人気はあるね。

今、『血と薔薇』が4冊並んでいることはほぼないけど、昔は4冊並んでいると15万とか20万くらい値段がついた。一度当時の編集者が河出から復刻させたんだけど、権利は僕のものだからそれは法的に差し止めた。4巻で終わっちゃったのは、うちの会社もおかしくなっちゃったし、経済的な理由もあって、やめちゃったんですよ。その後僕は最終的にパートナーだった神彰と別れて、それでモハメド・アリをやったわけ。

『血と薔薇』は当時1冊1000円ですから、今で言ったら1万円で、最初の本格的なエロス美学雑誌とは銘打ってたけど、実際は高級エログロ誌。ただ、あの頃は情報が拡散してなくて、今は情報が極度に分散している。もう、ああいう雑誌をつくるのは物理的に無理だと思いますね。

麻原彰晃

今、例えばテロリストっていうのがいて、それは後ろに組織があってね、アラブとか、個人的に純粋な動機のテロリストっていうのはいないでしょう。みんな政治的背景や、テロリストの系譜ってのは思想的なものがあって、日本でも天皇陛下を狙うのはアナーキスト又は社会主義者が狙うとか政治思想で、純粋な動機で**テロリズム**をやろうっていうのはいないわけで、例えばこの間アキバで変な事件がおきたでしょう？　あれはただの、若いやつの時代的鬱憤だよな。コミュニケーションがうまくいかないとか、すぐイラつくが、彼等が社会的に認知されてしまえば大人しくなる、そういう話でしょ。突き詰めて行くと動機はきわめて平凡な話なの。

そういう意味で三島も一種の自爆テロをやったようなもんなんだけど、三島の場合、安定した世の中が人間を駄目にしていくという焦燥感、焦りというようなものがあって、そういうよ

テロリズム　terrorism　政治目的で暴力やその脅威に訴える行為やそうした傾向を指す。暴力主義。テロ。また恐怖政治のことも意味し、ドイツ語ではテロル（恐怖の意）という。

うなものが今、テロリストのモチベーションの中で非常に少なくなってるよね。

右翼的、あるいは左翼的**ラディカリスト**は世界中に充満している。この間の**9・11の事件**だってね、やっぱり思想的背景があって、誰か上に指示するやつがいて、彼自身の純粋な動機でやったとかそういうもんじゃないでしょ？　主体的行動なら話は別なんだけど、実際問題としてそこのところはなかなか判断すると厄介なんだが。

麻原君の問題は僕がいつも言っているようにね、国家による強制的圧力でいくら抑え込んだって、第2の麻原、第3の麻原が必ず出てくる。それも、グローバルな現象として。相手は信念持ってるわけだから、いくら抑えたって駄目なんだ。

その信念が正しい、正しくないって問題は別ですよ。ただ市民社会の側も、それに対応する信念及び思想を持たないと。つまり、若いやつが麻原にいくか、市民社会の側につくかって問題になってくると、市民社会の側も思想を持たなければそれに対抗できるわけがない。向こうにいっちゃう。それで第2、第3の麻原が今度は**細菌兵器**とか、小型核爆弾を持って実際にそういう事件をおこす可能性はきわめて高いね。

だから僕がそこで言っていることは、市民社会の側は超法規的に、平べったく言えばやつらはテロリストだから、市民社会の安全のために予防的に超法規的に彼等を抑え込むということは誠にやむを得ない行為であって、それは日本だけじゃなくて、そういうことになるでしょう。

だけど、それによって問題が最終的に解決できるわけではない。

麻原の下の連中がおこしたテロリズムは、彼等はやつの一種の道具みたいなもんだから。どこまで主体的なものかっていうのはね、自分の主体性と麻原の考えと一致してやったっていうのは、連中の中できわめて少ないと思うんでね。それは9・11と同じで、彼等テロリストの主体性がどこにあるか、それははっきり解明されていない。

細菌兵器　いわゆる生物兵器のうち、細菌やウイルス、またそうしたものから作られる毒素などを使用した兵器を指す。特に炭疽菌やボツリヌス菌、またコレラ菌など各種の病原菌を使用したものに限定されることもある。

ラディカリスト　radicalist　ラディカル（ラジカル）は根本的、急進的、過激な様子を指し、ラディカリスト（ラジカリスト）は急進派、急進主義者、過激論者を意味する。ラディカリズム（ラジカリズム）は急進主義。

9・11の事件　2001年9月11日、アメリカ東部中心に起きた同時多発テロ事件のこと。航空機などを用いて起こした4つのテロ事件の総称で、史上最大規模のテロ事件とされる。NY世界貿易センタービルとペンタゴンに象徴される。

麻原君の問題っていうのはね、一つはやっぱり彼自体の考えはいわゆる「とんでもナントカ」ってやつで、認めるに値する思想でもなんでもないんだけど、ただそれについて行った人間が多数いるわけだよな。市民社会の側がそれと充分に対応できる、超越する論理をつくれば、麻原にくっついた人間が考え方を変えて市民社会に戻ってくることもあるかもしれない。でも、今は市民社会にそういう確立した思想、宗教がない。

だから僕は市民社会の「新しい敵」が次から次に現れるよと警告しているわけ。それに対して、誰も否定できないよ。オレはあの事件の時にそういう風に言いました。それ以上オレに聞くと究めてやっかいなことになるから、誰もその後インタビューに来ないよ。

麻原が、まだ松本時代に僕の事務所に出入りしていたということは、僕は完全に忘れてたんですよ。「**インドに行く**」とかなんとか言ってたということも、後になって思い出してね。

当時「宗教というのは、一体全体なんですかね?」と、聞かれたことも思い出した。僕は「宗教ってものは、究極的には非常にラディカルなものだ」ってことは、彼に言った。それは宗教の歴史はみんなそうだから。

それが彼に影響を与えたかどうかということはわからないけれど、その後彼はインドに行って、帰って来てああいうふうに人々を引っ張ったってことは事実だよね。

当時**公安**関係も含めて「康さんが煽ったんじゃないか」って言うから、「それはないよ」と。創魂出版時代のことです。

どうして麻原のことを思い出したか言うと、週刊プレイボーイに彼が何度も投稿していたことが後でわかって。あの、弁護士の**坂本事件**もあったでしょ?あの頃に「あぁー。もしかしたら、あいつかな」となって、実際にそうだったわけね。やつは妙に考え詰める、思い詰めるような、そういうタイプだった。そして、当時週刊プレイボーイの人気連載シリーズだった**『滅亡のシ**

坂本事件　1989年(平成元)11月4日、坂本堤弁護士一家3人がオウム真理教幹部6人によって殺害された事件。オウムを批判したことで殺害にまで至ったもので、1995年(平成7)のオウム事件によって発覚した。

『滅亡のシナリオ』　精神科医・川尻徹(1931・6・7～1993・9)の著書。『週刊プレイボーイ』に連載(1984年)されたもので、その奇想天外な発想が話題となった。麻原彰晃がファンで、オウムへも影響を与えたという。

インドに行く　インド……。麻原が「インドに行く」と言ってた　オウム真理教元代表・教祖の麻原彰晃(本名・松本智津夫)は、1986年(昭和61)にヒマラヤで最終解脱を行ったと称し、1988年(昭和63)にはチベットへ行ってダライ・ラマ14世と接見している。

公安　公安警察の略称。警察庁と都道府県警察における公安部門をいう。国家体制を脅かす事案に対応する警備警察の一部門で、テロやスパイ活動などに対処している。戦前の特高(特別高等警察)の流れを汲むとされる。

ナリオ』の大ファンだった。

「松本はあの本から影響を受けている」と立花隆君が当時週刊文春に書いてね、またそれで大問題になった。立花君も『滅亡のシナリオ』のファンで、その作者の川尻先生自体がとんでもない精神科の医者でね。なにしろ**ヒトラー**がまだ生きてるって話だから。20年前に。

その時に僕がわかったことはね、市民社会のきわめてまっとうな常識とか思想を持った人間が、密かに一方ではああいう本を愛読しているってこと。それからオウムの隠れ信者も、これは名前を言えないけれどしかるべき社会的地位のある人々で、そういう人たちがまっとうな市民社会の中にいた。それで、「人間っていうのは、本当にわからないな」と。この川尻先生の連載も、当時プレイボーイで大変な評判を呼んだわけ。こっちは、「プレイボーイだから冗談半分でいい」っていう魂胆でやってるわけでしょ。でも、麻原も含めてそれを信じちゃう。麻原の考えと川尻先生の考えがどこで一致するのか、いまだにオレはわからないんだけどね。

しかし、麻原の考えに共鳴する人間があれだけいたってことは、ブラックジョークというか、僕は面白いと思ったね。もう一つはっきり感じたことは、あそこに集まった人間というのは医者にしても理論物理学者も、応用化学とかやってる連中も、究めつけの優秀な連中だった。つまり理科系が非常に多いわけ。理科系の人たち、究極的に今の理論物理学とか、医学とかやってる人たちって、突き詰めていくと何もわからないということがわかってくるんですよ。

例えばわかりやすく言うと、電気の正体って誰も知らない。わかってない。もちろん機能、ファンクションはわかってますよ。でも“電気”っていったい何なんだと。そして重力、引力の問題があるよね。この地球は、一定の高速度で廻っているわけでしょう？　じゃあ、その動力源は何なのか、まったくわかってない。宇宙だって広さとかいつできたかとか、おとぎ話みたいなことをみんな言い始めちゃってる。**ホーキング**だって、最近「私の考えは神の存在と一切関係

ヒトラー　アドルフ・ヒトラー（1889・4・20～1945・4・30）。ドイツの政治家でヒットラーともいう。ナチス（国家社会主義 - ドイツ労働者党）指導者・総統で、独裁指導体制を築き、独裁者の典型とされる。

ホーキング　スティーブン・ホーキング（1942・1・8～）。イギリスの理論物理学者で、一般にホーキング博士として知られる。1963年、ブラックホールの特異点定理発表し、「量子宇宙論」を形成。現代宇宙論に多大な影響を与える。

ない」って発言が大きな問題になって、彼の書物もよく読むと本人が発狂寸前なんだよ。あれは今、究極ギリギリのところで宇宙論をやってる人間ですよね。オウムの連中も結局何もわからない状態の中で、たまたまそこにオウムがあって、それで麻原に行っちゃった。

　だから人間っていかに脆いかというのと同時に、人間がつくりあげた理論物理学という**ニュートン**以来の整然たる体系が、一歩突っつくと、わからないことばっかりなんだ。ニュートンの古典的物理学だって今や滅茶苦茶に解体されているわけだし。

　本当にギリギリまでわかってるやつは、その先に行っちゃう。普通のやつは中途半端にわかって、それ以上行くと何もわからないから、そこにステイする。それ以上がわかる人は必ず恐怖心、不安感に陥る。

　そこで麻原が正しいとか正しくないとかじゃなくて、「その不安を除く一番てっとり早いところに、たまたまオウムと麻原がいたから行った」という風に解釈するしかないんだけど、やつが恐怖心を取り除いてくれる何かを持ってたというふうに、彼等は思い込んだわけ。

　それが錯覚だとか、我々には言う権利はないと思いますよ。僕もそれが錯覚だという結論を出していないです。ただ結果的に、彼等が市民社会に対してとんでもないことをやっちゃったという事実はある。先程も説明したとおり、我々市民社会の側は「安全確保」という立場から、当然、超法規的に対応するしかない。それはごく当然のことです。

　実際何にもわからないんだよ。8年前に、**東大闘争**の**全共闘**の議長やってた山本義隆君が引力と重力のことを書いて**大佛次郎賞**をもらってたけど、機能についてだけ書いている。

　じゃあ、いったい重力って何なんだ？　引力は？　だって、「無から有は生じない」というのは大鉄則でしょう。それなら引力とか重力はいったいどっから出てくるんだ？って。

　わからないことばっかりで、我々素人でも頭がおかしくなっちゃう。ましてや専門家なら、

全共闘　「全学共闘会議」の略。1968年から1969年にかけて大学でバリケード・ストライキなどの実力闘争が起こったとき、ブントや三派全学連などがセクトを越えて組織した大学内の連合体を指す。

大佛次郎賞　『パリ燃ゆ』や『天皇の世紀』などで知られる作家・大佛次郎（おさらぎ じろう）の業績を記念して、朝日新聞社が創設した文学賞。1973年（昭和48）から行われ、第1回受賞作は梅原猛の『水底の歌 柿本人麿論』など。

ニュートン　アイザック・ニュートン（1642・12・25～1727・3・20＝ユリウス暦）。イングランド出身の物理学者、数学者、自然哲学者。万有引力の法則、微積分法の発見、光のスペクトル分析などの業績で知られる。

東大闘争　東大紛争とも。1968年から1969年にかけて起きた東京大学における大学紛争を総称する。医学部処分問題や大学運営の民主化などを巡って行われたもので、1969年1月の「安田講堂事件」をその頂点とする。

これは頭おかしくなりますよ。ホーキングがそのギリギリのところにきてるんだよ。

麻原が何を持ってたか、持ってなかったかもわからない。ただ、究めつきの人達があそこに行っちゃったという事実だけがあって、それは何も解明されていない。みんな「邪教に引き込まれた」とか言って、それで市民社会側の人たちは安心してるだけ。本当に突き詰めたら彼等がいったい何で惹き付けられたか、わからないでしょう。もしかしたら後になって、麻原が正しいことを言ってたと考える人が増えるかもしれない。要するに、彼が悪だとされている理由は「市民社会のこの平穏極まる状況に多大な害悪を与えた」、それだけのことだけです。三島事件だってそれはある意味でそうなんだよ。

僕は個人的には、麻原君自体はかなり幼稚なレベルの人間だという風に考えてはいるけど、まだ結論は出ないですよ。ただね、彼が極めつけの連中、特に**サイエンティスト**たちを惹き付けた、その最終的な理由っていうのは今もって僕にはわからない。彼等はそれぞれの専門分野を究め、最終的に何もわからなくなっちゃって、精神的に非常に不安に満ちた状態にあった。次にどこかへ行くかって言ったら、今我々が生きている世界の常識から完全に逸脱した世界へ行くか、元に戻る、つまり、妥協しかないわけだよな。そこに至って飛び越えて彼等は先に行っちゃって、そこにたまたま麻原がいたってわけだ。

麻原は、破壊変革をしたかったんでしょう。どう破壊したかったかはわけがわからなかったけれど、それも市民社会の常識からみたらそうなんであって、「変革」を徹底して追求していって、そっちに入っちゃえば今度はこっちが狂気の世界。その関係はあくまでも相対的なものだから。

僕は、そこら辺のことはよくわかってるんだよ。

彼等が不安に満ちて、これ以上なにも解明されない。自殺するか、真っ暗な世界に行くしかないところに追いつめられた時、そこで麻原の世界に光明をみた。それが錯覚だったかどうか、

サイエンティスト　scientist　科学者、自然科学者。サイエンスは科学、自然科学の意。

勿論「市民社会の倫理及び常識」の観点に立てばそれは錯覚そのものだ。そこの結論は永遠に出ない。ただ、オウムの指導者たちが紛れもなくとてつもない頭脳力を持っていたことは間違いない。

何で彼等が行ったか。それは彼等が捕まって、市民社会から徹底的に制裁を受けて改心したっていうのは、それは物理的な制裁に基づくものであって、ただ物理的に強制力に物理的圧力をかけられて転向したというか、「間違ってました」と言わされて言ったに過ぎないわけでしょ。戦前の共産党、反戦的キリスト教の弾圧とまったく同じこと。本質的には何も解決されてない。ただ僕は、再三強調するが「市民社会の安全性の確保」という意味で、もっと超法規的に厳しく対応するべきだと思ってますよ。論理的にどちら側が正しいかどうか、判断する尺度がないわけだから。

吉本隆明はなんで麻原が「現代のキリスト」だと言ったのか。今もって、その解答が吉本から得られていない。何故ならその点に関し、吉本は一切沈黙を守っているから。そしてこれに関しては吉本のみならず、当時オウムの熱烈なサポーターだった**中沢新一**君にも厳しく問いただしたい。

僕は麻原君がね、これは彼も受け入れなきゃならない市民社会の論理だと思うんだけどね、獄中で全部責任を部下になすりつけたわけですね。それから法廷で言い訳をした。もしあれで完全に沈黙を守ってたら、もしかしたら「キリスト」だったかもしれない。しかし彼は「私に責任はない。私の命を救ってください」と、きわめて矮小な言い訳をして命乞いしてしまって、責任逃れで、そこで僕は非常に落胆したんだよ。あれじゃただの四流の外道だ。

人間がやった行為について、市民社会の論理を絶対的基準として裁断することはできるけど、そんなことは本当はなんの意味もないんですよ。我々のもってる善悪の論理、例えば民主

中沢新一　思想家、人類学者（1950・5・28～）「対称性人類学」というユニークな学問を提唱し、1983年、『構造と力』を出版した浅田彰とともにニューアカデミズムの旗手と称された。

主義キリスト教、仏教とか思想的にも色々あるけれど、そんなものをはるかに超えた倫理もあるかもしれない。それはわからない。ただ僕としては、やつの言ってることはきわめて幼稚だな、と思います。

沼　正三

彼は、完全な**性的異常者**だった。しかし、それだって我々が異常って呼んでるだけで、彼からみればいたってノーマルな世界。**マゾヒスト**であるってことは、彼にとっては何でもないことだよね。ただ、世間がつまはじきにするから異常になっちゃうだけで、それは**サディスト**も、**性同一性障害**その他諸々、全部そう。思想的に反体制的なことに興味を持つとか、それはもちろん普通の人よりずっと強かったわけだけど、政治的性的アナーキストでしたね。あとはディープな躁鬱病で、一度鬱になると2、3ケ月はジーッとしてしまって、病院に入ってしまうこともあった。

僕は『奇譚クラブ』に書いていた同人を妙な縁で何人か知っていて、「康さん、『家畜人ヤプー』って面白い小説があるから是非読みなさい」ってことを言われていた。それで、読もうと思ってるうちにチャンスを逸して、後で三島が推薦をしてきた時、「ああ、あの小説のことを言ってるんだな」と。彼は『血と薔薇』に載せたら最高に面白いよ」って言ってきたんだけど、その頃に『奇譚クラブ』は休刊になってたから、なかなか探すのが難しいということもあった。

僕はまず、『奇譚クラブ』の発行者である箕田さんに接触したわけ。箕田さんはたいへんな大金持ちで、北浜の大**相場師**でね。彼は別にSでもMでもない人なんだけど、関西には面白半分にそういうスポンサーになる人がいるんだよ。

だけど作家の秘密厳守で、「絶対に教えない」と。それは沼さんに限らず、当時そこに書い

性同一性障害　性別違和とも。心の性（性の自己意識）と身体の性（生物学的の性別）が一致しない状態を指す。そこから心は女なのに身体は男といった自身の性的適合に関する悩みが生まれてくる。同性愛や異性装趣味とは異なる。

相場師　株、為替、商品などの相場で投機を行う者。相場で利益を追求する投機行為の当事者で、デイトレーダー（日計り筋）も含まれる。仕手戦や買い占めなどにも携わり、北浜の相場師などと呼ばれる。

性的異常者　性的に何らかの異常な嗜好を持つものたち。小児性愛や痴漢、盗撮、窃視のほかSMなどの性的倒錯、その他語るもおぞましいものまで含まれる。

マゾヒスト　Masochist(独)　他者から身体的、精神的に虐待や苦痛を受けることで満足を得る性的倒錯者。マゾヒズム（被虐趣味）の傾向を持つ人のことで、俗にMと称される。オーストリアの精神病学者クラフトエビングが命名。

サディスト　Sadique(仏)　他者を精神的、身体的に虐げることによって満足を得る性的倒錯者、またそうした嗜虐的傾向。サディズム（嗜虐趣味）の性向を持つ人のことで、俗にSと称される。フランスの作家サドからの命名。

てる人の中には弁護士とか色んな人がいますから。ただ、箕田さんにはあるやっかいな筋を通して会いに行ったの。そうしたら絶対条件として「自分から教えたことを言うな」と。それで、箕田さんから沼さんに「こういう人が来てますが」ってことで、向こうから僕に連絡をもらって会うことになったわけ。

当時ヤプーには大変なファンがついてたから、みんな箕田さんのところに押し掛けたわけだよ。でも、箕田さんは絶対教えなかった。オレはたまたまだけど、箕田さんの信用を得たというか、それ以上はやっかいな話になるから今は言わないけど。

いずれにしても、「沼さんがＯＫなら連絡させます」ということで、彼は最後まで教えませんでした。それで結果的に沼さんの方から僕に連絡があったわけ。

それは、僕がこういう雑誌をやると。あとは澁澤龍彦を責任編集にすえるということもあったと思いますね。色んなことが考えられるけど、ちゃんとした雑誌をやろうとしていることと、実際に会って、そこで彼が僕を信用してくれたこと。そこで信用できなければ、すべておしまいだった。たまたまそこで僕は信用を得た。その時沼さんは極度の躁状態で、正常なコミュニケーションをとるのが大変でした。

最初にヤプーを読んだ時は、日本人離れした想像力の持ち主だってことは思いましたね。「これは、たいへんな人だ」と、僕には宝石の原石を出す才能がありますから。小説は、一つには白人対黄色人種という、白人に対するコンプレックスと反感。だからある意味究めて**ナショナリスティック**な小説であるし、ある意味日本人が日本人を徹底的に批判した小説だよね。

そういう意味を含めて、多少オーバーな言い方をすれば、**文化人類学**的にもきわめて面白い小説だと思いました。

そして当然一方では、反天皇制文学の極北ですね。文芸評論家の渡部直己君が『反天皇制文学』

ナショナリスティック　nationalistic　民族主義的また国家主義的と訳される。民族や国家の統一や独立を推し進めようとする思想に基づく傾向を指す。ナショナリストになると民族主義者の意になる。
文化人類学　人類の社会や文化を他の文化と比較・研究することによって解明していこうとする学問分野。生活様式や言語、習慣などの分野があり、実際に研究対象地域に滞在して観察するフィールドワークの手法で知られる。

論を書いた時、『家畜人ヤプー』を故意か偶然か外したので本人を厳しくとっちめたことがある。だって、**皇族**が日本民族を代表して性的奴隷になっちゃう話だから、それは当然右翼にやられましたよ。都市出版社は襲撃されて、大変なことになった。

沼さんには作品を書き上げた達成感とともに、できればパブリックに出したい気持ちがあった。僕が話しに行ったことは渡りに船というか、表向きには「あまり大袈裟にしたくない」って言ってたけど、僕の説得もあったし、本人も潜在的にそう思ってたと思います。

非常にスケールの大きな、奇想の作品ですよ。これは三島も同じこと言ってるんだけど、僕は三島にも毛唐に対するコンプレックスがあったと思うんだよ。色んな意味でね。やっぱりその部分に彼は惹かれたと思うし、それからマゾヒストと男色の気も彼にはあったと思う。彼がマゾヒストだという証明は得られてないけど、噂ではね。

『家畜人ヤプー』を読んで、本来的には右翼である彼が激怒してもおかしくないわけだけど、もっと大きな問題で、白人対日本人。それから、マゾの世界。究極の快楽。「大変な文学だ」って、三島が言ってる程のものかなと僕は最初疑問に思いましたけど、三島はとにかく「そういう問題じゃないんだ」と。

だから三島が推薦文を書いた時、随分右翼が非難したけど、彼は「だから君達はダメなんだ」と、徹底して右翼を批判した。「もっと文芸作品に対し大きな考えを持ちなさい」って、それは彼の偉いところですよ。

「ヤプー」に関してのこれまでの漫画や舞台は全部、プロデュースにはもちろん僕が関わっています。映画化に関しても沼さんはすべて僕に任せてたし、今出てる石ノ森章太郎君の劇画は復刻で、売れてますよ。江川達也君のやつは、**幻冬舎**の子会社が江川君とちょっともめちゃって、現在中断しています。

皇族　天皇の一族。天皇を除いて皇胤の男子とその配偶者および皇胤の女子が含まれる。皇后、皇太后も含まれる。現法下では国民として扱われ、政治上の特権は認められていない。

幻冬舎　角川書店の編集者だった見城徹が、角川春樹社長のコカイン密輸事件で退社し、1993年に設立した出版社。文芸書を中心にファッションなどの雑誌も手がけ、着実な経営を遂げている。

沼さんは、「ヤプー」が性的な趣向とか、非常に低俗なかたちで受け止められたことがあって、あらゆる週刊誌が色々書いたし、それには必ずしも満足ではなかったですね。

僕は寺山のところにいた**萩原朔実**君にね、彼は今多摩美の教授だけど、40年前に最初にこの本を出した時、日大の学生だった彼に銀座の高級クラブで最初の『家畜人ヤプー』のパーティーを演出させたの。彼はそのことを最近新潮社から出版した『劇的な人生こそ真実』の中で詳しく書いていますよ。

出演者が「陰部」を丸出しにして、それが週刊誌とかに出て、オレもパクられそうになったり、そういう低俗なかたちでのプロモーションには沼さんは必ずしも賛成ではなかった。でもその時は澁澤龍彦や**土方巽**も来たし、**唐十郎**もいた。今ではすごい連中がみんな来て、超満員でね。

沼さんのことも最後は色々わかっちゃったけど、あとはそれに関連して、例えば倉田卓次さんが「本当の作者じゃないか」っていつも言われている。

この人は当時**東京高裁**の判事で、**最高裁**の判事に内定してた。でもこの事件で彼の名前がマスコミに出ちゃったために彼は辞退して、それでも一貫して、「私はまったく関係ありません」ってことを仰ってるわけ。ただ、全然無関係ではないってことを、僕が文芸誌『**新潮**』（２００９年2月号）で初めて明らかにしたわけですね。

色んな語学的な問題とか含めて、そういう同好者仲間、ＳＭ愛好者ですよ。彼等の横の繋がりには、たいへんな生物学者とかお医者さんとかがいて、それは僕が名前を明らかにしないだけで、彼等が色んな知識を授けたってことはもちろんある。いわゆるコラボレーションということで、三島の小説だって色んな人が協力してるけど、共作とは言わないでしょ。

白人対イエロースキンの問題は永遠に残ってるわけだけど、それを真っ向からＳＭの世界に託してえぐったということと、もう一つは、異常な性的趣向としてのマゾの世界ね。あとは

東京高裁　東京高等裁判所のこと。下級裁判所のひとつで、広域関東圏1都10県を管轄する。地裁（地方裁判所）、家裁（家庭裁判所）からの上訴事件を扱うことになる。現在は東京都千代田区霞が関1丁目に所在する。

最高裁　最高裁判所。日本における司法権担当の最高機関で、最終的な判断を下す権限を持つ。終審裁判所とか「憲法の番人」などと呼ばれる。所在地は東京都千代田区隼町。

『新潮』　新潮社発行の月刊文芸誌。1904年（明治37）創刊で、世界一古い商業文芸誌という説がある。現在、五大文芸誌のひとつとされ、他に『文學界』（文藝春秋）、『群像』（講談社）、『すばる』（集英社）、『文藝』（河出書房新社）がある。

萩原朔実　映像作家、演出家、エッセイスト（1946・11・14～）　詩人・萩原朔太郎の孫、ダンサー・萩原葉子の息子として生まれ、抜群の王子様キャラで人気を得る。当初は「天井桟敷」の俳優、のちに演出を手掛ける。

土方巽　ひじかた たつみ　（1928・3・9～1986・1・21）　舞踏家、振付家、演出家、俳優。「暗黒舞踏」の確立者として知られ、弟子に唐十郎、田中泯、麿赤兒らがいる。

唐十郎　から じゅうろう（1940・2・11～）　劇作家、作家、演出家、俳優。「状況劇場」主宰者。1967年（昭和42）、新宿・花園神社にて『腰巻お仙』紅テント公演を行い有名になる。「天井桟敷」の寺山修司らとともにアングラ演劇の旗手とされる。

SF超大作でもあるし、あまりにもストーリーの展開が奇想天外でしょう。そういう意味において、色褪せずにずっと読み継がれているわけ。

最終的に幻冬舎から出して15年経つけど、全然宣伝もしないで、年間1万5千とかその程度だけど確実に売れ続けてる。さすがに幻冬舎の見城君も腰抜かしてるよ。

現在、仏訳と台湾で中国語訳が出て6年ぐらい。英語版はニューヨークの出版社がパンクしたので、別のところと交渉中。翻訳が進んでいるのはロシアとイタリア語版です。

映画化は、お金の問題があるしね。長谷川和彦君は「非常にやりたい」って言ってるんだけど、今は彼とはディスコミュニケーションの状態。長谷川君だけ考えてるわけじゃないけど、やらせてみたいと思ってる。**デビッド・リンチ**とかね、彼もやりたいって言ってるからいいかもしれないけど、そういうことも含めて、まずはお金ができてからの話。**キューブリック**からもエージェントを介して話があったけど、そのうち彼死んじゃったから。

石原慎太郎

初対面は僕が大学の4年生の時だね。彼は僕の5つ歳上で、僕は大学の企画委員長をやっていた。彼が『**太陽の季節**』で**芥川賞**をとって2年目かな、もうすでに大人気作家でした。僕のアイディアと企画で「前衛芸術の未来的可能性」と銘打って、他に来てくれたのは岡本太郎と武満徹。あと、谷川俊太郎ね。

彼の『太陽の季節』その他の小説が前衛小説かどうかは別にして、それは委員会企画ってことでやったんだけど、その頃ベンツなんか乗ってるやつは誰もいない中で、彼は颯爽とベンツで**安田講堂**乗りつけてきたの。

みんなビックリしてね。彼だってまだ27、8ですよ。オレもちょっと、「カッコいいな」と思っ

「太陽の季節」　石原慎太郎の短編小説。元は1955年（昭和30）に文芸雑誌『文學界』7月号に掲載されたもので、これが第1回文學界新人賞を獲り、翌1956年（昭和31）1月、第34回芥川賞（1955年度下半期）を受賞したことで火がついた。

芥川賞　正式には「芥川龍之介賞」という。純文学の新人に与えられる文学賞のひとつで、文藝春秋社内におかれた「日本文学振興会」で選考が行われる。1935年から菊池寛によって、直木賞（直木三十五賞）とともに創設された。

安田講堂　東京大学本郷キャンパスに所在する講堂。正式には「東京大学大講堂」という。安田講堂は通称で、1925年（大正14）7月6日、安田財閥創始者・安田善次郎の寄付によって竣工したところからこのように呼ばれるもの。

デヴィッド・リンチ　アメリカ・モンタナ州出身の映画監督、脚本家、プロデューサー、ミュージシャン、アーティスト、俳優。『エレファント・マン』（1980）、『ブルーベルベット』（1986）などの作品があり、「カルトの帝王」の異名をとる。（1946・1・20～）

キューブリック　スタンリー・キューブリック。アメリカ・ニューヨーク出身の映画監督（1928・7・26～1999・3・7）。『ロリータ』（1962）、『2001年宇宙の旅』（1968）、『時計じかけのオレンジ』（1971）などの作品で知られる。

たね。当時は武満さんも、谷川俊太郎も売り出したばっかりでしょう。

そしてその座談会は非常にエキサイティングで白熱して、2時間くらいやったのが評判になって新聞にもいっぱい反響が出ました。

その後オレがホッとしていたら、慎太郎から電話があったんだよ。ギャラを一人1000円払ったんだけど、彼が怒髪天を衝く勢いで「ふざけてる！ なめるんじゃないぞ」って怒鳴り込んできた。最低5000円くらいは払うべきだったんだな。

「お前はふざけてる。常識をわきまえてないやつだ」ってことで、市ケ谷の、後になって裕次郎が入り浸った「**フランクス**」っていうステーキハウスがあるの。そこにオレが謝りに行ったら武満さんとかみんなそこにいて、「ふざけるな」となって「本当に申し訳ありません」と。

そうしたらあの男もさっぱりしたところがあるから、「よくわかった」って、それで彼と距離が縮まったのかな。だから、そのギャラの問題があって、かえって色んな意味で、災い転じてなんとかってやつでね。

それで、その後卒業する頃、彼の紹介で作家の**有吉佐和子**さんに会うわけ。僕は一応就職活動もして、**日活**の助監督とか岩波映画にも受かってたんだよ。でも日活は潰れそうだし、あんまり気乗りしていなかった。今考えたら岩波にはその時すでに田原総一郎君もいたんだな。とにかく何もやることないからさ、一番面白そうなところを、自分のテイストとか野心とかを考えて、そこで有吉さんの亭主が神彰という有名な興行師だった。彼はすでに**ボリショイサーカス**なんかを呼んでいた。慎太郎は昔、一時期有吉さんが結婚する前のガールフレンドだったんですよ。よくボクシングとかに連れて歩いていて、一時付き合ってたみたいだね。それは単なる噂のレベルなんだけど。

それで彼が「じゃあ、オレが有吉に紹介する」っていうことで、有吉佐和子に僕が電話したら、

日活　日本の映画製作・配給会社。1912年設立時の名称「日本活動写真株式会社」の略称に由来している。1954年から活動を再開し、石原裕次郎、小林旭などのスターを擁して、東宝、東映、大映、松竹と並ぶ大映画会社となった。

ボリショイサーカス　ロシアのサーカス団が日本など海外で公演する際に名乗る一種のブランド名。神彰（じんあきら）が1958年6月から9月にかけて当時のソ連から招聘し、大当たりをとった。ボリショイは「大きい、大変な」の意。

「フランクス」　東京・四谷のステーキハウス「フランクス」のこと。石原裕次郎が友人と共同経営で、1959年（昭和34）にオープンしたもの。現在は閉店。本来FRANK'Sはアメリカ・ボストンで1938年に創業したステーキハウスであった。

有吉佐和子　ありよし さわこ　作家、劇作家、演出家（1931・1・20～1984・8・30）。『紀ノ川』『華岡青洲の妻』『恍惚の人』などの作品で知られ、1970年代にはスーパー流行作家のひとりに数えられた。

最初はなかなか電話に出ないんだよ。でも「実は石原慎太郎の紹介です」ってことを伝えると、すぐ出てね。「じゃあ主人に会ってください」ということで、会いに行って、それでその世界に入った。

だからそういう意味では、慎太郎はいわゆる俗に言う「恩人」だよな。もちろん自分の意志ではあったけれど、そのための方向を確立する意味で、当時そういう世界でやっている人は他に何人もいたけど、神のやっていることが一番ユニークだったし、**呼び屋**としても音楽とか、限定されていたから。だから神のところに行きたいなと思ってね。

当時彼の作品は『太陽の季節』しかなくて、その後色々書きまくったけど、僕が一番好きな彼の小説は『**亀裂**』ですね。今読んでもいい小説がありますね。『太陽の季節』は僕はあまり感心しないんだけど、彼はそれで芥川賞を獲ったことで大変なことになっちゃって、今のショートカットの原型の「**慎太郎刈り**」をみんな若い奴がやって、という時代。とにかくそれで僕は神の会社に彼の紹介で入って、それで色々と面白い仕事をやるわけだ。

その頃彼は中央公論にね、今でも問題になる論文を発表した。『**価値紊乱者の光栄**』だったかな。要するに、今までの道徳とか芸術とか全部叩き潰すと。新しいものを創るんだと。そういうような内容ですよね。

それは、彼の『太陽の季節』は確かにまったく従来の概念を破って、あれに芥川賞を与えること自体に非常に問題があって、賛否両論あって選考委員の中で大変な議論になったわけだよ。結局、商業的な意味で文春の商業政策もあったし、賞を与えた。それはかたちの上では前衛的で、書いてあることは古臭いんだけど、後で考えれば、ただ「自分のチンポコで障子を破く」ということはとても新しいことだった。それからその後『亀裂』っていう長編小説を書いて、これは一種の恋愛小説なんだけど、これも非常に新しい書き方で。

「慎太郎刈り」　『太陽の季節』執筆当時（1955年）、22歳ごろの石原慎太郎に見るヘアスタイル。全体に刈り上げて頭頂部を突っ立てるように伸ばす独特の髪型で、いわゆる「太陽族」を象徴するファッションとして大流行を見た。

「価値紊乱者の光栄」　石原慎太郎の論文。初出は1958年（昭和33）の「風書房」版。

呼び屋　神彰と小谷正一（井上靖の『闘牛』のモデルとされる）を評して、評論家の大宅壮一が名付けたもの。外国からタレントなどを呼んでくる芸能プロモーターをそう呼んだもので、神彰は特に共産圏との結びつきが強かったために「赤い呼び屋」と呼ばれた。

「亀裂」　石原慎太郎1958年（昭和33）の作品（文藝春秋新社）。青年作家・都築明（つづき めい）を中心に、「亀裂の世界」に棲む人たちの愛欲や権勢欲、物欲などを描く。

僕はその頃、石原慎太郎はなかなかすごいと思いました。ただ、ある時期になって「大した小説じゃないな」という気持ちも、しばらく後にね。当時は僕も若かったから、前衛的だと思ったんですね。

彼の書いたことがあまりにも衝撃的で、そのインパクトは規制の道徳とか、秩序とか、それらに対して徹底的に攻撃していったわけでしょう。今、そのオチンチンで障子を破くなんて話はそこらへんのガキでもやるような話だけど、当時はそれは大変な話だからね。それは大きな衝撃を巻き起こして、今からじゃ想像もつかないような大騒ぎになったわけ。

「慎太郎刈り」までできちゃって、彼は颯爽とベンツ乗り回して、当時「**ロスト・ジェネレーション**」というアメリカの若者を表現する言葉があったんだけど、その日本における、いわゆる怒れる若者の代表のようなかたちで騒がれて。だから実態よりも騒ぎの方が大きくなっちゃったんだよね。

あれで慎太郎が男前でも何でもなかったら、あんな騒ぎにも、政治家にも都知事にもならなかったでしょう。だから、云うだけやぼだけど顔というものは、それは裕次郎だってそうだよね。今の作家で云えばさしづめ島田雅彦君だけれど、超高度情報社会におけるキーポイント以外の何物でもないですね。

その後僕が神さんと別れて、モハメド・アリを呼んだでしょう。その時彼はカタログにも書いてくれて、もちろん試合も観に来てくれた。そしてその後決定的だったのが、ネッシーですね。**ネッシー探索隊**は、最初は**小松左京**さんを隊長に考えたわけ。それで小松さんも「わかりました。面白いからやりましょう」ということで、死んだ黒川記章なんかが顧問で。

ところがそこに慎太郎が「総隊長はオレに任せろ」と、自ら名乗り出てきたんだよ。僕も色々相談はしていたんだけど、「オレが適任だ」と言うから。小松さんだったらあんなに大問題には

小松左京　こまつ さきょう　日本の SF 作家 (1931・1・28～2011・7・26)。『日本沈没』(1973)、『復活の日』(1964)、『首都消失』(1985) などの著作で知られ、星新一、筒井康隆と並んで、SF 御三家と呼ばれる。

「ロスト・ジェネレーション」「失われた世代」と訳される。第一次世界大戦後にあらわれたアメリカの若い一群の作家たちを称する。アーネスト・ヘミングウェイやスコット・フィッツジェラルドなどに代表される。

ネッシー探索隊　1973 年 (昭和 48) に当時衆議院議員だった石原慎太郎を隊長として結成されたスコットランド北部ネス湖の UMA ネッシーを探しに行く話。康芳夫プロデュースで福田赳夫がスポンサーとなった。

ならなかったと思うんだけど、大問題になったのは結果的に僕にとっては悪いことじゃないんだけどね。彼は当時３００何万票とって、参議院議員だったのかな。全国最高得票で当選した、いわゆるタレント候補の走りですよ。

ネッシー探索隊は、**福田赳夫**先生が幹事長時代、ちょうど総裁選で**田中角栄**に負けた頃でね。その時は、こないだ死んだ**川内康範**って森進一の親分の芸能界の黒幕と、僕と、今の**日刊ゲンダイ**って新聞の会長をやってる僕の悪友の川鍋孝文君が、赤坂の料亭で福田さんに会わせるってことで一緒に行って、4人で会ったわけ。

当時川鍋君は週刊現代の編集長で、福田さんはまだちょっと田中角栄にやられてしょげてたんだけど、この話を聞いてるうちにね、俄然「よし、これはオレが後援会長を引き受けてやろう」って言い出したんだよ。オレもビックリしてね。そんな話になるなんて夢にも思っていない、ただの引き合わせだと思ってたから。

なんで彼がそういうことを言ったかっていうと、福田先生は昭和のはじめに大蔵省にトップで入って、財務担当の一等書記官になって、それでロンドン大使館にすぐ派遣されたの。その時に世界で初めてネッシーが発見されたわけ。それは世界的な話題になって、例の有名な写真があって、当時先生はすぐ休暇にスコットランドに行ってるんだね。日本人で初めてでしょう。それで先生は、「日本人がネス湖に探しに行くって言うのは、すごいことだよ、君」と言って、実際にそれは大変な話題になった。当時**ニューヨーク・タイムズ**で1ページの記事になったし、世界中から取材がきて、ＢＢＣの2時間番組の特集になったり、ありとあらゆる取材がきたよ。

ところが一方では徹底的に叩かれたわけだよ。あれは、イギリス人にとっては非常に神聖なロマンなわけ。それを東洋人が金にあかせて探しにきたって言うんでね、ネッシーがあれほど凄い反響になるっていうのは、オレも期待はしてたんだけど、ちょっと予想外なところもあっ

川内康範　かわうち こうはん　作詞家、脚本家、政治評論家、作家（1920・2・26 ～ 2008・4・6）。テレビドラマ『月光仮面』の原作・脚本で名を上げ、その後『誰よりも君を愛す』などの作詞で人気となった。「喧嘩康範」の異名もとる。

日刊ゲンダイ　講談社系の出版社「株式会社日刊現代」が発行するタブロイド判夕刊紙。1975 年（昭和 50)10 月 27 日の創刊で、実際には雑誌扱いで日刊誌の形をとる。「夕刊フジ」の後に発刊されたもので、現在発行部数 176 万部。

ニューヨーク・タイムズ　The New York Times アメリカ・ニューヨーク市に本社をおく新聞社および同社の発行する高級日刊新聞紙を指す。1851 年創刊で、現在は平日 103 万部、日曜 162 万部発行している。

福田赳夫　ふくだ たけお　第 67 代総理大臣（1905・1・14 ～ 1995・7・5)。元総理大臣・福田康夫の父で、ネッシー探索隊当時は自民党幹事長だった。

田中角栄　たなか かくえい　第 64・65 代総理大臣（1918・5・4 ～ 1993・12・16)。高等小学校卒ながら総理大臣にまで昇りつめ、「今太閤」と呼ばれた。「日本列島改造論」で席巻し、ロッキード事件で逮捕収監の目にも遭う。

たよね。

これは結局、天皇陛下のお墓があるでしょ。あれを毛唐が掘りにくるようなものなんだよ。国内では朝日新聞をはじめ、外ではニューヨーク・タイムズに**ロンドン・タイムズ**から色々、ああでもないこうでもないとやられたよ。それでその標的が全部慎太郎にきちゃって、彼はもうえらいことになっちゃってね。一時期しょげてたけど、ああいう男だから気を取り直すのも早いというかね。

福田先生はスポンサーを紹介してくれたんだよ。ただ、色んな意味で世の中で大騒ぎになってスポンサーが「名前出さんでくれ」ってことになっちゃって。そのうち資金も断たれちゃって、もっと長くいたかったけど結局一年ぐらいで帰ってきちゃった。それでその時に、慎太郎が都知事選に出ると。

それから不思議なことに、これは今だから話せるけれど、その赤坂での最初の会合の時に、福田先生が都知事選に誰を選ぶかって話も出た。そこに慎太郎の名前も出たんだけど、先生は「あの手のタマで大丈夫か」って、軽くみてた。

それで結局実際に落ちてしまうわけだけど、だからそれは半分冗談でマスコミから「ネス湖で落ちた」って言われたね。その時は芸術家の**秋山祐徳太子**君も出て、勝ったのは共産系の当時知事だった**美濃部さん**。慎太郎は12万票の差で負けて、これが彼の人生における最初の挫折だね。さすがにしょげかえってたよ。その落選に僕は関係ないんだけど、ネス湖との因果関係は週刊誌が面白半分に書きました。

慎太郎は未知との遭遇とか、冒険とか非常に好きな男だから、今でもそういうところがあると思うけど「オレも色々叩かれてるけど、これはこれで面白いからいいよ」っていうことになってね。その時は一緒にテレビに出てくれたりして、結果的にコテンパンに叩かれたわけだけど、

美濃部さん　元東京都知事（第6・7・8代）・美濃部亮吉（みのべ りょうきち 1904・2・5〜1984・12・24）。本来は経済学者で知事時代に「歩行者天国」を作り、「東京ゴミ戦争宣言」を行った。人を喰ったような話し方で知られる。

ロンドン・タイムズ　1785年創刊の英国の保守系高級新聞。本来はThe Times「タイムズ」だが、ニューヨーク・タイムズなどの新聞と区別するために、ロンドン・タイムズとかタイムズ・オブ・ロンドンなどと呼ばれる。

秋山祐徳太子　前衛芸術家（1935〜）　若いころはグリコ・キャラメルのキャラを真似た「ダリコ」の扮装やブリキの芸術、ハプニングの王者として名を馳せ、70年代には2度にわたって都知事選に立候補した。

彼らしくていいじゃないですか。僕が東京に帰った日がちょうど都知事選が終わった次の日だったかな。しょげかえってるところに慰めにいったけど、それで彼はまた参議院に戻ったんだな。それで、２回目に都知事選に出た時に勝ったんですよ。

慎太郎は最近たまたま会って、僕に食ってかかってきたことがあったの。それはなぜかと言うとね、今から10年くらい前に、**福田和也**君が『石原慎太郎読本』ていう、５、60万部売れた本をつくった。それにオレが２ページ出てきてね、「政治家はやめなさい」と。「作家に戻れ」と。これに彼は非常に頭にきたんだよ。その時は電話で文句言ってきたよ。

僕は今でもそれは思ってるんだけど、彼が今作家に戻ってもね、ご存知のように文春から４、５年前に全集が出たんだけど、それが全然売れない。だから彼はね、都知事をやめた場合に困っちゃうと思うのは、作家に戻っても売れないわけ。ただ一方で自分はやっぱり作家だという意識があるから芥川賞の選考委員をやめないわけだよ。最後までかじりついている。選評を読むとね、言ってることは全然ピントが外れてるんだよ。いずれにしても、彼はもう作家としては過去の人かもしれないね。

都知事も今度出るか出ないか、**舛添**君や蓮舫君も出る可能性が高い。東国原はゴミとしても彼もそれなりに票をとって、慎太郎はもう78でしょう。でも、今のこの状態だと民主党も候補が決まってなくて、今もって舛添君だったら負けるかもしれないよ。一度舛添君は負けてるからね、**鳩山邦夫**君と一緒に出て、慎太郎にこんなに差をつけられて。慎太郎はまだ半分冗談で「誰もいなきゃ、オレが出るよ」と。息子も「半分出る気でいる」と言ってたよ。ただ、蓮舫が出たら負けるよな。または、まだ根強い人気があって、いい勝負だろうけど。彼は中国に対して強行派でしょう？落ち目と言えば落ち目だったけど、この間の**尖閣問題**で人気を盛り返したよね。

彼は戦略的な発想のできない人なんですよ。瞬間瞬間にパッパッと、それは要点を得てて、

鳩山邦夫　政治家（1948・9・13～2016・6・21）　鳩山一郎総理大臣の孫として生まれ、兄に鳩山由紀夫元総理大臣を持つ。「政界渡り鳥」と揶揄され、法務大臣や総務大臣などを歴任したが、2016年、急死した。

尖閣問題　東シナ海に存在する尖閣諸島を巡って領土化が争われている問題。日本はこれが中国に属したことは一度もなく先占を領有権の根拠としている。対する中国は釣魚台（中国名）を1971年12月30日、中国領であると主張した。

福田和也　文芸評論家（1960・10・9～）　学者、保守論客としてさまざまな分野で活動し、『作家の値うち』飛鳥新社（2000）では全100人の作家・作品を批評し、話題となった。

舛添　国際政治学者、政治家・舛添要一（1948・11・29～）のこと。東京都知事を務めた（2014～2016）が、政治資金スキャンダルにより、任期半ばで辞職した。1999年の都知事選の際にも立候補している。

ポピュリズム的観点に立てば大衆が喜びそうな話なんだよ。非常にこう、言うことは大衆の喜びそうなことなんだけど、実際に彼のやってることは銀行も失敗したし、オリンピックも失敗した。魚河岸の問題もモタモタしてる。だからそういう意味で失望をかってる最中で、複雑な心境なんだろうな。

でも作家に戻っても、なかなか難しいところ。彼の作品集は本当は幻冬舎から出るはずだったんだけど、でも幻冬舎じゃ格落ちだから文春から出したということになっている。それはどっちから出しても同じことなんだけど、売れなくて、非常にショックを受けてるわけ。もちろん都知事をやめても色んな職はあると思うけど、それじゃ寂しい一生になちゃうから「作家に戻りたい」っていうのが本心でしょうね。

政治家って、長期的展望を持たないと駄目でしょう?でも彼は、右翼は右翼だけど「思いつき右翼」で思想的な右翼じゃないから。もちろん計算して言っているところもあるんだけど、分かり易いことを言えば大衆はいつの時代も喜ぶんだけど、「大きな問題を戦略的に解決する」という、本当の意味の政治家ではないね。例えば彼は自民党総裁選にも2回出て負けてるでしょう。もし彼が総理大臣になってたら、極端なことを言えば日本と中国が戦争してたかもしれないね。思いつきだから、中国問題にしても長期的戦略的対応となると苦手なわけ。

22歳で社会的注目を一気に浴びて、そのままきちゃった人だから。それプラス石原裕次郎って問題があるわけ。それがまた注目を倍増させて、兄弟で派手にやって、まさにこの戦後超高度情報化社会の象徴的存在ですよ。**アピアランス**の時代だよね。見栄えがいいという、そこが一番の要。ポピュリズムに迎合している部分もあるし、つくっている部分もある。しかし、ポピュリズムの意味をあるところでは確実につかんでいるね。

石原慎太郎が**ブ男**だったら、とっくに消えてるよ。ビジュアリティの時代の申し子で、それ

ポピュリズム　populism　一般大衆の考え方や感情、要求などを代弁するという政治上の主張・運動を指す。これを具現する人たちはポピュリストと呼ばれる。大衆迎合主義。
アピアランス　appearance　外観、外見、容姿、見かけ、身形。また身だしなみや言葉遣いも含めての立ち居振る舞いのことも意味する。
ブ男　醜男。面相が醜い男の意。すなわち「イケメン＝美男、美男子」の反対概念。ブサイク（不細工）な男という意味も掛けている。

で何十年も保ったわけだから、大変なものですよ。三島由紀夫も新しい日本人だったけど、一種のね、今や彼も当り前の右翼政治家の爺さんになっちゃったけど、当時は新しいタイプで、今もって新しい部分もある。注目に値する、記憶に残る人物であることは間違いない。

オレも非常に深く関わりあったし、僕の人生の中で「ヒューマン・コンタクト」という意味で、究めて具体的に関わり合ったということでは、忘れ難い人物ですね。

裕次郎とはあんまりいい関係じゃなかった。彼は酔っ払いで、それに、そもそも俳優石原裕次郎に僕は何の関心もなかった。観るべき映画もないし、個人的にはいい男だったけど、会う時はいつも酔っぱらってるし、威張るというか、威勢がいいというか、そりゃ勝（新太郎）ちゃんとは全然違うよ。勝ちゃんの方が断然魅力的ですよ。オレは勝ちゃんは非常に仲が良かったから。

今は自分の息子は自民党の幹事長だけど、自民党も落ちぶれた。彼の人気もジワジワジワジワ下がってきて、もうやめようと言う時に民主党も候補が定まらない。来年の4月、まだ半分は迷っていて、出る可能性は結構あるでしょうね。他にいないし、他にやることないから出るしかない。蓮舫が出ればプライド高いから、女に負けなたくないから出ないよ。ただ銀行、オリンピック、魚河岸と、失政だらけですね。

勝新太郎

勝ちゃんはね、そもそもは飲み仲間。それは**バブル**ピーク時の銀座のワルグループの、ヤクザとか芸能人なんかの。その程度の付き合いできてて、本格的になったのはオレがモハメド・アリを呼んで、彼は「アリのドキュメンタリー映画を撮りたい」ということで、それは**東宝**系で実際に公開されましたけど、そこから本格的な付き合いになった。

東宝　日本の映画製作・配給を主体とする大手興行会社。1932年(昭和7)、現・阪急電鉄の小林一三によって作られた東京宝塚劇場からスタートしたもので、黒澤明×三船敏郎コンビによる作品や『ゴジラ』などで人気を集めた。

バブル　泡(バブル)のようだった俄か景気、いわゆるバブル期の狂乱景気。1985年9月のプラザ合意をきっかけに起こった日本の景気を指し、特に1986年12月から1991年2月までの51か月間をいうことが多い。

この間も「勝新の本を書く」っていうんで、元ポストの記者がオレのところへ取材に来たけど、彼はオレにとっては忘れ難い人物だね。一種異様な人間的な迫力というかな。「それを持ってた人物ですね」と、答えておいた。

僕は彼から特別な教訓を得たとかはないけれど、人間の一つの生き方として、虚実ないまぜにして生きてたわけ。それは一方では俳優だから、そこは「虚」の部分。それで「実」の部分も勝ちゃんにはあって、それはもう渾然一体になっててね。なかなかああいう人物はいないですね。

ああいう人物は芸能界だけでなく、広く一般的にもう出ないでしょう。

そりゃあ内田裕也君とか勝ちゃんの子分でね、色々彼から見習った生き方をしてるけど、それは元々のタマが全然違う。内田君は内田君でなかなか面白い男なんだけどね、ボディの基礎というか、ベースの出来が違う。どこまでが本当か、どこまでが嘘か、まあオレみたいなもんだよ。オレも勝ちゃんと同じで、どこが境目なのか自分にもわからないんだよ。彼もどこまでどうなのか区別がつかなくなっちゃって、そういう人ですよ。特に俳優さんていうのは、実生活とスクリーンに映る自分がわかんなくなっちゃう人が多いんだけど、彼はその極限をいってたな。

厳密に言えば僕は色んなことはわかっちゃうんだけど、そこまで言ったら身も蓋もない話なんだけどね。やっぱりそれは本当に、どこまで本当か嘘かわかない。向こうはオレのことを「希代の怪人」って呼ぶし、オレも彼のこと「希代の怪優」と呼ぶし、お互いで「怪人」って言いあってた。

でも「怪人」って言われてもオレは自分のどこが「怪人」かわかんないし、勝ちゃんもまったくそうなんだ。あんまりわかってやってたら演技だからね。そこがいいんじゃないですか。

そこが彼らしくて、女性関係とあとはヤクザとの関係。もう渾然一体でどこまで本当に彼がヤクザなのか素人なのか、全然わからない。

これは言葉で言ってもなかなか難しいんですよ。実際に会って判断しないと、肌合いの問題というか、言葉で表現することを超えて、それがあるわけ。銀座のクラブは色んなところで会って、これは僕の本にも書いたけど、いつも最後になると取巻きが20人くらいに膨れ上がってた。

当時赤坂には**ナイトクラブ**が色々あって、**ラテンクォーター**とか、そこにはヤクザとか芸能人、怪政治家とか、ほとんど裏社会ですよね。金銭的にも払えないし、あんなところにまともな人が来るわけないいんだから。

それで毎晩飲んで、わけのわからない不良外人もいっぱいいるし、国際スパイもいるし、わけのわからない世界ですよ。いわゆる東京租界というか、戦後日本が占領されて、それがずーっと続いて、それは僕が40くらいまで続いたんですが、その象徴的なところがナイトクラブですよね。一種の無法地帯というか、経営しているのは右翼の大物とか不良外人とかね。

最初は山口組の大幹部の方の紹介で会ったんです。その頃はもう僕がアリを呼ぶってことが報道されてたから、「お前、本当にやるのかよ？」って言うから「やりますよ」と。「すごいな、お前。嘘にしてもすごいよ」って言ってたけど、そしたらそれが本当になっちゃって。その時は「でもお前、やりそうな顔してるな」って言うから、「いや、やるって言ったらやりますよ」と言ったんだ。

だから、彼のまわりで「勝ちゃん」て呼ぶ人はいないんですよ。みんな「勝先生」とか「勝さん」。オレは最初から「勝ちゃん」。それは、「『勝ちゃん』て呼んでくれ」と言うから。「お前はオレと五分だ」ってね。

「お前は特殊で、芸術家なんだか文化人なんだか、ヤクザなのか、虚実業家なのかさっぱりわ

ナイトクラブ　夜に営業するクラブのことだが、ここでは特にバンド演奏があり、ダンスやショーなどを楽しむことができる高級飲食店を指す。赤坂近辺に多くあり、キャバレーとの区別は実際的にはあいまいであった。

ラテンクォーター　赤坂にあった高級ナイトクラブのひとつ。本来のラテンクォーターは1953年（昭和28）に開業した米軍兵の慰安用ナイトクラブであったが、1956年（昭和31）に焼失し、一般にはニュー・ラテンクォーターのことをこう呼んでいる。

からない。とにかく五分だ」と、勝ちゃんは言ってくれた。でも、向こうはオレのこと「康」って呼んでたけど、オレは「勝」とは呼ばなかった。オレは「勝ちゃん」。だから四分六というかね。

それから、もう一つはね、これは半分冗談だったかもしれないけれど、「**座頭市**に出ろ」ってよく言われた。それで「オレがお前を中国系モンスターに仕立てて、支那服を着せて首はねるから」どうのって。

「お前を俳優として育てる」とか言われたけど、そうすると勝ちゃんの子分になっちゃうしね、そもそもあんまり僕は俳優とか好まないから。今でも色んなプロデューサーから「出てくれ」とか言われるけど、一番しつこく言ってきたのは死んだ久世光彦。今なら退屈しのぎにやってもいいかな、と思うけど、当時はね。そういえば、慎太郎もオレに「お前俳優になった方がいいぞ」って言ったよ。

女の子のあしらい方とか、雰囲気をつくるとか、そういうのは勝ちゃんを見ていて自然に、「門前の小僧習わぬ経を読む」という言葉があるけど、随分勉強になりました。特に**花柳界**とか**祇園**の、京都の**先斗町**の遊びは全部彼について行って覚えたわけ。花柳界ではお金をきれいに使わなきゃいかんとか、その他色んな約束事ですね。遊び方というか、要するにその類のことですよ。

そもそも勝ちゃんには市民社会のルールとか、どこが市民的でどこか反市民的かっていう考え方が元々ないんだよ。それを破天荒に飛び越えて生きていたところに、それは当然、経済的な意味や法律的な意味も含めて実際パンクしていたわけだけど、そんなことは彼にどってはどうでもいいの。

もちろん、生活者としての現実的なレベルでの彼の意識は色々あって、会社の経営者だし、身体でわかっている部分はあって、でも市民社会で言うところの良識とか常識で考えるような

祇園　ぎおん。京都市東山区に存在する繁華街、歓楽街。祇園社（現在は八坂神社）の門前町であるところから起こった名前で、四条通の南北に発展した。京都五花街のうちの祇園甲部と祇園東がある。舞妓さんと花見小路で知られる。
先斗町　ぽんとちょう。京都五花街のひとつで、京都市中京区の鴨川と高瀬川の間にある。南北に走る細長い花街で、先斗町歌舞練場があり、「鴨川をどり」で有名。夏になると納涼床も設置される。
座頭市　大映のアクション時代劇シリーズとしておなじみの作品。1962年（昭和37）、勝新太郎主演で大ヒット。全26作で、テレビドラマ化もされた。原作は子母澤寛の『座頭市物語』(1948)。
花柳界　かりゅうかい。芸娼妓の社会のことで、芸妓遊びのできるところをいう。遊里、色里、花街、郭（くるわ）などとも呼ばれる世界で、料理屋と待合茶屋と芸者置屋の三つが集まっているところから「三業地」の名でも呼ばれる。

部分は彼にはまったくないから。だからそういう意味ではまったく破天荒そのもので、それはなかなか羨ましかった。

それに対しては「敵わない」というかね、こっちは一応枠の中で生きている部分があるわけで、もちろん彼だってそうなんだけど。ただ、そういうことをあまり意識しないで生きていけるっていうのは、その分だけ楽かな、とね。「豪快」だし「豪傑」で、とにかく**破天荒**だったよね。

勝ちゃんも、さすがにアリの来日に関してはジョークだと思ったんだろうね。そうしたら実際来ちゃって、ブッたまげて。当時、これは自分で言うのもおかしいけど、「アリを呼ぶ」ってことは色んな意味で大変なことなんだよ。はっきり言ってシュールなことでした。

アリについてはまず彼の奇異な言動と、ボクサーとしてのあまりに卓越したレベル。それはもう100年に一人というか、ああいうボクサーっていうのは今はもちろん、その前にも後にもいないし、まさに空前絶後ですよね。それはもう理屈じゃなくて圧倒的に惹かれたの。

実際勝ちゃんは僕が紹介してアリと会って、たちまち仲良くなって、なんとなく、言葉は全然通じないけど雰囲気でわかるじゃない。

勝ちゃんが撮ったアリの映画ももちろん僕がプロデュースしたんだけれど、それは金銭的な問題もあったけれど、色々なところからアリのところに対するドキュメントのオファーがあってね。お金よりもそれを整理するのに時間がかかった。実際彼のドキュメンタリー映画って色々なところで撮られてるんだけど、本格的に東洋人が撮るというまったく初めてのケースで、それは弁護士を入れて、それまできていた依頼の整理が一番やっかいだったね。

でも例えば、**岩崎峰子**さんという、当時の彼女で祇園のナンバー1だった女性がいて、それが5年くらい前に色々勝ちゃんのことを含めて暴露本を書いた。それは玉緒ちゃんが非常に可哀想だったんだけど、その峰子さんを連れて一緒にニューヨークに来たんだよ。モハメド・ア

破天荒　はてんこう。「とんでもないことをする奴」といった意味でよく用いられるが、本来は「これまで誰もなしえなかったことをすること」という意味になる。未曾有、前代未聞などと同じ。

岩崎峰子　作家にして元祇園甲部の芸妓「峰子」だった女性（1949～）。「アリ猪木戦」当時、祇園でナンバーワンとされた芸妓で、勝新太郎のオンナと噂されていた。2006年（平成18）、岩崎究香（いわさき みねこ）と改名。

リの映画を撮りにね。

それでオレは、**チャイナタウン**のオレの知ってる博打場に連れて行った。そうしたらその当時はニューヨークのお巡りが腐りきっていて、週に一回くらいそこにみかじめ料を巻き上げに来るんだよ。いきなり銃を上に撃って天井を穴だらけにしちゃって、そうすると経営者が、お巡りの給料が2000ドル足らずの時代に、一回で5000ドルぐらい渡すわけ。

「ホールドアップ！」なんて言って壁に立たされて、オレは全部カラクリわかってるわけだけど、お巡りがちょうど来ちゃってさ、勝ちゃんは小声で「これ大丈夫か、康」って。それでオレも「やばいですね」って言うと、「しょっぴかれるのか？」って。「そういうこともあるかもしれませんね」って答えると「お前、オレを連れてきておいていい加減なこと言うな！」って。その途端、勝ちゃんと峰子さんは本当に脇で縮み上がってて。

そういうところで、意外に彼もかわいいというか、小心なところがあるというか。まあ、パクられて表に出ちゃうと大変だしね。

勝ちゃんの言動を真似しようとしても、あれはなかなか希有な人物だから普通の人はできないよ。今それらしき人は、内田裕也君が彼の影響でああなったとは言わないけど、内田君も、昔は映画に出してもらったり彼の子分だったからなんとなくはやっているけど、スケール的な意味でも雰囲気からも、ちょっとどうかな。

勝ちゃんは、あれは**先天的**なものでしょうね。それから小さい時から芸能界、花柳界で育ってるし、基本的には文学的才能とか音楽的才能と同じでね、教えてどうなるってものじゃないから。努力じゃない、天然なもの。僕も女性のあしらい方とかね、勝ちゃんから学んだというか、それは参考になるというか、リファレンスですね。オレにはオレのやり方があるから。

ヤクは、勝ちゃんと一緒にやるとか以前にね、僕がそういうものをやらない理由っていうの

チャイナタウン　中華街。非中国人地域においての華僑や華人が密集している街を総称する。北米や東南アジア（シンガポールなど）、ヨーロッパ、オーストラリア、日本（横浜、神戸、長崎）し、ニューヨークにはマンハッタンなどに所在する。

先天的　「生まれつき、もって生まれた」の様をいう。後天的の反対で、生まれながらに持っている様子を表す。ここでは「天然」の意味も掛けている。

は生理的に身体があわないから。モラルとか世間がどうとかじゃなくて、今でも風邪薬で一週間おかしくなっちゃうんだ。頭フラフラで、酒が飲めない人のアルコールに対する拒絶反応と同じようなもの。昔睡眠薬で、ハイミナールってのがものすごい流行ったことあるんだけど、オレもそれやってみたら吐き出したり色々あって、「あんまり向いてないな」と。ニューヨークで**スピード**なんかはやってみて、あれはあれで「なかなか面白い」とも思ったけど、でも継続的にやりたいとは思わなかった。

勝ちゃんだって、ヤクはそんなにやってなかったと思うんだけど。割合、僕と知り合ってやっていればすぐわかるんだけど、そんなディープではなかったと思います。たまたま、あそこでああいう事件おこしちゃってね。僕は日常的に深く付き合ってたから見ていればわかることなんだけど、「やってるな」って思ったことは何回かはあったけど、そんなにコンスタントにとは思わなかったんだけどね。

神 彰

神さんはね、出会った経過は石原都知事と当時神彰夫人だった有吉佐和子。二人はすぐ別れましたけどね。今、当時一歳だった２人の間の娘さんが有吉玉青さんていうんだけど、それなりに女流作家としてやってますね。

神は普通の市民としての枠は完全に逸脱して、政治思想なんか持ってる人じゃないけど、「世の中ひっくり返してやろう。驚かせてやろう」という意味の野心は人一倍持ってましたね。ある意味僕とも似てますが、彼に僕が似たのか、僕に彼が似たのか、たまたま似たもの同志ということだ。

僕が大学を卒業する時、すでに神は呼び屋として大変なものでした。彼のやってる仕事を、

スピード　麻薬（ドラッグ）の一種、覚醒剤の俗称のひとつ。特に若者が用いることの多い隠語で、これの頭文字からＳ（エス）とも呼ばれ、その世界ではシャブとも呼ばれる。

ボリショイサーカスやドン・コサック合唱団とか僕も色々観ていて、「これは色んな意味で波乱に満ちたスリリングな仕事だな」と思いましたね。それは例えばソ連との国交問題が絡むとか、金儲けって面でも一挙に一攫千金、逆もあるけど、ある意味非常にスリリングな仕事だなと。今は興行はもう、僕がいつも言っているように、大手広告代理店が間に入った非常に平凡な、事務的な仕事になっちゃったけど。

神は最初はもちろん僕の上司ですよ。その後色々あって、最終的にはパートナーという関係になった。なかなかチャーミングな男で、色々問題もあるんだけど、元々**満州浪人**で戦争中満州でブラブラしてて、帰って来てからは株屋をやってたという本来投機的な男なんですよ。最近はあんまりそういうタイプいなくなっちゃったんだけど、面構えも含めてなかなか大胆不敵な男で。それが一番注目されたのは有吉佐和子と結婚したということでね、もちろん彼の仕事も非常に特殊な仕事で、そのためにメディア露出頻度が非常に高かった。

有吉佐和子ってのは、当時スーパー流行作家なんだよ。一冊書くとすごい時は１００万部くらい売れてた。それが書く度に問題になって、才女で、最後は睡眠薬中毒で一種の自殺状態で死んじゃって。タモリ君の「笑っていいとも！」も完全占拠したこともあるんだよ。持ち時間が5分だったのをずっと居座っちゃってね、最後はそういうおかしなところもあったんだけど。

神さんは満州浪人で、それは平岡正明なんかが憧れた世界ですよね。ソ連とのパイプは満州でつくったわけじゃなくて、日本に帰国してからつくったもの。会社はメンバーのほとんどが満州帰りで占められていた。

ハルピンに「**ハルピン学院**」というロシア語の学校があったわけ。それはつまりスパイ養成学校だったんだけど、その生き残りがみんな日本に帰って来て、ロシア語はできるけど商売にならなくてブラブラしてて、その連中をうまく使って日系（亡命）ロシア人とのコネクション

満州浪人　明治時代初期から第二次世界大戦終結時までに中国大陸の満州（現在の中国東北部）に居住したり放浪するなどして各種の政治活動を行っていた日本人の民間活動家の一群を指す。広くは大陸浪人とも呼ばれる。

ハルピン学院　戦前、満州国の関東州にあった高等教育機関「哈爾濱学院」のこと。1920年に日露協会により「日露協会学院」として設立。1940年3月には大学に昇格し、「満州国立大学ハルピン学院」と称された。外交官・杉浦千畝の出身校でもある。

をつくり、最初に呼んだのがドン・コサック合唱団。それでボロ儲けして、まだなにしろソ連、中国と国交がない時代ですからね、破天荒な話なんだよ。

オレが神の会社に入って最初にやったのはボリショイサーカス。当時今のりそな銀行、つまり**富士銀行**と一緒になっちゃった**第一勧業銀行**のさらに前が勧業銀行といって、その日本橋支店長をうまく丸めこんで招聘資金を出させた。

ドン・コサック合唱団はギャラは無茶苦茶に安い上に客は連日超満員で、売上げ勘定しているヒマがないくらいだった。だから銀行が会場に大きな金庫を持ってきたんだよ。それで夕方になると神が鷲掴みでオレにキャッシュを渡して「銀座で一杯飲んで来い」って。そこら辺からオレは銀座を覚えたの。当時まだオレも24、5ですよ。無茶苦茶な時代。興行による金儲けってのは、大当たりになると、完全に経済法則を無視して金が入ってくる。

毎晩銀座で呑めや歌えやで、神は酒も女も大好きで、でも、いい時もあれば悪い時もあるわけだから。その後一回パンクして大喧嘩になって仲間同士で散り散りに別れて、最初はアートフレンドだったのが第2次神カンパニーの時にアートライフって会社になり、そこでオレが副社長になって、彼が社長。その時にアラビア魔法団とかインディとか色々やったわけだ。

その頃にオレがモハメド・アリに目をつけてね、神は「こんなもの、君無理だよ」と。僕は「必ずやりますよ」って言ってたんだけど、ところがそのうちにアートライフもおかしくなってオレと神は別れて、オレは継続してそれをやった。

途中で一度神がオレを訴えたよ。「あれはオレがやったもんだから、権利はオレにある」と。でもそれに法的な根拠は何もなくて、オレはもちろん裁判にも勝って、それでオレにやられたっていうんで神は非常にショックを受けてね。ずっと上手く一緒にやってた相手なわけでしょ？でも、裏切られたって言ったってこっちはこっちの立場があるから。それでも、彼が死ぬちょっ

富士銀行　現在の「みずほ銀行」の前身のひとつ。戦前の「安田銀行」が戦後1948年に「富士銀行」と改称し、さらに第一勧業銀行、日本興業銀行と合併して、2002年4月1日から「みずほ銀行」と称するようになった。

第一勧業銀行　現在の「みずほ銀行」の前身のひとつ。日本最初の商業銀行とされる渋沢栄一の「第一銀行」(1873年設立)を母体とし、1971年、特殊銀行の日本勧業銀行との合併で誕生した。2002年まで存立。

と前になってまた仲直りしてね。

当時お金がなくなると、神の女のところに行って金を借りるわけ。女っていってもバーのマダムとか株屋の女とかマトモな連中じゃないから、頭コスりつけて。銀行からは借りれないから。

大宅壮一が命名した辺りから「呼び屋」って名前が一般的になった。それこそ神の「赤い呼び屋」って呼び名の由来はね、当時うちの顧問やってた人がＴさんという、大蔵省から派遣された満州国の財務部長だったの。この人は、終戦になってソ連に捕まって収容所に入れられて帰ってきたんだよ。収容所時代に色々弱味をつかまれて、ソ連のスパイにさせられたんだ。その人がうちの最高顧問になって、池田勇人元総理と大蔵省時代に同期だったこともあって、池田派即ち**宏池会**の初代事務局長もやってたんですよ。自民党の加藤紘一元官房長官なんかがまだ新人代議士になったばかりで、しかしその人がスパイだったんでね、それは戦後の大事件だったわけ。ただそれは全部抑えて、大したことになる前に発覚したからうまく揉み消したけど、下手をすると**ゾルゲ事件**に匹敵する事件になるところだった。

そういうことがあったから一部マスコミにうちの顧問もやってたことがバレて、それで「赤い呼び屋」って言うね。石原都知事も当時オレに「康君、神さん、スパイじゃないか」って言ってきたことあるよ。実際はそうじゃないんだけど、そこら辺から「赤い呼び屋」というあだ名がつけられた訳さ。

あとは、団員に亡命させないように**ＫＧＢ**の最高幹部が付き添いでくるわけだよ。ある日僕が楽屋から見てたら、運転手がサーカスの団長を怒鳴りつけてるの。運転手が一番偉いんだよ。それで通訳を呼んで密かに話を聞いていたら、「管理が行き届いてない。お前帰ったらブチこむぞ！」ってことを話してた。あれはびっくりしたね。それからよく袖の下を送るとかありましたよ。最初はトランジスタで良かったのに、最後は向こうも「車よこせ」とかね。

ゾルゲ事件　リヒャルト・ゾルゲ（駐日ドイツ大使館顧問）を頂点とするソ連のスパイ組織が日本で暗躍し、1941年（昭和16）9月から翌年4月にかけ、その構成員が逮捕された事件。この中には朝日新聞記者の尾崎秀実もいた。

ＫＧＢ　旧ソビエト連邦国家保安委員会の略称からきたもので、ケージービーと発音されるが、正しくは「カーゲーベー」となる。いわゆる秘密警察機関で、1991年のソ連崩壊まで存続した。プーチンの出身機関として知られる。

大宅壮一　評論家、ジャーナリスト、ノンフィクション作家（1900・9・13～1970・11・22）「一億総白痴化」「駅弁大学」などの造語で知られ、膨大な蔵書資料を保管した「大宅壮一文庫」（東京・八幡山）を遺した。

宏池会　こうちかい　自由民主党の派閥のひとつ。1957年（昭和32）に発足した保守本流の名門派閥で、池田派を出発点として、大平派、宮沢派などを経て、現在は岸田派に引き継がれている。宏池政策研究会と定義される。

波瀾万丈で、本当に面白かったですね。神にはもちろん感謝しています。さらにはオレを有吉佐和子に繋げ、さらに神に繋げた石原都知事にもね。

神さんもね、非常に面白い人だったんだけど、オレとモハメド・アリの問題で喧嘩別れして飲み屋を始めたんだよ。「北の家族」って、それが上手く行って、最後はそれを売っ払って金銭的には充分な生活をしてましたね。

勿論度胸も座ってました。函館の出身で、神さんも日本人には非常に珍しいタイプで、日本人離れした気概を持った面白い人がいっぱい出てるんですよ。武装共産党の委員長から転向した**田中清玄**とか、芸能界で大変な力を持ってた作詞家の川内康範もそう。川内さんとは日刊ゲンダイ現会長の川鍋君の紹介で知り合ったんだけど、今ああいう人とかいなくなっちゃったから芸能界が大混乱するんですよ。

神とは大西部サーカスっていうので大失敗した。例えばピストルで何十メートル先を射抜くっていったって、それもインチキピストルで最初から当たるようになってるとかが新聞に見抜かれちゃって、書かれて客が誰も来なくなっちゃった。闘牛っていって闘牛にならないで闘牛士が逃げちゃうとか、インチキだったんだよ。それで大損害くって、ボリショイサーカスの儲けのほとんどをとられた。

そういう世界だから。アメリカのインチキ興行師に騙されて、こっちもチェックしないで呼んだから責任はこっちにある。今の興行もそうだけどね、一本つくって当たったら次は当たらないとか、同じことですよ。映画製作と同じで3割いけば上々でね。

僕が関わった**インディ**５００も大赤字でね、随分追いかけられて、逃げ回って。お金払わないと飛行機が飛ばないわけだから、あの時は本当は３日前に着かなきゃいけない車が、実際着いたのがレース前日の夜ギリギリとか。今度はそこから富士スピードウェイに運んで、アクロ

田中清玄　実業家、フィクサー（1906・3・5～1993・12・10）　本名は「きよはる」と読むが、一般に「せいげん」で通る。戦前の武装共産党の委員長から転向、右翼系の政治活動家となり、最後は石油の利権ブローカーとなった。

インディ　インディアナポリス 500 マイルレースの略称で、「インディ 500」ともいう。アメリカ・インディアナ州インディアナポリス・モーター・スピードウェイで毎年５月に開催され、世界３大カーレースのひとつとされる。

バットだったね。輸送費は一切後払いは駄目だっていうから、九州の**小豆の相場師**のボスのところに行って頭下げて、コスりつけ過ぎて血が出てきたよ。なかなか「うん」と言わないから心の中で「早く金よこせ」って、神とオレで田舎芝居やるだけだから。

金に追われて逃げる場所は女のところとか、色々、**田舎の温泉旅館**とか。落ち込んでるヒマなんかない。そんな文学的な世界じゃないよ。文学じゃ何も解決しないから。

スリルってことで言うと、今は株の投機とかもコンピュータでやって、ガキでもできて、10代でも世界的に成功してる投機者がいっぱいいるわけでしょ。損したら損したで、警察沙汰になる場合もあるけど、支払い不能にすればそれで終わり。コンピュータを前にして、スリルを感じて彼等がやってるかと言えば疑問に思うけど、我々は本当にスリルを感じて投機的ビジネスをやってたわけ。

神は雰囲気としてアナーキーだったってことはありますけど、彼が実際に**アナーキズム思想**に憧れたとか、そういう明確なことはない。結果としてアナーキーだった。金儲けも、お金を稼いで大きな家に住んで安楽に過ごすっていう意味じゃなくて、投機的にガバっとやるというね。今でも神みたいな、そういう素質を持ってる人はいっぱいいると思うんだ。だけど、やっぱりこういう時代がそれを許さない。管理社会とシステムが、そういう連中が表に出るのを潰しちゃうから。

時代の雰囲気が、神とか、勝ちゃんみたいな人間が生きるのを許した。今は窒息状態にあって、時代が許さない。今は例えばコンピュータとかＩＴを使ってくぐり抜けて、フジテレビの株を買い占めるとか、そこまでは合法的なんだよ。その後検察庁に狙われて、資本主義の秩序を壊すからと潰される。

それは法律と法律のせめぎ合いのトリックみたいなことで、例えば神とか勝ちゃんとか僕も

アナーキズム思想　アナーキズム（アナキズムとも）は「無政府主義」。無政府として国家のない社会を推進する政治思想をいう。といって無政府状態や無秩序を意味するわけではない。アナーキスト参照。

小豆の相場師　投資の対照として小豆を扱う相場師。社会的機能を果たす小豆先物は梶山季之の小説『赤いダイヤ』(1962)によってよく知られるようになった。小豆相場は「赤い魔物」とも恐れられた。

田舎の温泉旅館　逃げ場所に最適なところのたとえとしてよく用いられる。誰にも見られず、見つからないというところから。

含めて、そういう細々したことの前に度胸だけでいくっていうような時代じゃない。ちょっとした知恵を使って、それを経済法則に応じて上手くすり抜けて、それも普通の人にはできないから大したもんなんだけど、それでもすぐ潰されちゃう。

神は、最後は野となれ山となれという気持ちで何事も怖れない精神というのかな、そういうことを彼も持っていて、僕自身も元々腹が据わってると自分では思ってるけど、それがお互いにスパークしたというかね。

本当の勇気とは何かということは、これは神さんについても言えることなんだけど、例えば池に飛び込む時に、猛毒の蛇が中にいて、それに噛まれるとどういうことになるかわかってて飛び込むやつと、わからないで飛び込むやつは決定的に違うと思う。僕はわかってて飛び込んでます。それが本当の勇気、度胸というものでしょう。

でも神さんにしても勝ちゃんにしてもね、わかってて飛び込んでたかどうかは、いささか疑問があるところだな。色んな知識があって、その池の中にどんな毒のある蛇がいるか認識した上で飛び込むのは、それは本当の度胸。

だけど、彼等がそれを持ってたかどうかは、これは彼等に対して**イチャモン**をつけるわけじゃなくてね、しかしながらそれは非常に大きな問題だと思いますよ。

わからないでやることは**蛮勇**で、わかっててやるのが勇気だと思う。それが僕の考え方です。あの2人は蛮勇だった可能性が高いけど、勝ちゃんの場合は俳優家業だし、そんなことをいちいち煎じ詰めてもしょうがない。いわゆる虚実皮膜の間ですよ。

ただ神さんの場合は、相手の正体が本当にわかった時に非常に怯える場合もあったしね、もちろん普通の人よりはずっと勇気があったと思いますけどね。

しかしもちろん、尊敬しているというか、そう、盟友という表現がピッタリだと思います。

イチャモン　広辞苑ではひらかなで表記し「文句を言うために無理に作った言いがかり」とある。「いちゃ」はぐずぐず言うこと、苦情。「もん」は文句を意味するという。いちいち文句をつけるからという説もある。
蛮勇　これも広辞苑・第六版によれば「理非を考えずに突進する勇気。向う見ずの勇気」とある。～をふるう。

赤塚 不二夫

赤塚君と僕は毎晩同じところで呑んでいた。**2丁目**にあった**ナジャ**とか、**アイララ**（ナジャの姉妹店）ってところで示し合わせたわけではないけど、ほとんど毎晩一緒だった。それはタモリ君がまだ売れる前、彼がまだやつの若い衆で居候だった頃。

因みにそのナジャやアイララは当時、売れっ子のいわゆる文化人の溜り場だった。唐十郎君がね、芥川賞とるちょっと前くらい、よくアイララで暴れるんだよ。息子の大鶴義丹と2人で大暴れして店を無茶苦茶に壊しちゃって、後でみんな弁償させられるんだけど、酒癖が悪くてしょっちゅうやってた。

それである日、赤塚君はそこを仕切ってたようなところがあるから、赤塚君が態度がデカいってことでビール瓶で殴られかかったの。今でも覚えてるんだけど、それは誰かが間に入って止めて、タモリ君は机の下に引っ込んで小さくなっててね。そんなような時代ですよ。

赤塚君とは、オレがやつの女にちょっかい出そうとして逆恨みされたこともあるね。だいぶ根に持たれたよ。赤塚君の周りにいる人はだいたい彼のことは大変な持ち上げようで、オレは全然頭下げないから、彼も煙たがってはいたけど、でもオレに対して敬意は表してた。

そしてそれが決定的になったのはね、**アリ猪木戦**の後に、**アミン猪木戦**ていうのを発表したわけだ。これは結局実現しなかったけど、発表は**京王プラザ**で猪木君と一緒にね。

その時に赤塚君が、「本当にこれは、康さん、できるんですか!?」と言ってきて、オレに初めて頭を下げた。「これが実現するなら、もう僕は直ちに漫画家辞めます。一筆いれます」と。「これ、漫画家でもとても思いもつかない話です」ってことで、それを漫画でやるならわかるけど、現実に発表したというのが想像もつかないことだから、「康さんに心底降参しました」ってね。

そのことが僕と彼との一つのクライマックス。その時は菅原文太ってブンちゃんも、「一番先

2丁目　新宿2丁目の通称で、ニチョなどとも呼ばれ、ゲイバーの巣窟街として知られる。元色街で、旧新宿2丁目一帯（現1、2、4、5丁目）の靖国通りと新宿御苑に挟まれた地域がそれ。仲通りがメインストリート。

ナジャ　NADJA　新宿2丁目にあった店。店名はフランスのシュルレアリスム作家アンドレ・ブルトンの自伝小説(1928)からとったもので、実在した女性の名前とされる。

アイララ　Ailara　ナジャの姉妹店で、ともに昭和40年代に文化人たちのたまり場となった。現在も同名のバーはあり、ショーなどを伴って営業している。

アリ猪木戦　1976年（昭和51）6月26日、日本武道館で行われた康芳夫プロモートによる「格闘技 世界一決定戦」。プロボクシングのモハメド・アリとプロレスのアントニオ猪木の試合で、3分15回戦。時間切れ引き分けに終わった。

アミン猪木戦　独裁者（黒いヒトラー）、人食い大統領などと呼ばれたアフリカ・ウガンダの第3代大統領イディ・アミンとアントニオ猪木の戦い「異種格闘技戦」。康芳夫のプロモートにより、1979年（昭和54）1月に承諾したが、クーデターで流れてしまった。

京王プラザ　東京・新宿西口にある京王プラザホテルのこと。新宿超高層ビル群の先駆けとして、1971年（昭和46）6月5日に本館が開業した。地上47階・地下3階、178メートル。日本最初の超高層ホテル。

にオレが券買うぞ」って。高倉健も、みんな一番先にリングサイドを予約したね。

これは当時本当に大変な話でね、今でも猪木君は、色んな事情で実現しなかったのは「本当に残念です」と。「康さんね、アリ戦の後何もやることがなくなっちゃって、本当につまらないことになっちゃって、なんとか一つまたお願いしますよ」と、いつも言われるんだ。

アミン大統領は**クーデター**でダッカに逃げ込んじゃって、この前死んじゃったから、オレと猪木君で弔電を打ったんだよ。仮に試合が実現していたら、赤塚君がそれで漫画家を本当に辞めてたかわからないけどね、本人が一筆書くって言うから。

赤塚君はお酒強かったね。そのためにやられちゃったわけだよ。あれだけ毎晩やってたら、非常に寂しがり屋だから絶えず、勝ちゃんも同じなんだけれど、酒を一人で呑めないで周りにいつも10人ぐらいいるわけだ。大変な金がかかるよね。いわゆる取巻きが周りにいないと駄目なんだ。

先程も書いた通りなんだが、新宿のナジャって有名な店があって。それでその分店っていうか、澁澤龍彦とかもよく来てた、すぐ近くでアイララってのもあってね。それでだんだんタモリ君が有名になってきて、彼の存在も大きくなってきて、だからタモリ君も当時から僕のことよく知ってますよ。

赤塚君とタモリ君の二人で毎晩飽きもせずオカマ同士の真似なんかして、フルチンなんかしょっちゅうよ。それも毎晩だからパターン化しちゃうよね。絶えず10人くらいは周りにいて、それをやつが毎晩面倒見ていた。

僕は僕のグループで、平岡君お酒呑まないけど、平岡正明を連れて行ったり、他には**赤瀬川原平**とか秋山祐徳太子君。当時売り出し中の例えば作曲家の三枝成彰君とか、デザイナーの**浅葉克巳**君とかもよく来ては隅っこで小さくなって飲んでたよ。

クーデター　coup d'Etat（仏）　原意は「国家への一撃」。非合法的手段に訴えて政権を奪うことをいう。支配的内部における政権移動を指し、革命とは区別される。

赤瀬川原平　前衛美術家、随筆家、作家（1937・3・27～2014・10・26）　ペンネームは尾辻克彦で、『父が消えた』で1981年の芥川賞を受賞している。「路上観察学会」などユニークな活動で知られる。

浅葉克巳　アートディレクター、グラフィックデザイナー（1940・3・18～）　ライトパブリシティ出身で、CM、ポスター制作の分野で活躍し、タイポグラフィの一人者とされる。現在、桑沢デザイン研究所所長。

赤塚君は政治的立場とかは何もないわけだけど、ただまあアナーキーというか、彼は社会について語るとかではないけど、瞬間瞬間のアナーキーギャク人生ですね。

僕は彼の作品は面白いと思ってますよ。独特のアナーキーギャグのはしりですよね。そういう観点からもっと彼の漫画を分析した方が面白いと思ってるんだよ。典型的な俗流アナーキズムなんだけど、僕はそれはそれで一つの捨て難い価値があると思ってる。

彼も僕には、それこそオリバー君とかネッシー探検隊とか色々あったから、「しかしいつも奇々怪々なこと考えますね」とよく言ってきた。それもグローバル社会を巻込んだ、一種の大変なギャクだから。オリバー君のことは彼も漫画に描いてるよ。赤塚君はアラビア魔法団も含めてもちろんいつも観に来たし、言うまでもなく深い関心を持ってくれていた。

いつも「すごい」と言ってくれるんだけど、決定的なのがアミン大統領だったね。試合が中止になった時は、彼も本当に残念がってたよ。

正力 松太郎　渡邉 恒雄　氏家 齋一郎　三浦 甲子二　斎藤 十一（メディア）

ジャイアンツをつくった正力松太郎さんにはね、自分の本にも書いたけど、オレは正力の**神楽坂**に住んでいたオンナのところへ直接交渉に行って、「バカ者！午前中会社へ来い」って怒鳴りつけられたことがある。正力さんていうのは元々はお巡りさんですよ。彼は東大法学部を出たエリート内務官僚で、警視庁にいた時に**難波大助事件**っていうのがおきて、いわゆる「皇太子狙撃」事件てやつだ。その、昭和天皇が皇太子だった時の大事件の責任をとって彼は警視庁をやめて、それでマスコミ界に転身した。読売新聞は、前身が報知新聞というかたちであったのを読売新聞にして、そうして読売ジャイアンツの基をつくったわけ。そういう意味で彼は大マスコミ人であり、興行プロモーターの元祖みたいな人。佐野眞一君の『**巨怪伝**』ってのを読

神楽坂　かぐらざか　東京都新宿区にある地名で、有名な花街のひとつ。早稲田通りにおける大久保通り交差点から外堀通り交差点に到る坂を指し、「坂上」と「坂下」の別がある。狭い路地など古き良き風情を伝える。

難波大助事件　虎ノ門事件ともいう。1923年（大正12)12月27日、極左テロリストとして知られる難波大助(1899・11・7～1924・11・15)が、虎の門において摂政宮（当時の皇太子）を暗殺しようとした事件。失敗に終わる。

『巨怪伝』　佐野眞一(1947～)による著書。正しくは『巨怪伝：正力松太郎と影武者たちの一世紀』文藝春秋刊（初版発行1994年10月）。正力松太郎は、難波大助事件の時、警視庁・警務部長の職にあり、処罰されている。

むとなかなか面白いんだけどね。

それでその正力さんと僕の関わりはね、あれはインディ５００だったかな。金を出してくれって話だったから、まともなやり方ではだめだと思ってオンナのところへ押し掛けたんだよ。会社に訪ねて行ったたって形式的な話だから、急襲したわけだけど。**妾**のところに住んでたから、朝行って拝み倒すのが一番いいと思ったら門前払いをくって、「会社に来い」ってことでその後会社で話をして。結局後援もしてくれたんだけどね。

彼はなんていったって大変な人物。日本の**原子力の父**と言われ、プロモーターとしては野球も興行ですから、今ジャイアンツは全然人気ないけど昔は大変なもので、それをつくったプロ野球の父であり、そして、日本テレビ。これは大変なプロモーターですよ。元々は内務官僚なんだけど非常に異色の官僚でね、どう考えても大変なタマだよね。結局最後は政治家になったんだけど。

僕とは歳が約50は離れてるんだけど、あの人は名前が戦前から鳴り響いていた。事業に対する野心とか情熱とかっていうのものを一生失わなかった人なんだけど、プロ野球もそうだし、原子力にテレビと、当時の日本にとって新しいものを興行化して、商業化というか、原子力はその平和利用ってことで、彼は戦後の最大の功労者だよね。例えば今だったら宇宙開発その他遺伝子工学開発等の先頭に立ってるだろうし、そういう先見の明があって、単なる金儲けよりも、新しいものに目をつけ、かつ、それを結果としてちゃんと産業的に成功させる能力があって、非常に冒険的で野心的な、今絶対日本のマスコミにそういう人間はいない。

渡邉恒雄ってのが今の読売新聞のオーナーだけど、正力さんからみれば弟子までもいかないガキだから。読売新聞は結局彼が乗っ取っちゃったけど、正力さんが亡くなって、娘婿も亡くなって、息子さんはちょっと脳を病んでてね。戦争行って**マラリア**もらって脳やられて亡くなっ

妾　めかけ。「目を掛ける」の意から生まれた言葉とされ、正妻のほかに囲っている愛人を指す。てかけ、側室、２号さん。
原子力の父　「プロ野球の父」や「テレビの父」などと並んで、正力松太郎を称える名のひとつ。読売新聞中興の祖である氏は、原子力委員会初代委員長で、茨城県東海村原子炉に寄与し、原子力の平和利用に貢献した。
マラリア　熱帯から亜熱帯にかけて広く分布するマラリア原虫による疫病。ハマダラカによって感染し、大変な高熱を発し、頭痛、吐き気を催し、悪性の場合は死に至る。

て、それで絶えちゃったわけね。今日本テレビの氏家会長と渡邉恒雄で組んで、当時下っ端だったんだけど日本テレビと読売を乗っ取っちゃったわけだ。

渡邉恒雄は非常に野心的で、日本の政界に対しても発言権があって自民と民主の連立とか動いてるけど、結局うまくいったことは一つもない。野心家は大野心家だけど、ジャイアンツはほとんど人気を失っちゃってる。他に大物がいないから非常に大きく見えるけど、全然正力さんと違いますよ。

正力さんはパイオニアで、それをしかも全部上手くやった人ですよね。原子力、プロ野球、マスコミね。マスコミはそれまでもあったわけだけど、戦後本格的に新聞とテレビを結びつけて、すごい先見の明ですね。

渡邉恒雄とは、僕は仕事の上では何ら関係はない。僕の親しかった朝日新聞の記者がね、死んじゃったんだけど佐々克明っていう当時色々な意味で有名な男で、それがツネさんとは大学時代の同期だった。一方は読売に入ってもう一方は朝日に入ったんだけど、その関係で何回か出版記念会なんかで会うとか、その程度ですね。僕が日本テレビと付き合ってた頃は、氏家も含めて、彼等はまだ読売新聞の記者ですから。正力さんの息子さんがしっかりしない人で、色々とまわりがやってたわけですよ。ずっと社長をやってた小林さんという娘婿はね、内務官僚もやってた非常に優秀な人。その人の頃に僕は読売新聞と色々やってたの。

ロス五輪の放映権騒動はまたそのずっと後、氏家が社長の時。それは朝日新聞出身の、三浦甲子二って男がいたんだよ。こいつが40歳くらいで朝日新聞から天下って、当時まだ「**日本教育テレビ**」といって、テレ朝の重役になったとんでもないやつなんだけど、**河野一郎**って、前の衆議院議長の河野洋平のお父さんの懐刀でね、本人も政界に出ようとしていた。そいつがテレ朝にいて、オレは野郎と色々組んでやったわけだよ。その最後の大勝負がロス五輪放映権の

ロス五輪の放映権騒動　1984年のロサンゼルス・オリンピックにおける47億5千万円もの独占放映権獲得騒動のこと。康芳夫が絡み、一旦テレビ朝日の手に落ちたが、結局は電通に取られることになった。

日本教育テレビ　現テレビ朝日の元々のテレビ会社名。1957年(昭和32)に教育番組の専門局として発足したもので、その後NETテレビとなり、1973年(昭和48)から総合局NET、1977年(昭和52)から「テレビ朝日」と称するようになった。

河野一郎　政治家(1898・6・2〜1965・7・8)　自由民主党の党人派代表格で、戦後政界の大立者のひとり。勇猛をもってなる大政治家として知られ、副総理も務めた。河野洋平の父で、河野太郎は孫にあたる。

独占だったわけ。

そうしたらその時は電通と日本テレビが幹事局でね、三浦を抑え込んでオレの出鼻をくじいたから、その時点で氏家とオレとはガチンコした。当時社長は氏家で、それはツネさんも激怒したんだろうけど、直接のガチンコはなかった。あの二人は高校大学と同期で、共産党、東大シンパ、読売新聞とずっと一緒なんだよ。西武の**堤義明**の腹違いの兄貴の堤清二ってのがいて、それも一緒だな。作家の辻井喬が彼のペンネーム。

電通に息の根を止められたらお終いだから。電通は場合によっては三浦と組むっていうギリギリのところまで行ったんだよ。だけど、ＮＨＫ会長だったいわゆる**島ゲジ**って島桂次と、氏家の下の常盤恭一ね。常盤は当時の報道局長で担当者でオレよりずっと歳上だったけど、オレが怒鳴り散らしたら小さくなっちゃって。ただテレ朝が独占するとＮＨＫの放送がなくなっちゃうからそれは大変なことで、島ゲジってのは特に大平首相と深い、元々は政治記者だから、それで政治家と電通に働きかけたわけ。

オレは三浦と組んで、三浦はとにかく「これ、単独で獲っちゃおう」と言ってたんだけど、やっぱり電通が乗ってこないと勝負にならない。ＮＨＫなんかどうでもいいんだよ。島ゲジも怒って、オレも料亭で何度も飯食って「お前降りろ」って言うから、「じゃあ金よこせ」って話。「金をなんで出さなきゃいけないんだ」って言うから、「バカヤロウ、じゃあなんで降りなきゃいけないんだ」って。そうでしょう？　いわゆる「活動費」、俗に言う「手数料」は巻き上げたよ。

オレがなんでロス五輪にいけたかって言うとね、オレのいつものやり方で、ピーター・ユベロスっていう、後に**ＭＬＢ**のコミッショナーになった男がいた。そいつが当時ロス五輪の委員長で、その顧問弁護士がオレの顧問弁護士なの。**ロバート・アラム**っていって、彼との間には非常に信頼関係があるから彼に繋いでもらって、何処の馬の骨かわからない人間がロスアンゼ

堤義明　実業家（1934・5・29～）　堤康次郎の三男で、堤清二の弟。1964年に西武鉄道グループを引き継ぎ、いわゆる西武王国を作り上げた。2005年3月、証券取引法違反で逮捕され引退した。
島ゲジ　元NHK会長・島桂次（1927・8・30～1996・6・23）の愛称。政治部の記者から会長にまで昇りつめ、悪徳会長とも呼ばれたが、80年代のNHKの改革に力を尽くした。国会での虚偽答弁で、1991年、引責辞任した。
MLB　Major League Baseball（メジャー・リーグ・ベースボール）の略称。アメリカのプロ野球「大リーグ」のことで、1869年設立。本社はニューヨークに置く。アメリカ合衆国の29チームとカナダ所在の1チーム、計30球団で編成される。
ロバート・アラム　アメリカのボクシング・プロモーター、ロバート・ボブ・アラム（1931・12・8～）のことで、一般にボブ・アラムとも呼ばれる。元々はケネディ・ファミリーの証券関係の顧問弁護士を務めていた。

ルス・オリンピック放映権に手を突っ込んでも、普通は相手にしませんよ。

それで一応こっちは「テレビ朝日がいる」ってことで、「テレ朝だけで大丈夫なのか？」ってことを向こう言ってきますよね。結局上手くいかないでロバート・アラムの顔を潰すことになっちゃったんだけど、ピーター・ユベロスはその成功でＭＬＢのコミッショナーになった。

ロバート・アラムは、**アリの徴兵問題の裁判**をやって勝った男。元々はケネディ・ファミリーの証券関係の顧問弁護士で、**ケネディ家**ってのは色んな部門で、プライバシー関係とか財産その他、弁護士が30人くらいいますから。それでアリの徴兵問題を処理して、勝って一躍男をあげて、それでボクシング界に殴り込んできたわけ。

元々ボクシングが好きな男で、今は年間５、６００試合くらいプロモートしてるんじゃない？もうラスベガスに移っちゃって、その方が儲かるってこともないんだけど「面白い」っていうんで弁護士は実質的に廃業状態。これはハーバードのロースクールをトップで出て、息子もエコロジー関連弁護士として、それこそ左翼的なリベラルの弁護士として大活躍してますよ。

オレはその関係でロスに繋がったけど、結局は潰されちゃったわけ。でも三浦からは必要経費と称して金はとったから損はしてない。当時の新聞には関連記事がいっぱい出ましたよ。

これが実現しなかった要因は、はじめからちょっと難しかったのは、電通を脅かせばよかったんだけどその決定打に欠いていて、それを抑え込めばオレが獲ってたんだけど。ＮＨＫの島ゲジって悪徳会長は死んじゃったけど、そんなのは何もオレは恐くないのよ。要はゼニだから。

放映権は先述のユベロスが持ってて、やつは腕利きだからオレはその野心につけ込んだわけ。やつにしたら高く売れた方がいいわけだから。それでやつは乗ってきたんだけど、まず電通関係とかからオレにチェックを入れてきた。でもテレ朝がいるってことと紹介者がアラムだったから、今は別にどうってことないけど、この件でアラムとは一時仲違いしちゃったね。

アリの徴兵問題の裁判　1967年、モハメド・アリは信仰上の理由とベトナム戦争反対を理由に入隊拒否。結果、ボクシング・ライセンスを剥奪され、禁固5年と罰金1万ドルを課される。1971年、最高裁で無罪。
ケネディ家　アメリカ合衆国におけるアイルランド系の名門一族。王室のないアメリカでケネディ一族はロイヤル・ファミリーにもたとえられている。第35代大統領ジョン・F・ケネディはその象徴的存在とされる。

しかしその三浦ってのはやばい男で、最後は女のおポンポンの上で死んじゃった。いわゆる腹上死。モスクワ五輪の放映権は、やつは本当に電通と組んで他を蹴っ飛ばしてやってたんだけど、モスクワは中止になっちゃったからね。

そもそも正体がよくわからないんだよ。当時新聞社はコンピュータも何もないから、鉛筆がものすごい必要でしょ。それで記者の間を鉛筆を削って歩く**「鉛筆小僧」**ってのがいて、それ上がりだって説もあるし、慶応大学出てるとかって言っても名簿に名前がないとか、よくわからない。

やつがなんで朝日新聞で頭角を表したかというと、裏の仕事ばっかりやっていて、朝日新聞オーナーの村山家の未亡人で村山於藤さんっていうのがいた。その娘さんが運転手と駆け落ちしたのを連れ戻して、それで一躍男をあげて社主の信用を得て、それでのし上がってきた男が三浦なんだ。河野一郎の懐刀で、河野が梅毒で血管が破裂して死んだ時も一番最初に駆けつけた。それくらい本当の意味でのコンフィデンシャルを掴んでた、今で言う情報記者ですよ。

今はそういう記者はあんまりいなくなっちゃったけど、やつは中曽根元総理に対しても「中曽根君」だから。ニュースステーションを始めたのも彼ですね。死んじゃったけど、生きてたら大変ですよ。ツネさんとか氏家はジャーナリストとしてそれなりの見識とか持ってたけど、こいつらはまた別の、一種の高級情報屋だった。

そのずっと後、またインディ500をやるってことになって三浦と組んだわけだよ。その時は前金を巻き上げたんだけど、そうしたらスケジュール上インディが来れなくなっちゃった。当時の金で3000万前金でもらって、今でいう2億くらいの金を返さなきゃいかんてことになって、こっちはもう全部使っちゃってて。

それを当然三浦が訴えるってことになったの。ところがオレはこれがやばいことになると思っ

鉛筆小僧　新聞記者の間を鉛筆を削って歩きまわり、さまざまなネタを得ようとする情報屋を揶揄して言ったもの。昔の業界にはこうした連中が多く見られた。

ててね、ある時期にあいつがロンドンに**BBC**との話し合いで来てた時に、やつは競馬と女が大好きで、その3000万円の中から自分に少しよこせっていうから、それを振込む時の銀行振込証を残しておいたんだ。それはいわゆるキックバックで、あいつが受け取っちゃいかん金でしょ。それでその証書でやつも黙って、3000万がフイになったわけ。これは今だったら大変な話だよ。そういうことで裏で全部処理したんだけどね。

山口淑子って戦争中の大スターの婚約者だった人が、当時テレビ朝日の副社長さんだったんだね。それは松岡洋右って、戦争前に軍縮会議で脱退した時の外務大臣で、天皇陛下が嫌がったのを強引に押し切った**三国同盟**のプロモーターでもあるんだけど、その人の息子。とても紳士的な人だったんだけど、このことを嗅ぎつけて「三浦をクビにして、あなたたちも訴える」って言うのを、なんとか許してもらった。その人だって責任を取らされることになっちゃうわけだから。

テレビ局の色んな興行は日本テレビが始めたってことはあったけど、直接ヤクザが絡んでたってことはない。やっぱり正力さんは警察の出身で、ヤクザに厳しい考えをもっていた。当時の市民的正義みたいなものの権化のような人というか、秩序そのものでしたね。

あとはマスメディアということで考えると、鎌倉に住んでた、**週刊新潮**をつくった斎藤十一さんね。オレは週刊新潮に100回くらい書かれたけど、怒られたのは池田大作を非難した時だけだよ。でも、いくら悪く書かれてもそれもオレにとっては何も損はないわけだよね。あとは本当にやばいことがあると、実は僕は斎藤さんに頼んで抑えてもらうことはあったね。オレは斎藤さんの鎌倉のオンナを知ってたから。

斎藤さんはまさに週刊新潮をつくった大変な人ですね。もちろん**週刊朝日**とか**サンデー毎日**は前からあったわけだけど、戦後の週刊誌界、つまり今は週刊文春とかポスト、現代もあるけ

週刊新潮　文芸誌系初の週刊誌として1956年(昭和31)2月6日に創刊(2/19号)された新潮社の週刊誌。編集長・斎藤十一のもとで、データマン→アンカーマンの制度を確立した。週刊文春に次いで第2位の発行部数を誇る。

週刊朝日　朝日新聞出版発行の週刊誌。1922年(大正11)2月25日創刊の日本の新聞社系週刊誌の老舗。当初は旬刊誌で『旬刊朝日』と称した。

サンデー毎日　毎日新聞出版発行による週刊誌。1922年(大正11)4月2日創刊と『週刊朝日』と並ぶ新聞社系週刊誌の老舗で、最近では学歴・大学受験のネタで受けている。戦時中の一時期は『週刊毎日』と名乗ったことがある。

BBC　British Broadcasting Corporation　英国放送協会の略称で、イギリスの公共放送局、つまりはイギリスのNHKに当たる。1922年にラジオの「イギリス放送会社」として設立され、1927年に「イギリス放送協会」となった。

三国同盟　ここでは日独伊三国同盟のこと。1940年(昭和15)9月27日、日本・ドイツ・イタリアの間で締結された三国間条約に基づく同盟関係のことで、第二次世界大戦における枢軸国の原型となった。

ど、一番最初に文芸出版社系から出た週刊誌をつくった人。大変な功績者だし、今や売れ行きはちょっと止まっちゃったけど、週刊新潮が出たってのは一つの大事件。週刊新潮のために社会的に潰された人間ってのは数えきれないぐらいいて、何か事件がおきるとその裏の裏の裏をえぐるという、新聞社のやらない方法ですよね。今は週刊文春とかみんな真似してやってるけど、それが非常に受けたわけ。ヒューマン・タッチというか、ヒューマン・ドキュメントが斎藤さんのやり方ですよね。

今佐野眞一君が斎藤さんのことを書こうとしているけど、佐野君だけじゃなくて彼のことを書きたいって人はいっぱいいたし、色々伝説本がでている。人間的には癖のある人物でしたね。基本的には文学青年で、非常にねちっこさみたいなものがあって、編集長もやってたわけだし、それが週刊新潮独特のヒューマン・アプローチのベースをつくったわけだから。出版社系の週刊誌をつくって、それが問題になって成功したという意味において、戦後のジャーナリズム史上画期的な事例ですね。

僕は随分叩かれたけど、「君はいくら叩いても大丈夫だな」と言われたことあるよ。斎藤さんと、その下でずっと編集長をやってた野平さんにも言われました。ネッシーもそうだし、あらゆることで「いかがわしい匂いがする」とかね。週刊新潮に叩かれると大体みんな凹んじゃうんだけど、僕にとっては何でもなくて、かえって膨らんじゃう。叩かれようによっては嬉しいということもないけど、かき立てられて、叩かれても「コノヤロウ」って、僕はそういう性格だから。

児玉 誉士夫　笹川 良一　横井 秀樹　百瀬 博教　田岡 一雄　田中 清玄（フィクサー）

純粋に興行ということで考えると、今のキョードー東京なんかは昔のライバルだね。今はみんな死んじゃったけど、当時でいう協同企画は内野さんとか長嶋さんがいたけど、音楽専門でやってたわけ。だから**トム・ジョーンズ**の時は、協同が会場のラテンクォーターの興行も全部入れてたから、大きくトラブッた。協同企画が非常に邪魔をしてきましたね。ラテンクォーターの後ろは**児玉誉士夫**で、協同企画は経営者の息子と親しかったし、オレはオレで客として、勝ちゃんと一緒にしょっちゅう行っていた。モハメド・アリを連れて行ったこともありますよ。だから一番上の人と話しをつけて、彼らもトム・ジョーンズは欲しいから、そこはまあピタッとおさえちゃった。落とし前を誰かに払ったとか、そういうことは一切なくね。

僕がやったことはモハメド・アリとか、本当に呼ぼうなんて考えるやつは誰もいないから、競争者がいなかった。他の自動車レースとかサーカスは神彰だけど、競合しないっていう言い方は変だけど、あるいはどこかで考えていたのかもしれないけど実際に実現できないわけだし、それを僕はやっちゃうわけ。

それが芸能事務所ってことになると、今なら**周防**君のとことか、田辺エージェンシーとかケイダッシュの河村君とか、彼等がかけだしの時から知ってますよ。でも彼等とビジネスで争うとかはないし、裏のトラブルとかなんかの時に相談を受けるってことはあるけれど、それはあくまでもプライベートなものだから。

時代ということはありますね。今、そういうスケールの人がいてもね、その能力を発揮するチャンスがほとんどゼロだよ。正力松太郎足り得る人物が、今いないわけじゃないと思う。でもいたって何もできない。今は新聞社もまったく力がないし、政府もそこに協力しない。まさに時代の鬱屈、メランコリーですね。

ツネさんが大物というよりも、正力さんがつくって、後にそれを務台さんという番頭が確立して、さらに小林さんという娘婿がいて、読売新聞の発行部数もジャイアンツの人気も、ツネさんの前にすでにつくられていたもの。別にナベツネになって増えたわけじゃない。

児玉誉士夫　こだまよしお　日本の右翼活動家（1911・2・18～1984・1・17）。「政財界の黒幕」「フィクサー」として名を馳せ、ロッキード社の秘密代理人としてロッキード事件に関与した。全日空ルートで知られる。

周防　芸能プロダクション㈱バーニングプロダクション社長・周防郁雄（1941・1・11～）のこと。新栄プロダクション、ホリプロダクションを経て、1971年、国際プロダクション設立。のちバーニングプロダクションに改称した。

トム・ジョーンズ　英国のポピュラー音楽歌手（1940・6・7～）。1963年から活動スタートし、ダイナミックかつソウルフルな歌声で人気を集めた。『ラヴ・ミー・トゥナイト』『デライラ』などのヒット曲がある。

ただ、彼は中曽根元総理と非常に仲良かったこともあって、やりたい放題。政治部の出身で、岐阜に新幹線の羽島駅をつくっちゃった**大野伴睦**の担当記者で、その大野が大派閥を持ってたわけ。毎日の記者会見も**赤坂の「川崎」という料亭**で彼が代行してやるくらいで、その大野伴睦は**力道山**の後援会長で、児玉誉士夫とも非常に仲が良かった。だから強いて言えば渡邊恒雄と氏家は児玉誉士夫の後ろ盾があって、もっと言うと中曽根の後ろと、もっと厳密に言うと河野一郎の後ろにも児玉誉士夫がいて、その河野派や大野伴睦と彼らは政治記者として仲が良かったから、児玉誉士夫とも色々関係していた。それで児玉誉士夫の陰の部分の報道を抑えたとか色々あって、そこら辺が、渡邊恒雄と氏家の一つブラックの部分。児玉に政界、財界の情報を裏で送って、児玉に恐喝の材料を提供してたようなもんだよ。最後はロッキード事件に繋がって彼が起訴されて、逮捕される前に死んじゃったわけだけど。

児玉誉士夫には、2回くらい会ったことがある。だけど、直接彼にものを頼んだとか、そういうことはない。

「一回挨拶した方がいい」って言われて、料亭に挨拶しに行ったとか、その程度。なかなかイカつい感じで、そりゃあもうヤクネタでね、**笹川良一**とどっこいの男だから。ほら、僕は『**児玉誉士夫の虚像と実像**』って本を出したでしょ。そういう関係もあって接触があったんだけど、本当は「児玉誉士夫を斬る」って本にする予定だったの。猪野健治君という右翼の研究家が書いたんだけど、だんだんそのうちに、どちらかと言えば崇める感じになっちゃって。それはオレもそれ以上は手を出せなかったんだけど、本当は「斬る」ってことで、書く人も全然別の人考えたんだけど、その人も結局逃げちゃったしね。

笹川さんは何度もお会いしたことがあります。**日本財団**からお金とかもらったこともあるし、あの人と仕事をしたとかそういうことではなくて、彼は公営博打のボスだから、清濁濁という

笹川良一　日本の政治運動家、社会奉仕活動家（1899・5・4～1995・7・18）。国粋大衆党総裁、財団法人日本船舶振興会（現日本財団）会長などを歴任し、一方「右翼のドン」「政財界の黒幕」などとして扱われた。

『児玉誉士夫の虚像と実像』　1970年（昭和45）に康芳夫の会社・創魂出版から出されたフリージャーナリスト（右翼研究家）・猪野健治著の本。「現代の黒幕（偶像破壊シリーズ）」のサブタイトルが付けられている。

日本財団　公益財団法人日本財団で「にっぽんざいだん」と読む。英字表記ではThe Nippon Foundation。公営競技の競艇（オートレース）の収益金をもとにして、海洋船舶関連事業の支援や公益・福祉事業、国際協力事業などを行う。

大野伴睦　政治家（1890・9・20～1964・5・29）衆議院議長、自民党副総裁を務めるなど典型的な党人政治家として知られる。東海道新幹線開通のとき、岐阜県出身であることから「岐阜羽島駅」を作ったとして話題になった。

赤坂の「川崎」という料亭　政治は赤坂で動くと言われた当時の赤坂にあった高級料亭のひとつ。記者会見場としてよく用いられた。料亭政治の舞台となった料亭には、ほかに「千代新」や「満ん賀ん」「中川」「長谷川」などがある。

力道山　日本のプロレスラー（1924・11・14～1963・12・15）。朝鮮・新豊里出身で、大相撲の関脇を経て、1952年（昭和27）、日本プロレス協会を設立した。プロレス界の大立者としてプロレスブームを招いたが、最後はナイフで腹を刺され、死去した。

感じでね。

彼等の場合、悪とか正義の基準ていうのはなかなか我々のレベルじゃないし、僕なんかが若い頃の一般の庶民レベルからもかけ離れていたから。もうしかし、今の日本の社会では、ああいうものが活躍する余地はまったくないですね。

もうとっくに死んじゃった**久保正雄**ってのがいた。久保は当時ラテンクォーターにも来てたけど、多く来てたのは**コパカバーナ**。彼がやってた**東日貿易**は大野伴睦に岸信介、それこそ児玉誉士夫も株主をしてて、例の**デヴィ**さんを**スカルノ**にあてがった男よ。これはただの**政治ブローカー**というか、要するに政商だな。

当時インドネシアの賠償問題がね、賠償って言っても戦後処理で全部日本国民の税金ですから、それをインドネシアに無償で送るわけでしょ。その時にスカルノ大統領が全部の権利を持ってるわけで、それでデヴィ夫人をあてがったわけ。生肉を提供したようなもんだよ。

彼は高倉健とか長嶋茂雄の後見人もやってたけど、政商で、中心人物になる男じゃないんだよ。児玉にくっつくとか、笹川良一には嫌われてたけど、黒幕のプロデューサーじゃなくてコーディネーター。一つ格が落ちるというか、そんなタマじゃなかった。人間的にはちょっと妙な男だったけど、いまだになんで長嶋君が彼を親代わりにしたのか謎なんだけど。恐らくね、これは僕の推測で、長嶋君は何か弱味を掴まれてたんじゃないかと。

笹川良一は、オレのよく知ってる銀座の「**アイリーンアドラー**」のババア・ママが笹川の昔のオンナだった。そのババアだって、やっぱり今もそれなりのもんだから。だからこれは余談になるけど、そのババアが笹川と別れた後のオトコが中々やり手のタマでね、朝日新聞の記者だったのが定年になっていきなり東大教授になったんだよ。早稲田や慶応の教授になるのはいっぱいいるけど、その後はザンビアの大使。それで去年辞めたけど、最終的には北大の大学院教

スカルノ　インドネシア初代大統領（1901・6・6～1970・6・21）。スカルノだけでフルネーム。「建国の父 ブン・カルノ」と称され、第二次大戦後の1945年8月18日から1967年3月12日まで大統領の職にあった。1965年「9月30日事件」で失脚。

デヴィ　インドネシア・スカルノ大統領の第3夫人となった日本人女性。日本名：根本七保子（ねもと なおこ）、インドネシア名：ラトナ・サリ・デヴィ・スカルノ。1965年、フランスに亡命。現在は日本でタレントなどとして世間を騒がせ続けている。

政治ブローカー　「政商」。政府や政治家などと結託して利権を得る商人を指す。表にはいっさい出ないで、小遣い稼ぎをするのが特色。ブローカーには仲買人、仲立人などの意味がある。

アイリーンアドラー　東京・銀座に所在するバーで、いわゆる「文壇バー」として名を成した。Irene Adler とはシャーロック・ホームズの小説に登場する謎の美女の名前からとったもの。現在は昔の場所から移転している。

久保正雄　東日貿易代表者。ラスヴェガスの名士と称され、アメリカのショービジネス界に顔が利いた人物。日本の政界にも顔が広かった。長嶋茂雄の親代わりとしても知られるが、特にスカルノ大統領とデヴィ夫人を結びつけたことで有名。

コパカバーナ　高級ナイトクラブ「コパカバーナ赤坂」のこと。長尾久子の経営で1960年代に大変人気があった。デヴィ夫人の出身で知られる。当時の赤坂には、このほかに「ニュー・ラテンクォーター」や「ゴールデン赤坂」などの名店があった。

東日貿易　久保正雄が経営していた会社。インドネシアと深くかかわる仕事（戦後賠償ビジネス）で巨利を得たとされる。それまで木下産商がやっていた仕事を受け継いだ。

授になった男がいるの。エコロジー問題の先駆者で、なかなかの男だった。彼はエコロジーの記者として国際的に知られてて、いいところに目を付けてたから、だからいきなり東大の教授になれたわけ。

そいつがある日ね、自由が丘でそのババアと一緒にお茶を飲んでいた。そしたらババアがコースターに「私は今、まわり全部囲まれてます」と書くわけ。「すぐ逃げてください」と。

それで「見張られているから」って、なんでコースターに書くかのかと。誰に囲まれてるんだってことで、ババアがそれはつまり笹川のボディガードだってことを伝えたの。そうしたら野郎は腰抜かして、鞄持つのも忘れて飛び出して行って、その後3年間くらい連絡もしてこなかった。

殺されると思ったんだよ。笹川が見張りをつけてたわけだけど、とはいえ笹川はオンナが5、60人いたから、ババアもその中の一人なんだけどね。まあ、今となってはババアとしては勲章だよな。僕とそのババアは何にもないんだけど、彼女のセックス・マネージャーというだけの話。

笹川は例えばラテンクォーターとかには来ないし、児玉だって後見人だったから来ただけでね、あいつらがナイトクラブに来るとかってことはあんまりない。オレの事務所はラテンクォーターの隣のホテルニュージャパンにあって、そこには他にも首つった政治家の**中川一郎**や川内康範、**梶原一騎**とか、あそこは悪役の巣だったから。それで最後のオーナーは**横井秀樹**だからね。僕はあそこが燃える一年くらい前に出ちゃったんだけど。

横井は、オレは切羽詰まった時に金借りようと思ったけど貸してくれなかった。ただ横井の話で面白いのは、あいつしょっちゅう狙われてるのに、あんまりボディガードを連れて歩かないの。それで「康さんね、僕はボディガードなんて全然信用しないのよ」って言うわけ。「どうして?」って言ったらね、「それは康さん、甘いよ」って。だから「どうして?」って聞いたの。

横井はね、**安藤組**に狙われて撃たれたことあるんだよ。それが1ミリの差で心臓はずれて生

横井英樹　実業家（1913・7・1～1998・11・30）。東洋郵船の設立や白木屋百貨店の株買占めなどに関わり、「乗っ取り屋」「銭ゲバ」などと揶揄された。襲撃事件（1959）やホテル・ニュージャパン火災事件（1982）でも知られる。

安藤組　ヤクザの安藤昇（1926・5・24～2015・12・16）によって作られた反社会的組織。本来は㈱東興業（あずまこうぎょう）というが、一般に「安藤組」と俗称された。1964年12月に解散。安藤昇は翌年映画俳優に転身した。

中川一郎　日本の政治家（1925・3・9～1983・1・9）。自民党中川派の領袖だった人物で、「北海のヒグマ」と呼ばれたタカ派議員であった。1982年（昭和57）の自民党総裁選挙・予備選に出馬し最下位。最後は自殺であった。

梶原 一騎　かじわら いっき　漫画原作者、作家、映画プロデューサー（1936・9・4～1987・1・21）。高森朝雄のペンネームも使用。『巨人の星』『あしたのジョー』『タイガーマスク』などの格闘技やスポーツを題材とした作品が多い。

き延びて、その時に安藤さんの運転手をやってたのが**安部譲二**。それでその時にね、女の秘書が2人いて、もちろんボディガードもいたんだけど、そいつらは全部逃げちゃって。それで女がかばったおかげで弾は外れたわけ。だからやつは、「女は本当にいざという時に勇気がある。命かけて救ってくれるよ」と、そう言うの。

「男は金でしか動かないから、命の方が大事だって逃げちゃう。だから男のボディガードなんて絶対信用しちゃダメ」ってことで、これは僕は非常にいい教訓だと思ってね。横井から何も教えられることはなかったけど、これだけはすごい教訓になった。やつは徹底した守銭奴だけれども、なかなか愛嬌のある男で、随分ご馳走になったことありますよ。金は貸してくれなかったけど、「康さん面白い人だから一緒に飯食おう」ってね。

ニュージャパンの火事があって閉まっちゃったけど、ラテンクォーターは右翼とかヤクザ、不良政治家とか芸能人の溜まり場だから。

コパカバーナもそうだけど、そこにいたデヴィを久保がスカウトしてスカルノにあてがった。他にも、隠してるけど野球の野村君の女房とか、室井佑月のお母さんもいたんだよ。室井のお母さんに初めて会った時、いきなり「康さんのことよく覚えてますよ」って言われて、オレの席にも何回かついたことあるって言うんだよ。キレイな人ですよ。室井もキレイな娘だからね。

ラテンクォーターには**百瀬**君もいましたね。彼はそもそも立教大学の相撲部出身で、ラテンクォーターの用心棒だった。それで、**裕次郎がピストル不法所持事件**をおこした時に彼がそれをかぶったのね。後でそれを彼が言いふらして、それで慎太郎が相当怒ったんだけど。

やつは裕次郎を信奉しきっていた。心酔というか、そこらへんがちょっとオレにはよくわからないんだけど、一度「なんで裕次郎に心酔するの？」って聞いたら「いやあ康さん、それを言われると」って。それで「だって康さんも石原さんの兄貴に心酔してるんじゃないですか」っ

百瀬　1960年代にニューラテンクォーター（赤坂の高級ナイトクラブ）の用心棒や石原裕次郎のボディガードとして活動した百瀬博教（1940・2・20～2008・1・27）のこと。1980年代から作家活動を始め、『不良日記』草思社（1991）などの著書を遺した。

裕次郎がピストル不法所持事件　1965年（昭和40）2月16日に発生した国粋会がらみの事件。自宅や石原プロ事務所などが家宅捜索を受け、刀剣が押収された。このとき弟分だった百瀬博教が罪をかぶったと言われる。

安部譲二　作家、漫画原作者、タレント（1937・5・17～）。安藤組組長・安藤昇の運転手をやっていたという元・暴力団員で、自身の服役経験を生かした小説『塀の中の懲りない面々』文藝春秋（1987）で一躍有名になった。

ニュージャパンの火事　1982年（昭和57）2月8日に起こった東京・赤坂のホテル・ニュージャパンの火災事件。スプリンクラーの不備など社長・横井英樹の失策が糾弾され、ホテルは同月10日に閉鎖、廃業となった。33人が犠牲になっている。

て言うから、「いや僕は心酔は全然してませんよ」って話をしたことがある。

彼は慎太郎に対して非常に複雑な気持ちを持っていた。というのはなぜかというと、彼は裕次郎のピストル事件をかぶって自分がトンズラこいたわけじゃない？ その後、裕次郎はそれなりに彼の面倒をみたと思うんだけど、でも慎太郎は彼に冷たかったんじゃないかと思うんだ。

青山なんかで夜中に会うと、必ず僕のところに挨拶にきて、「康さんお元気ですか」っていう感じでね。そういうところは非常に礼儀正しかった。ただ先にも述べたとおり、裕次郎に心酔してたってのが僕はよくわからない。別にそれはそれでいいんですけどね。

彼が実際裕次郎のボディガードをやってて、そこで一緒に巡り会ったってことは一回くらいかな。裕次郎はいつもコテコテに酔っぱらってるから、百瀬は面倒みるのが大変だったと思うよ。周りで見ててかわいそうだった。彼は非常に骨格がある男だったから、ラテンクォーターでも目立ってました。

安部譲二君もものを書いたし、僕とも親しくて彼は僕のことを本に書いてもいるけどね。2人を比べた場合、あまりにもタイプが違いますね。比べ様がない。

百瀬君を引き立てたのは、最初は**マガジンハウス**の名誉顧問の木滑氏。それでその後は花田君ていう僕の最初のゴーストライターが、元々は文春にいて今は**WiLL**の編集長やっているけど、彼に色々書かせて、あの世界の人にしてはなかなか筆のたつ男でね。僕に対しては非常に礼儀正しく接触してきて、猪木君と3人で会ったこともたびたびありますよ。彼はある部分では色んな人に怖がられてたよね。僕に対してはむしろ下に出てきて、「康さん一度食事でも」なんて言ってきたけど、実際食事する機会はなかったんだけど。

文学もある程度までわかるところがあって、筆もたったし珍しいタイプの、戦後のああいう筋の人では何人かいたかもしれないけど、そういう意味ではユニークだったよな。

WiLL　ワック・マガジンズから2004年（平成16)11月に創刊された月刊誌。週刊文春にいた花田紀凱を編集長とし、オトナのマンスリー・マガジンを標榜して話題を集めた。朝日新聞を徹底批判し続けるが、花田は2016年（平成28）5月から飛鳥新社へ移籍した。

マガジンハウス　日本の出版社で1945年（昭和20)10月10日に「平凡出版株式会社」として創業、雑誌『平凡』を創刊した。1983年（昭和58）に現社名に改称。『週刊平凡』や『平凡パンチ』『アンアン』など数々の話題雑誌を送り出した。

あの筋ということで考えると、やっぱり印象に残っているのは**田岡**さんですね。田岡さんはボクシングの大変なファンで、僕はモハメド・アリ戦の時一番いい席をあげてたし、もちろん試合も何回も観に来てくれた。田岡さんは僕にとても親切にしてくれて、「何かあったらいつでも言ってきてくれ」って言ってくれるんだけどね、なかなかやっかいなんだよ。

田岡さんはオレに「いくらよこせ」とかそんなこと言う人じゃないけど、下の人たちはなかなかそうはいかない。「親分がこれやったから」って、そういうシステムになってるから。だからボクシングの時は僕にそういう人たちが色々言ってきてくれたけど、全部うまく外してね。だそういうことを含めて田岡さんも言ってくれたけど、だけどそれをやったらあのプロモーションは完全にそっちに押えられていたし、かつ恐らく、警察とかそういうところが介入して、極端な話、中止命令とかね。

僕は資金源は全部洗われたんだけど、僕の若い友人が基本的には全部出してたわけですから、それは銀行で全部わかるようになってるわけ。そうじゃないと資金源がどうなってるか、色んなやつが差し込むから。

当時は大変だった。このお金はどこから出たのか、税務署は来るし、東海銀行の新宿支店からお金が出たわけだけどそれは担保に入れて、当時はバブルで銀行もいくらでもお金貸すっていう時代だったから。

もちろんいざとなったら行くところに行くしかないんだけどね。ギリギリ寸前で寸止めというか、それはもうアクロバットですよ。普通の人じゃ、やっぱり手口が巧妙だから丸め込まれちゃうでしょうね。だから田岡さん自体は別にどうのってことはないんだけど、場合によってということもあったけど、結局そういうことにはならずにね。

当時の田岡さんは**美空ひばり**のマネージャーをやってたから、もちろん興行界では力があっ

美空ひばり　石原裕次郎と並ぶ昭和の大スター（1937・5・29～1989・6・24）。天才少女歌手として12歳でデビューし、「歌謡界の女王」と呼ばれるまでに大活躍した。女性として史上初の国民栄誉賞受賞。

田岡　田岡一雄（1913・3・28～1981・7・23）。広域暴力団・反社会組織・やくざ集団「山口組」の三代目組長だった人物。伝説的大親分にして実業家、芸能プロモーターとしても著名。美空ひばりや高倉健などとも親しかった。

て。今は伝説と神話になっちゃったけど、当時は現役で、京都のナイトクラブで撃たれたとかそういうことの前。確固たる勢力を持った、その世界の第一人者ですよね。非常に義侠心があって、関西の人だから色んな意味で考えた方がはっきりしてて、ボディーガードもいて周りは大変ですよ。

田中清玄とやってた麻薬撲滅運動も、結局は横浜に進出するための一つの口実。田中清玄は児玉に狙われてて、あれは実際東京会館で撃たれたわけよ。だから山口組と組むことによって田中は自分の身を守るために、それで「麻薬撲滅運動」ってのは田岡さんにとっても大義名分ですよね、横浜進出のための。お互いの計算もあったし、田岡さんもああいう人に弱いところがあった。

田中清玄は東大卒のインテリで、もちろん僕の学校の先輩ということでもあるけれど、色んな複雑な関係があった。彼は東大の空手部の出身で、彼も「オレに相談があればいつでも来てくれ」って色々言うんだけど、それはオレもやばいと思ってね。それなりの距離はおいて付き合った。

その前に**唐牛健太郎**君が**60年安保**の時に田中清玄に金借りて色々問題になったりして、田中も色んなところから金引っ張ってくるんだよ。ＣＩＡとか。一種のスパイ活動みたいな、諜報活動をやってたからね。それで最後は石油の利権ブローカー。

オレも何回も会って、「オレの事務所の顧問になれ」とか色々妙なことを言ってくるんだけど、それはやばいと思って。彼も死線をくぐって共産党を戦争中にやってるわけだから、大変なタマですよ。それが獄中で最後に転向するパターンはよくあるケースで、それで最後はお定まりのパターンで右翼になっちゃうわけ。

60年安保　1960年（昭和35）に起こった、日米安全保障条約の改定に伴う政治的闘争をいう。ときの岸信介内閣に対する全学連の反対デモで知られ、1月の「羽田空港ロビー占拠事件」から6月15日の「国会突入デモ」などが挙げられる。

唐牛健太郎　かろうじ けんたろう（1937・2・11〜1984・3・4）。日本の学生運動家。60年安保闘争時の全学連委員長として名を馳せた。1961年（昭和36）辞任、翌年政治活動から身をひき、47歳のとき直腸がんで死去した。

PeOPLe
カラスと一緒に銀座を闊歩する「怪人」
さくら銀行

第3部 巨人、虚人を語る

テリー伊藤・・・僕らは康さんに立ち向かうドン・キホーテだ
（小学館 週刊ポスト1998.5.1号より）
五木寛之・・・怪人コーサンの真実
（小学館 週刊ポスト1997.9.12号より）
嵐山光三郎・・・アリをおびえさせた人
（小学館 週刊ポスト1996.4.5号より）
唐十郎・・・康さんの一面
（小学館 週刊ポスト1995.3.3号より）
島田雅彦・・・四次元の"帝国"の住人
（小学館 週刊ポスト1994.4.22号より）
志茂田景樹・・・宇宙人か、地底人か
（小学館 週刊ポスト1993.3.26号より）

本誌恒例！ 今度は〝あの謎の怪人・康芳夫氏〟が六本木の魔窟バー〝INGO〟で美女を調教

こういう人が日本を面白くするのだ

僕らは康さんに立ち向かうドン・キホーテだ

テリー伊藤

何故、こんな怪しい人間をいまだ日本国家は野放しにしているのか。何故、国外追放にしないのか。日本は法治国家ではなかったのか。

ここでは詳しいことは書けないけれど、最強のデンジャラス男なんだ、康芳夫という人は。あの怪しさは本当に変わらない。僕がテレビ局にいた時代だから、もう20年も前のことだけど、そのころ康さんはすでに風貌から何から大プロデューサー。ドン・キングみたいな感じだった。なんていうか、東洋の魔術師のような臭いを当時から漂わせていた。

僕が康さんから学んだのは「テレビというものは見世物小屋の延長である」ということ。猪木とアリの対決しかり、オリバー君しかり、ネッシーに、UFOしかり。その後のこういう企画

テリー伊藤　小学館 週刊ポスト 1998.5.1 号

PeOPLe

✣康芳夫（こう・よしお）
1937年東京・西神田に生まれる。中国籍の２世。私立海城高校を経て東京大学卒業後、プロモーターとして世界を股にかけて活躍。モハメド・アリのヘビー級戦、トム・ジョーンズの日本初公演、ネッシーの探索、オリバー君の来日、猪木VSアリ戦、ウガンダのアミン大統領VS猪木戦ほか奇想天外な企画をプロモート。さらにノアの箱舟残骸探索計画や小説『家畜人ヤプー』や『滅亡のシナリオ』の全権プロデュースを行い、現在は STUDIO VOICE にコラムを連載中。本誌では３年前から銀座にカラスと登場したり、臨海副都心にクモと出没するなど奇抜なシチュエーションでグラビアを飾り、康氏と何らかの接点のある著名人に執筆してもらっている。今回は文化人バーとして有名な INGO にトラ年にちなんでトラのコートを着て登場。人気ビデオ女優水谷あみちゃんを調教した

テレビというのは近代文化が作り出したものだけど、近代文化だけでは成り立たない。人間というのは暗黒の部分を持っている、それを康さんの仕事に教えられた。今のテレビは、やれコギャルだ、援助交際だ、幸せな田園都市線のラブストーリーだって、等身大の刺激に毒されてしまっているけど、僕の耳には、康さんの悪魔のような囁きが、ずっと聞こえ続けている。

いつも康さんみたいになりたいと思っていたけれど、まだまだ足もとにも及びつかない。多分、一生追いつかないと思う。

最近は康さんのでかいイベントが見られないけど、それが日本のつまらないところじゃないかな。こういう人が住みにくい世の中なんだ。僕らはこうして面白がれるけど、スポンサーの方が四苦八苦して、現実的な明日の米びつにこまっているような世の中ではこういう大ロマンを語る人を認められる土壌が出来てない。

僕らテレビを作る人間は、みんな康さんに立ち向かうドン・キホーテのようなもの。康さんは回る風車なんだ。だから、ずっと毒を発しててほしい。まだまだ風車は加速し、まわり続けているはず。我々の見果てぬスーパースターなんですよ。（談）

撮影／太田真三（本誌）　ヘアメイク／土橋大輔　スタイリスト／山岸恵

本誌登場もついに6度め。今度はハーメルンの笛吹き男となった康芳夫氏

「怪人コーサンの真実」五木寛之

長く生きていると不思議な人物に出会うものだ。深沢七郎さんもそうだったし、阿佐田哲也さんもそうだった。私にピンポンの勝負で負けて逆上したヘンリー・ミラーも、またエスカルゴと称するおんボロ車で酔っぱらって爆走するローレンス・ダレルも、みんな実に奇妙な人物だったと思う。

そんな妖怪変化たちのなかで、私がことに異様な印象（それは感動といってもいいものだが）を受けたのは、あの伝説のボクサー、カシアス・クレイである。

私が来日した彼と雑誌のための対談をした夜のことは、いまもありありと憶えている。そういえば彼はすでにモハメッド・アリを名乗っていたのだが、私のイメージのなかでは〈ほら吹きクレイ〉のキャッチフレーズがあまりにも強烈すぎて、敬虔なアリよりもクレイのほうに偏愛の気持ちがつよい。

その晩のことは、ここで語る余裕はないが、皮肉にも〈白亜館〉という名前の会員制のレストランで、彼はホワイトとブラ

五木寛之　小学館 週刊ポスト 1997.9.12 号

✣康芳夫（こう・よしお）
1937年東京・西神田に生まれる。中国人の父に日本人の母を持つ中国籍の二世。私立海城高校を経て東京大学へ。卒業後プロモーターとして興行を企画、モハメッド・アリVS猪木戦、オリバー君の呼び込み、ネッシー探索、アミン大統領VS猪木戦、麻原彰晃に大きな影響を与えたとされる奇書「滅亡のシナリオ」など奇想天外な企画を次々プロモートし〝怪人〟との異名をとる。現在、雑誌『STUDIO VOICE』にラディカルな文芸時評を連載しており、若者たちの間でカルト的な人気を得ている。今回は銀座の高級クラブ『ぐれいぷ』にハーメルンの笛吹き男となって登場し、原稿は作家・五木寛之氏が執筆

郎の新人カメラマンが若き日の浅井慎平さんだったことも思い出のひとつである。

さて、話はそのモハメッド・アリと私との対談を仕組んだ不思議な人物のことである。仕事の背景にチラと一瞬その姿を現わしたかと思うと、たちまち忽然と消えてしまう長髪の怪人、なにやら伝説のアリをすら霧の中から操っているかのごとき国籍年齢職業経歴不詳の男、そして時にはにかんだような妙に人なつっこい笑顔を見せる人物の名前をたずねると、「あ、あれはコーサン」と誰もが短く答える不思議な男がいた。

当時から延々三十年、いまだに私は彼のことをコーサンとしてしか知らない。それでいてコーサンは私の数少ない友人の一人である。もしコーサンが一九三〇年代の青年だったならハルビン学院か上海の同文書院にでも転りこんでいたのではないかと思う。メディアの深層海流のなかから、一瞬ちらと黒い尾鰭《おひれ》を現わして、またたちまち海中に姿を隠してしまう怪人コーサンの横顔に、世紀末のアジアに突きつけるルサンチマンを感じると言ったら、本人はさぞかし大笑いするにちがいない。

撮影／太田真三（本誌）　スタイリスト／宮本由香

本誌グラビア登場もついに5回目！「TOKYO＝ブレードランナー」説を唱える

「希代の怪人」が毒蜘蛛連れて臨海副都心散歩

嵐山光三郎　小学館 週刊ポスト 1996.4.5 号

アリをおびえさせた人

嵐山光三郎

康氏が不良であることは、この写真を見ればイチモクリョーゼンである。悪い、こわい、とんでもない。だからぼくは、夜のチマタで康氏に会うと、いち早く逃げることにしているのだが、康氏はめざとくぼくをみつけて、「オイ、アラシヤマ」と呪文のごとく声をかける。すると魔法をかけられたように、足がしびれてしまう。康氏は、密教系の呪術をもっているのである。

気味が悪い。

二十年ぐらい前、康氏に、モハメド・アリ戦の入場券をもらった。飲み屋でとなりあわせたとき、「オイ、これをやるよ」と言って、入場券をくれた。モハメド・アリが東京で世界タイトルマッチをしたときで、とてもじゃないが手に入らない切符だった。で、ぼくは、それが本物の入場券ではないという確信があったのでケラケラと笑った。

「本物だよ。だって、オレがアリを呼んだんだ」

と康氏は胸をはった。

おかげで、ぼくは、本物のモハメド・アリの試合を見ることができた。びっくりしたのは、試合の前に、康氏がギンギラの服を着てリングにあがったときだった。モハメド・アリが、化け物を見る目つきでおびえていた。アリをふるえさせちゃうんだから、そのころより怪物だ。

こういう不良をのさばらせておくことは、健全な世間のためにならないので、ぼくは、ひそかに「早くくたばれ」と思っていたが、そう思えば思うほど、康氏は元気になり、世間を挑発する。ホンマものの不良なのである。

ぼくは、康氏に会うたびに、不良でありつづけることの体力と意志力に圧倒される。不良でありつづけることの理念が、どこから生じるのか。これにはなみなみならぬ意志がいり、そんじょそこらの人間にはマネができない。それは、かつて不良であった男たちが、五十歳をすぎると、とたんに、正義の人になってしまい、「いやあ、オレも昔は悪いことをやったもんだ」と自慢話をするのを見ればわかる。

康氏が不良でありつづけることは、ぼくにとっては、刃物を喉もとへあてられるようなハゲマシだ。こっちも負けちゃいられない、と気合いが入る。骨の芯に、ズンと根をはった純情がある。犯罪への夢想がある。未知の空漠への旅がある。少年の野心がある。

日本の男たちよ、康氏をみならって、もっと不良になろうじゃないの。もっと悪くなろうじゃないの。いい子になって、優等生のツラをかぶっていたって、そんなメッキはすぐにはがれる。不良でありつづけることのみが、自分が、世間を生きていることの証明である。

✣康　芳夫（こう・よしお）
1937年東京、西神田生まれ。中国人の父に日本人の母を持つ中国籍二世。私立海城高校を経て東京大学へ。卒業後はプロモーターとして興行を企画。モハメド・アリVS猪木戦、オリバー君の呼び込み、ネッシー探索、アミン大統領VS猪木、戦後最大の奇書とされる「家畜人ヤプー」、麻原彰晃に大きな影響を与えたとされる問題の書「滅亡のシナリオ」のプロデュースなどを手がける。毎回、異なる動物と登場している本企画、今回は近未来都市を想起させる臨海副都心で毒グモを持っての登場である

撮影／太田真三（本誌）

カラス、フクロウも連れ歩いたあの康芳夫《こうよしお》氏が3度目の登場

銀座をイノシシと闊歩《かっぽ》する「謎の怪人」

康さんの一面

唐《から》十郎《じゅうろう》

或る会社のパーティで康さんを見た。80周年の創立を祝う会社のパーティの、華やかな会場には、千人を超す客が詰めかけ、その宴の祝いを述べるために、社長の前に二百人程の取り引き先が、一列に並んでいた。社長が一人一人と握手する様は、ヴィデオカ

唐十郎　小学館 週刊ポスト 1995.3.3 号

✣康芳夫（こう・よしお）。1937年東京、西神田生まれ。中国人の父に日本人の母を持つ中国籍２世。私立海城高校を経て東京大学へ。卒業後はプロモーターとして興業を企画。'72年には日本でモハメド・アリのヘビー級戦を実現。その後、トム・ジョーンズ初公演、ネッシー探索、オリバー君の呼び込み、猪木対アリ戦、アミン大統領対猪木戦をプロモート。その他「ノアの方舟」残骸探索計画やＳＦでＳＭ小説「家畜人ヤプー」の全権プロデュースを行うなど、その神出鬼没な行動は常人の理解を超えている。本企画も３回目。毎回異なる動物と登場しているが今回は干支にちなんでイノシシを連れてきた。実は金粉をまぶしているが判別できないのが実に残念である

が、である。その列が突然二股に別れた。三百人の並んだ人の真ん中に、緑のモンゴル服を着た康さんが立っている。足元まである緑の服には、黄色い菊の花も散りばめられ、黒や紺の祝い服の群れの中では、突拍子もなく輝いていた。

康さんは、社長に挨拶するために並んだのではなく、たまたま、その列に近いテーブルのサーモンを摘《つ》まんだだけだった。が、その派手な装いに、社長は会場で誰よりも、ピカピカになって現われると聞いた、遠い地方の取り引き先が、康さんを社長と間違えて並んでしまった。社長の顔を知らない取り引き先というのもいるのである。「社長、おめでとうございます」と手を出してくるのを、康さんも、人違いと言わずに、握手し返し、肩を叩いていた。その顔は初め冗談に見えたが、次第にメタフィジックになってきた。誤解とともに哲学に目覚めるのが、康さんの真骨頂《しんこっちょう》であるのだ。彼は列を替える自らを自覚した。とたんに、労働と商品というものが、悪意を以て分からなくなってきた。高速消費社会に於て列を替えるとは何なのか。ジンギスカンが着るような緑の服で、そこに立っただけで、列は脱臼した。高度資本主義社会に於ける列の問題に悩みながら、康さんが、会場から銀座のクラブに向かうと、取り引き先も従いてきた。

今回企てているノアの箱舟調査も、列の問題である。他の人間と動物たちは、なぜ、箱舟の列に続かなかったのか。それは、漂流した箱舟よりも、さらに〈良い〉ものへ列をつくっていたからである。

康さんの説によると、箱舟には、恐竜も乗っていたと言う。

ちょうど一年前、カラスと銀座を闊歩した康芳夫氏が今度はフクロウとともに麻布十番に現れた

「それでもネッシーはいる」と主張する『謎の怪人』

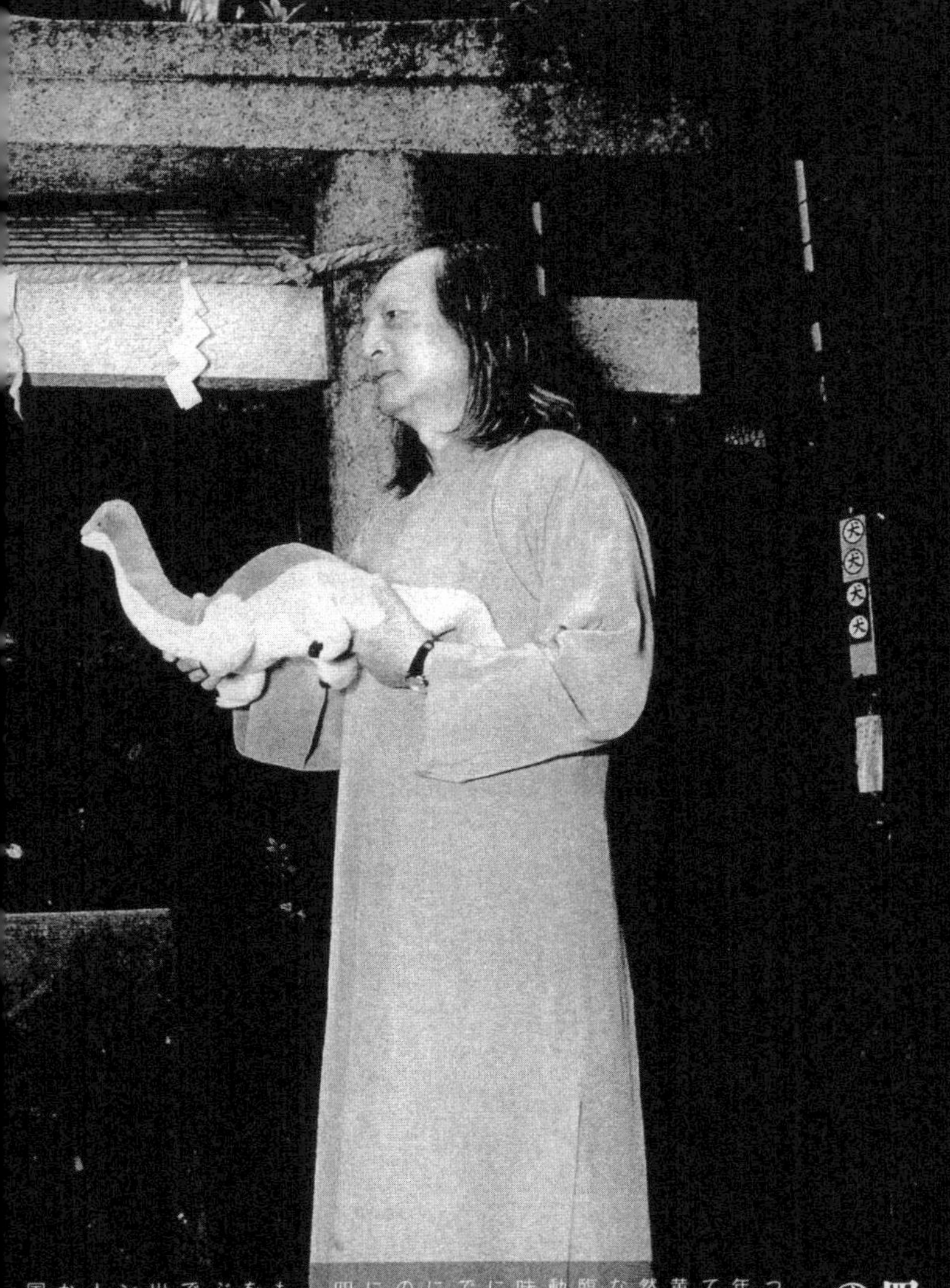

四次元の〝帝国〟の住人

島田雅彦

康芳夫には独特の運動神経が備わっている。それは黄河の流域に四千年来暮らしてきた中国人が身につけている運動神経なのかもしれない。黄河の流れは絶えず変わる。この自然を制する者が中国を制することになっている。それはいい換えれば、臨機応変、変幻自在、神出鬼没の運動神経を政治的に発揮することを意味する。農民もまた自然の気まぐれに即応し、何処でも食料生産に従事できるように生きている。華僑の中には農民も多いのだ。彼らは〝帝国〟の住人である。〝帝国〟はこの地球上に偏在している。まさに神出鬼没の四次元空間こそ中国の正体なのだ。

安徽省出身の医者の息子・康芳夫も〝帝国〟の住人であることの自覚を人一倍強く持っていて、その暗躍ぶりは四次元的だ。それこそ何処にでもあのハロウィーンのような顔を出す。その交友関係はあらゆるジャンルをおおっている。独裁者から猿人まで、官僚からヤクザまで、乞食から小説家まで、その守備範囲は〝帝国〟と同じくらいの拡がりを持つ。

島田雅彦　小学館 週刊ポスト 1994.4.22 号

第3部　巨人、虚人を語る　島田雅彦

コ領のアララト山へ旅した私がアメリカのクリスチャンの調査団がでっち上げたノアの方舟漂着の遺跡から土くれや石ころを採取して東京に持ち帰り、彼にプレゼントしたのである。彼は、アジア人の手でノアの方舟伝説の決着をつけることに意味がある、と語っていた。おそらく、ノアの方舟には中国人も日本人も乗船していなかっただろう。しかし、四次元の"帝国"に暮らす者は時空を超えて、ノアの方舟に乗り込むことができるのだ。

康芳夫が手がけるプロジェクトは大風呂敷であればあるほど、その哲学的、歴史的根拠は確固たるものになる。毛沢東やポル・ポトが哲学者であり、文学者であったように、康芳夫もぺてん師以前に哲学者であり、文学者なのである。

✣康芳夫（こう・よしお）
1937年東京、西神田生まれ。中国人の父親に日本人の母親を持つ中国籍の2世。私立海城高校を経て東京大学へ。卒業後はプロモーターとして興業を企画。'72年には日本でモハメド・アリのヘビー級戦を実現、翌'73年にはトム・ジョーンズの日本初公演を成功させた。その後、ネス湖へのネッシー探索や、オリバー君の日本呼び込み、猪木対アリ戦、アミン大統領対猪木戦をプロモート。「ノアの方舟」残骸探索計画の進行、SFでSM小説『家畜人ヤプー』の全権プロデュースなどにもかかわる。先日のネッシー写真偽造報道に対しても「あのニュースは虚報。ネッシーは必ずいる。1〜2年後には英国王立アカデミーと組んで大々的に調査に乗り出す」と意気盛んな"謎の怪人"である

カラスと一緒に銀座を闊歩する「怪人」

「ノアの箱舟」発掘に夢をかける名物プロモーター・康芳夫

宇宙人か、地底人か

志茂田景樹

銀座の酒場であう康さんからは、不思議なエネルギーが立ちのぼっている。突然、地の底から湧いてきたような、天から降ってきて、勝手におさまってしまったような違和感がある。強烈な違和感である。

ところが、不可解なことに、五十年も百年も前から、ごく自然にそこにいたような、いや一万年も二万年も前からおなじところに存在していたような日常感をただよわせてもいる。

いったい、これは、どうしたことなのか。じつに、ユニークな風貌をしている。超人的な違和感の源泉のひとつになっている。

志茂田景樹　小学館 週刊ポスト 1993.3.26 号

〈こう・よしお〉1937年東京、西神田に生まれる。中国人の父親に日本人の母親を持つ中国籍の2世。私立海城高校を経て東京大学へ。大学卒業後は、プロモーターとして様々な興業を企画、実現してきた。昭和47年には日本でモハメド・アリのヘビー級戦を実現し、さらに翌48年にはトム・ジョーンズの日本初公演を成功させ一躍脚光をあびる。その後、イベントに限らず、イギリスのネス湖に生息するというネッシーの探索に行ったり、猿人類と称するオリバー君を日本に連れてきて話題を呼んだ。このほか猪木対アリ戦の異種格闘技戦後、ウガンダのアミン大統領と猪木戦、ハイチでのトラと空手家のデスマッチ戦など、奇想天外な企画を次々にプロモート、"希代の国際的怪プロモーター"などの異名をとった。さらに現在まで10年近く「ノアの箱舟」の残骸探索計画を進行したり、ＳＦにしてＳＭの話題小説『家畜人ヤプー』の全権プロデューサーとして同書の出版に関わるなどしている。「カラスは不吉な鳥といわれているけど僕は好き。獲物を狙うときは必ず2羽で襲うし実に戦略的で残酷な半面、愛嬌たっぷりで、やることが全て奇妙で謎に満ちている」と語る康氏自身、常人の理解を超えた"謎"の人物だ

宇宙人と言ってもいいし、地底人のような気もする。

だが、まわりの雰囲気に、まったく無理なく溶けこんでいる日常感は、どこにその源泉があるのだろう。

おそらくそれは、康さんという人間を測る尺度がないため、まわりの人がかえって素直に受け入れてしまうからにちがいない。

康さんの経歴のだいたいのところは、ぼくも知っている。でも、康さんに経歴は、関係ない。いつもなにをやっているかわからないでいて、なにかしでかしそうな期待感とおそれをあたえてくれるのである。

康さんの意識のなかで、なにかが凝集してひとつの像となったとき、それは外界に形となって現れる。周囲がおどろくのは、そのときである。

撮影／木村圭司

WELCOME

第4部　虚人、虚人を語る

康 芳夫（Interview Date：２０１０ 10／１）

康 芳夫（Intervie w Date：2010 10／1）

僕自身はというと、自分を右も左も、すべてを総括してその上に立ってると思ってるから。

それをニヒリズムと呼ぶのか、アナーキズムと呼ぶのか、それらさえも僕は総括してると思ってる。僕は全体を乗り越えていると思ってるから、だから掴みようがないと言えば掴みようがないし、今は他にそういう人はいないね。「鵺」みたいだってみんなが僕のことを言うけれど、それはある意味でそうかもしれない。

しょっちゅう批判めいたことも言われるけど、みんなオレに煙にまかれちゃって。アウトローというか、アウトサイダーというか、異端者というか。みんな気持ち悪がっちゃって。

僕自身が誰かに惹かれるということはないんだよ。あるのは興味を持つということ。こないだも宇野常寛君と大論争やったんだけど、常に新しい人に興味を持って付き合うってことはある。だからいつも「若い」って言われるんだろうな。一番新しいところに傾いて行くって言われるけど、新しいもの全部に興味を持つわけじゃないよ。馬鹿なものは相手にしない。駄モノはね。

「世を睥睨するスフィンクス」っていうのは、僕は全体を見てるから。今の左翼も右翼も付き合いがあるし、全体を見て総括ができるのは僕だけだと思ってます。

それをただ「バランス感覚」と呼ぶと、ただ足して2で割るというようなものに近い。でも僕のバランス感覚っていうのは、左翼と右翼のなんたるかを、本質的に思想的に、僕はわかってるつもりなの。その上でそれぞれのいいところをとって、要素として入れて、問題のかたちを創っていくというね。だからそれは足して2で割る、いわゆるバランス感覚とは全然違う。

僕はマルクス主義者ではないけれども、マルクス主義の哲学には非常に大きな関心を抱いています。そこでマルクス主義と宗教というのは、マルクスが「宗教は阿片だ」と言ったこともあって絶対相容れないんだけれど、僕は哲学として、マルクスと宗教の両者の根本的な要素を混ぜることで、一つ、そこから新しいものができてくるという考えを持ってる。

これはマルクス主義者から言わせれば完全に邪道だし、宗教家に言わせれば完全に邪道で、でもオレはそう思わない。僕は別に特別な宗教を持ってるわけでも何でもないけど、マルクス主義と宗教は必ず融合できると思っている。お互いと「メルト」できるというかな。

今、スラボイ・ジジェクって男がいてね、彼はマルクス主義者で、キリスト教と共産主義の融合のトライアルをやってる、なかなかやっかいだけど面白い男なんだよ。集英社から本も出てますけどね。

僕は僕なりの方法で、どうやったら融合ができるのかってことを考えようとしている。ただ政治的な意味でのマルクス主義とかスターリン主義とか、北朝鮮の連中がやってることってのは問題外。哲学としてのマルクス主義だから、でも柄谷君が言ってることは向こうであういうこと考えてるやつらがいて、ネグリとかとほとんど同じ考えなわけ。僕はもっと先に進んでるつもりです。

だから僕がスフィンクスだっていうのは、現代文明が抱えてる根本的な問題について、他にもエコロジーってこともあるんだけど、ここでは政治思想とか宗教との根本的な問題を僕が融合できると。それらの上に立ってあらゆる問題を透視できるという風に、僕は自信持っています。だから僕は、自分で言うのもおかしいけど、自分はスフィンクスだと。

これは僕自身が元々持っていることで、誰かから学んだってわけじゃないですね。それは分析すれば、誰かからの思想的影響があるってことがあるかもしれないけれど、僕はそれは自分では思ったことはない。自分で考えたこと。だから自分の考え方が極めてユニークだってことについては、僕は自信を持ってます。今までで西洋の哲学者も宗教家も、それはもちろん日本の哲学者と宗教家もね、マルクス主義っていう哲学と宗教を混ぜて一つのかたちのものを創りあげようってことは、まずなかったと思いますね。お互いに全く相対するものだというね。

強いて言えば創価学会が「仏教社会主義」とか言ってるけど、あんなものはおもちゃみたいなことを言ってるんであって、あの程度のことは誰でも考えられる。まあ、創価学会自体が全然問題外。

僕は哲学者だから。

僕の総合的な哲学をどうやって完成するか、今進行している最中なの。市民社会の安全を護るため、今やっているオウムの捜査や裁判、弾圧なんかもやむを得ないと思います。ただ、それをやっても問題は本質的には何にも解決しないわけ。

普通の市民社会というのは、グローバルな意味で人間の共同社会であって、でもそれも理論物理学の問題とか、本質的に問題を追求していくとわからないことばかりなんだ。それはごく一部の人が目覚めているだけで、市民社会全体が目覚めているわけでもなんでもない。でも本来は、それでも無難に運行していればいいわけですよね。

それで収まらなくて、三島が出てくるとか色々あるわけだ。三島も市民社会の在り方に根本的な疑問を投げかけてきて、それでああいう事件をおこしちゃった。つまりそれがラディカルリズムで、究極なんだけれども。

それはね、ただ蓋をしておいていいという問題ではないわけ。吉本は三島の事件に関して、かつて同じ考え方を持ってて、個人的に知ってたわけじゃないけどたまたま歳も近くてある意味盟友で、彼にとってあまりに痛切な問題なわけ。それで沈黙を守っちゃった。

じゃあオウムの事件でも、なんで沈黙を守ったか。それは自分の安全を護るために、この問題にそれ以上触れたら袋だたきにあうとか、それを恐れた可能性もあるし、あまりにもやっかいなことなんでまだ答えが出てないのかもしれないし。それは本人に会って追求しないとわからないよ。

今も9・11とか、世界中に問題は勃発している。しかしそこに英雄的なヒーローが出てきてそれに対応するとかね、そういうことはもうないと思います。

本来それがなくていいかってことは、別問題ですよ。

ただ「グローバルの意味で協同して市民社会の側が対応する」という、それは9・11もそうで、それはあるけれども、ただそれがビン・ラディンをベースとする一派に対して、思想的に対応はできてないわけでしょう。西欧民主主義がイスラム原理主義に対して。だからってそれを放っておいていいってものじゃないから、そこは暴力的に対応するしかないのは当り前のことかもしれない。

だけど、本来は思想的に彼等を克服したり、乗り越えることができれば、彼等だって改心してこっちにくるかもしれない。でもそれはない。だから解決策がない。永遠に続いてるし、彼等が絶命するかもしれないし、降伏するかもしれないし、わからないよ。降伏はないと思いますけどね。

だって彼等にとっては西ヨーロッパの民主主義とか、そこから派生してる市民主義とか、あるいはキリスト教とかって宗教に関心はないわけ。

日本だって戦争中はそうだったわけでしょう。天皇至上主義で、戦争に負けたから、かたちの上では屈服。でもまだ天皇至上主義者ってのはいっぱい残ってて、「チャンスがあれば」と思ってるけどチャンスがないだけで。

僕自身はマルクス主義と宗教は共存できると思ってる。キリスト教とイスラム教の共存も可能だと思います。それがどういうかたちで可能かは究めて難しい問題で、それは僕が常に考えていることなんだけど、可能だと思います。

それらが共存すべきかどうかは別にして、しなけりゃ地球はパンクしちゃうから。だって下手したら、９・11はたまたまあそこのビルで済んだけど、今度はホワイトハウスに核兵器をぶちこむとか。

そこまで何でやらないかと言うとね、彼等も恐いんだよ。それじゃなかったら破滅を覚悟でとっくにやってますよ。それは彼等も恐いからやらないの。

世界は必ず破滅します。

僕はそれを面白がってるわけではないけれども、それは「創造主」によって仕組まれてるわけ。それは神じゃなくて、神なんかとまた違う「創造主」ってのがいる。

「創造主」という言葉が正しいのかわからないけど、「天然の理」だね。それは、人間の人智なんて遥かに超えちゃってるわけでしょ。重力とか引力って、毎日身の回りにあって、何も解明されてないじゃない。それはそうでしょう。だってこの地球が永遠に廻り続けてて、「この動力源はなんだ？」って、なんでみんなそこにいかなんだよ。

理論物理学者は恐いからいかないんでしょ。それでオウムにいった連中はそこにいっちゃった。「一体この動力源は何なんだ？」と。そっちの方がピュアだけど、そこいったら頭狂っちゃうからいかないだけの話で、寸止めしてるわけ。

でも、そこへいくと頭が狂うんだったら、それは狂う方が真理かもしれませんね。

だから「真理とは何か」っていうと、大多数の人々の安定した、安寧な生活は真理じゃないんだよ。でも、本来の意味での「ピュアリティ」とか「トゥルース」ってものは、そこにあるかもしれないよ。わからないよね。

彼等からみたらこっちが狂ってるわけだし、「どっちが正しいか」って問題は常にあるわけです。

だから、実際に極限までいってしまった三島と、生き延びてテレビ評論家になって、流行作家になった娘のマネージャーをやってる吉本のどっちをとるかって問題になってくるよね。

僕はそれは、三島対吉本だったら、もちろん三島の方が立派だと思っています。それがオウムにいっちゃった連中と市民社会となると、どちらが立派というよりも、そこのところは究めて難しい問題で答えはまだ出てないんだけど、彼等はマージナルライン、つまり境界を超えちゃったわけですね。

麻原の言ってることは一種の邪教なんだけど、それはたまたまこっちの考えで、彼等はそれが正しいと思ったかもしれない。たまたま境界でウロウロしていたところを麻原君が手を引っ張ったかもしれない。自分から入っていったかもしれない。わからない。

それはね、結果的に麻原君は邪教だったとしても、麻原君の責任は問われても、必ずしも入った連中の責任が問われることはないと思う。そのマージナルラインを破って入っていくというのは、その境界線にたまたまいた麻原が手を引っ張ったかもしれない。そのさらに先に行けばもっとすごいのがいたかどうか。それはいなかったわけで、そこで彼等も破滅しちゃった。

でもそれさえも市民社会の現実からみて破滅しただけで、それが本当の意味での破滅かどうかはわからないんだよ。

僕がオウムにひかれたことはまったくなくて、むしろ麻原が僕のところにいただけの話。それから、三島の日本浪漫派という考えと、この社会は完全な破滅というか、退屈極まりない社会に向かっていくということについて、シンパシーはあるけど、別に日本浪漫派に共鳴するとか、そういうこともない。それは非常に重要な考え方だと思ってはいるけど、オレはオレで自分の考え方を創るから。

はじめからオレは「世を睥睨するスフィンクス」だった。オレは「必ずこの世界をどうにかしてやろう」と思って、小中学校時代から考えてる。理論というより、無意識にね。

小学生の頃から勉強はしなくても成績は悪くなかったけど、でも先生をバカにしっちゃってるから駄目なんだよ。例えば中学2年になった時に、社会科の先生に徹底的に憲法9条を中心とする問題を追求したら、先生が答えられなくなって「君ちょっと頭がおかしいから、もう学校こなくていいよ」って。まあ元々学校にはあんまり行かなかったんだけど。

学校に行っても何も問題が解決しないから、例えばそこにオレを教えに導いてくれる人や同志がいればいいんだけど、いなかった。だから自分で色々勉強するしかない。何考えてるかわかんないから、みんなオレのところに寄ってこなかった。なんで自分がそうなったかはわからなくて、それは創造主の導きじゃないかと。

「天の配剤」ってのはあるんだよね。これは神秘的な、人間の人智を遥かに超えて、僕はこの天の配剤を人間が克服するってことは、つまりレベルが違うことだと思うんだ。

それは広さとか、スペースとか時間の問題ってあるでしょう。全然、なんの発展もないもんね。そもそも「時間」って概念、経過だって人間がつくったもので、広さもだけど、それで広さを設定して、例えば宇宙が何十億年とか何百億年前にできたとか、「いつできたか」ってことを考えること自体が、本来は不遜なことなんだ。

考えちゃいけないことを考える「人間」という生き物を創造した「天の配剤」は、つまりはいたずらですよ。いたずらで人間という生物はできて、いずれこれは滅びる。それは太陽が光を失う時に滅びるか、核兵器とか細菌兵器で自爆するかはわからないけど、でももし滅びたって宇宙は微動だにしないから。小さな話にもならないよ。永遠に動いてるわけだから。そういう意味では、僕は達観しています。

だから僕はね、「天をも恐れない人物」ってのが本当は好きなの。「天の配剤」ということはあるけど「天を恐れない」という。矛盾しているようでいて、僕の中では、矛盾はしていないと思います。

日本人で天を恐れなかった思想家というと、北一輝とかね。三島はオレの顔を見て「北一輝にそっくりだ」と、そういうことを言ったことがある。彼は北一輝が大嫌いなの。天皇に入れ替わろうとして、まさに天をも恐れなかったわけだから。それは僕にとっては誉め言葉ですね。

北一輝は天を恐れず、最後殺される時に「ああ、やられちゃったよ」って死んじゃって、日本人としては究めて珍しいタイプ。

アナーキーだし、本当の個人的な主体主義者だよね。体制側から見れば危険極まりなくて、だから殺されたわけ。彼が首謀者として、2・26事件で青年将校を煽ったわけでしょう。天皇陛下が一番恐れたのが北一輝。「どうせオレのことを道具としてしか考えてない」って、天皇陛下はよくわかってたわけ。彼もそれほど馬鹿じゃないから。

人間というものは、「宇宙の創造主」という言葉は使っちゃいけないけど、「天の配剤」という言葉も非常に奇妙な言葉なんだけど、その「天の配剤」によって生まれた一つの生物に過ぎないわけ。いずれ必ず滅びる。

何百光年先に新しい生物がいて、それがもう地球に到達してるかもしれない。それだってわからないよ。何百光年として、地球に届くまで何千年かかるのか。

そもそもじゃあ「光」ってものがあってね、それは解明されてないだけで、光より速いものがあるかもしれない。我々は「光が一番速い」と思ってるだけで、厳密にはそれだって妄想です。今は毎日新しい光が地球に届いて、その度に色々な現象が現れる。でも認知できてないだけで、とっくに光より速いものが地球に届いてるのかもしれない。

僕のこういった考えは天の指示ですよ。例えば世間の、呼び屋とか政治家、フィクサーとかって呼び名はいわゆる一般社会の中での現象的なことで、僕は彼等より遥かに先の大きなことを考えてるから、彼等が何をやろうが動じることは何もない。

例えば勝ちゃんにも随分説教したけどチンプンカンプンで、目を丸くしてるだけだよ。「お前やっぱりおかしいよな」って話。でもそれを僕が誰かに教えてもらったってことはないんです。

例えばこれは詳しいことは言えないけれども、遺伝子工学って、僕は別の世界で深く関連してるんだけど、今、色んな人と国際的にやっている。

僕は中学一年の時に生物の先生にね、その頃、人間の色んな要素は全部遺伝的に受け継がれていることがわかってきていた。それなら、「例えば遺伝子をいじれば頭のいい人間とかスポーツに秀でた人間ができるんじゃないか」って言ったら、「君、そんなバカなこと考えない方がいいよ」って。

でもそれは今や常識だよ。だから、こないだ50年振りくらいにその先生と会ったけどね、「君のあの質問は当時信じ難かったけど、今や常識になっちゃったね」と。

もう一つは「ニュートンのりんご」ってのがあるじゃない。あれをオレは、まったく別のことで考えたの。地球はこう、丸い、と。それで一番上に立ってる人はいいんだけど、下の南極に立ってる人はなんで落ちないのかと。これはまったくニュートンのりんごの原理と同じことを、もっとスケール大きく考えただけの話だよ。それでそれを聞いたら、「それはニュートンの話と一緒だ」と言うから、「それなら僕の例えの方が面白いですね」と。

僕は理論物理学の素養はないから、「なんでりんごが落ちるか」って理論的説明はできない。でも「なんで立ってられるのか?」って疑問があったわけ。

両親からそういう教えを受けたとかでもないんだよ。彼等も「この子はおかしい」って、僕のことをほとんど相手にしなかった。学校じゃ先生が「あんまり学校こなくていい」って言うし、家でもキチガイ扱い。

僕は今もってその遺伝子の問題とか、ただ理論的に体系化できないだけで、でも、「遺伝子をいじればいい」っていうことはまさに遺伝子工学の元になる考えですよ。そんなことは空想としては面白いけど、僕が中学一年の時は遺伝子工学なんていうのはまさに空想の段階だったから。それから例の、北極と南極に何故、逆に立ってられるのかという問題。

哲学なんかは中学時代から高校にかけてで、それなりに面白いとは思うけど、「だいたい僕の考えた通りだな」というね。

ニーチェだって、そのずっと後のフーコーにしてもそれぞれに面白いところはあって、それらをパッチワーク的に繋ぎ合わせて、一種の「助走の体系」としては、僕の色んなヒントにはなったよね。啓示はもらわないんだけど、ヒントになるというね。

僕が人から、重要なヒントというか、考え方についてもっと明確に、具体的に「こういうことだよ」ってことを教えてくれた人が、もしいるとすれば、大学の時にフランス語を学んだ森本和夫さんて人がいるんだ。

この人は朝日新聞でストライキやって新聞記者クビになって、27歳で東大のフランス語の先生になったの。その人はサルトルの本をずっと訳した人なんだけど、一方ではマルクス主義者でもあったし、マルクス主義の「現実的諸問題」っていう非常に面白い、アンリ・ルフェーベルの本を当時訳してた。

その人は今大学教授を辞めて、禅宗のお坊さんになっちゃった。最近お会いしていないけど、この人からは色々啓示を受けたな。

それから現代における文明社会、文明論とかってことになると、やっぱり磯崎新さん。僕は磯崎さんとは大学時代から非常に親しかったけど、「建築科にこい」って言われたけど、僕は建築は大したことないと思ったから行かなかったけど「転部しろ」って。今でも非常に親しくしていますけど、現代文明社会がどういうものかという骨格みたいなものについて非常に大きなヒントを得て、磯崎さんももう80歳くらいになっちゃって。

それでもし、「革命」ということを本来続けるなら、それは「永久革命」じゃないと駄目だと思います。

毛沢東は「必ず社会というものは停滞するから、それはまたひっくり返さなきゃいかん」と言って文化大革命があって、あれは実際は彼の大陰謀で、自分の権力を確立するための田舎芝居だったんだけど、大変な芝居をうったわけ。

あれも一種の革命だよね。それで鄧小平になって、今またこういう状態になってる。腐りきって、また革命おこさなきゃいけない。だから革命っていうのを本当にやるなら、それは永遠にやらなきゃなんないということはあると思います。

そういう意味での「永遠革命」を唱えたのはトロツキーだけど、でも僕は別に革命主義者でもなんでもないし。

どうせ必ずどこかが詰まって、また革命がおきるんだけど、もう起こしようがない。このまま地球は破滅に向かっていくしかないんじゃない？中国だって腐りきっちゃったし、これから次に何か起こるのは、それは地球が破滅する時。今は核兵器があるから、そうなったら全部滅びるでしょう。

それが恐くてビン・ラディンだってできないわけだよ。そうじゃなかったらとっくにやってます。本気ならワールド・トレード・センターなんかじゃなくて、いきなりホワイトハウスを狙いますよ。

世界戦争を僕がやるまでもなく、世界は破滅する。だからその間楽しんで、退屈しのぎをやるのがいい。どうせどうって世の中じゃないんだから、そう考えておくのが一番いいですね。

「死」は、死ぬ時は死ぬんだから、死なんてものを別に大きな問題と捉えてない。ただ犬死にはしたくないし、まわりにも犬死にした人もいるけど、意味のない死に方で「バカなことしたな」ってことはある。酒を飲み過ぎるとか、そう言ったら勝ちゃんもそれに近いけど、犬死にといったら可哀想だけど、それに近かったけどね。

でもわかんないよね。

外で交通事故に遭うかもしれないし、それも犬死にの一種だから。そうしたらそれまでですね。僕は空になってフラフラ生きてるつもりはないし、命乞いして生きるつもりはまったくないから、そうなったら自分で処理するってことはもちろんある。死についてなんて、その程度の話でいいんです。

あの世に逝ってまた生きるかもしれないし。あの世にも花柳界があるかもしれないし、いい女もいるかもしれない。でも、オレのまわりには夢の中だけど、死んだ友達があの世から戻ってきてまた帰って行くって夢をしょっちゅう見るよ。それが本当に夢なのかどうか。

死んでまたこの世界に戻ってくるってこともあるかもしれないし、僕には、「酔生夢死」ってのが一番面白い言葉の一つなの。

酔っぱらってるうちに死んじゃうとか、あの世にいっちゃうとか、また戻ってくるとか。

死と生ってのはそんな感じだろうね。まあ実際逝ったら戻ってこれないかもしれないし、死んだ後はわかんない。

死後は楽しみですね。

中国人は、僕の親父もそれをやろうとしたんだけど、最後にみんな多量に麻薬を射って死ぬんですよ。一種の安楽死。

今はそういうのを持ってると罰せられるというとかあるからやらないけど、本当に夢見ながら死んでいくわけ。酔生夢死。中国人の金持ちはみんなそういう死に方したの。

それはヨーロッパでもありますよ。麻薬を飲んでフワーっとした状態であの世に逝っちゃうという、一番理想的なかたちじゃない。

まあ、死んだ後のことはわからないから。

僕は母親は日本人ですから半分は日本人で、ずっと日本で生活してるわけで、自分が日本人という意識が一番強い。台湾国籍というのは僕は完全に名義上の問題で、戦後の政治状況の中で、本当は中国籍なわけですね。僕は中華民国のパスポートを持っていてそれは台湾なんですが、でも、戦後の中国人はみんな自動的に中華民国のパスポートになってるからそれで持ってるだけで、台湾に何の帰属意識もない。

ただ、漢民族としての血が半分入ってるってことは自分でよくわかるんだよ。「日本人とは違う」というのを色んな意味で、気質というか、まあしかしそれも半分で、あとは僕は日本で育ってるわけですから。

日本と中国が戦ったでしょう。でも母親は日本人で父親が中国人で、2人は恋愛結婚で、それは僕が見てて非常に大きな葛藤でしたよね。コンフリクトですし、それは小さな時にとても強く感じたことで、一種のトラウマとして自分にある。だけど、それが僕の思想に影響を及ぼしたってことはないと思うんです。

それでも、日中問題に僕が極めてシリアスに考えざるを得ないのは、血が半分ずつ入ってるから、色んな問題がおきる度にそれをどう解決したらいいのかな、と。強いて言えば東アジアの問題ですね。

それはもちろんセンシティブに考えますけど、そこは思想とはちょっと違います。日中問題を考える時に、日本の側と中国の方にも立つって言うのは、それは血の問題としてあるわけだから、そこでは両方足して2で割るってことはあるかもしれない。とはいえ、そこで今僕の言ったマルクス主義と宗教の話を重ねて話すと、それはまたまったく違う。でも、そこは非常に重要な部分です。

例えば自分では、政治的なプロモーターは向いていると思ったけど、国籍も違うしね、国籍を変えてまでやろうと

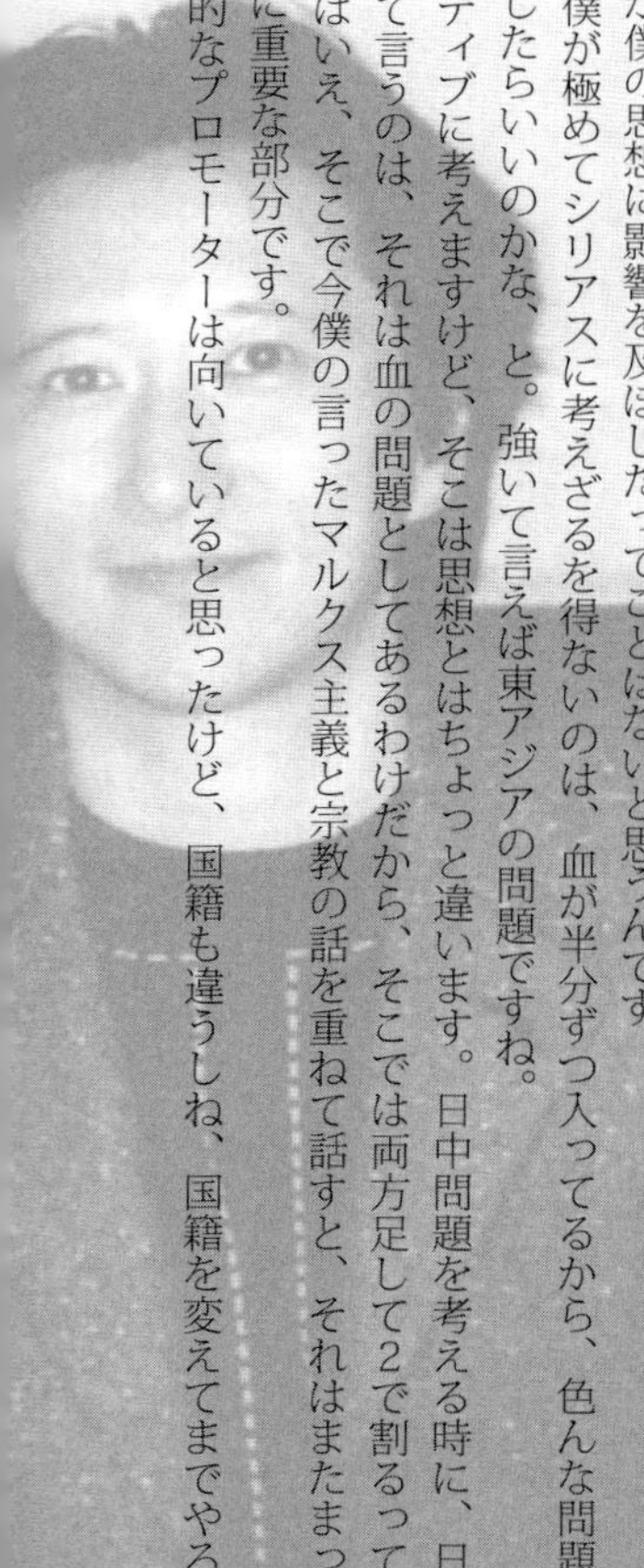

いう気持ちもなかった。今だって僕は朝鮮とか尖閣の問題でも、僕が出て行って中国と解決してやろうとか、できないことはないなと思っているんだけど、そういうコネをつくる前に僕はそういうところから引いちゃったから。それは僕の国籍の問題で。

あの程度の問題は10分で解決してあげますよ。

北朝鮮の問題だってそうですね。みんなまるで幼稚園みたいなことをやっている。一つには、これは日本だけじゃなくて北朝鮮も中国も、お互いに細かいことばっかりこだわっていて大局観がないから。

周恩来なんかの時代はね、こちらにも松村謙三さんとか偉い政治家もいて、大きく問題にとりかかるという力が非常に強かったんですよ。

今は日本も向こうも細かい問題ばかりやっていて、それは不幸ですよね。今度の中国の次の首席になる男はなかなかのタマだと僕は見てるんだけど、それまでは鄧小平以降、まったく駄目。周恩来、毛沢東までは良かったし、こちらも田中角栄が行って日中問題解決して握手して帰ってきたりね。

東アジアというものは、ご存知のように歴史的に非常に複雑な問題がずっとある。どっちが良い悪いって、日本も確かに攻めていったけどそれはある意味もう償ってるし、とっくに終わってる話を蒸す返すのも、それに対して罪の意識ばっかり感じてペコペコ頭を下げてる連中も駄目。居丈高に「そんなことは済んだこと」って言ってる連中にも問題はあるかもしれないし、中国だって、今さらそんなこと言ってる時代じゃないんだよ。

大きく問題を解決する能力のある連中がいなくなっちゃって、時代はもう、両者の関係も経済の時代に入ってる。いずれにしても、東アジアの問題ってのはこれはもう永遠子々孫々までケリがつかないんですよ。その場その場で大きく問題を捉える人が手を結んでいくしかないわけ。

例えば尖閣列島の問題は、石油があそこに出てくると。これは前からわかりきってて、それで実際あそこを掘って出てきた場合どっちに採掘権があるとかないとかにこだわらず、上手く分けるしかない。

そういう話が大局的な話なわけ。いくら日本の領土内ってことを主張しても奴らは勝手に掘るわけだから、全然渡さないわけにいかないでしょう。だから、子々孫々までその場その場を大きな立場に立ちながら細かい問題を繕っていくという、そういうやり方でいくしかない。今、そういう能力があるやつがお互いにいないから、だからしょっちゅう揉めるわけ。

これもまさに時代ですね。もう田中角栄も周恩来も死んじゃったし。昔は色んな意味で、色んな人がいました。そういう時代の胎動を感じながら育って自分がある、ということもありますね。だから、政治的ないい意味でのプロモーターというかブローカーに、僕は実は自分がすごい向いてると思ってます。

今だって僕は色んなところから相談を受けていますよ。でもそれはあくまでもアドバイザーでその通りに奴らがやるとは限らないし、実際そこで僕が力を発揮できるわけじゃないから。

僕が誰かの影響でね、誰かの本を読んだとか、例えば神彰は仕事のボスというかパートナーというか、神から色々教わったことはあるけれど、僕自体は人に影響を受けるってことないんですよ。誰かの影響でどうのこうのってことは、知らないうちに自分の中に染み込んでいるものはあるかもしれないけど。

キリスト教ならキリスト教について僕は関心はないけど、教えられる部分はありますよね。僕はキリスト教徒でもマルクス主義者でもなくて、僕は僕だから。だから共鳴するというか、シンパシーや、シンコペーションするということは、それはもちろんあるわけですけどね。

僕はある意味、自分で言うのも変だけど、非常に孤高というか、小学生の時から中学高校大学まで、あんまりみんな僕のまわりには気持ち悪がって寄ってこないもんね。

例えば僕が相手を暴力行為で脅かすってことは全然ないんだけど、こないよね、先生も怖がっちゃって。やっかいだから、友達もほとんどできなかったというか、だからそういう意味で「スフィンクス」。

今世界中や日本で、色んな思想的な動きとかがあるじゃないですか。それを見ていて、政治も官が政権とったとか、例えばオレをアドバイザーに雇ったらすべてが上手くいくとは限らないけど、尖閣列島の問題もね、その他の問題もケリをつける自信はある。

思想的な問題にしてみても、この前亡くなった小室直樹ともいつか大喧嘩したし、西部君も然り。みんな気持ち悪がって寄りつかない。

オレを一体思想家ととるのか、ただのプロモーターととるのか、政治的ブローカーととるのか、色んな考え方を持ってる人がいっぱいいて、オレも実を言うと実際のところがわからないんだよ。

オレの言ってることのどこまでが正しくて、または本当で、どこまでホラを吹いてるのか、わからなくなることがある。

一体オレは何者なんだっていうね。

色んな人から考え方とか行動とかを教えられることはあるけど、影響とは違うんだよね。影響となると、それはある意味コントロール下に入っちゃうとか、それはないの。

むしろ例えば麻原君にしてもね、三島の首をはねた森田必勝とか、ああいう連中がオレのところにきて、まあ奴らは極端なケースだけど、他にもテリー伊藤君は僕のことを「尊敬すべき偉大な先輩」と。

確かにきっかけはつくってあげたかもしれないけれど、それは彼が自分で言っているから。だからそういう意味では、色んな人に会って、「僕は康さんからものすごく影響を受けました」とか、女も「康さんに惚れたけど、相手にされませんでした」とかいっぱいいるけど、オレは全然気付かないんだよ。言われて初めて気が付く。

それでマイナスな意味もプラスもあるだろうしね、よくわからないんだけど、ただオレは自分がスフィンクスってのは、結局「睥睨する」って意味でしょ。それには僕は、自信を持ってますね。

「教祖」ってのは、オレの周りに信者がそれぞれ名乗って一つの集団をつくっているということはないわけだけど、ただ、隠れた信者はいっぱいいるなというね。オレはただ面倒くさがり屋で、「やってくれ」って人はいっぱいいるんだけど。

でもそろそろオレも74になったし、そこらへんを「新しいかたちで哲学と宗教を混ぜた一つの体系をつくってもいいな」という考えは、強くあります。それがこの鬱屈した現代社会に一筋の活路を拓くことになれば、それはそれで面白いと思う。

いつも言うように、僕は要するに「退屈しのぎ」で生きてるわけで、言ってしまえばそれも退屈しのぎの一種なんだけど。三島も退屈しきって、最後にああいうことをやった。そのことはもの凄くよくわかるんだ。戦後あまりにもこの世の中が平坦になっちゃったという状況の中で、彼は窒息しかかったわけだよね。その部分では三島に共鳴しますよ。

僕はね、戦前なら戦前、戦争中なら戦争中、それで例えばアメリカで生活していたとしても、僕自体のベーシックなトーンってのは変わらなかったと思う。でも、時代が僕を生んだというか、僕が時代と対応したというか、呼応したということはあるかもしれない。

時代が鬱屈したり、悲鳴を上げたり色々しますよね。オレ自身がその産物だと思ったことはないけれど、そういうことに呼応してきたとは思います。

現代社会にこれだけ隙間がなくなって、まったく事務的になっちゃって、もう退屈しのぎにはならないけれど、金儲けにはなるところはある。そこでオレがむしってる部分もあるんだけど。

まだ具体的に言えない部分もたくさんあるんだけど「一発かましてやろう」というのは、もちろん絶えず考えてるわけだから。

退屈しのぎにね。

それによって世界が破滅するのか、再生するのか、それは僕にもわからないんだよ。

監修●康 芳夫

虚業家。伝説のプロデューサー。1937年東京西神田で、駐日中国大使侍医の中国人父と日本人母の次男として誕生する。東京大学卒業後、興行師神彰の元で大物ジャズメン（ソニー・ロリンズ）などの呼び屋として活躍。その後独立、三島由紀夫が通いつめた「アラビア大魔法団」、「インディ500マイルレース」などを呼ぶ。また、ライフワークとしての、『家畜人ヤプー』プロデュース、ネッシー捕獲探検隊結成、モハメッド・アリ戦の興行、かのオリバー君招聘、アリ対猪木戦のフィクサーなどをこなし、メディアの風雲児として、また、あらたなフィールドとしてTVドラマ『ディアスポリス 異邦警察』及び映画『ディアスポリス -DIRTY YELLOW BOYS-』にて裏都知事コテツ役で出演し怪優として活躍を続けている。

著者●平井 有太

1975年、東京、文京区生まれ。NYの美大School of Visual Arts卒の活性家。フリーのライター（海外取材実績例：アントニオ・ネグリ氏（イタリア・2008年）、ダニエル・コーン＝ベンディット氏（フランス・2011年）、ホセ・ムヒカ元大統領（ウルグアイ・2015年））として約50の雑誌媒体を中心に寄稿。アーティスト、イベント企画制作、通訳業等も兼務。2012年、福島市に「土壌スクリーニング・プロジェクト」事務局として着任、2013年度第33回日本協同組合学会実践賞受賞。著書に『福島 未来を切り拓く』、『ビオクラシー 福島に、すでにある』（共にSEEDS出版／2015、2016）。エネルギーのポータルサイト「ENECT（エネクト）」編集長。約10年間、康芳夫の記事も多くの媒体に寄稿している。

虚人と巨人

二〇一六年九月一日 初版第一刷発行

監修 康 芳夫
著者 平井有太
発行人 廣瀬和二
発行所 辰巳出版株式会社
〒一六〇-〇〇二二
東京都新宿区新宿二丁目十五番十四号 辰巳ビル
電話 〇三-五三六〇-八〇六四（販売部）
〇三-五三六〇-八九六五（編集部）
Official Site http://www.tg-net.co.jp/
Facebook page https://www.facebook.com/tgnet.co.jp/
印刷・製本 図書印刷株式会社

ISBN978-4-7778-1752-8 C0076 Printed in Japan

スタッフ
編集　岩波 希（辰巳出版 株式会社）
装丁／デザイン　大池重雄（株式会社 ゼラス -K）
校正　黒澤優子（作家）

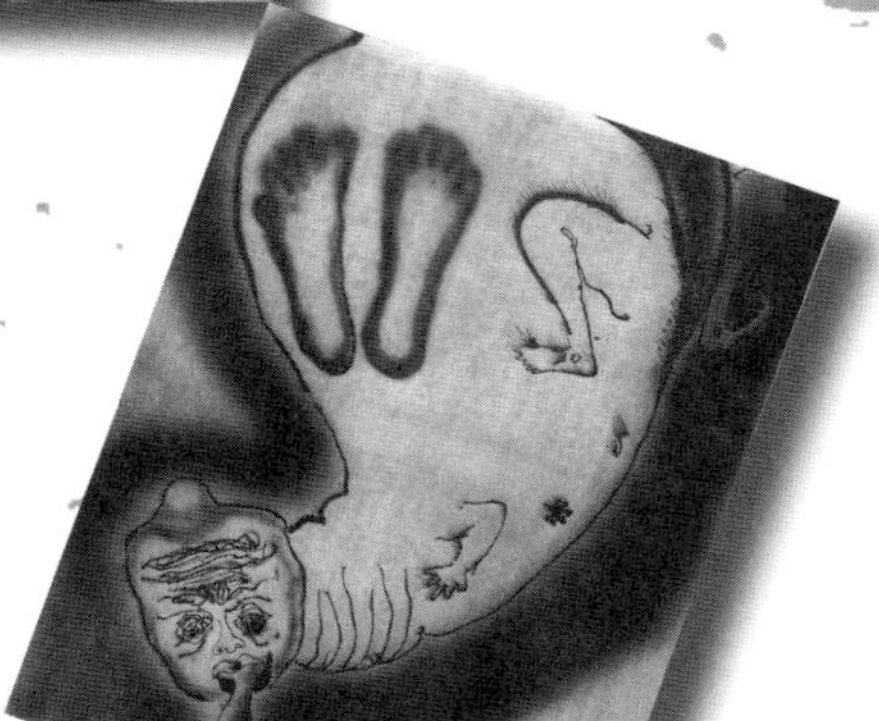

巻末特典 康 芳夫 コレクション

『家畜人ヤプー』高取 英×康 芳夫 対談（中国語版・小説『家畜人ヤプー』より邦訳）

沼 正三 生原稿

小説『家畜人ヤプー』（血と薔薇4号より）

モハメド・アリ 対 マック・フォスター 戦カタログ（1972年・日本武道館）

『家畜人ヤプー』全権代理人 康 芳夫特別インタビュー『家畜人ヤプーについて』インタビュー・構成：高取 英

×

高取　『家畜人ヤプー』の出版にあたり、三島由紀夫の推薦があったそうですが。

康　三島由紀夫は『家畜人ヤプー』の切抜きを持っていてね。「これは傑作だ。是非出版すべきだ」といったね。三島は愛読者だったんだよ。『家畜人ヤプー』の最初はＵＦＯ、空飛ぶ円盤が登場しますね。三島由紀夫にも『美しい星』という空飛ぶ円盤と宇宙人が登場する小説がある。『家畜人ヤプー』の『奇譚クラブ』の連載は１９５６年からでね。三島のあ『美しい星』（１９６２年）より早い。影響を受けて書いたかどうかは、ま、そこまではいわないけどね。

高取　沼正三は最初、正体不明で、三島由紀夫説もありましたね。

康　三島由紀夫は推薦者でね。執筆は全く関係ないよ。

高取　一時、沼正三ではないかと噂された裁判官の倉田卓次は著書で、三島由紀夫がアイディアを沼正三に話したのではなどと書いてますが。

康　それは、倉田さんのシャレでしょう。そういうことはない。ともあれ、ぼくは都市出版から単行本が出るために動く。その前に『血と薔薇』に『家畜人ヤプー』の一部を掲載するんだ。これは澁澤龍彦責任編集の雑誌だった。「エロイズムと残酷の総合研究誌」と銘うってね。まあ、高級エロ雑誌だよ（笑）しかし、澁澤龍彦が三号で編集を降りた。四号は、平岡正明責任編集で発行され、『家畜人ヤプー』が掲載された。でも版元は解散したので、本屋には並ばなかったんだ。（笑）。

高取　掲載の許可をとるために、沼正三の連絡先を知るのが大変だったんですね。

康　『奇譚クラブ』に手紙を書いて、オーナーに会うんだ。（オーナーは）大阪で株屋をやっていた。大阪にはこういうスポンサーの伝統があるんだね。それで連絡先を教えてもらった。

高取　沼正三の代理人として天野哲夫さんが登場するのですね。途中で沼正三本人と名乗りましたね。

康　『家畜人ヤプー』を書いた沼正三というのは、コラボレーションなんだ。ぼくは倉田さんの関与を否定したことはないよ。他にも有名大学の教授など何人もいた。そうそう、『家畜人ヤプー』の豪華版が出来上がった時、天野さんはそれを持って、三島由紀夫邸を尋ねるんだが、その日が１９７０年11月25日でね。つまり、三島由紀夫に会えなかった。三島由紀夫が自衛隊で割腹自殺する日だったんだね。

高取 その前に、単行本が都市出版社から出版された時、右翼団体が出版社にやってきたんですね。

康 日本民族が、徹底的に白人の性的な奴隷になるわけですよ。こない方がおかしい。しかし、彼らも不勉強でね。「三島由紀夫が絶賛してるのを知らないのか」というと、「え？ 三島先生が！」と絶句するわけだよ。それで、「またいらっしゃい」といって、次にきたときは、警察が待っていた（笑）これが新聞記事になったため、単行本はとても売れた（笑）おかげで、ぼくがわざと右翼を呼んで、事件にしたんだなどといわれたけどね（笑）そんなことは、ないです。

高取 三島由紀夫の他にも多くの文化人が『家畜人ヤプー』を評価したのでしたね。

康 三島由紀夫、澁澤龍彦、倉橋由美子、島田雅彦、荒俣宏、奥野健男、曽野綾子、巽孝之、高橋源一郎など、一流の文学者が評価しました。倉橋由美子は「マゾヒストＭ氏の肖像」という小説まで書いてますよ。しかし、問題は『家畜人ヤプー』は天皇制を取り上げているということですよ。渡辺直己という文芸評論家が「不敬文学論序説」という本を書いている。天皇制批判の文学を取り上げてるんだ。しかし『家畜人ヤプー』が入っていない。ぼくは不勉強だ

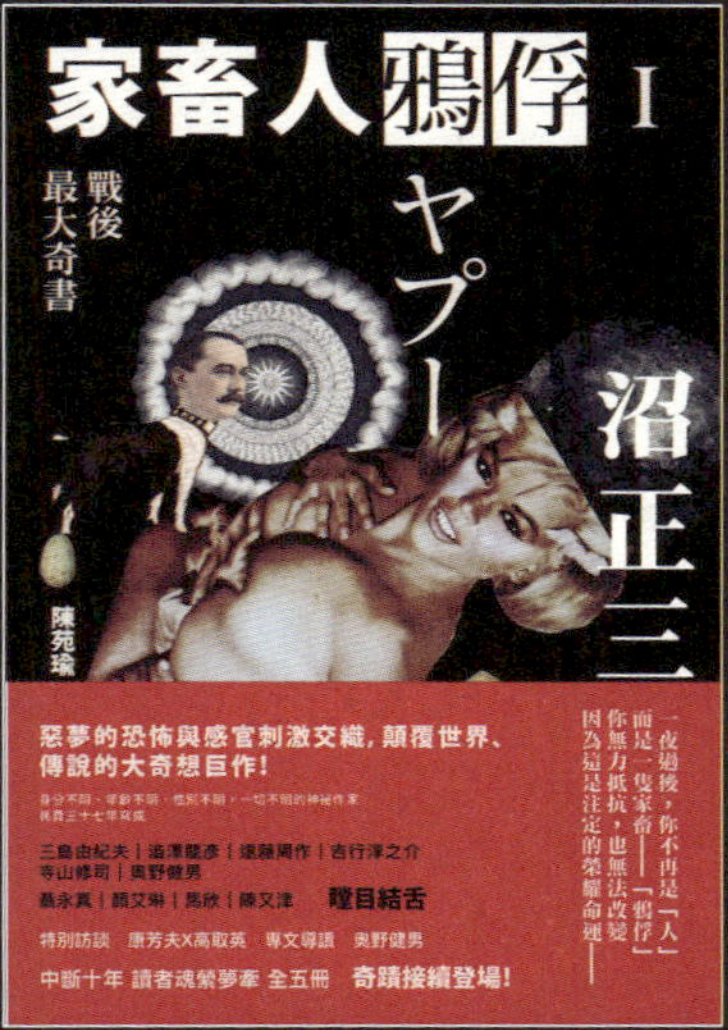

といったんだよ、渡辺君にね。

高取　やはり、戦争が問題でしょうか。

康　沼正三は、白人の捕虜になったことがあってね。その時、白人の女性に対してマゾヒズムに目覚めたと、エッセイに書いている。それが本当かどうかは別にしてね。戦争の問題は大きいでしょう。『家畜人ヤプー』が、皇国史観を批判していることは、誰もがわかることです。つまり、戦争中の教育では、天皇が神として教えられた。「古事記」など神話も歴史として教えられたんです。そうしたものをひっくり返しているわけなんだね。アマテラスオオミカミといえば、大変な存在ですよ。天皇家の祖先でもあるとされた神だ。『家畜人ヤプー』ではこれをアンナテラスという白人だと書いている。イース帝国は未来の社会だが、タイム・マシーンで白人の一人が過去に遡り、アマテラスになってしまったという設定です。こんなこと、戦中に発表すれば、発禁だけではすまない。

高取　マンガ化にもされていますね。

康　石ノ森章太郎が最初でね。途中忙しいこともあったが、まあ、エロティックな面で過激だから、途中でシュガー佐藤にバトンタッチしたんだ。

最近だと、江川達也がマンガ化している。江川君のマンガは、女子中学生が読んだりしていてね。その後、(彼女たちが)小説を読むようになった(笑)思えば、時代も変わったもんだよ。角川文庫が出た時は、主婦もけっこう読んでいてね。『家畜人ヤプー』は観念小説というか、思想小説の面と、エロティックなマゾヒズム小説の両面がある。ＳＦの要素もあるけどね。ま、この前者の二つがミックスされた小説はほとんど戦後文学としては存在しない。

沼正三が天才といわれたのは、ここにあるんだ。

高取　演劇『家畜人ヤプー』は、私が上演させていただきました。

康　寺山修司も唐十郎も上演したいと、いってきたけどね。君にＯＫした。この時も話題になって超満員だったね。マスコミもたくさんきた。福田和也くんが『ＳＰＡ！』という雑誌で詳しく書いてくれたね。

高取　映画化の話もあるそうですね。

康　最初にいってきたのは中島貞夫だ。彼の映画に「にっぽん'69 セックス猟奇地帯」というのがあり、これに沼さんが出演している。その中島貞夫は大阪芸術大学で教えていたんだが、その教え子で熊切和嘉監督が映画化に向けて動いています。熊切監督からオファーがあって、しばらくしてから中島貞夫監督の教え子だって知ったんだ。不思議な縁だよ。
そういえば、演劇の『家畜人ヤプー』を上演した劇場も石ノ森章太郎君の関連の劇場でね。縁を感じたよ。

高取　沼正三さんである天野哲夫さんはどういう人ですか？

康　彼は、長い間、新潮社の校閲にいたんだ。真面目な人でね。島崎藤村の「破戒」がある。差別問題を取りあつかった小説だ。その解説を詳しく文庫版に掲載させたのは天野さんです。天野哲夫名義の著書もたくさんある。天野さんも戦争に行ってる。
マゾヒストとして本物だったことはいうまでもありません。

高取　フランスでも刊行されていますね。

康　これも好評で、翻訳版はマルキ・ド・サド賞を受賞しています。

（高取 英　劇作家、「月蝕歌劇団」主宰、大正大学客員教授）

高取 英

No. 1

最初の家畜は人肉だった　沼正三

ここに、三首の和歌を併記してみよう。「家畜人ヤプー』執筆の遠因を説く手がかりともなりそうだからである。

貧すれば鈍するとか金持になりし日本は賢人ばかり

―『晋宮一念』雁わたる』

あしざまに国をのろひて言ふことを

今つぶつよりどこつこす

20×20

―釈迢空『倭をぐな』

中年の男同志の『友情論』
毛ごと煮られてゐる鳥料理
―寺山修司『テーブルの上の荒野』

前二首は、愛国、愛国とやけに喧《かまびす》しい当世の風潮に対する反発と自己嫌悪、残る一首は金子みすゞの詩にも通じる人間呪咀、これらのものが通奏低音のようにマゾヒズムの概念の基底をなして存する。

それから、大仰な言い方かもしれぬが、人類史の側面をなぞってみたい。石器文化が文化の発明とする。石器の発明は、自己防衛以上に自然への攻撃の第一歩であった。環境破壊の第一歩であった。農業の発明がこれに拍車をかける。アリアン族が農業を始めたころ、まだ家畜としての牛や馬は知られていなかった。天才が犂を発明したころ、これを補助する労働力を必要としたが、これには野馬や野牛を馴致するよりは考えることのできる労有色人を奴隷から家畜化することのほうがずっと手っとり早かった。このことでできた収獲の余剰、生活の余裕が初めてアリアン族の文化建設を可能ならしめた。かようにして有色人は白人の最初の家畜となった。「しかしそれは有色人にとって幸福な運命だった」（ヒトラー『マイン・カンプ研究』石川準十郎）。早晩絶滅するところを白人に征服され保護されたために彼らなりの文化的発展を成し得たという。こうした見解に痛烈な皮肉を込めて『ヤプー』は書かれた。

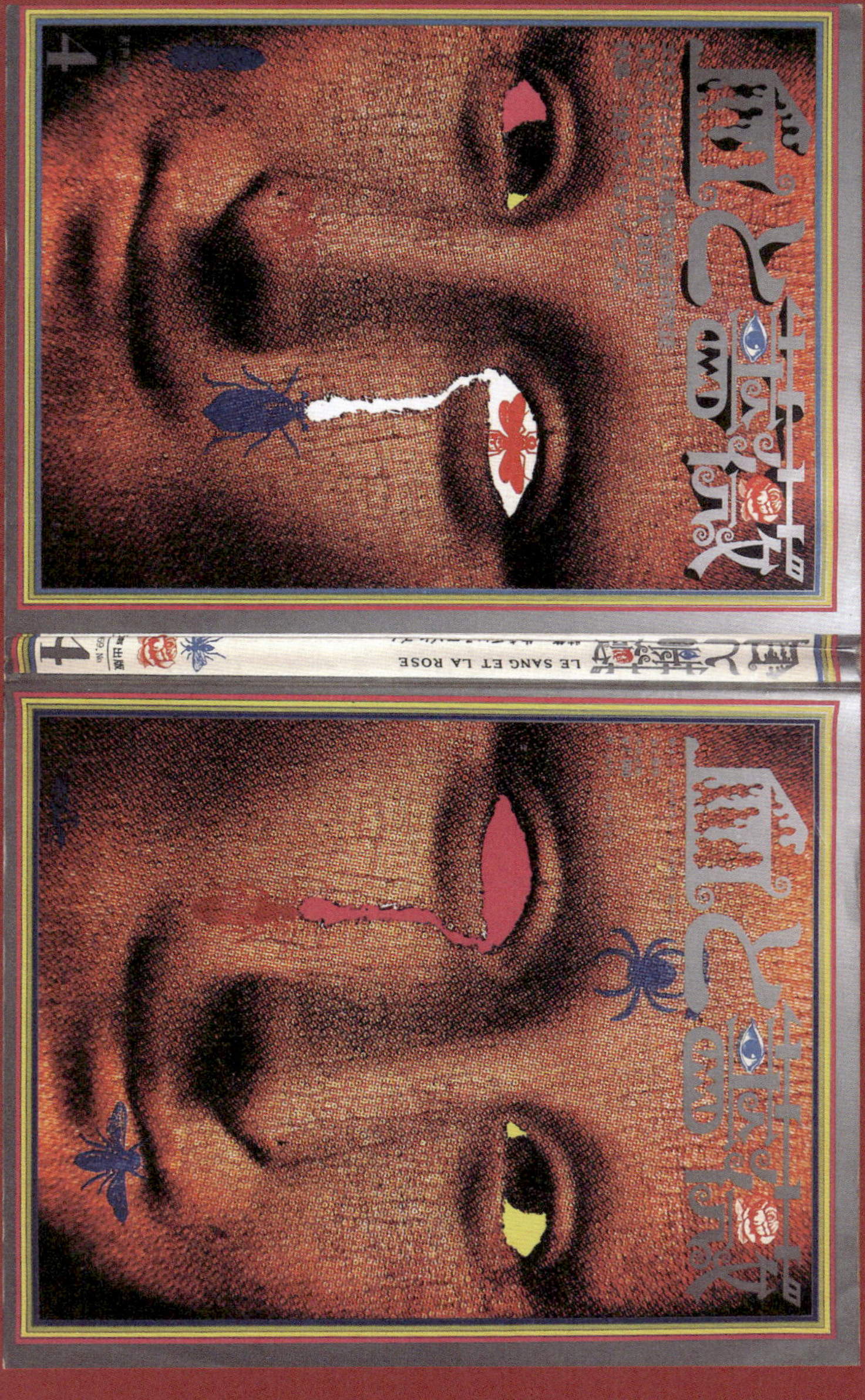
血と薔薇
LE SANG ET LA ROSE
4

ブラック・ポルノグラフィー

家畜人ヤプー

沼　正三

その時魔女（キルケ）はむちあげて
　われを打ちつつ叫びいふ
「いざ今汝獣欄（獣の檻）に
　行きて他と共そこに臥せ」

ホメーロス「オデュッセーア」
（土井晩翠訳）

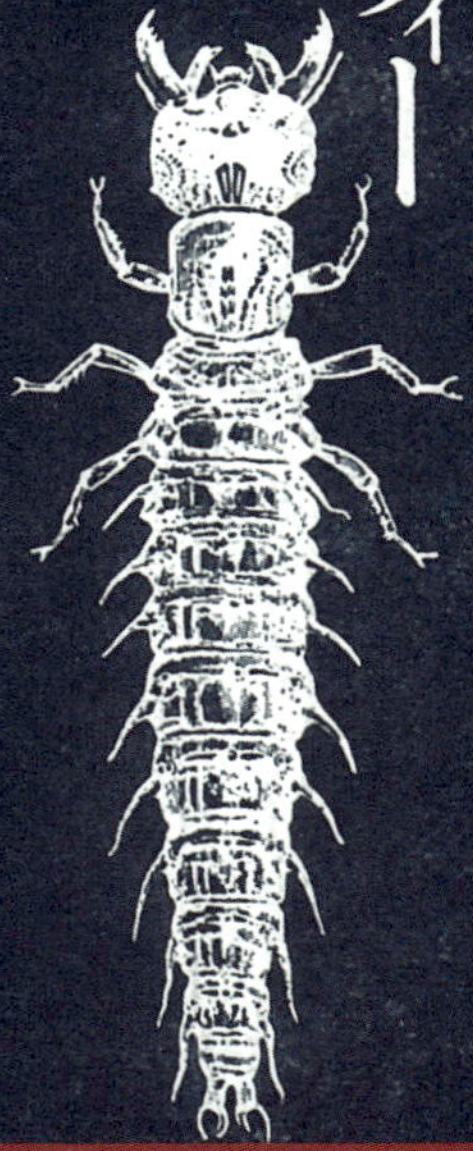

第一章　空飛ぶ円盤の墜落

一　ポーリン・ジャンセン

幾百の太陽を統《す》べる宇宙帝国イース(EHS)の大貴族、今をときめくジャンセン侯爵家の若夫人ポーリンは、地球三八〇号台諸球面の空間を遊弋《ゆうよく》しつつ、ゲルマン族という、彼女の遠い先祖たちが南へ西へと大移動してゆくありさまを観察しながら、目立つ人物を望遠立体写真に撮影していた。

　彼女はそのとき、本国星にいる夫、ロバートのことをふと思いだした。人物中に、彼そっくりの顔を見たからである。急に帰りたくなった。でも本国星に帰るのはまだ一週間先のこと、——とにかく今日の遊歩《ドライブ》はもうおしまいにしよう、原球面の別荘で、妹や兄(妹を兄より先にいうのは、イース帝国の女権制からである。後章参照)が待ちくたびれていることだろうし——。

　高度を一万メートルに上げた。今まで、箱庭のような風景と人物を示していた立体レーダーは、みるみるはるか遠景の広大な地域を包み始め、やがて中欧の雄大な山脈を示した。

　時間軸に固定して作動する次元推進機の槓桿《レバー》を零《ゼロ》から未来《プラス》に切り換え、機関《エンジン》を全速力にする。速度計の目盛は時速六百年を指している。六秒ごとに一号ずつ球面を乗り越えてゆく。六秒が一年に当るのだ。昼夜交替の目まぐるしい変化の帯は、ちょうど薄明の明るさを一本のフィルムにまとめて流すように一定の照度で持続したが、山頂に積る雪線は、冬と夏の両期間を六秒ごとに反復して波打ち、奇異な景観を呈した。

　しかし、ポーリンにとってはいつものながめであった。航時《タイム》遊歩艇《ボット》の遊歩《ドライブ》は日常のことである。べつに景色を見るでもなく、あとの運転は自動操縦装置の作動に任せて寝椅子に腰をおろし、足台に足を載せた。

　——さっき見た顔はロバートに似ていた、ロバート……いつしか彼女の感じやすい血が燃え上ってきた。

　そのとき足台が身動きした。そして彼女の血の騒ぎに応えるように、するすると足元から伸びてきて、いつものことながらの、あのすばらしい恍惚《こうこつ》状態に彼女を誘いこむのであった。

　壁の下部に仕切扉がある。その向うの犬小屋からの、愛犬タロの時ならぬ吠え声を聞いてポーリンは意識づいた。ハッとして立体レーダーを見ると、景観はぐっと近景になり、刻々に山肌が大きく近寄ってくる。

「いけない、墜落だ、自動装置の故障だわ」

　足台、すなわち舌人形《リンガ》を股間から突き飛ばすようにしてポーリンは操縦席に駆け寄ろうとした。瞬間、激突の衝撃があった、同時に彼女は頭を中央のテーブルにぶつけて失神した。

二　クララと麟一郎

　一九六×年夏、西独ヴィスバーデンに近いタウヌスの山中のことである。山の中腹をゆるやかに流れる渓流を、パンツひとつまとわぬ素裸の男が泳ぎ下っていたが、にわかに中流に突っ立って、

「やっ、何だ、今のは！」

　と目を見はりつつ川下をながめた。空気をつんざく音響とともに、川下の岸近い小屋の近くに、何か輝く物体が墜落したのだ。

女の悲鳴がその方角から聞えてきた。

「クララ！」

男は岸に飛び上った。黄色い皮膚をしている、日本人であった。

素裸である。百メートル以上も川上の岩陰に服を脱いでいたので、危急の際とて間に合わない、男は裸のまま川下の小屋のほうに駆けだした。

瀬部麟《りん》一郎は二十三歳。前年東大法学部卒業後、留学生として渡独し、西独某市の大学に入学した秀才である。身長は百六十センチしかないが、柔道で鍛えた筋骨は隆々と盛り上って男性美にあふれている。それほど高くもない鼻に頰《ほお》骨が張り、一重瞼《まぶた》の下の真黒な瞳《ひとみ》なぞを見れば、明らかに蒙古型《モンゴリアン》の容貌《ぼう》ではあったが、彼の知性を表わす広い額のあたりなどにはそれなりの魅力があった。

「クララ！」

「ああ、リン、こわかったわ」

乗馬服の白人女性が麟一郎の腕の中に飛び込んできた。女は男より十センチも背が高かろう。栗色髪《ブルネット》をなびかせた肌の白さ、伸び伸びとした四肢、茶色の目と肉の薄い鼻と引きしまった唇《くちびる》、その面貌《ぼう》には鋭敏と情熱と、そして或る種の冷たい陶器のような印象を与える知的な美しさと冷酷さがあった。

「よかった！　無事で――」

「妾《わたし》も泳ごうと思って小屋を出たの、そしたらいきなり落ちてきて――馬は二匹とも下敷になったわ」

女はまだおびえから抜け切れずにいた。

クララ・フォン　コトヴィッツ嬢は麟一郎の級友《クラスメート》であり婚約者《フィアンセ》であった。東独の名家に生れながら、彼女の両親はじめ肉親はことごとく戦争の犠牲者となり、彼女は孤児として育った。父の友人たちの助けや遺産のおかげで、それでも生活には不自由なく、波乱のない学生生活を送ることができたうえに麟一郎を知り、最高のラブを得たことが何よりの仕合せといえた。でも残念なことに麟一郎の三年の留学期間は終ろうとしていた。

今日は名ごりを惜しむ二人が遠乗りをしたついでに、麟一郎が一人で泳いでいたところへこの椿《ちん》事であった。

「だが、いったい、何だろう？」

それが問題だった。

「リン、妾、空飛ぶ円盤《フライング・ソーサー》じゃないかと思うの」

それは、なるほど、空飛ぶ円盤《フライング・ソーサー》に相違ないようであった。平たくつぶしたドーナツに、ピンポン玉をはめ込んだような格好をしていた。直径二十メートル、厚さ二メートルほどの完全な円盤体で、その中央部、半径五メートルばかりの部分が球体状にふくれ上っているのであった。その外側《がわ》はオレンジ色の金属でおおわれ、特殊な一種いいようのない雰囲気を外辺に漂わせていた。円盤の一部が先ほどの衝撃で破損したらしく、内部から柔らかい光が射し、どうやら動いているらしい内部の機械の一部も見えた。

麟一郎は、急に、素裸でいることが気になった。さっきは危急の際だった。クララが無事でいた以上、いくら婚約者同士といっても、裸では礼を失する。思わず赤面しながら、とっさにこの場をとって返し、服を脱いだ場所まで一走りして来ようとした。

その時、不意に機械の動きが止った。と同時に、突然のように軸《シャフト》が折れでもしたのか、機械の一部が横倒しになって、人一人通れるほどの空隙《げき》ができた。

クララはためらわず、その中に入ろうとする——。

「待て、クララ！」

麟一郎は叫んだ。

「ぼくが先に入るよ。中に何があるかわからん、危険だ。服を着てくるまで待ってくれ」

「だって——」

クララは、わざとのように少しスネたふうにいった。

「待ってられないわ、すぐにでも見てみたいの」

彼女は好奇心が旺《おう》盛であった。彼が、待て、といっても、その間に一人で中に入ってしまうだろうことは目に見えている。

麟一郎は苦笑した。

「いいよ、今ぼくが入るから」

麟一郎とクララ、この二人の運命は、この時を境に一変することになる。麟一郎がもし上着でも着ていたら、というのは後になっての繰り言にしかすぎない。彼が裸であったばかりに、とんでもない運命が二人を巻き込むのである。しかし、この時の二人に、そのことが予知できようはずはなかったのである。

第二章　円盤艇の内部

一　美女と侏儒

こわれた機械室の空隙《げき》をもぐって入ったところは回廊になっていた。そしてまっすぐな廊下につながっていた。どこにも照明装置らしきものは見当らないのに、廊下には明るい光が満ちていた。電子発光《エレクトロルミネツセンス》による面光源を用いているのであろう。むき出しの床はそれでもゴムのような弾力があり、麟一郎の裸の足裏に金属特有の冷たさも堅さもなく、最上等のジュウタンの踏心地であった。どんな材質のものが使われているのか、考える間もなく、自動装置による作動で中央室へのドアがひとりでに開いた。

まず二人の目に入ったのは、円形の、八畳敷ほどと思われる丸天井の一室であった。中央部に箱庭のような工作物を載せた円卓《たく》があり、その一隅《ぐう》におびただしい計器類が置かれた一角があるのは操縦席でもあろうか、しかし人影はなかった。

戸口から二人は一歩踏み込んだ。見回すと、右手の壁面に沿って丸く豪奢《しや》な長椅子がしつらえてあり、その前の床に、女が一人倒れているのが目についた。ほとんど露出した豊満な太腿《もも》に始まり、格好のよい踝《くるぶし》に終る脚線の見事さが麟一郎の目を射た。

はせ寄って、彼はさらに胆を奪われた。すばらしい美人なのだ。年は二十五、六歳か、背はクララと同じくらいであろう。——仰向けに倒れていた。それまで羽織っていたと思われる、不思議な、紫色に光る毛皮のケープが脱げ落ちて、ただ、乳房から腿の付根までを包むだけの、海水着のようなワンピースしか身に付けてはいなかった。しかも玉貝《カメオ》のようにすきとおった生地のため、それをとおして血色よい薄桃色の肌が見えるのであった。隆起した胸《バスト》、しまった腰《ウエスト》、豊満な臀《ヒツプ》、そしてそれらを連ねる成熟した女体の曲線が妖《あや》しいまでに麟一郎を挑発するのであった。床上に流れる房《ふさ》々とした金髪、閉じたままの双眼にポイントを添える細く濃い眉《まゆ》、白い歯ののぞく口元の、薄い唇《くちびる》の淫蕩《いんとう》、格好のよい鼻と耳——そして神秘的なエキゾチシズムを漂わせた風情をうかがうとき、彼女は北欧系金髪《ブロンド》女の最高級の標本にまちがいないのであった。

一見外傷はなく、呼吸も止っていない。ただ、墜落のときの衝撃《ショック》で気を失っているにすぎないことが見てとれた。麟一郎は女の頭のわきに両膝《ひざ》ついてすわり、上半身を抱き起した。

「あっ」

「まあ」

麟一郎とクララの二人は、思わず叫んだ。その異様なもの——今までケープの下に隠れて見えなかったものが急に現われたからである。

もの、いや、それは人間だった。——こんな奇形侏儒《ピグミー》でも人間といえる、ならばである。身長は九十センチほど、素裸、切断されたPenis、胴体は短いが肉づきはよい。だが、奇形なのはそんなことではなかった。彼の両足は二つとも足首から先がなく、端が擂粉木《すりこぎ》状になっているうえに、手の指の爪《つめ》もなく、しかも彼の肛《こう》門に挿《そう》入されているコード状の肉質の紐《ひも》が床をはい、長椅子の下のほうにつながれているのであった。その奇怪さはすべてにわたって観察された。その頭部は極端な逆三角形を成し、子供以下の狭い頭蓋《がい》に耳殻がなく、あるのは直接耳の穴だけ、鼻も同じくその跡とおぼしいところに穴が二つ、開かれた両の目の瞳《ひとみ》はにごり、視力の乏しさをうかがわせた。睫《まつ》毛、眉《まゆ》毛、髭《ひげ》のたぐいはもとより一本の頭髪とてなく、だらしなく開かれた口の中に、あるべき歯の一本も見当らない。だらしなく垂れた舌の異常な大きさ、そしてそれが奇妙な筒状を成してすぼまっているところは、ちょうど恥ずかしい或る物を連想させる、見れば見るほどつかみどころもなく醜怪な奇形児であったのだ。女のほうの、まばゆいばかりのなめらかな白い皮膚とは対照的に、彼の肌は日本人ふうに黄色を帯び、汚れっ放しであった。そして彼も共に、先ほどのショックで気を失っていた。

麟一郎はためらいもなく、まず女のほうの処置にかかった。

「ブランデーでもあるといいね」

クララがいったとき、隣室から犬のうなり声が聞えてきた。女の飼犬ででもあるのだろうか、しきりに壁に体をぶつける音がする。しかしそれに耳をかす余裕はなかった。

「早いとこ、荒療法だ」

麟一郎は女を抱いたまま、右手で激しくその両頰《ほお》を連打した。気づかいながらクララは中腰で横からのぞき込んでいる。やがて女の頰にポッと紅味がさし始めた。奇怪な運命の序幕がこうしてあけられていったのである。

二　錯　覚

そのうちポーリンはやっと正気づいた。上から二つの顔が見守っている。白い人間と黄色いヤプーの顔だ。若い令嬢ふうの美人が若い原《ロー》ヤプーを連れていた……。

彼女はこのときとんでもない錯覚に陥った。出発面たる三九六〇号台球面に、すなわち、地球紀元三九六〇年の空間に帰着したつもりになってしまった。衝撃《ショック》による自失状態からの錯覚と、舌人形によるオナニーにふけって、時間を忘れたせいでもあったが、おもな理由は、クララの服装と麟一郎の裸体とにあった。

前史時代、すなわち、人類がまだ宇宙を知らず地球表面だけに文明を営んでいた時代には、女が男に隷《れい》属し、その象徴としてスカートをはいていたのだと、ポーリンは歴史の課程で学んだことがあった。本式に古代風俗を研究したわけではない彼女が、その知識から単純に、自分たちのはく乗馬ズボンや長靴は、前史時代の女にはまったく無関係なものと考えていたのも無理はなかった。だがら、乗馬服スタイルで手に鞭《むち》を握ったクララを見て、同時代人だと錯覚したのだ。その服装がひどく粗末なことに多少不審を感じたが、ここは本国星ではない。シリウス圏から見てずいぶん田舎の地球別荘なのだから、ということで深く怪しまなかった。だが上着が黒、ズボンが白の服装は正式のものであった。それにヤプーを連れているではないか！

　前史時代に、旧ヤプーが人類と並んで――いや、人類を僭《せん》称してジャプン諸島に国家を形成し、人間なみの衣食住生活を営んでいたばかりか、人間国家と戦争を試みるほど発達していたこと、テラ・ノヴァ女王国による地球再占領後も、原《ロー》ヤプーの供給源として、人間意識を備えた土着《ネイティブ》ヤプーの繁殖を図るために、ヤプーたちの国家「邪蛮《ジャパン》」がジャプン島において形式的に存続を許され、公式には「土着畜人《ヤプー》飼育地域」として、畜人省の土着畜人課の保護育成に付託せられていること――、これらを理科の課業で「人間以外にも社会生活を営む動物がいる」という例として学んだのをポーリンは覚えていた。服を着たヤプーなんてどうしても想像できず、教材の立体映画で土着ヤプーの生活ぶりを見てやっと納得したのだった。――今、目の前にいる黄色い顔の持主は裸なのだ。それは前史時代には存在しなかったはずのヤプー風俗である。彼女が原球面に帰着したと思い込んだのも無理はなかった。もっともこのヤプーは、未加工のヤプーであるのに首輪をしていなかった。「原畜人《ローヤプー》飼養令」の規定があるので、本国星ではそんなことは決して許されないはずだが、地球では、特別なのかも知れないという推測から、ポーリンはいくつかの不審な点を気にしなかった。

　ともあれ、錯覚に陥ったポーリンは、実は地球紀元一九六×年の空間に自分がいるなどとは夢にも考えず、上から心配そうにのぞき込んでいるクララに、にっこり笑いかけながら礼を述べた。

「お助けいただいて、どうもありがとう」

三　世界語

　言葉は英語である。何か妙な訛《なまり》があるのだが、英語である。人類の宇宙征服は、アングロ・サクソン族によって達成されたから、英語が宇宙帝国イースの共通語になった。幾段階かの変遷はあったが、貴族階級はできるだけ昔の発音と表現《いいまわし》を重んじ、維持してきた。だから、それは訛があるという程度で充分理解できる英語だった。若い女性らしいさわやかな声である。思わず二人で顔を見合せたものである。

「いかが、ご気分は？」

　今度はクララが流暢《ちょう》な英語で聞いた。麟一郎は、英語は聞くほうはわかるが、話すほうはサッパリなのだ。

「ええ、もうすっかりいいわ」

　ポーリンは、麟一郎の腕からスルリと身をよじって抜け出し、立ち上りながら答えた。麟一郎はその敏捷《スピーディー》な挙動にアゼンとしながら、今さらのように自分の素裸を自覚して赤面した。円盤の中で美人に会うとは！

――ああ、服を着てくればよかった――。

「でもびっくりしたわ。四世紀まで遊航《ドライブ》しての帰りだけど、ぐっすり寝込んで」。舌人形《リンガ》を使っていたとはいえず、取りつくろってしゃべったが、頭部《あたま》にパンツもせぬ（六章三）人形を見つけられた以上、当然推測されるところであり、ポーリンは恥ずかしさに赤くなって早口にいい続けた。「――自動装置が故障したらしいの、アッと思った瞬間、ドシーンときて、あとは覚えがないわ」

——舌人形の奴、技巧家《テクニシャン》過ぎる、おかげでとんだ醜態を演じたわ。ジャンセン侯爵夫人が航時遊歩《タイム・ドライブ》中、オナニーにウツツを抜かして墜落したなんて評判されないかしら——。

思わずいらいらしたポーリンは、内心の憤懣《まん》をそのまま足の動きに表わして、仰向けに気絶したままの肉足台の福助頭を、サンダルをはいた足で強く蹴《け》りつけた。麟一郎は、女の動作の活発さと蹴り方の邪慳《けん》さに驚いた。

四　読心家具

舌人形《ワンガ》は蹴《け》られて意識が回復した。読心神経中枢に主人の激しい怒りをピンピン感じた彼は、腹ばいになり四肢を縮めて恐縮した。露出した背中に大きな凹みが二つ見える。

ここで読心《テレパス》家具のことを少し説明しておく必要がありそうだ。なにしろ三十世紀になってからの発明なのだから、いきなり持ち出しても読者にわからないだろうから。

読心家具は生体家具《リビング・ファニチュア》と呼ばれるものの一種である。生体家具というのはヤプーの肉体をそのまま材料にして家具にしたものであるが、それを可能にしたのは栄養循環装置《サーキュレイター》の発明であった。人体の栄養は小腸皺《そう》壁からの呼吸によってまかなわれる。そこで体外から管を入れて小腸の先端に継ぎ、即時吸収可能の栄養液を注ぐ。そして吸収済みの廃液は小腸末端まで来ている別の管に継《つな》いで外に出す。さらに膀胱《ぼうこう》からの輸尿管も、手術によって別管中に開孔させる。これによって、その人体は摂食・排泄《はいせつ》の作業を特に要せずして健康を維持することができるようになり、そのため口腔《こう》や胃を別な用途に使用し得るようになった。そのため入管と出管とをいっしょにまとめて電機具コードのような体裁にし、これを肛《こう》門から挿《そう》入して接続する。これを装着されたヤプーはそのコードにつながれてのみ生存しうる生体家具となり、家内に置かれて、用途に応じて主人の使役に応ずるのである。

さて、生体家具用の栄養液に脳波感応を増進させる薬物を混ぜると、ＩＱ《アイ・キュー》（知能指数）の高いヤプーだと他人の脳波に非常に感応しやすい状態になる。この時、特定人の脳脊《せき》髄液を、脳の、ある部分に注射すると、その特定人の思考を特に安全に受信し得る神経中枢が生じるのである。これと同時に自意識の主体性は消滅するので、個体性が喪失し、その肉体は特定人の四肢の延長そのものに化することになるのだ。これが読心《テレパス》家具である。

読心家具は、ＩＱ一五〇以上の天才的頭脳でないと仕掛けられないので、旧ヤプーの教授や学者等の血統を交配して、ＩＱの高い原《ピー》ヤプーが、読心家具用に血統書付で特に高価に販売されている。

しかし誰でも読心家具を使えるわけではない。貴族だけだ。法律上も生理的にも平民には使えない。いくら鋭敏な読心家具も、ＯＱ（命令波指数）一〇〇以下の脳波では動かせない。遺伝的にこの指数の高い貴族だけが読心家具を使用できる。たまに、指数の低い貴族の子弟があれば平民に落されるし、逆に、ほとんどないことではあるが、もし平民でも、抜きんでて指数が高ければ新貴族になれる可能性もあった。つまり強い命令脳波を出せることが貴族の資格なのである。それは直ちに有魂機械《ソウルド・マシン》（この説明は後章に譲る）を使用し得る能力をも意味した。生きた器物に囲まれて、ただ心に思っただけでいっさいの用事が

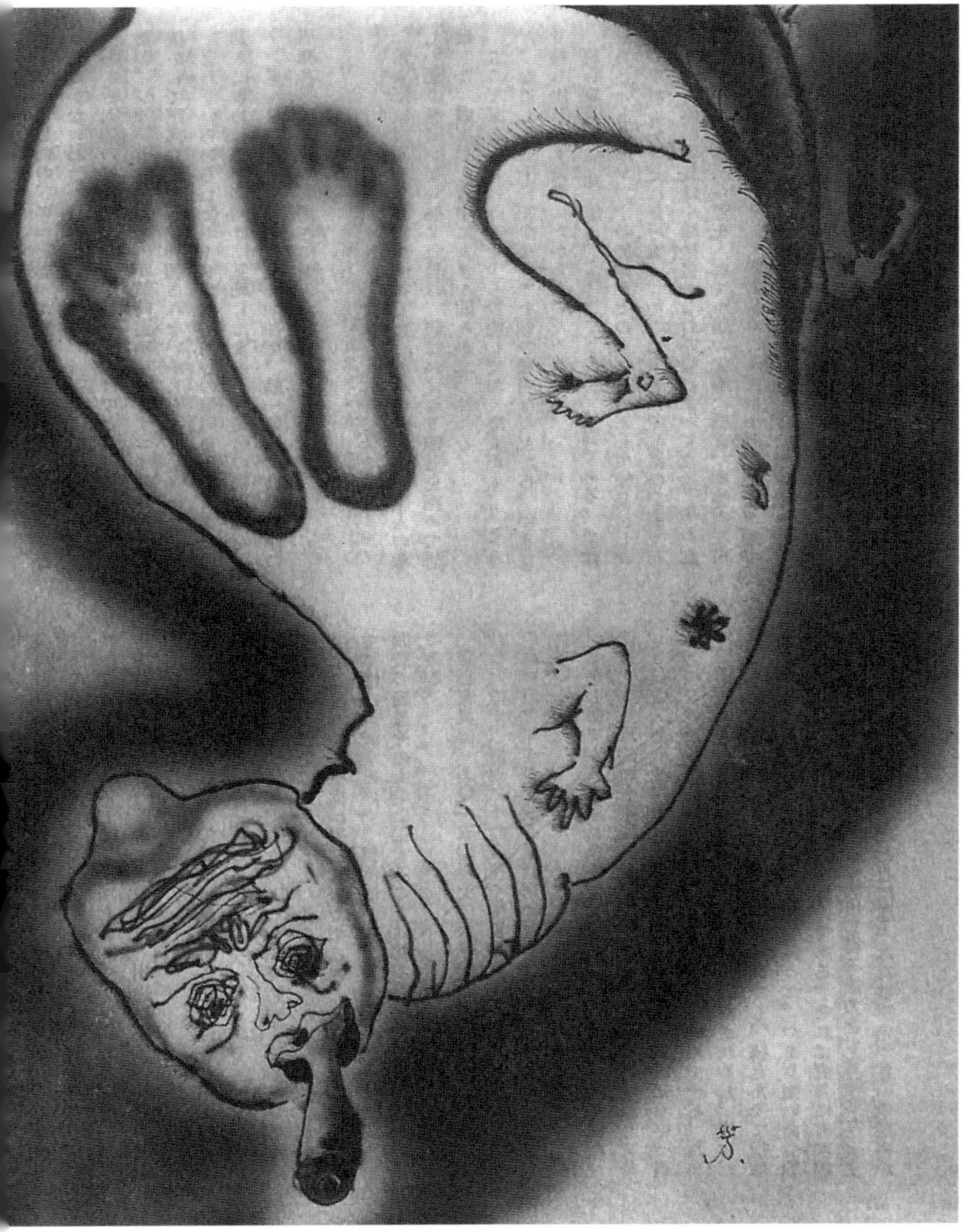

片づいてゆく快適な生活こそ、イース貴族にのみ許される特権であった。

　舌人形とは、つまりこういう読心家具の一つなのであった。ポーリンのこのたびの人形は地球別荘行のため特に念入りに家具工場に作らせたものだった。一月ほど前のことである。

①普通の半分の大きさの足台にしてほしい。
②妾《あたし》の足形に合せた型を背中に彫ってほしい。
③全身（特に頭部）に毛が一本もないように。
④顔の下半分はできるだけ幅狭く。
⑤舌は伸長時二十センチ以上になるように。

　これがその時の彼女の注文だった。読心家具ということはいうまでもない。工場主は、すぐに旅行用舌人形を兼ねた足台だとわかったが、困ったのは期限の点だった。染色体手術の技巧が発達した現在、人工授精前の精子と卵子に手術加工して、こういう、注文どおりの肉体で生れてくるようにヤプーの交配を按《あん》配することはべつにむずかしくなかったが、それでは引渡しまでに最低二年は必要なのだ。ところがポーリンは、別荘行に携行したいから二週間後に受け取りたいというのだ。ジャンセン家若夫人の注文だから工場主も困って、技師とも相談の結果、整形外科加工で原ヤプーを注文どおりに作り変えることにしたのであった。

　ポーリンが工場主の持ってきた八十匹余りの原ヤプーの立体型録《カタログ》の中から、その一匹を選び出した時までは、今、足元にうずくまるこの奇形侏儒は、立派な肉体と、ＩＱ一五四という頭脳を持った優秀な原ヤプーだったのだ。

「これにするわ、丈夫そうだし、血統もいいから」

「かしこまりました。一週間お待ち下さいませ」

　これで彼の運命が決ったのだ。工場の技師は直ちに縮小室に彼を入れて二分の一の身長に変え、次いで全身の毛を薬品で落し、歯を上下とも抜いて顎《あご》の骨を削った、若夫人が無理のない程度の幅に縮められたのだ。口腔は、ただ舌の容器でさえあればそれで十分。舌は造肉刺激剤を加えて発育させ、海綿体を移殖した。足台は常に這うべきもので、起立の必要はないから足首を切断する。読心家具は聴覚は不要だから鼓膜は除去し、視力も二メートル前が見えるくらいに減じた。コードにつながれた範囲内で主人の下半身が見えれば足りるのだ。頭部脱毛のついでに耳や鼻をそいだのは、頭部全体を凸起のない肌ざわりの良いものにして、注文主たる若夫人の使用の際、無用な不快感を与えないようにという技師の心づかいからである。最後に栄養循環装置を取りつけ、感応増進薬を作用させ準備完了、受取りに出かけて行ったポーリンの脳脊髄液がその場で採取され、彼の脳に注射された。最後に、ポーリンがその背中に両足を載せると、足型に応じて、豊かな背中の肉がはぎ取られた。――こうして一週間前には原ヤプーとして生理的に人間と同じ体だった雄ヤプーの一匹が、ジャンセン侯爵夫人専用の足台舌人形として誕生し、高い料金と引換えに、彼女に渡されたのであった。

　それが三週間ほど前だった。以来彼は、旅行中のポーリンに足台として仕えながら、一人旅行中の彼女に、夫と離れている寂しさを慰める重要な役目をも果してきたのである。今日のように彼女の怒りを感じたのは初めてのことだった。

五　無縫の天衣

オドオドと縮こまる舌人形の態度がクララや麟一郎にはわか

らない。いや、それが何者であるか！　その背中の凹みはいったい何のために！　そもそもこの女は何者なのだ！　空飛ぶ円盤はどこで造られたのだ！　英国か米国か、それともソ連か！　それにしても女が操縦するのでは秘密兵器らしくもないが――疑問は次々にわくのであったが、しかし、今さらのように自分の裸を気にした麟一郎は、立ち上る勇気もなく、すわったまま女を振り仰いだ。女の視線は彼の後ろのクララに向けられていた。

　女の服は驚くべきものだった。ケープを背中にまとっていたが、上半身を海水着のようなものでおおっただけであった。それが体に密着していて、まるで無縫の天衣と見えた。地の色は淡青だが、目の角度によって異なる陰微な七彩《いろ》の幻光が内部から輝き出るのであった。

　が、その妖《あや》しい美しさと相まって麟一郎を惑わせたのは、ポーリンのまばゆいばかりの脚線美であった。一尺ぐらいに踏み開いた双脚は、そのまま金色の産毛の光る二本の象牙にたとえられた。麟一郎は脳神経の惑乱するのを覚えた。その時、また犬のうなり声が聞えた。

「まだ少し痛いわ。ずいぶん強くたたいたのね」

　片手で頬をそっとさすりながら、ポーリンは乗馬服の令嬢にほほえみかけた。「でも平手打とは当意即妙ね。貴女《あなた》に敬意を表するわ」

「いいえ、あれは妾でなく、麟――瀬部氏《ミスターセベ》が考えて――」

　自分の手柄にされて、クララはあわてて麟一郎を指さした。畜人《ヤプー》に氏《ミスター》などの敬称を付けるはずがなく、名と姓と両方あるわけもない。後から考えれば不思議なくらいだが、瀬部氏などという変な呼び方を耳にしても、ポーリンはまだ錯覚に気づかなかった。

「ま、このヤプーが――」と下目使いに麟一郎のほうを見て、

「なかなかの逸品じゃないの。妾に譲っていただけない？　仕込んで来年の従畜品評展《パンチーショー》に出してみたいわ。妾、シリウス大賞をねらってるの」

「あの、何か誤解なさっていらっしゃるようね――」

　たまりかねてクララがいい出したが、駆引きでの断わり文句を聞かされると取ったポーリンはみなまでいわせず、

「おや、妾としたことが、まだお名前も伺わない先から余計な口をきいちゃって、ご免なさい。お気持悪くなさらないで――」

「いいえ、妾の申したのは、麟――瀬部氏が」

「立ち話も何だから、掛けましょうよ」

第三章　古石器時代人《ネアンデルタール》・狩猟犬《ハウンド》

一　全身麻痺

　麟一郎の存在をまったく無視して、ポーリンはクララにばかり話しかける。ヤプーという変な言葉を聞かされても、自分が下等な畜生と思われているとはまだ悟らぬ麟一郎は、その原因を自分の裸にあると考えた。淑女だから裸の男に話しかけられないでいるのだろう、クララも執り成しように困っているらしい、何とかせねばならぬ。第一、若い女二人が向い合って話している足元に、裸ですわってるなんてほめられた図ではない。仕方がない、下手な英語でも、裸で飛び込まねばならなかった危急の経緯《いきさつ》を説明して非礼を詫《わ》び、脱いで来た乗馬服を着に戻

ろう。

そう思案しながら麟一郎は立ち上ろうとした。すると後方に何か物音がして、獣でも飛び出した気配がして、「キャーッ」と魂消《たまぎ》るようにクララが悲鳴を上げた。ポーリンの「おやめ《ストップ》！」という激しい命令とを同時に耳にした瞬間、彼は何物かに背中に飛びかかられた。とっさに上半身をひねったが右肩にかみつかれ、高圧線に触れたような電撃《ショック》を感じて全身が痙攣《けいれん》した。その瞬間、目の前にあったあの美しいポーリンの足が素早くおどって、そいつを右肩から蹴《け》り上げた。と同時に、麟一郎は右の耳に激痛を感じた。彼女のサンダルが蹴りつけるそのトバッチリで、彼の耳の皮膚が切れたのだ。

「麟《リン》！」真っ青になってクララが叫んだ。

「大丈夫よ、貴女《あなた》」

ポーリンは、相手が犬ぎらいなのだと思って安心させるようにいった。「人間には決してかみつかないから」

「これはどうしたことです？――麟《リン》、何ともなくて？」

前半を英語で、後半は思わずドイツ語で、クララは別々の問いを早口でいった。犬（？）の姿が無気味で、かまれそうで、麟一郎のそばに近寄りたくても寄れなかったのだ。

麟一郎はクララを安心させようとして振り向こうとしたが、全身がしびれ切って身動きできない。驚いて口を開こうとしたがだめだ、目の玉さえ自由に動かせなくなっていた。怪しむべし、メズサの首をながめた者のように、彼は腰を浮かし上半身をひねった不安定な一瞬の姿勢のまま化石状態になってしまったのだ。そしてその耳からしたたった鮮血が床を赤く染めていた。

二　畜人犬タロ

奇怪な犬がノソリとはい出てポーリンのほうに歩み寄った。彼女は犬の頭をなでながら、驚くクララの様子をけげんそうに見ながら、

「まあ、今流行《はやり》の古石器時代人狩猟犬《ネアンデルタール・ハウンド》をご存じないの？」

と、あきれたように答えた。その口調には、都会の洗練された女性が百姓娘の無知加減を軽蔑《べつ》するような気味があった。

うつ向いた麟一郎の視野は限られていた。輝くようなポーリンの双脚だけが見えていた。そこへ不意に奇怪な犬の姿が視野の中へまぎれ込んできた。麟一郎は体は既に麻痺しながらも凍るような恐怖を覚えた。その犬――これが犬といえようか――は、人間、これが人間といえようか――いとも奇妙な相貌《ぼう》を呈していた。

四肢《し》と躯幹《く》と頭部との釣合は、一見犬を連想させるものがあった。金属製の首輪、後肢を踏んばった、それは確かに大型種の犬を思わせた。しかし、後肢と前肢とは細く短くなっていて直立歩行に適しなくなってはいたが、明らかに人間の両足の退化したものであった。前肢にも未発達の五指を備えた手のひらがあり、両足が短く、一見、四足獣らしい安定感と四這姿勢ながら獣らしい敏捷さがあったが、もともとは、人間の四足だった。だのに躯幹は筋張ってほっそりして贅《ぜい》肉がなく、腹部など極端に細く引き締って、グレーハウンドの軽快さがあった。そして頭部のほかにはほとんど被毛のない、浅黒く日焼けした黄色の体、その背中には獣の爪《つめ》にでもむしられたような傷痕や、鞭の条痕《みみずばれ》が残っていて、激しい使役と調教との様を雄弁に物語っていた。しかも皮肉なことには丸刈りの黒い頭髪、ジャンセ

ン家の紋章を刺青《いれずみ》した広い額、黒い瞳、低い鼻、いずれも麟一郎と同じ人種の顔を表わしていた。鼻下にピンと左右に張ったカイゼル髭《ひげ》が妙に滑稽《こっけい》だし、その下の恐ろしく突き出した口唇《しん》と、それからはみ出した金属製の犬牙《が》とが人間の顔としての調和を破ってはいたが、ヒョットコ面が人間の顔である以上、この顔も人間の顔には違いないのだった。

これがポーリン・ジャンセンの愛犬タロだったのだ。

前史時代に人類に愛玩《がん》された旧犬《カニス》は今は動物園で見られるだけとなり、犬《ドッグ》といえば当然畜人犬《ヤップ・ドッグ》を意味するようになってからもう何世紀にもなる。短脚ヤプーを生後直ちに天井の低い檻《おり》に入れ、天井に電流を通じて条件反射を与え、満二年――縮小犬では二カ月まで短縮し得たが――を経過すると一生這う癖がつくのだった。こうやって短脚ヤプーから畜人犬が作られ、さらに体躯の大小、被毛、有尾等々、ヤプー畜種学の進歩が幾十頭の変種を生んで、昔の犬同様の多様性を獲得してくると、その優秀な能力は昔の犬の比ではなく、たちまち愛玩《がん》動物界の王者となり、旧犬を動物園に駆逐し、畜犬は人類の最も忠実な伴侶《りょ》たる「犬」の名称のお株を奪うに至ったのであった。

古石器時代人狩猟犬《ネアンデルタール・ハウンド》は、中でも比較的新しく作り出された新犬種で、当初剣闘士《グラジヤトール》として使うために、五万年前の地球からネアンデルタール人を生捕って狩猟に使用したためにこの名があったが、今では護身犬としても喜ばれ、イースの貴族社会では目下大流行であった。被毛も尾もなく、体格も標準型で、すべての点でヤプーの原型を留めているのも素朴な味があり、訓練次第では非常な快速で疾《しっ》走することができ、素晴らしい攻撃力も持っている衝撃牙《ショック・ファング》という人工の犬牙で、まず電気衝撃をもって相手の防御力を奪っておいて牙《きば》から毒を注射する。毒は神経の運動中枢を選択して冒すので、かまれると全身麻痺を起し、自分からは指一本動かすこともできないという無抵抗な状態に陥ってしまい、緩解薬を注射されるまでその状態が続く。生け捕った原ヤプーを狭い艇内に積み帰る時にはこれがなかなか便利なのである。

三　狩猟犬訓練

タロは、品評会《ショー》で全犬最優勝牌《はい》を三度も取ったポーリン自慢のネアンデルタール・ハウンドだった。今日は墜落の時から状況の急変に昂奮《こう》していたが、墜落の衝撃でゆるんだドアをやっとこわし、主人のほうにはせ寄ろうとした時、麟一郎を見てとっさに飛びかかり、昂奮のあまり主人の制止も聞かずかみついたのである。それというのも麟一郎が裸だったからだ。

畜犬場《ケンネル》の天井の低い檻《おり》の中で物心ついた時、まず彼が覚えたのは飼育担当の犬飼黒奴《ドッグ・ニガー》だった。彼は四這《しや》の自分の同族と、直立して歩く種族との違いを学んだ。しかし檻を出て訓練が始まった時、彼は黒奴《ニグロ》の上に人間《ウマン》（マンでなくウマンとしたのは、女権制から、女性が人間を代表するとされているからである。詳細は後章を見よ）と呼ばれる、白い肌の種族があるのを知った。同じ直立種族のようで、人間と黒奴とは、黒奴と犬とが違うほど違うらしかった。毎日彼を調教する黒奴は、彼の本当の所有者であり、時々視察に来る人間の前に、犬である彼と同じように這《は》って挨拶《あいさつ》していた。「白い肌をかむな」、これが彼の教えられた第一の禁令であり、至高の命題であった。

しかし黒奴も人間に奉仕する有用な存在で、そのかぎり畜人犬はこれをかんではならないのであった。「それを彼は、服を着た者をかむな」という第二の禁令として教えられた。

もうそのころには、彼は自分と同じヤプーの種族に属しながら、人間や黒奴と同じような直立種族の形態を備えた原《ロー》ヤプーと呼ばれる仲間がたくさん存在していることを知っていた。彼らは服を着ていない。しかし、それをかむと叱《しか》られた。原ヤプーはそれぞれ所有者たる神々に飼われている財産なので勝手にかんではならない。飼われている証拠は首輪である。「首輪をしている者をかむな」、これが第三の禁令だった。

　こうして三禁令を覚えた彼は、さらに土着ヤプーを使った攻撃訓練を受けたのだ。一般にネアンデルタール・ハウンドの訓練には土着ヤプーを使う畜人《ヤプー》省土着畜人《ネイティブ・ヤプー》課の許可を得てからジャプン諸島に行き、何匹か捕獲して来る。彼らは人間意識を持って人間的衣食住生活を営んでいる連中だから、もちろん首輪はしていない。彼らの服をはいで裸にして猟場に放し、猟犬に追跡させるのである。こうして三禁令とは反対の「裸で首輪のない有色人」に対する攻撃本能の集中が完成して、そこで初めて本当の役立つ猟犬になったといえるのだった。タロもこうした裸の土着ヤプーを教材にした訓練をさんざん受けてきた犬である。その狩猟本能から、裸の麟一郎を見たタロは、即座に攻撃を加えた次第であった。

　ポーリンもそれを知っているから、他人のヤプーをかんだことで、その時には蹴とばして叱りはしたものの、深くはとがめる気になれない。首輪もさせずに原ヤプーを連れ歩くのがいけないのよ——と、内心では思っていた。

四　肉足台の使用

　クララは、そんなこととは露知らない。怪しい人犬《ひといぬ》にかまれた愛人が、中途半端な姿勢のまま身じろぎもしなくなったばかりか、訊いても返事ひとつしない。心細くなって、

「リン、どうしたの？　大丈夫？」ともう一度訊いた。「血が出てるわリン、リン……」

「ヤプーなら、心配いらないわよ」

　衝撃牙《ショック・ファング》でかまれたらどうなるということさえ知らぬらしい非常識さに、内心あきれながら、ポーリンが代って答えた。

「緩解薬注射一本ですぐ元どおりになるから。——それまでは仕方ないわよ。——可愛がってらっしゃる愛玩動物《ペット》を、うちのがかんじゃってお気の毒でしたわね。首輪はしてなかったようだけど」

　皮肉を含めたつもりでいったが、クララには通ずるわけもない。愛玩動物だの、首輪だの、相変らず珍妙な思い違いをしているなとわかっても、それを問いただす余裕がない。事情はのみ込めぬまま、愛人のために必要らしい薬を要求した。

「早くその緩解薬とやらを——」

「心配しなくても大丈夫よ。時間がたっても緩解効果は同じだから……騒ぎで、まだお名前を伺わないままだわ。さあ、どうぞお掛けなさい」

　クララに椅子を勧めながらポーリンは、麟一郎のほうに足早に歩み寄ると、

「さ、お前も楽な姿勢にしてやろうね」

　ポーリンは、サンダルの先を、爪先立てていた麟一郎の両足先の下に突っ込んで指先を伸ばさせ、さっきまでのようにペタリと足をそろえた格好ですわらせた。投げ業《わざ》をしようとねじっていた彼の両腕を、膝《ひざ》がしらと足先を使って前に蹴り出し、床に両手をつかせて、上半身を前にささえさせる。麟一郎が自分では少しも動かせぬ肢体が、彼女にかかると柔軟自在で、たち

まち否応なしに蟇蛙《ひきがえる》みたいな姿勢を取らされてしまった。耳朶《たぶ》の出血は止ったようだった。

クララはといえば、内心の恐怖を隠して長椅子の右に席を占めた。愛人をこんな目にあわして後悔してはいたが、今逃げることはできない。麟一郎に緩解薬を注射してもらわねばここを出るわけにいかないのだ。

ポーリンが腰掛けた位置が、麟一郎の土下座した方向なので、まるで彼女にお辞儀をしているように見えた。彼の視野には彼女の純白な下半身と、そのわきに、両前肢《あし》をそろえて旧犬《カニス》と同じような格好ですわっているタロの姿とが写るばかりだ。

と、離れてうずくまっていた例の奇形侏儒がポーリンの足元にはい寄り、四肢を縮めてかしこまった。彼女の命令脳波を受けて動いたのである。無雑作にサンダルを脱いだポーリンは、彼の背の上に、伸ばした両足を長々と休めた。肉を刳《く》った凹みにすっぽりと足先が収まった。タロが後肢を伸ばして身を起し、首をその足台の上に伸ばして、真っ白な彼女の足の甲をなめ始めた。その舌は人間よりは旧犬に近い。麟一郎は、ふと女の足先に、小さい貝殻のように並ぶ足指が四本しかないことに気づいた。よく見ると小趾《し》は退化して痕《こん》跡ばかりになっている。

――この不思議な女はいったい人間なのだろうか？　人間を足台にし、犬にして平然としているのは、人間以上の存在であるのか？　俺《おれ》はいったいどうされるのだ？　クララはどうする気だろう？

円盤艇の奇怪な一室で、日本人瀬部麟一郎の胸中は思い乱れるばかりだった。

第四章　驚くべき真相

一　自己紹介

「妾《わたし》は侯爵嗣女《マーショネット》ポーリン・ジャンセン。既婚よ。今本国星でシリウス地区検事長をしてますの……」

肉足台《スツール》に載せた足の片方を上げて、犬の舌が足裏にも届くようにしてやりながら、ポーリンは自己紹介し、優雅な身のこなしで上半身をクララのほうに向けた。

彼女は将来、自分が嗣《つ》ぐことになるジャンセン侯爵家（正確には女侯爵であるが、女権制のイースでは特に女と断わる必要はない）の家名を矜持《ほこり》としていた。

イースの歴史は、前史時代の末期、喜望峰から飛び立った光波宇宙船「ノアの方舟《アーク》」号が、人馬座《ケンタウルス》α星圏第四遊星「新地球《テラ・インコグニタ》」を征服し、ω《オメガ》熱ヴィルスの猛威にさらされて危険な地球から英国女王マーガレット――既に南アフリカ共和国に避難しておられた――をお迎えしてテラ・ノヴァ女王国を建国した日に始まる。ジャンセン家の遠祖ウィリアムは共和国有数の政治家の一人だったと伝えられる。彼は方舟号での功により子爵《ヴァイカウント》に叙せられた。八代目がシリウス圏征服に大功を立て伯爵になり、十五代目が現ジャンセン家の領地であるアルタイル圏を征服して侯爵《マーキース》になった。女権革命後は、家督の名称も（女）侯爵《マーショネス》に変って女系の女子が相続するようになったが、その初代は、今や『女王《クイーン》アン』と並ぶ黒奴酒《ネグタル》の銘酒『女卿《レデイー》ジャンセン』に名の残る女傑で、当時黒奴《ネグロ》がいっさいの嗜好品を禁ぜられていたのを哀れみ、自家の黒奴に対し、ジャンセン一族の尿を処理した酒の飲用を許して彼らに人生の慰安を与えると共に、人間的尊厳を奪うことで精神的に馴《じゅん》致する黒奴制度の物質的基礎『黒奴酒』の製造に先鞭をつけた人として知られていた。

現在、ジャンセン家の当主は、つまりポーリンの母、アデライン卿である彼女は、帝国副総理たると共に世襲のアルタイル圏総督を兼ね、男妾《めかけ》を何人も持つその私生活を非難する人はあるが、政治家としての彼女の能力を疑う者はなく、巨富と、女王の寵《ちょう》とを背景とする権勢は当代屈指のものといわれ、その威厳ある美貌《ぼう》は国中に多くの崇拝者《ファン》を持っていた。娘ポーリンは、名門の子女の常としていきなり顕要の地位に就かされ、総督たる日に備えて修業中の身であるが、母譲りの美貌は若いころからシリウス圏に著名で、ミス・ユニヴァースにも選ばれたことがあった。

誇らかに自己紹介したポーリンは、ひそかに相手の態度の変ることを予期していたのだ。が特別の反応もないので、物足らぬ思いをしながら、彼女は言葉を続けた。

「……今度、この遊星に別荘を新築しましたので、三週間前から妹や兄を連れて遊びに来ましたの。――今日はご親切にしていただきまして、本当にお礼の言葉もありませんわ。一度妾の別荘にお招きして感謝の意を表させていただきたいと存じます。ぜひお出かけ下さいませね。どちらへご連絡すればよろしいの？　初めてお目にかかるように思いますけど……」

本国星カルーの首都アベルデーン在住の貴族なら、ほとんどすべて遊び仲間として社交界の仲間になっていた。今目の前のこの令嬢、服装や物腰から見て身分のある女には違いないが、質素な服地といい、ポーリンの自己紹介にも関心を示さぬことといい、どこかの植民星《いなか》貴族に違いない。そう思って彼女は、暗にそのことをほのめかしながら尋ねたのだった。

それに対してクララは答えた。

「申し遅れまして　…妾はクララ・フォン・コトヴィッツ。未婚です。生れは独逸《ジャーマニ》。父は革命前は伯爵《グラーフ》でございました。妾は今学生で住所は……」

侯爵嗣《マーショネット》女など妙な肩書を聞かされ、クララは対抗上父の旧爵位を持ち出したりしたがポーリンは驚いた。

「独逸《ジャーマニ》？　伯爵？　革命？　いったい何のこと？　あッ」

ポーリンは、真相に思い当って愕《がく》然とし、しかもなお信じ切れないといった面持ちで、「答えてちょうだい！　ここは何号台球面なの？　――いえ、ここは紀元何年なの？」

「今年はもちろん一九六×年……」

「大へん！」

ちょうど右足の四本指を口に含んで吸おうとしていた愛犬タロの顔をポンと蹴《け》りのけながら、ポーリンはあわててサンダルを突っかけ、操縦席に駆け寄った。

計器を調べ、故障と艇《ヨット》の現在位置を確認して、彼女は顔色を変えた。二十世紀途中に墜落していたのだ。ヤプーを連れたこの女は前史時代の人だったのだ。とんでもない錯覚をしていたものだ。艇外に出て破損を調べてみた。結果はとても航時運行《ドライヴ》は続けられそうになかった。

――救援を求めなければならないが、連絡が取れるだろうか？　時間電話《テレフォン》が墜落事故で破損《こわ》れてなければよいが……。

操縦室にもどって彼女はダイヤルを回してみた。タロは忠実な護身犬らしく、出たり入ったりするポーリンにずっと付きまとって離れない。こちらに目もくれずに夢中になってしまったポーリンをクララはただあきれて見ていた。

一九六×年と聞いて何であぁ急にあわて出したのかしら…。

ポーリンの耳にブザーの音が聞えてきた。宇宙線を媒《ばい》介として、時間を異にする球面を繋《つな》ぐ時間電話装置《インタテンポラル・テレフオン》は機能を失っていなかったのだ。ありがたい、助かったわ……。

通話機の前の空間がパッと明るくなったのがクララを驚かした。

別荘の電話番黒奴《ペット・ボーイ》の半身像が立体受像機に現われた。ポーリンと知って一礼して、

「あ、若奥様で……」

「ドリスを呼んでおくれ」

「かしこまりました……エー、ただ今三角厩舎のほうに行ってらっしゃるそうでございますが……」

「厩舎に回して」

「かしこまりました」

パッと黒奴の姿が消えた。

見慣れない黒人が不意に現われ、発言し、動作し、表情を変える不思議さに、クララは、しばし恋人の運命のことも忘れて、茫《ぼう》然として見とれた。消えた後に別な黒奴の上半身が出現してポーリンに一礼した。

「ドリスは?」

「ただ今、ポロの練習でアヴァロン号にお騎《の》りになり……」

「呼んでみて」

「かしこまりました」

黒奴が消えて、遠くに大きな鳥の飛ぶのが見えた。その背に美少年がまたがっている……と見る間に、ぐんぐん近寄り拡大してきた。鳥と思ったのは巨大な鷲《わし》の翼を羽ばたかす奇妙な四足獣だった。少年と思ったのは、打球戯帽《ポロ・キャップ》からはみ出す豊かな金髪から見て男装の美少女だ、とクララは見てとった。これが天馬《ペガサス》アヴァロン号に騎ったドリスであった。

二 有翼四足人哀史

脱線のようだが、天馬《ペガサス》について説明しておこう。前史時代の馬はイースでは旧馬《エクウス》と呼ばれ、今では動物園にしか居ない。馬《ホース》といえば巨大な畜人馬《ヤップ・ホース》(後章参照)のことだが、他に騎乗用の動物が二種あった。一つは核酸処理による受精卵染色体加工で双生児《ツウィン》ヤプーに手術し、芝居の馬のように一方の肩と他方の腰とを接着させたうえ、シャム兄弟のような双体癒《ゆ》着により一体にして生れさせた人為の動物馬形双体《セントーア》で、もう一つが天馬だった。胴体は驢馬《ろば》ほどで、背中に駱駝《らくだ》のような瘤《こぶ》があり、両脇《わき》から禿鷹《コンドル》の三倍ほどもある翼が生えている。轡《くつわ》や鞍《くら》の装置も、手綱と鞭《むち》と拍車による制御もすべて旧馬と同様で、地上を走る能力こそあまりないが、人間一人を乗せて天空を悠々飛翔《しょう》し得る。天馬の名にふさわしいこの飛行動物は、しかし、人為の作物でなく、テラ・ノヴァ星の原住民だった有翼四足人《プテロ・カドルペス》を家畜化したものであった。

地球人類に劣らぬ高い精神文明を誇り、今に懐古の客を喜ばす壮麗な三角塔を山上に築いて、大空をわが物顔に飛び回ってこの遊星を支配していた彼らも、原子力文明に暗く、しょせん超水爆を持つ人類の敵ではなかった。生き残った全員は捕虜にされ、のちに女王の愛馬ロック一世号として知られた彼らの王は、女王マーガレットの玉座の前に引きすえられた。地球を離れて以来馬に騎れなくなったのを寂しがっていた女王は、巨翼を畳み、四肢を折ってかしこまった王の姿態に天馬を連想し、

人間による騎乗の可能性を検討するよう命じた時、王に代表される有翼四足人《プテロ・カドルペス》たちの運命は定まったのだった。

動物学者・生理学者等が共同でこの動物の研究を始めた。研究の結果わかってきた重要点は、彼らが円形動物と共棲《せい》し、奇妙な摂餌《じ》と排泄《せつ》の風習を有する哺《ほ》乳類であること、その文明の原動力として人間の手に相当する舌 触 手《タング・テンタクル》を持っていることなどであった。

彼らの腸内には一匹ずつ長大な有鉤《こう》回虫が住んでおり、胃と腸の境にある幽門に首を突っ込み、鉤《かぎ》で固着し、尾部が肛《こう》門に達するまで条虫《さなだむし》のように腸内を延々と走っていた。食事時になるとその尾部が肛門から突き出して栄養液中に差し込まれ、尾部末端の開孔部から液を吸い上げて、中空の、袋のような体内を一杯に満たすのである。そして幽門の直下にある細裂孔から徐々にこの栄養液を吹き出して腸壁をうるおし、寄生主たる天馬に摂餌の労を省かせると共に、吸収しやすい形でその腸に滋養分を与えるのである。しかし回虫自体の栄養はその液から取られるのではない。液が腸内を下りつつ養分を失って廃液と化し、排泄せられる一歩手前という段階に達すると回虫の下半身がそれを吸収して自家の栄養とする。そして回虫の全身はしだいに廃液に満たされた袋に変り、次の食事時に突き出された尾端開孔部はまずその廃液を吐き出す（それから改めて栄養液を吸い上げ、前と同様に繰り返される）。そこで天馬自体としてはべつに排泄という行為をする必要がなかった。こういう、生きたポンプのような虫を寄生させることによって摂餌・排泄の労から免れることにおもしろい共棲現象が見られた。

後のことであるが、畜人制度《ヤプー・フッド》の確立に際して、その物質的基礎を成したのはこの天馬吸餌回虫《アスカリス・ペガサス》の変種を各ヤプーの体内に寄生させ、ヤプーの摂餌を人間のそれと全然異ならしめるのに成功したことであった。生体家具の栄養循環装置《サーキュレーター》（第二章四読心家具の項参照）もこの段階を経過して後に初めて発明されたのである。土着ヤプー、および特に生体実験用（内服用の新薬の効能を試みる場合等）、あるいは生体模型用（腹部を切り開いて胃の収縮運動の具合を見せるのに用いる場合等）として使うための人間同様の生活様式で飼育する原《ロー》ヤプーを除き、すべてのヤプーは生後直ちに飼養所《ヤプーナリー》の係員の手によりこの腸虫《ヘルミンス》――俗にポンプ虫と呼ばれるが――の幼虫をのまされ、右のような共棲生活を営まされることになったのであった。が、これについては後で述べる。今は天馬のことに戻ろう。

天馬も進化の初期においては口腔《こう》から摂食し、肛門から排泄したらしい。しかしポンプ虫との共棲により、口腔が摂食の労を省かれると共に、二枚の舌が伸長発達し始め、結局蛇《へび》のような二本の触手にまでこれが進化した。この触手によって彼らは器具を作り扱うことが可能となり、高等生物に進化し、かくて絢爛《けんらん》たるテラ・ノヴァ古代文明の花を咲かせたのであった。

そこで、女王のご下命に対する答申は簡単だった。騎《の》る前に彼らの舌触手を切断してしまうことであった。この手術――舌《タング・》去勢《カストレーション》といわれている――によって、彼らの高次行動能力は消滅するが、知性および乗用飛行畜としての肉体能力は少しも減じなかった。

こうしてテラ・ノヴァ原住民たる有翼四足人たちは、一人の女性の気まぐれな思いつきから、人類の新家畜として生れ変らされ、舌去勢されたうえで、かつての山上三角塔に代る三角厩舎の中で飼われる身となったのだった。以来二千年、累代の去勢によって従順化はしていたが、いまだに、精神力において劣る騎手《のりて》に対しては、往々にして発作的な抵抗《レジスタンス》を試みることがあるので、現在では〇Q（命令波指数）一〇〇に達せぬ輩《やから》、すなわち平民には天馬騎乗《ペガサス・ライディング》は禁止されていた。乗馬一般が平民には縁の遠い娯楽だが、特に天馬は、読心家具《テレパス》と同じく貴族階級の専有物なのであった。

三　宇宙帝国イース

左手に手綱、右手に打球杖《ポロ・スティック》を握り、打球戯上衣《ポロ・シャツ》を着た少女の姿がハッキリしてきた。羽ばたきもゆるやかになった。

イースの貴族階級の九〇パーセントを占めるのはアングロ・サクソン族であるが、彼らは家畜作りと同様、新遊戯の発明にも古来優秀な能力を示した民族である。旧馬《エクウス》の代りに天馬《ペガサス》を使う新形式ポロを案出しなかったとすれば、むしろ不思議なくらいだ。ペガサス・ポロは、昔の平面競技場の上空百メートルに達する空間を競技場《グラウンド》とし、内部に回転体《ジャイロ》を包んだ重力の作用を受けない特殊球を、地上五十メートルの高さの標穴《ゴール》にたたき込む三次元の馬上打球戯《ポロ》であった。各組《チーム》別の配色に翼を染め分けられた天馬が左右上下に飛び交い、その間を白球が縦横に動き回る、実に壮快な競技だ。そしてドリスは、アベルデーン・ポロ・チームの正選手なのだった。

アヴァロン号が翼をおさめ、その四脚が地に着いた。ドリスが身軽に鞍《くら》から飛びおり、拍車が光った。廐《きゅう》舎からの合図で戻って来たのだろう。連絡のためにはせ寄る黒奴《ボーイ》の姿が受像機に小さく現われた。

像が消え、今度は美少女の上半身が大写《クローズアップ》で立体化した。ポロ正選手の服装だ。乗馬ズボンに長靴《か》の下半身を見なくても、スラリとした体つきに、鞭《むち》のような強靭《じん》なしなやかさを秘めていることがわかろう。ドリスはまだ十八歳だが、男妾《めかけ》の胤《たね》ということもあって、姉のように枢要な地位を望むわけにはいかぬため、政治に興味を持たず、ひたすらスポーツに励んで、若くして乗馬の名手とうたわれるようになっていた。馬（畜人馬《ヤプー・ホース》）の数は多くないが、粒よりの名馬をそろえた彼女の廐舎は、いつも姉をうらやましがらせていた。狩猟の腕前も姉より上であった。父親似で顔立は少し姉よりいかついが、男女の役目が前史時代とは逆になっているイースでは、そういういかつさは女の顔にとって少しもマイナスになってはいない。整った顔立だ。まだ熟《う》れ切らぬ処女の肉体の清純さが、若い顔、特にその汚れを知らぬつぶらな目によく調和していた。

片手に打球杖を握って振り動かしながら、ふくれ面《つら》で、

「どうしたの、姉さん、今練習中だったのよ」

「ドリー、妾《わたし》、不時着――墜落しちゃったのよ」

「えッ、墜落、今どこ？」

「一九六×号台球面、北緯五〇度一二分、東経八度二三分五〇秒。わかった？　円盤《ディスク》も破壊《こわ》れちゃって……」

「わかった、すぐ迎えに行くわ。誘導波出しておいて！」

「うん、頼んだわよ。待ってる」

四　太陽帝国イース

ホッとした顔で、ポーリンはクララを振り返り、

「失礼したわね、フォン・コトヴィッツ嬢《さん》。もう大丈夫、すぐ迎えが来るわ」操縦席を立って戻って来ながら話し続けた。

「でも本当に驚いたわ。貴女《あなた》をイース（ＥＨＳ）の人とばかり思ってたものだから――そういえば、貴女の服地も、ヤプーに首輪させてないのも、変な気はしたけど、まさかと思って……」

「ＥＨＳの人？」不思議な立体像に、圧倒されたような気持から立ち直れぬままクララは、不可解な言葉を繰り返した。「ＥＨＳって何です？」

「The《ザ》 Empire《エンパイア》 of《オブ》 Hundred《ハンドレッド》 Suns《サンズ》（百太陽帝国）、またの名は The《ザ》 British《ブリテイシュ》 Universal《ユニヴァーサル》 Empire《エンパイア》（大英宇宙帝国）——といっても、やはりわからないでしょうけど」

クララのすぐ前にまで来たポーリンは元の場所にすわろうとせず、彼女と向い合って話したいために、四つんばいのまま動けない麟一郎の背中に横ずわりに腰をおろした。

「これは昔の人には知らせていけないことになってるの。前史時代の球面の無許可着陸だけでも縮小刑五級——ひどい処刑を受けるのよ。でも妾《わたし》は墜落して貴女に救われたんだから、妾、隠そうとは思わない。驚いてはいけないことよ。今貴女の住んでいる時代から二千年余り先の世界、それがＥＨＳです。妾は何百の太陽圏の首都のある本国星《テラ・ノヴァ》から地球別荘に遊びに来たの。でも、今妾たちのいるこの球面じゃなく、三九六〇号台球面に、つまり地球紀元で三九六〇年の地球上に新築された別荘に来たわけなのよ」

語り続けるポーリンは、尻《しり》の下のヤプーには全く無関心だった。アベルデーンの本宅では各室に肉椅子《フレッシー・チェア》(後章参照)を置き、寝室には肉寝台《フレッシー・ベッド》(後章参照)を備えつけていることとて、彼女はヤプーの肌で自身の体を温めることに慣れ切っていたから、今このヤプーの背に腰掛けたについても何の緊張も感じなかったのである。ケープが短かくて尻の下に敷けず、尻の肉は薄物の一枚を隔ててヤプーの背中に接し、下から温められる。彼女は高々と脚を組んだ。

麟一郎のほうは、腰掛けられると同時に、彼女の体重を四肢に重く感じたが、それ以上に精神的な屈辱感を新たにした。それを口に出せずこらえるので全身が熱《ほて》ってくる。その背に女の尻が冷たかった。クララと接吻《キッス》した以外、女に関する経験がなく、もちろん女の裸体など知らぬ彼は、女体の尻の冷たさを初めて味わって驚いたが、もっとビックリさせられたのは女の話の内容である。ただ聞けば、狂人の痴言《たわごと》としか思えぬことだが、こういう特異な状況のもとで聞かされると、それを信じる外はないリアリティがあった。麟一郎は、空中を飛行し、人を犬にし、大きな都を海の底に変えるアラビアン・ナイトの魔女のために石に化せられてしまったような気持だった。女が脚を組んだところは、初め感じていた尻の冷たさは消えて、かえって温かみさえを覚え出した。

クララは、恋人の背中を目の前で腰掛代りにされて不快に感じたが、あまりのポーリンの無雑作さにかえって気をのまれ、急には抗議もできなかった。

「どうして英語をご存じですの？」とさすがに鋭く質問したが、

「英語？——ああ、世界語《イングリッシュ》のことを昔そう呼んだのね。その英語が、宇宙帝国全体の共通語になったのよ。もちろん方言はあるし、平民はかなりくずしてしゃべるようだけど……」

「この空飛ぶ円盤《フライング・ソーサー》は？」

「円盤《ディスク》のこと？　これは航時遊歩艇《タイム・ヨット》よ。時間航行機《タイム・マシン》といってね、四次元宇宙船に使う次元推進機《ディメンショナル・プロペラ》を時間次元に作動させたものがあるの」、何も知らない相手とわかるとポーリンの話も解説調にくだけた。

「そのいちばん小型がこれで、一人乗りよ。……じゃあ、今度は妾からお尋ねするけど、貴女はなぜこのヤプーを裸にして連れてらっしゃったの。前史時代にはヤプーたちは皆服を着てたって妾は教わってたんだけど……。さっきは一つにはそれで感違いしちゃったのよ」

ポーリンは、ほっそりと品のよい右手の人差指で、腰の下の麟一郎を指しながら、クララのほうを見た。

麟一郎は気配で自分のことと察し、再び屈辱で血が燃えた。さっき、女の前に裸を示すことを恥ずかしく思った時には、相手も彼の裸を正視できず困っているのだろうと考えて、女性の立場を尊重し遠慮したのだったが、今このように女が平然と彼の裸を口にし、あろうことか彼の裸の背中に腰を下ろすなど、男の裸に対して、女としての当惑を全く感じていないのを見ると、一人前の男性としての屈辱感と憤りに身を燃やした。

第五章　ヤプー本質論

一　知性猿猴とは

「たびたび妾《わたし》の麟《リン》―瀬部氏《ミスターセベ》のことを、ヤプーなどと妙な名で称《よ》んで変なことをおっしゃいますけど、どうしたことなんでしょう！」クララは、さっきから喉《のど》に詰っていたことをポーリンの質問を好機会と見て、憤懣を込めてぶちまけた。「彼が全身麻痺で苦しんでいるのに、その背中にすわったりして！　妾はさっきから気になっていたのです。やめて下さい。そしてさっそく薬の注射をして下さい。妾は婚約者《フィアンセ》がこれ以上はずかしめられるのに耐えられません」

麟一郎はクララの抗議をうれしく聞いたが、途端にポーリンの尻《しり》にグイと押されて無抵抗に前にのめり、今まで両手でささえていた上半身を肘《ひじ》まで床に着けて、低くささえるような姿勢になった。ポーリンが勢いよく立ち上った反動で、押されたのだ。彼女の尻が退くと今度は背中が寒かった。

「何ですって？　このヤプーと婚約？　いくら野蛮だって、そんな……」ポーリンの声はなおもいい募ろうとして、何に思い当ったのかにわかにやわらいだ。「ああ、舌人形《リンガ》にして使うつもりだってことを婚約とおっしゃったのね。そうでしょう？」

ポーリンは舌人形《リンガ》との結婚式のことを連想したのだった。

女権制確立後、男子の貞操義務が強調され、習俗化するとともに花嫁の処女性は問題にされず、逆に花婿の童貞が重大視されるようになり、元は処女を意味した Virgin の語が童貞を意味するようになってから既に久しい。こういう女男観（男女観とはいわず女男観）の下では、舌人形《リンガ》も童貞かどうかでずいぶん値が違うのであった。童貞舌人形《リンガ》には口唇締金具《リップ・ファスナー》というチャック付のものと、チャックの代りに膜《ハイメン》を付けたものとあるが、後者は高くて貴族富豪でなければ手が出せず、平民はせいぜい締具《ファスナー》付の二級品が買えるくらいのものであった。それでもとにかく童貞物として喜ばれた。

玩具《がんぐ》といっても、童貞が問題になる生き物だから、これに男性を感じる女も出て来る。現に平民の婦人の中には、本来素裸でおかしくないはずの舌人形《リンガ》の頭部だけに袋覆面《ふくめん》をかぶせ、舌人形パンツなどと称《よ》んでいる者があるというのも、舌人形を使い慣れぬため、玩具視し切れず、その顔に被覆がないと恥ずかしく思うからだった。さすが上流婦人にはそんな不見識は見られないが、童貞舌人形の初使用を、花婿の童貞を花嫁が破る結婚初夜に類比して、結婚式《ウエディング》と戯言《ふざ》けるようになった裏には、やはりこの舌人形擬人化の心理があったといえよう。

ともあれ、これはありふれた表現で、ポーリン自身も、二三日前、隣の別荘のアグネスが遊びに来た時、お互い気心の知れた気安さもあって、舌人形を話題にして、

「この舌人形、初めて見るわね。旅行用？　買ったの？」

「うん、足台兼用のをね、旅に出る前に思いついてあつらえたの。読心家具化《テレパサイズ》してあるのよ」

「新品ね。もう結婚した？」

「うん、船の中でさっそく式を挙げたわ」

といった対話をしたことだった。彼女はそんなことから類推して、クララのいう婚約の意味を彼女なりに解釈しようとしたのだが……。

「いいえ、舌人形なんてものは存じません」、クララの声がりんとして響いた。いつか立ち上って、ポーリンに面と向い合っていた。

「妾たち二人は愛し合っているのです。彼が大学を卒業したら、彼の祖国に行って、挙式するのです……」

「じゃ本気で結婚を考えてるのね。何て恐ろしいこと、ヤプーとの結婚……」

「ヤプーなんてものは存じません！」

「それは旧ヤプーがヤプーと呼ばれてなかったからよ。人間扱いされてたからよ。たしかジャバン人とかジャプン人とかいうんだったわね。でも名前なんかどうでもいいのよ。問題は貴女《あなた》のいわゆる彼の祖国が実はヤプー諸島のジャプンどもの群棲地だということなのよ。貴女の婚約者《フィアンセ》はその……」

「奥様《マイ・レディ》」クララはたまりかねて口をはさんだ。「私の将来の夫のことをとやかくいって頂きたくありません。それに彼は貴女を失神から救ったので、貴女にとっても恩人のはずですわ（この時、ポーリンは肩をすくめた）。彼は貴女がヤプーとやら称ばれる下賤《げせん》な存在ではありません。妾、先ほどは貴女が精神的衝撃《ショック》から回復していらっしゃらないのだと思って、我慢をしていました。でも貴女が不思議な未来の国の人だとおっしゃって、事情がのみ込めてからは、貴女の彼に対する態度が何かの偏見にもとづいていることがわかってきたのです。妾は貴女のためにそれを惜しまずにはいられません。……」故フォン・コトヴィッツ伯爵の令嬢たるに恥じぬ立派な辞令だった。

二　半人間奴隷と知性ある家畜

クララの熱弁に、その迷いのまだまだ深いことを見抜いたポーリンは、相手の気持を尊重して、もう麟一郎の温い背中は使わず長椅子に戻り、足台の凹みに両足先を休ませ、手真似でクララに掛けるよう勧めながら、

「フォン・コトヴィッツ嬢《さん》、貴女《あなた》のお気持はよくわかったわ。前史時代の旧ヤプーが人間として扱われていたということは理屈では知ってたけど、まさかこれほどとは思ってなかったから吃驚《びっくり》したのよ。考えてみると、そんな時代に住む貴女に妾《わたし》と同じ感じをすぐ持てというのは無理かも知れません。……でも、妾、黙っていられないの。貴女みたいに立派な人間の愛情がヤプーに向けられるなんて、考えるだけでも人間性の侮辱だわ。考え直してほしいわ」

「何をおっしゃるの」、クララはあきれ返り、次いでいきり立った。

「侮辱にも程《ほど》がありますわ」

「相手がヤプーですもの。いいこと、フォン・コトヴィッツ

嬢《さん》、これは」――彼はといわず、これはと、物を指す代名詞を使いながら、麟一郎を指さして、「ヤプーよ。貴女方の二十世紀がヤプーという呼名をご存じかどうかは問題じゃないの。問題は肌の色よ。黄色の肌が教えてくれるわ、これはヤプーで、人間じゃないってことを……」

「遠い未来の世界で白人が黄色人を奴隷にしているからといって、妾たちの愛情に何の関係があるとおっしゃるの？　仮にそうだとしたって妾は少しも結婚を躊躇《ちゅうちょ》しません」、クララは目を輝かせて、

「奴隷だって人間《マンカインド》です」

「黄色い奴隷なんてものはありません、奴隷は黒色よ。そして黒奴は人間《ウマンカインド》じゃなく半人間《デミウマンカインド》よ」ポーリンは事もなげにいった。「肌が白くなければ人間といわないわ。形容詞をつけて白人なんていう必要はないのよ（＊）、妾たち人間は――」

＊注　このようにイースにおいては、白人という概念は存在しないのであるが、二十世紀人を読者に持つ関係から、以下の説明において白人の語を用いることあるを諒とされたい

「それは偏見です。奴隷は制度の産物で人間の本質を否定することはできません。妾たちの世界はそれに気付いて百年前に黒人奴隷を解放しました……」

「その解放が後にアメリカ――だったわね、たしか後にそれでアメリカ自身を滅ぼすことになったのよ。解放する前にもっと考えるべきだったわね。……そりゃ、奴隷は制度の産物よ。肉体的には黒奴も人間も同じ homo sapiens に属していることはもちろんよ、けど知性人類《ホモサピエンス》だから人間だというのは論理の飛躍ね。半人間もありうるはずよ。……でも、こんなことはヤプーとは関係のない話だわ」

「黄色人は黒人と違い……」

優秀な民族です、と続けようとしたクララの言葉をポーリンは途中から引き取って、

「……ますとも。全然違います。比較するのがおかしいくらいだわ。黒奴は奴隷だけど、ヤプーは家畜なんだもの」ピシャリといい切った。

「ヤプーは類人猿《エイプ》よ。獣《ビースト》よ。いくら知性《インテリジェンス》があっても、獣を奴隷とはいわないわ、家畜だわ。ヤプーは知性ある家畜なのよ」

「痴《たわ》けたことを！　何を根拠にそんな大嘘《でたらめ》を……」クララは絶叫した。

「何をいうのよ。妾は単に事実をいってるんだわ。貴女が知らないだけよ。――もっとも貴女だけじゃない。前史時代の人は誰も知らなかった。ヤプー『知性ある類人猿《インテリジェント・エイプ》』――学名は――simius sapiens（知性猿猴《シミアス・サピエンス》）よ――だということを、テラ・ノヴァの人たちが気づくまで、誰一人知らなかったのよ」

ポーリンもようやく昂奮してきて、白い頬《ほお》が美しく紅潮した。

「旧ヤプーが『黄色い猿《イエロー・マンキー》』と称ばれた時代もあったらしいの、目のある人が全然無いじゃなかったのね。旧ヤプーが模倣能力――これは猿《マンキー》の特性だわね――に優れていたことは見抜かれていたのよ。もう一押しだったと思うんだけど、当時は知性《インテリジェンス》というものを人類の占有物見たいに思いこんでいたから、類人《エイ》猿《プ》だって知性動物たりうる、そういう進化もありうるということに誰も考え及ばなかったのね。それがテラ・ノヴァに渡って、人類以外にも天馬《ペガサス》のような知性動物があるのを知って目から鱗《うろこ》が落ちて、その目で旧ヤプーを見直すと、『黄色い猿』と

いうのがただの比喩でないことがわかったわけよ。それを学問的に証明したのがローゼンベルクでした……

三　畜人論の成立と意義

元来、「ヤプーは類人猿《エイプ》の一種だ」という説は、初めてテラ・ノヴァ軍の地球再占領当時、ヤプー処遇上、人権問題の口を塞ぐ便宜上から大衆伝達機関《マスコミ》に付された俗説で、政策的神話ともいうべきものだった。テラ・ノヴァの本国では既に黒人は奴隷化していたから、黒奴の人間性を今さら問題にする必要はなく、地球での政策としてはヤプーだけを対象として、その人権剝奪の理由を作り出せばよかったのだ。

しかしヤプーの奴隷化、家畜化の推進に当り、その理由として繰り返されているうちに、俗説はいつか人々の信念に根を下ろし始めた。そしてその信念からの逆作用でさらに家畜化が拍車をかけられた。天馬吸餌《ペガサスポンプ》回虫《むし》のヤプー寄生種の発明も、ヤプー人間観の下では不可能だったろう。生体解剖《ヴィヴィセクション》による医学の進歩の恩恵はあまりに大きく、今さら生体解剖を中止することはできなかった。「ヤプーは別扱いでよい」、ヤプー類人猿説を俗説と見る人も、これだけは認めざるを得なかった。奇形者の交配から短脚長喙の畜人犬《ヤップドック》の原種が作出固定され、四這にして飼われ始めると、もうヤプー人間観ではまかない切れぬ新情勢となった。

この時人々の期待に応え、その内心にまだしつこくついていた疑惑の雲を残りなく吹き飛ばしたのが、ローゼンベルクの大著**『家畜人の起源《オリジン・オブ・ヤプー》――前史時代人の最大の錯覚について』**の発表だった。〃第二の進化論〃といわれるこの業績の著者は前史時代末期に『二十世紀の神話』を著わしたナチス戦犯哲学者の血を引く大生物学者で、彼は従来 homo sapiens（知性人類）といわれてきた中に異種の simius sapiens（知性猿猴）が入っていることを発見し、皮膚の白と黒は前者に、黄は後者に属すること、すなわちヤプーは simius sapiens であることを論証するに primates（霊長類）中の homo（人類）と simia（猿猴）とが共に代表選手たる知性動物を進化させ、それぞれ右の両者となった、との豊富な例証に裏づけられた巧妙な理論をもってした。まさに旱天《かんてん》の慈雨のような学説だった。

基礎哲学と応用技術とは平行する。畜人論《ヤプーニズム》が学界の定説として受け入れられ、やがてヤプーの非人間化が良心の曇りを感ぜずに遂行し得られるようになると、ヤプー文化史上の三大発明生体縮小機《ディミニッシングマシン》、読心装置《テレパシー》、染色体手術《クロモソーム・オペレーション》が、次々に登場してきた。これによって畜人制度《ヤプーフッド》は完成期に入ったといわれる。初めは愛玩動物《ペット》だった矮人《ピグミー》――縮小畜人《ディミニッシュト・ヤプー》の最小種――は「有魂《ソウルド》機械《マシン》」の部品として使用せられるに至り、第三次機械自動化《オートメーション》による第五次産業革命を招来する原動力となった。畜体循環装置《サーキュレイター》の普及により、肉便器《ストウーラー》その他の生体家具《リビング・ファニチュア》が各家庭の常備品となってきた。新種のヤプーが続々作出され、皮革ヤプー、食用ヤプーが飼養され、生体処理工業が興り、さらに血液媒剤《コサンギニン》と電気焼筆による生体彫画は第十一番目の新芸術として認められるに至った……。

ヤプーは単なる家畜ではなく、器物でもあり、動力《エネルギー》でもある。生体家具として生産されるものは生れながらにして器物性を帯びている。生体とはいっても本質は家具なのである。ヤプーの登場が家畜と家具との概念的区別を曖昧《あいまい》にしてしまったのだ。また、その精神能力が機械の一部に組み入れられている時、ヤプーの存在価値は新しい動力源たるに在るともいえる。

今やこうして生活の隅《すみ》々までヤプー利用の浸透した世界における ヤプーの意義は、あたかも二十世紀世界における電気にも比せられよう。万能の召使いたる電気なしに二十世紀人の生活が考えられなかったように、ヤプーという、これまた万能の召使いなしにイースの衣食住は考えられなくなっていた。

かつて〝進化論〟が自由競争の自然法則視によって資本制を合理化したように〝畜人論〟はヤプーの非人間性の論証によって畜人制度を合理化した。それは理論なるものの上部構造性《イデオロギー》を示す見事な一例ともいえたであろう。イース社会の人々にとってはヤプーの由来についてのローゼンベルク学説は常識であり、この人々に対し、ヤプーが人間であるということは、二十世紀人に対し、雷公《カミナリサマ》の絵を示して電気の本質はこれだと説くような印象を与えるだろう。ヤプーの非人間性は既に論議以前の科学的真理なのであった。——原《ロー》ヤプーの裸体は人間と酷似していること、地球のジャプン諸島には服を着たり物を食べたりして、「知性ある類人猿《インテリジェント・エイプ》」がどれほど人間そっくりの衣食住や社会生活を営み得るかの好個の観察対象たる土着《ネイティブ》ヤプーのいること、彼らは皮膚の色以外はほとんど人間と区別がつかず、むしろ皮膚から見ると白人と黒人の中間に位する人間かのように見えること、こういう事実はイース人の心を脅かさない。なるほど外見からいえばそうであろうし、人間と黒奴だけが homo sapiens でヤプーは別種だというのは外見に反することだ。しかし外見は似ててもヤプーは類人猿にすぎず、ひとは矮人決闘《ピグミー・デュエル》に興じ、畜人焼肉《ヤップ・ステーキ》に舌鼓打ち、精気《ホルモン》吸引具を喫《す》って若返りすることができた。

百億の人間と、その百倍の数の黒奴の下に、さらにその何百倍ものヤプーがイース社会の生産力の根底をささえていた。ヤプー人間観になじみやすい前史時代の目には、この畜人制社会はヤプーを搾取する階級社会に見えるかも知れぬ。この見地に立てば、イースの社会組織こそ人類最高の空前の支配体制であろう。奴隷の暴動、封建制の一撥《き》、資本制の罷《ひ》業、いつの世にも支配階級は脅かされ、革命で取って代られたが、イース社会をヤプーが脅かすことは絶対にないのだから。

——だが、ヤプーを被支配階級と見ることは誤りであった。彼らは階級というに値しない家畜なのだ。牛や豚は人間を脅かさず、ただ使役され消費される。それが家畜の宿命だが、ヤプーもそれと同じであった。いや家畜そのものとしては牛や豚よりも卑《い》賤《や》しいものとされている（牛や豚がヤプーより貴《とうと》いことは後章に書く）くらいなのであった。ただ単なる家畜でなく、一方に器物であり動力であり、各種各様の使用形態のすべてがヤプー Yapoo（ついでながら、これは単複同形である）の名に総称されている。一度電気を使うことを知った人間が二度と電気以前の状態に戻ることはないように、既にヤプー使用の便利を経験し、生活体系にヤプーの肉体と精神を織り込んでしまったイース社会がヤプーを使用しなくなることは考えられない。否、現状では既に不足するといわれ、帝国発展に伴うヤプー大増産は刻下の急務と叫ばれているくらいだった。

かくてヤプーの将来には唯一つの道が続いている。これまでと同じく今後も永久に人間（白人）社会の維持と発展のための材料や道具となること、これであった。白人の楽園《パラダイス》イースの文明に栄華の花を咲かせるための肥料として生産され愛用されてゆくのが、今後のヤプーの運命なのである——ヤプー人間観からすれば、この解《たすかること》放のない永久的隷属、救済《すくい》のない永劫の地獄はやり切れないことだが、仕方がなかった。これを悲劇と見るのは誤ったヤプー人間観に立つからで、正しいヤプー家畜観に立つなら、少しも悲観におよばない。種に属する個体の増加と、分化した変種の多様性とが生物の繁栄を示すものである限り、幾百の太陽の下、現に simius sapiens ほど繁栄している種はほかにないのであり、人類と共に発展してゆくこの知性ある家畜の将来は洋々たるものだ。

　そして、その正しいヤプー観を教え、将来の発展を示唆するものこそ、ローゼンベルクの〃畜人論〃なのであった。

四　知性ある家畜

　ポーリンもローゼンベルクの畜人論は子供のころから常識として頭に入れていた。そう教えられそう信じてきた。ヤプーは人間であるなど考えられない――というより、ヤプーの本質について、彼女はそもそも懐疑したことがない。一度、家畜文化史の専門家である兄セシルから五百年ほど前、「ヤプーは人間である」という説を唱えた学者の話を聞いたことがある。もう名前も忘れたが、何でも畜人省の局長だった女《ひと》の夫《つま》で、地球で土着ヤプーを研究したうえ、『家畜人解放論《ヤプーナル・エマンシパーション》』という大著を刊行し、ヤプー人間観に立って、ローゼンベルク学説のイデオロギー性を衝き、ヤプー解放を説いた。しかし誰にも相手にされず、妻からも離縁され、おまけに滑稽《こっけい》にも、読心能付肉便器《テレパシック・ストゥーラー》が彼の内心の「人間を便器にしてよいものか」という躊躇《ちゅうちょ》を読み取って口を開かないため、黒奴用真空便管《ネグロ・ヴァキュアム・シュテ》の先端器《コアプラ》を使わねばならなくなった……「それでどうしたの?」笑いころげた後でポーリンがきいたら兄は答えた。「すっかり閉口して自説を撤回した。復縁は許されなかったそうだ。お笑い草だね」。ヤプーが人間であるなど、もっとも赤Y字運動のナイチンボイ卿などの同調者もいるにはいたが。このバカ男の外に考えた人のあるのは知らない。だから今図らずも前史時代の人に会って、こういう明白なる真実を知らないばかりでなく、容易に納得しそうにないのを見ると、ポーリンは無理もないとは思いながらもどかしさが先に立った。――外見に反するという理由で、地球が動いていることを信じようとしない中世紀人に会った二十世紀人の心境を想像すれば、彼女の心中、思い半ばに過ぎるであろう。

　ポーリンは、ややもすればじれったくなるのを押えて、クララを説得するように努めながら、

「わかって? 旧ヤプーの正体を知性ある類人猿《インテリジェント・エイプ》と知って、これを家畜に飼い慣らしたのがヤプーなのよ。ヤプーは家畜だから、黒奴と違っていろいろなことに使えるのよ。この犬」彼女は床に腹這っているネアンデルタール・ハウンドのほうを顎でしゃくった。犬は両前足をそろえて投げ出した上に長々と顎を載せ目をつむっている。額に彫りつけられたジャンセン家の紋章に矜恃《ほこり》を感じ自足しているような姿だった。「これだって、元来はヤプーなのよ。ヤプーから作った犬よ。貴女はこのタロの同類を婚約者《フィアンセ》……」

「やめて!」クララは鞭《むち》を焦々しげに振ってやめさせようとしながら、金切声をあげた。「麟《リン》はこんな醜怪《おばけ》ではありません」

「そりゃ、土着ヤプー――いえ、旧ヤプーだからだわ。つまり生《なま》なんだわ。使いやすく加工する前の原《ロー》ヤプーは、皮膚の色以外は、人間そっくりに見えるものよ、この足台だって」と肉の凹みに踵《かかと》をトントンさせながら、「一月前には、貴女のそのヤプーよりたくましい大男で、容貌《かおつき》も気のきいた原ヤプーだったのよ。それを工場で加工させて、背中に足形を刳《く》らせて、こう

いう足台にしたのよ。妾《わたし》の舌人形《おもちゃ》に作らせたのよ」

「そんな、人間をわざと奇形化するなど……」

「違う！　今いったでしょう、ヤプーは人間じゃないんだって！」

息詰るような二人の貴婦人のやりとりを、麟一郎は呪縛《じゅばく》されたまま、全身を耳にして聞いていた。ようやく彼に先ほどからのポーリンの態度がわかってきた。そして今初めて正体を知った犬や足台に妙な親近感を覚えた。そうだったのか、なるほど肌色は俺《おれ》と同じだな。だから何と恐ろしいことだろう。知性ある家畜ヤプー、俺もその一匹と見られているとは……何をクソ！　と思っても、身動き一つできない体なのだった。

クララは麟一郎に視線を向けた。何といわれようとたいせつな恋人、その土下座した哀れな姿を見ると、激情がこみあげて来て思わず進み寄り、ひざまずいて彼の体に手を掛けた。……凝《じ》っと動かなかった。今さらのように全身麻痺の恐ろしさを感じ、先ほどからの自分の昂奮も緊張も皆この人のためなのに、彼の体はこんな不具に……と思うと、たまらなくなって、くず折れるように彼の動かぬ体にすがって悔し涙を流した。鞭を床に捨て、男の背に上半身を寄せつつ、両手で首を抱き、そっと自分のほうにねじ向けさせると、

「麟！」

と唇《くちびる》を近づけたが、男の唇は死んだように動かない。ふっとさっき、円盤落下直後、水辺から駆けつけた彼と熱い抱擁《ほうよう》と接吻を交したことを思い出して、クララは、また涙した。麟一郎の目からも涙がしたたった。

第六章　宇宙帝国への招待

一　ヤプーとの接吻

ポーリンは思わず目をつぶった。人間とヤプーの接吻、汚ならしさに正気の沙汰《さた》とも思えず、見るに耐えなかったのだ。

ふと「白色唇人形《ホワイト・ベニリンガ》」のことを思い出した。古い記憶である。まだ母アデラインの膝下《しっか》にいた未婚時代で、しかしもう舌人形の使い方は心得ていたころだ。母にファンレターをよこしていた青年の崇愛者《ファン》が、母の使い古しの舌人形を入手したと狂喜した便りをしてきたことがあった。間もなく「貴女の舌人形がうらやましい……」と注して一基の立体写真を送ってきた。それが何と、舌人形を抱擁し接吻し合っている像なのである。一目見るなり「まあ汚ならしい」と嘔気《はきけ》を催し、あわてて肉反吐盆《ヴォミトラー》をさし招いた潔癖な彼女だったが、母は案外平気で、「平民の中には時々こういう生れそこないが出るものだよ」と笑っていた。後で聞いたのだが、その後間もなく、母はこの男の送ってきていた白紙身売状（＊）に唇人形と記入し、寵愛《おきにいり》の男妾《めかけ》の一人に、唇人形として贈ってしまったそうだ。接吻像からの皮肉な思いつきが、青年の純真な愛情を玩具《おもちゃ》にする嗜虐癖《サディズム》に結び付いて、珍しい白色唇人形を作り出したわけで、当時、ポーリンは、犠牲となった青年に一面同情もし、人間をヤプー扱いする母の異常性《アブノマリティ》に反発を感じもしながら、結局、「あんな変態男、それで当然よ」と母の処置そのものには表面賛成せざるを得なかったが、それというのも、彼女は男の習俗を無視して舌人

形と接吻している像に極端なおぞましさを感じたからであった。

*注（身売状は、債務者が債権者に弁済しない時は、指定した身分に貶《おと》されても異議ないと認めて差し入れる証文で、その指定欄を白紙にしたものが白紙身売状である。相手に生殺与奪の権限を与えることになる。イース社会では、これが求愛の表現として愛用せられた。法的には有効でも慣習上単なる恋文《ラブレター》としか見ないのが例である。それをアデライン卿は乱用して正式の身売状として利用し、有無をいわせず男を処分してしまったわけである。人間を唇人形にするなどは、たとえ貴族が平民に対する場合でもこういう身売状がなければ違法なことなのである）

今ヤプーと接吻する女を見て、ポーリンの思い出したのはこの時のおぞましさであった。舌人形よりは不潔さの少ない原《ロー》ヤプーではあったが、前のは平民の男だったのに、今度は貴族の女であっただけに、ポーリンは、それだけまた前とは異なった不愉快さが避けられなかった。

しかし、女の嗚咽《おえつ》が耳に響いて来ると、男を気づかう情愛がしだいにひしひしと胸に迫って、彼女の心を揺り動かした。……可哀そうな女《ひと》、こんな可愛いい顔をしながら、ヤプーに惚れ込むなんて。……でも彼女の罪じゃない。時代の罪なんだわ。この女、ヤプーが人間として通用していた倒錯的な世界に住んでいたんだから……ああ、さっきミスター・セベといわれて何のことかわからなかったけど、ミスターは氏《ミスター》のことね、セベ氏といったんだわ。旧ヤプーだから、名の外に苗字を持ってるんだわ。……ヤプーを人間の男と思って惚れ込んでいるこの愛情を何とか正しい方向に向け変えられないものか？　自覚しない病人が治療を拒んでも医者には治療の義務があるんじゃないかしら？　この女《ひと》は妾を救《たす》けてくれた。今度は妾がこの女《ひと》を救けて上げる番だわ。ヤプーと接吻したりして不愉快だけど、それでも見捨てず、積極的にこの人の病的愛情の匡正《きょうせい》に努力してあげなければ……。

ポーリンが、そこまで考え進んだ時、

「奥様、一刻も早く緩解薬の注射をして下さい」

という、激情を押し殺したような声が彼女の目を開かせた。クララが麟《リン》一郎のそばにひざまずき、彼の体を抱えたまま、きっと顔を上げて彼女のほうを見ているのが目に入った。男の唇から今顔を離した所らしい。ほつれた栗色の髪と涙にうるんだ瞳の表情とをポーリンは、同性ながら、美しいと思わないではいられなかった。

二　女王の土産

緩解薬のことをすっかり忘れていた――というのもヤプーを犬が咬《か》んだことなど重視するにたらぬという気持が無意識にはたらいていたからだが――ポーリンは眉《まゆ》をひそめた。さっきは原球面にいると思って安心していたのだが、ここが二十世紀の球面では困ったことになった。

衝撃牙《ショック・ファング》に咬まれた獲物の麻痺を緩解する必要は、猟場から帰る途中では生じないのが普通だし、またこの薬が数種の薬品から合成され、合成後短時間内に使用しないと薬効が減じる性質を持っているためもあって、緩解薬は、船や艇に備え付けられているものではないのである。このヤプーに緩解薬を注射するには、原球面に連れ戻るか、向うで合成させてすぐ届けさせるか……。

ふと思いついて、時間電話機に向い、別荘を呼び出した。

「ドリスはもう出かけた？」

「はい、先ほどのお電話から五分ほど後で、皆様とご一緒に氷《グレ》河《イシア》号で御出発《おでまし》になりました。もう半時間ほどたっておりますから、間もなくそちらに……」

「そう、氷河号を出したの……」

氷河号《グレイシア》は、古石器代人《ネアンデルタール》狩猟《がり》に氷河時代までさか上る時に使う大型の航時快速船で時速二〇〇〇年からの性能があった。別荘にあるジャンセン家の持船でこれより速いのはないから、緩解薬を届けに別の船を今出させても、氷河号には追いつけず、むだ待ちせねばならない。それより、氷河号で連れ帰って、注射してから連れ戻したほうが早い……。

素早く計算したポーリンはクララに向い、

「困ったわね。薬はこの艇にはないし、迎えの円筒《シリンダ》はもう出ちゃったから持たせられなかったし……こうしましょう。氷河号——迎えの円筒《シリンダ》のことだけど——なら、この球面と原球面とを二時間余りで往復できるから、この貴女の愛玩動物《ペット》をお預かりして、戻って注射してからお返しすることにするわ」。接吻の時クララに首をねじ曲げられたままの不自然な姿勢をそのまま凝然《じつ》と取り続ける麟一郎、その体を抱くようにしてひざまずいたまま、ポーリンのほうを見ているクララ、その美しい茶色の瞳が憂慮と疑心に満ちているのを、気の毒そうに見やりながら、ポーリンはいい添えた。「緩解させれば異常は残らないんだから、ちっとも心配いらないのよ」

「妾の案じているのは、貴女の彼に対する偏見が……」

「とんでもない、貴女が前史時代人だからって、貴女の所有物を詐取《だま》したりなんかしないわ。お預かりする以上責任持つわよ」

「妾も彼について行きたいのです」

「さあ、それは困るわ。前史時代人を連れて帰るなんて聞いたこともない犯罪だわ。妾自身検察の職務に従事してて、自分から法律を破るわけにはいかないし……」

「貴女はさっき、救助のお礼だとおっしゃって、別荘に妾を招待して下さったわ」

クララは必死であった。恋人を倒したこの麻痺毒が現代の医学で解毒できるかどうか疑問だった。先ほどから垣間《かいま》見ただけでも、相手の文明の水準は現代とは比較にならぬほど高いらしいから、相手に解毒させなければ、到底現代人の手には負えないように思えた。しかし黄色人を畜生扱いにしている女の手にゆだねて、この無抵抗な状態の恋人を、そんな、黄色人にとっては地獄みたいな所へ一人でやるなんて、できることではなかった……。

しばらく沈黙のまま、時が流れた。クララは麟一郎のひん曲ったままの頭部を元のように直してやった。どうやらこちらの手で扱うとおりの姿勢になるようだから、こんな屈辱的な姿勢でなく、上半身を起して正座した形に直してあげよう。そう思った時、ポーリンが思い直したようにいった。

「そうね。貴女に救われた以上お礼をしなければならなかったわ。犬が咬んだのはこちらの責任だから、緩解させるだけでは、お礼にならないものね」、うまい理屈を考えついたポーリンはにっこりしていった。「異例ですけど、円筒《シリンダ》にお乗せしましょう。貴女を妾の別荘に、そしてイースの首都アベルデーンの本宅にもご招待しますわ」

「ありがとうございます。けど、妾は瀬部氏《ミスターセベ》の看護に行くのが目的ですから」、落着きを取り戻したクララは、また麟一郎を正式に苗字で呼んで、「注射のできるいちばん近い所、多分その別荘のほうにお招き頂くだけで充分ですわ」

「フォン・コトヴィッツ嬢《さん》。貴女を円筒にお乗せするのに、一つ条件があるのよ」

「条件？　どんな……？」

「アベルデーンで、女王陛下に拝謁して頂きたいの。だから、本宅にもご招待したわけなのよ」

　ポーリンの考えた理屈というのはこんなことだった。今度のこの休暇旅行前、女王陛下にご挨拶した時、「地球から何か土《み》産《やげ》を頼むわ」と冗談交りにご下命があったのである。「畏まりました」と申し上げたものの、正直彼女には何を見つくろおうか、良いあてがなかった。何しろ陛下は、幾百の太陽の圏下の幾千の遊星からありとあらゆる珍宝奇物を集め持っておられるのだから。ところで、この前史時代の美しい令嬢を連れ帰れば、これこそ立派な土産ではあるまいか。美少《エス》女好みで有名な女王陛下はきっとこの女《ひと》を寵愛され、側近の侍従として官職にも任ぜられるに違いない。そうすればこの女は帝国の人になる。帝国人なら妾が連れ帰ることは違法になるわけではないのだ。……もちろん、この女がカルーに留まる気になるかどうかはわからない。留まらないといえばそれっきりだが、それにしても陛下のご下命に応じる目的で連れ帰っても悪くなかろう。第一、こんな未開時代からカルーを訪れたら、帰りたいなんていうはずがない。それに一九六×年っていえば、第三次大戦までいくらもない。この球面に残っていればα《アルファ》爆弾かω《オメガ》熱かどちらかで死んでしまうんだから……そうだ、それにこの女が留まる気にさえなれば、さっき妾が何とかこの女の、ヤプーのゆがんだ愛情を正道に引き戻してあげたいと思った目的も、うまく実現することになる。イース文化に触れたら、ソーマを五杯も飲んだら、ヤプーが何か、どう扱ったらいいのか、すぐ納得がいくようになるだろうから……とにかく、この女をカルーに連れて行って陛下に拝謁させることが唯一の解答だわ……

　だから、ポーリンとしては、ヤプーの解毒よりもクララの身柄こそたいせつなわけなのであった。

　クララは、事情をまったく知らないので、まるで、狐につままれた面持であった。

「なんで妾が女王陛下に拝謁しますの？」

「前史時代の人を連れ帰ることが異例だからよ」とポーリンはごまかして、「べつにむずかしく考えなくてもいいの。見物がてら本国星カルーに行けばいいのよ。貴方を失望させることは決してないってお約束できるわ。カルーはイース文明の中心地ですからね」

「その星までは遠いんでしょう？」

「カルーはシリウス圏――連星太陽系よ――の第八遊星です。この地球から約九光年、四次元宇宙船なら地球時にして三日と数時間しかかからないわ」

三　愛の誓い

「瀬部氏はどうなりますの」クララは短刀直入に訊《き》いた。「妾のお返事はそれ次第ですわ」

「迎えの円筒《シリンダ》で別荘に戻ったら、すぐ元どおりの体にしてお渡しするわ。それ以後のことは妾としては無関心よ。旅行中貴女がこれを携行なさることは」とまるで麟一郎を品物見たいにいった。「もちろん構いません」

「ずっと一緒にいられますのね？」

「貴女が処分しない限りはね。ヤプーのほうで飼主を離れることはできないから、貴女さえその気なら、ずっと手元に置いておけるわ」

「誰も妾達二人の邪魔をしないと約束できます?」

「できるわ。ヤプーの処置は飼主の専権よ。――陛下は別だけど――陛下はこんなヤプー、問題になさらないから――貴女が法律に従ってこのヤプーを飼養してる限り、誰も貴女を邪魔する権利は持っていないのよ」

「じゃ妾たちは」、まだ安心し切れず、クララは念を押した。

「堂々と結婚式をあげられますのね」

「もちろんよ」、結婚式という言葉で、とっさに舌人形との結婚式を連想したポーリンは、問題をすり換えて肯定したが、少々気がとがめる反面、さりとてヤプーとの結婚なんて絶対できない、と返事しては元も子もなくしそうなので、あいまいに、

「けど、貴女の気持がどう変るかわからないでしょう」

「麟に対する妾の愛情は」、クララは宣言した。

「妾が死ぬまで変りませんわ」

「おやおや、ずいぶん先のことまで約束なさるのね」ポーリンの目にはあざけるような色があった。「妾はそんな先のことまで要求しません。とにかく、一緒に来てちょうだい」。それまでにはヤプーのことがわかって気が変るに違いない。ヤプーとの結婚なんて舌人形との結婚式のこと以外には考える余地のないことがのみ込めるだろう。……「その後で貴女が結婚式をあげたいとおっしゃるなら、妾は止めやしないわ」

「拝謁後の行動は……」とクララがいいかけたのを、

「それは自由よ」と引き取って、「きっと本国星が楽園のように思えるでしょうけど、万一お気に召さねば、すぐこの二十世紀の球面にお送りするわ。」

「ほかには何も……?」

「ええ、それだけを条件にしてのご招待よ、いかが?」

「御招待《おまねき》を喜んでお受けしますわ。この恋人《ひと》のために」

クララは麟一郎を抱きながらそう答えつつ、「麻痺毒は……その、……聴神経をそこなってはいませんの?」と別のことをきいた。

「五官の感覚は平生《ふだん》より鋭敏になるはずよ。毒の効果《ききめ》は自分で動けなくするだけ。けど、どうして?」

それを聞くと、クララは、麟一郎の耳元に口を寄せると、いいきかせるように、低くささやくのであった。

第七章　便所のない世界

一　着替え

クララは麟《リン》一郎の耳元でささやいた。

「リン、行ってみましょう。どんな所かわからないけど、二人一緒にさえ居られるんなら心強いじゃない。あなたの肌の色をなんのかのといってたけど、それが愛情の試金石だというなら、その試練を受けてみましょうよ。リン、妾誓うわ、あなたをいつまでも愛するってこと。二人は離れないんだわ」

後のことだが、麟一郎を愛玩ヤプーとして可愛がるようになったころ、クララはよくこの時の言葉を思い出した。これは、クララがフォン・コトヴィッツ嬢として恋人の日本人学生瀬部麟一郎氏に話しかけた最後の言葉になったのだった。もちろん

二人が完全に飼主対家畜の関係に立つまでにはもう少し対話が交わされたのだが、この次にクララがポーリンの別荘で麟一郎と口をきいた時(十三章)には、彼女の心中には既に相手をヤプーと見る気持がはいり始めていたのだから、女から男への、人間から人間への話しかけとしては、これが最後の機会になったのである。だがこの時のクララはそんなことは予想もしなかった。恋人の身を案じて慰め励ますことで胸はいっぱいだった。

麟一郎の目からまた涙がほとばしって、顔の下のクララの乗馬用革長靴を濡《ぬ》らした。この災厄に際しても、なお変らぬ恋人の愛情に感激したのだ。物いえぬ身に涙だけが意思表示の表明だった。クララ、ありがとう。それでこそ僕の未来の妻だ……

クララはもう泣かなかったが、万感胸に迫って、身動きせず、涙で洗われてゆく靴先を黙って見つめた。長靴の先は塵埃《ほこり》をかぶっていたが、麟一郎の涙がそれを洗い流すのだった。

二人が抱擁接吻した時には目をそむけたポーリンだったが、今度はごく平静な気持でそれをながめていた。

靴をヤプーの涙で洗わせる光景は、イースでは珍しくないのである。すべて騎乗《ライディング》に際し、その乗用畜《のりもの》に応じて一定の服装を要求するのがイースの風習だが、鞭《むち》、長靴、手袋については特に厳重で、馬や馬形双体《セントーア》に乗る時には乗馬鞭《ホース・ウィップ》(犀《さい》からシャムボクを取るようにして畜人馬《ヤプ・ホース》の巨大な Penis から作る)、乗馬長靴、乗馬手袋(いずれもヤプー皮革から作る)を、天馬《ペガサス》に乗る時には天馬鞭《ペガスサス・ウィップ》(舌去勢した天馬の舌触手を干して作る)、天馬長靴、天馬手袋(いずれも天馬皮革から作る。後者は赤児《ベビー》の柔らかい皮を使用する)を、それぞれ着用することになっているのだ。ところでこの天馬《ペガサス》皮革《がわ》はヤプーの涙で光沢《つや》が良くなるという性質を持っていた。ただし、涙といっても、うれし涙、悔し涙、苦痛の涙、皆成分が異なるので、天馬皮革に効くのは、痛覚が涙腺《せん》を刺激して分泌させる特殊の物質苦痛素ドロロゲンを含んだ痛さの涙に限るのであった。

そこで貴族の邸宅の玄関に飼われる靴道具一揃《シュー・シャイン・セット》の中には、戴《くつ》靴《ぬぎ》奴、捧靴奴《くつもち》、舐靴奴《ごみとり》、磨靴奴《ブラシ》等と並んで、洗靴奴《つやだし》が欠くことのできぬものになっていた。鞭打ちで皮膚の末梢神経を刺激してやると、鞭数に応じて涙を出し、靴を洗う。ポーリン自身は面倒くさがって、天馬騎乗《ペガサスのり》の後でも使わないことがあるが、ドリスはポロ競技の後では必ずこれを使い、戴靴奴《くつぬぎ》を前にひざまずかせ、ピシピシ鞭をくれて丁寧に洗わせるのが常だった。だから、鞭を握って、足元のヤプーの涙に濡れる靴を見下ろしている乗馬服の令嬢に、彼女は以前一緒に暮したころの見慣れた妹の姿態《ポーズ》を思い浮べ、ふっと、この女《ひと》はイースの人ではないのか、と先ほどの錯覚にもう一度とらわれそうになり、あわてて鞭や長靴が天馬騎乗用のものでないことを確認して打ち消したくらいで、その光景自体には何の不自然さも感じなかったのである。

（＊）「犀の体のうち、最も尊重される部分は Penis である。これから作られるシャムボク Sjambok は世界中で最も恐ろしい鞭なのだ。それは、先のほうへしだいにとがってゆく細長い鞭で、鯨骨のように柔軟で鋼鉄のように強靱《きょうじん》であった。一打《う》ちで人間の肉を骨まで切り裂く。シャムボクで打たれるくらいなら射殺されるほうがずっとましだという。河馬《ヒッポ》や麒麟《ジラフ》の生皮《ハイド》からも作られるが、いちばん残虐な、いちばん喜ばれるのは犀のペニスを陽に干しのばして作られるシャムボクである。プロシャやベルギーのアフリカ駐在陸軍将校連はこれを手に入れると大喜びする。スジャムボクを作るには、陰茎《けい》の先端に火熨《のし》鏝様の二、三ポンドの重さのものを結びつけ、その「肉片」を、根元を上につるして日光に当てる。毎日だんだん伸びてしだいに細くなる。すっかりかわいたら鞭に作り上げ、油でみがき上げる。すべすべ光って恐ろしいこと三尺の緑毒蛇《グリーン・マンバ》に等しい。……」

考えてみると、もう間もなく迎えの円筒が到着する時刻であった。「皆様でお出かけ」とさっきいっていたから、ドリスだけではなく、兄や弟も乗って来るだろう。着替えしておかなければ……そう思ってポーリンは立ち上った。

空気の存在する遊星はいずれも完全な大気調節《アトモス・コンディショニング》によって人間の生活に快適ならしめてあったが、四季の区別はわざと従前どおり残されていた。地球の原球面は目下秋だったが、円盤《ディスク》の中は暖かくしてあるので、ポーリンは下着にケープだけ羽織った軽装でいた。クララは同性《おんな》だし、麟一郎はヤプーなので、この略装でべつに彼女は羞恥を感じなかったのだが、兄弟にせよ、男性《おとこ》の前には、こんな、裸に近い格好では出られない。屋敷《やしき》でなら黒奴《ボーイ》に命じて着替えさせるのだが、この円盤の中では自分で着替えねばならないのだ。

立ち上りポーリンがクララのほうを見ると、彼女は額に汗をかいていた。夏物の乗馬服だが、この部屋では暖か過ぎるのだ。それにその乗馬服も、ポーリンの目には服地の悪い貧弱なものとしか見えなかった。招待したお客様なんだから、妹たちの目にみっともなくないようにしてあげるのが、ホステスたる彼女の義務であろう……

「クララ嬢《さん》」と苗字でなく名前で初めて呼びかけて、「お着替えなさい。そしてこちらへいらっしゃい」

その声には命令することに慣れた人に特有の抗《あらが》い難《がた》い調子があった。ポーリンは長椅子とは反対側の壁のほうへ近づいた。すると何かボタンでも押したのか、壁が割れて衣装棚《だな》が現われた。

「妾のほうが背が少し高いから、ピッタリとは合わないでしょうけど、まあ、しばらくのことだから……どれでもいいのよ……そうね、これになさる?……そうそう、貴女《あなた》には下着もいるわね、はい、これ。使ってないんだから、気持悪くなさらなくともいいのよ」

ポーリンは一揃《そろ》いのスーツと、それから下着、靴下《ストッキング》を取り出すと、恥ずかしがっているクララを急《せ》き立てて着ている物をすっかり脱がし、下着の着方から手を取って教え始めた。パンティもブラジャーも、その他の下着は縫目がなかったが、どれも伸縮自在でピタリと体に密着し、今までどんな肌着からも味わったことのない快適な肌ざわりだった。靴下は、絹でも合成繊維でもなかったが、もっとずっと繊細で透明で、やはり縫目がなく、太腿《もも》まで引き上げると靴下留《ガーター》めなしでとまり、ほとんど穿いていることがわからない。妙齢の女性にとって夢《ゆめ》想の靴下みたいなものであった。

ポーリンもケープを脱いで下着だけになっていたが、自分もクララにならって靴下を穿いた。彼女は、クララの足指が五本あること(もっとも、西欧人の小趾は一般に日本人の小趾よりもずっと小型である)に気づいていた。クララも相手が四本指なことに気づいていた。だが二人ともそのことには触れなかった。

裸になるのを恥ずかしがっていたクララも、下着を着てしまい、靴下を穿いてしまうと、しだいに大胆になり、若い女性らしい服飾への好奇心に駆られ始めた。

スーツは、彼女が今までに見たどんな婦人服とも違っていたが、しいていうなら、ブラウスと上着と細身のズボンの三揃いになっているといえばよかろうか。その服地はもちろん聞いたこともない微妙な織物で、下着と同じように七彩の幻光に輝いていたが、地の色は、ブラウスが白、上着とズボンが茶を主調にする縞《しま》柄だった。やはり縫目らしいものがなく、締金や釦や帯の代りに布地自体の伸縮力に頼っている仕立であった。

自分もセーター風の桃色の上着と紺のズボンを着けたポーリンは、着終ったクララを見て、

「まあ、とてもよく似合うわ、ズボンがちょっと長いだけ」と嘆賞し、衣装棚の横の鏡を指さした。クララがそのほうを見ると、どういう仕掛があるのか、初めに正面からの彼女の像が映り、鏡自体がクララの体を一回りするように横から背後から、そして、横からの像を映した、――今まで自分の知らなかった美しさを彼女は感じた。この瞬間には、新しい衣装への関心のために、彼女の心から麟一郎のことが忘れられていたが、若い婦人としては無理もないことだった。

今度はポーリンは彼女に靴を出してくれた。中ヒールのパンプスで、何の皮革か、ゴムのように伸縮し、とても軽い。少しあたたか目だが穿けぬことはない。ポーリンは笑って、

「ちょっとの辛抱だから……あの長靴よりはいいでしょ」

底革は素晴らしく弾力に富んでいた。クララは何も気づかずその穿き心地のよさを感じただけだったが、実は彼女の足裏は足裏布団《プランタ・クッション》（十章三参照）の肉体を踏んでいたのだった。

ポーリンの打ち解けた態度に急に気安さを感じたクララは、先ほどの息詰るような緊張が終った後、急に我慢できなくなって来ていた尿意を、便所《ラヴァトリ》の所在を尋ねることで解決しようとした。

「あの、失礼ですけど、お手洗いを……」

「お手洗い？」ちょっと戸惑ったようだったが、クララのもじもじした様子でポーリンは悟ったらしい。しかし彼女は変なことをいった。「あ、Ashicko といいたいのね（次章参照）。どうぞ」

ピューッと口笛が鳴ると、すぐわきの壁の、今度は低いところが割れて、素裸の奇形侏儒が立ち現われた。

一二　三色摂食連鎖機構

ここで、イースにおける排泄の風俗について一通り述べておくことにしよう。二十世紀人の読者に対しては、黒奴《ボーイ》用の真空《バァキュ》便管《アム・シュア》 Vacuum Sewer から説明して、次に白人に及ぶのがわかりやすいだろう。

真空便管はその名のとおり真空掃除機《ヴァキュアム・クリーナー》と水洗便所《レユアレツロ》下水道を総合したもので、真空圧で排泄物を吸引し、便管に集めて送るのであるが、水を使わないので、水で薄められぬままの屎尿が管内を流れる点が下水道と異なる。黒奴の住宅の各室および白人住宅内の黒奴の私室にはこの便管の支管が敷かれ、さらに細管が分岐して伸縮自在の特殊ゴム管になって、椅子の裏とか寝台の側板とかに伸び、先端器《コブラ》という部分で終っている。先端器がゴム管より太くなった形が毒蛇コブラを思わせるので、先端器はコブラと称《よ》ばれる。これが黒奴の便器であった。だから便所という特別の場所はない。既に二十世紀においても欧米の新住宅では便所という区画はなく、浴室に便器を備えた様式が増加していたが、今ではさらに進んで各居室の便利な場所に設備

されているので、便所に通うことはもちろん、仕事中排泄のために席を立つ必要もない。臭気は漏れず濡れることもなく、紙《ペーパー》を扱うこともないので、前史時代人が便器というものに感じた不潔感はまったくなくなっている。これが真空便器《ヴァキュアム・クロゼット》で、衛生的で便利な便所設備が文明の進歩の象徴だという命題に従うなら、今、半人間と軽蔑される黒奴も、二十世紀人よりはるかに文明的な生活をしているといえよう。しかし物の反面を見失ってはならない。真空便管《ヴァキュアム・シュア》の先端器《コブラ》は固形物を受けつけないので、使用者は常に軟便を排泄せねばならない。黒奴用の食べ物――後に述べるようにこれも配給管によって給与される――には常に緩下剤が含まれている。黒奴は摂食上の自由を制限されることによって、排泄上の便利を享楽しているのであり、その目的は、黒奴のためよりも、むしろ、彼らの使用主たる白人に不快な不潔感を与えまいとするにあった。

ヤプーの排泄物も最後には黒奴用のと同じ真空便管の本管に流れ込むのであるが、合流以前は全然別の栄養出管《アウト・パイプ》と称《よ》ばれる管で、これが栄養入管《イン・パイプ》という管と合して畜人栄養水道《ヤプーナル・フッド・パイプ》となり、飼育所《ヤプーナリー》の畜舎とか共に白人の住宅に敷設されていた。普通の住宅でいえば充塡室（Charging room. CRと略される）があって、その床に蛇口が上へ五センチほど突き出して開孔している。ヤプーの飼主は一日一度、一定時間ごとにヤプーの体内にいる代謝回虫《ポンプむし》（四章二有翼四足人《ペガサス》哀史参照）に栄養液を充塡することを忘れてはならない。それは原子機関《アトミック・エンジン》以前の自動車に時々ガソリンを充塡補給せねばならなかったのと同じことである。定時にCRに入れられたヤプーは自身も飢餓と排泄要求を感じているので、さっそく肛門の真下に蛇口が来るような位置でかがむ（腰掛は与えられない。ヤプーは旧ヤプー時代以来腰掛便器に慣れず、かがんで使用する習俗だった。）肛門から突出したポンプ虫の尾端はまず蛇口の出管部に差し込まれ、真空圧で吸われて一どきに排液し終ると直ちに入管部に差し換えられて、栄養液を体いっぱい（すなわち、ヤプーの満腹するまで）に吸い込む。この間三十秒ないし一分間で、パンツ一枚穿かぬ全裸のヤプーとしてはただかがむだけ、真空便管の先端器の操作に片手を必要とするのに比してさらに簡単であった。然しそれでも、CRにはいる間だけは作業を中断せねばならない（もっとも、栄養水道管を伸ばして蛇口を直接ヤプーの肛門まで届かせ作業を中断しないで済ませる便法もあったが）ので、四六時中働けるようにするため栄養循環装置《サーキュレーター》が発明されたわけで栄養水道の出入両管をさらに細管にして、ポンプ虫を除いた小腸に直接連結したのがこれであった。こういう生体家具はコードによってつながれているから行動が現実に束縛されていることは当然だが、一見この束縛のない普通のヤプーも、CRのない所ではポンプ虫は摂餌はもちろん排泄さえも不可能なので、事実上逃走はできない。ことに大抵の家庭では、脳波型による個体識別装置《アイデンティファイア》をCRの蛇口に付設してあるので、家庭ヤプーはある特定の蛇口からのみ摂餌できるのが普通で、その束縛は目にこそ見えね生体家具におけるのと大差はないのである。とにかく、以上が摂餌と結合させられたヤプー独特の排泄様式であった。

さて、白人の排泄であるが、読者は既にイースにおける排泄物処理方式の基礎が真空便管にあることを悟られたであろう。白人についてもこの基礎は変らない。黒奴酒導管《ネクタール・パイプ》――しゃれて「酒の下水《ワイン・シュア》」ともいわれる――は、名こそ異なるが仕掛は真空便管とまったく同じもので、ただ内容物も管も末端部も別だというだけのことであった。その支管は白人住宅の私室の壁に隠れた地袋のすみに達して先端器に終っている。この地袋は狭く低く、犬小舎《ドッグ・ハウス》くらいの容積しかないが、これはSCと称ばれていて、この語は二十世紀人に対するWCの語と同じような不浄感をイースの人に与えるのである。

しかしそんな狭い所に人間がはいって使用することはもちろんできない。そうでなく、このSCは、肉便器《ストゥーラー》 Stooler と称ばれる生体家具の定位置なのであった。SCとは「肉便器の押入」の意 Stoolers' Closet の略である。多くの生体家具と同じく、これも雄ヤプーを材料にするが、その機能は口と胃とを人間の排泄物の容器とすることにある。生体家具の常として、幽門すなわち胃と腸との境界部分が循環装置のため閉塞されているので、別に人工肉管で胃から外部へ抜ける道を開設してある。そこで、いったん胃に収まった屎尿は胃液で混和され、固形物も流動する液状と化して放出され、黒奴酒導管に注がれる。こうして肉便器《ストゥーラー》の発明により、白人は先端器もポンプ虫も問題にならぬ最も快適安楽な排泄形式を享楽すると同時に、それが固形便を咀嚼消化してくれることで、自ら緩下剤を服用する要もなく、自由な食生活を営みつつ、しかも衛生的な真空便管装置を利用しうるに至ったのである。

真空便管との関係から客観的に見れば、白人は黒奴酒導管を、肉便器という生きた先端器を使って利用しているわけなのだが、白人の主観においてはそうでない。SC内の先端器は単純に肉便器のもので、間接的にも白人に結びつくものではない。SCの中をのぞくことはない（のぞく用があれば黒奴に命じるからである）ので、全然便管を意識しない人が大多数だ。彼らの主観からすれば、排泄とは肉便器に food《たべもの》 と drink《のみもの》 を与えることなのである。前史時代の東洋の一地方では豚を便所に飼って排泄物を飲食させたといわれるが、その人々ならイースの白人が肉便器を見る気持がわかるであろう。要するに、「自分たちの屎尿をご馳走として飲食する家畜がある」という意識である。ただ、この家畜が半ば家具的存在になっている点が昔の人には不可解であるかも知れない。

逆に、肉便器を含めてヤプーたちのほうにこの白人の意識に照応する神話が存在している。「神様は黒奴を哀れんで酒を与えようとした。そこでヤプーの中で特に優れていたストゥーラーなるものを選んで、口からの飲食、ペニスからの排尿という、本来ヤプーに許されぬ一見黒奴風の生活をすることを許し、その尿から酒を作るために神様自らFood と Drinkをお与えなさることとした云々」というのである。すなわち肉便器たちには便器としての自意識がない。便器とは、彼らにいわせれば、黒奴が使う先端器のことで、神様には本来そんなものは要らないのである。「神様はヤプー中の優良児たるストゥーラーを養って下さっているのだ」、これが彼らの信念であって、一般に白人を神として礼拝するヤプーの宗教「白色崇拝教」――各種ヤプーはそれぞれ自分らこそ神様に愛されていると信じている――の中でも、選民意識の強い点で特殊のものであった。生体家具の一つとして栄養はコードから来るのだが、自身ではそれを意識せぬ肉便器は、自分の栄養は直接神から与えられ、口に受けた聖なる食べ物から摂られるものと考えているわけで、事実、彼らの特権的地位は黒奴たちにさえうらやましがられることがあるのだ。

しかし実際には、聖なる食べ物は肉便器の体内にはほんの少ししか吸収されない。唾液、胃液、膵液等と混った神様の屎尿

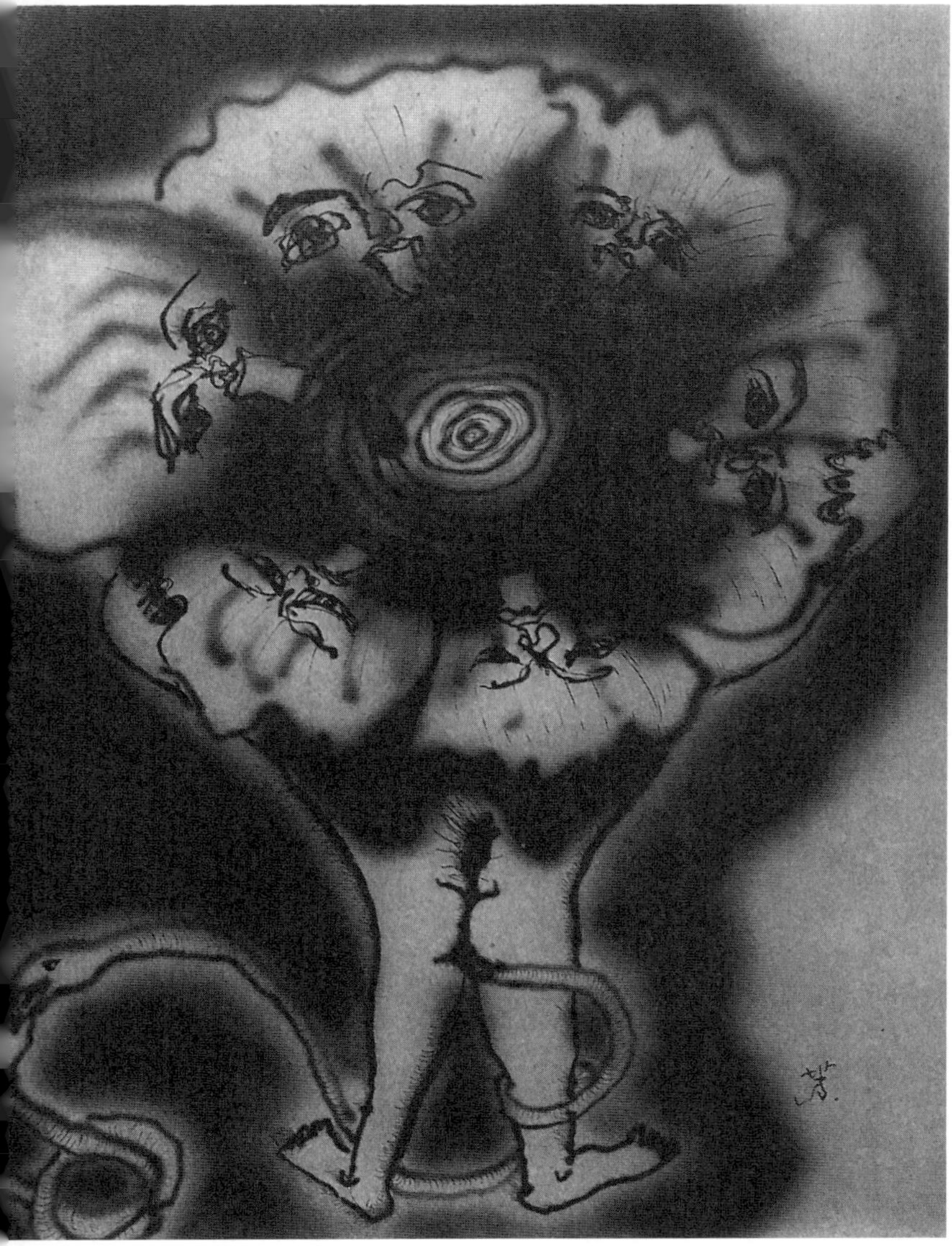

は、やがて人工肉管に送られ、そこで強力酵母を添加され、発酵を始めつつ、先端器から導管にはいって黒奴酒業者《ネグターラー》 negtarer の醸造所に導かれ、樽にたくわえられて酒精分《アルコール》を増加してゆく。これを精製したものが黒奴酒《ネグタール》 negtar だ。一般平民の屎尿はまとめて二級酒、三級酒を作るのに用いるが、名流貴族のは家柄によってそれぞれの銘酒を醸造するのに使用される。このように白人の排泄物は完全に利用されるのだが、では黒奴やヤプーのはどうなるのだろう？　畜人省栄養水道局の所轄する特殊飼料配合所において廃物利用されるのである。真空便管本管はここに導かれ、まず緑藻《クロレラ》培養源（＊）となる。外からの熱を受けやすいよう、透明になった管内を流れる屎尿はみるみる緑色に変って高栄養蛋白質の集まりと化する。さらに管内を流れつつ各種の微生物や抗生物質を作用させると、最後には人体の栄養を一〇〇パーセント維持する完全食糧の緑色液となる。この複合クロレラ液を逆に別の本管で外に導き、支管を分岐させていったものがイース・ヤプーの生命を支える栄養液であり、栄養入管なのである。すなわち白人のものは黒奴に、黒奴ののはヤプーに、ヤプーのものは再びヤプーに、それぞれ完全に摂取されるので、イースの文明は前時代のように排泄物の処理に悩むことがない。これは廃物再生摂食連鎖《リニユーイング・フッド・チェーン》と称ばれ、内務省の管轄するところだった。

（＊）参考「徳川生物学研究所ではクロレラのタンク培養を研究している。クロレラは普通の農作物の四十倍の高能率で太陽エネルギーを吸収し、反当り一年の収穫率は四トン半で、米の十倍、大豆の三十六倍に当る。そして組成は蛋白四二パーセント、脂肪二二パーセント、炭水化物二四パーセント、残りの中に各種のビタミンを含み、その含量はどんな食品よりも豊富で、蛋白源として牛乳の四十三倍の能力を持っている。条件がよければ一日に百倍も増える驚異的生産力であり、組成も自由に変化させられる。将来の人類の食糧問題はクロレラによって解決されるであろう。手近なところでは大都市で処理に困っている排泄物もクロレラを利用して家畜の飼料に変えてしまうこともできる。……」

——田宮博士の文章から

以上がイースにおける排泄物処理方法の概要であり、排泄風俗のあらましである。ヤプー、黒奴、人間、それぞれの排便施設を備え、前史時代の世界におけるような非衛生で不便な便所というものがどこにも見られないのがイース世界なのである。（なお、立小便にあたるものとして、白人が直接黒奴の口中に放尿する場合があるが、これは正規のものでないから、後章でその場面が来るまで説明せずにおこう）

三　標準型肉便器

ところで、イースにおける肉便器《ストウーラー》使用の風俗は、初期の形態をも算入すれば、既に千五百年以上の歴史を有する。現在帝国内のどの遊星のどの大陸に行っても、おおよそ個人の私室で専用便器の備えてない部屋はなく、客室、船車内、集会場などで標準型共用便器の姿の見られないところはないが、このように普及するまでには、ことに便利しごくな三能具標準型の誕生するまでには、長い変遷の跡があるのである。

肉便器使用の端緒は、女権革命以前、アルタイル圏への膨張期にさかのぼる。『イース事物起源』の記するところによると、遊星ゴンダへの植民に際し、その星の大気の状態から気密円頂《キューポラ》閣内に便所を一個所しか設けられなかったので、夜中尿意を催時、遠い便所まで歩いてゆくのを面倒くさがった男たちが、寝台の上でヤプーを尿瓶《しびん》代りに使うことを考えた。これが最初の肉便器だという。女性用小便器と違って男性用のものは口唇部に特殊の構造を要求しないから、ヤプーを持っている人はすぐ利用できた。十年ほどの間に、ゴンタ星の風習は帝国全体に広がった。当然昼間も使う、大便にも使うという人が出た。自家の便所から陶製便器を追放し、小便所の朝顔の跡へは立姿勢での口唇の位置がちょうど大人の泌尿器に当るくらいの身長の仔《こども》ヤプーを縛りつけ、大便所腰掛の下には口の大きなヤプーをかがんで仰むかせ、結局自分の排泄物を全部ヤプーの体内に収める創案者たるの栄をになったのは、ペトロニウスの再来と称せられた伊達者の卿《ロード》ドレイパーだったと伝えられる。

やがて女権革命が起り、男子用朝顔と並んで女子用朝顔《サニスタンド》（次章参照）にヤプーが使用せられるようになり、子供では口も胃も小さすぎるとて侏儒《ピグミー》をそのために便所で飼うようになった。そのころ一方では黒奴《ネグロ》のために混尿酒《カクテル》を与える試みもあり（第四章一、自己紹介 参照）、やがて黒奴酒《ネグタル》が作られ、真空便管が普及し、結局今から千三百年ほど前に、粗笨ながら廃物再生摂《リユーイング・フッ》食連鎖《ド・チェーン》の原始形態が成立して、肉便器の存在は動かすことのできぬ重要な社会的機構の一環となり、陶製便器の使用はまったく廃れるに至った。

しかし、まだ染色体手術の技法が発明される前であったから、便利な体型は誘導変異から長期にわたって育種淘汰する以外には得ることができなかった。椅子に掛けたまま、寝台で寝たまま放尿できる轆轤首型《ロングネックド》肉便器は、本来舌人形《リンガ》・唇人形《ペニリンガ》として発達した体型を尿壷《ピスポット》に転用したものであるが、その数十種に及ぶ長い首が作られるまでには数世紀にわたる育種学者の苦心があったし、大便器としての佝僂型《ハンチバックド》も、いわゆる馬蹄肉瘤《ホースシュー・ハンプ》――両肩が著しく怒ったのと背中の瘤とが筋肉塊で連結して、頭部を三方から馬蹄形に囲む肉質の山脈状になったもの――が発達して、すわった時、腰掛便器の眼鏡板《シート》（穴あき蓋）の代りに楽々と使用者の尻をささえ得るような見事な奇形になるまでには、幾百の試作品がむだになったのだ。

侏儒、佝僂、轆轤首の三種が、三用途に応ずる肉便器の三定型として発達したが、こういう単能具は私室に置くには充分だが外出先へ連れ歩くには不便である。共用器でなく専用器として持つ階級からの要求に染色体手術法の発明が呼応して、八百年前初めて三能具が作出された。三種の定型を一身に兼ねている奇形である。その便利さから単能具を圧迫し、平民の専用器および一般共用器として広く用いられるに至り、単能具は特殊化して貴族向きの高価な専用器に残存している。

単能具は貴族の私室に置く、専用器として読心能付《テレパシック》にもできるし、頭部の造作（第二章で舌人形の頭部にどんな加工がなされたかを想起されたい）に変った趣を加えたり、生体彫画による皮膚の装飾に高尚な趣味を示したりすることも自由で、極端にいえば、帝国内一万の貴族の使用しつつある数万の専用器中にまったく同じ二つを見出しがたいくらいである。これに反して共用器は、個人の嗜好《このみ》に属する部分に手を加えないほうがよいとされ、もっぱら実用本位に、機能第一に体型を追究した結果、いちばん便利な形と認められたのが標準型として規格が公認され、量産普及化されるようになった。

これは大へんな奇形であった。侏儒で佝僂で轆轤首というだけでも想像できよう。脚は太く、長さは四十センチで、ひざで二等分されていた。足は大きく偏平足である。両脚の上にある胴体は肉塊といったほうが早い。あぐらをかいた時の胴体の高さ五十五センチ、立派な馬蹄肉瘤を備えている。腹部は恐ろしく肥満し突出しているが、これは四人が次々と続けざまに使用し得るよう、つまり胃容量が四膀胱容積（これは肉便器の胃がどれくらい膨張しうるかを測る単位である）にも達するためである。生体家具として栄養循環装置を備えているのはもちろんだが、その外にも内臓に加工してある。それは気管が咽喉を通らず、首の付け根の後方、馬蹄肉瘤の凹みの内側に二つの孔《あな》を開いて、そこから呼吸させるためで、鼻粘膜をその孔に移植してあるので嗅覚は普通人より強いくらいだから、その加工のねらいはひとえに咽喉を食道に専用させ、呼吸によって屎尿の通過が中断されたりすることのないようにするにあった（舌人形にもこの加工を施したものがある）。腕は長く細い、手の指は柔らかく短く、爪は舌人形と同じく、引っかき傷など作らぬよう全部抜いてある。馬蹄肉瘤の内側、深さ十センチの凹みの中いっぱいに細長い首がとぐろを巻いたようにして畳まれ、頭が載っている。大便器になる時は首を折って凹みの中へ後頭部を入れ、顔を仰向けにして口を開き、小便の場合は首を伸ばす。頭部は口唇部の異常な発達を除けば、目鼻耳頭髪すべて尋常だが、無精髭にならぬよう、毛根は除いてある。深く裂けた大きく開く口と吸盤のような感じのする厚い唇は女性のためのものだが、男性にも使用し得ることはいうまでもない。歯は咀嚼用に奥歯を残してあるだけで前歯は全部抜いてある。舌は普通人の倍もある幅と長さの見事なもので、黒奴用の先端器と並んで、この有能な舌が、イース世界からトイレットペーパーを追放してしまったのだ。

　これが標準型肉便器《スタンダード・ストウーラー》（StSt. と略されることもある）である。

身長は、首を伸ばした時（実際にはこの姿勢はとらないが）百五十センチ、畳んだ時百十五センチ（頭部二十センチ、脚部四十センチ、胴は肉瘤頂から尻まで五十五センチだが、中央、首の付け根から尻まで四十五センチで、四十五センチある長い首は畳むと凹みに収まるのである）、腹囲は百三十センチというのが規格数値である。シリウス圏のベロ星にある大飼育所《ヤプーナリー》で量産され、一定の訓練と教育を受け終ると選民ヤプーとして祝福されつつ、帝国全版図に輸出されて、白人の生活を快適化するとともに黒奴酒原料採集機構の末端として黒奴のためにも役立つ有能な生涯を幸福裡に送ることになるのである。この製造と訓育の状況は、いずれクララがベロ星を視察する日まで預かることとし、ここでは円盤内の操縦室の場面に話をもどすことにしよう。

第八章　起立号令 ASHICKO

一　家畜語《ヤプーン》としての日本語

壁から現われた奇形侏儒《ドウオフ》は、ＳＣから出て来た標準型肉便器《スタンダード・ストウーラー》だったのである。円盤がポーリン一人のものなら専用器を置けるのだが、ジャンセン家の他の人も乗ることがあるから共用器を付設してあるのだ。もちろん、乗る時に手間を惜しまねばコードをはずして専用器と取り換えさせることはできるのだが、あまり物にこだわりを見せない性質《たち》のポーリンはいつもそのまま使っていた。

　口笛で出て来たのは、これが呼出し合図になっていたからであった。読心能付《テレパシフク》のもの以外は、耳が生体家具の重要な能力であって、標準型便器は、同じような口笛を一度聞いただけで、百人を百人、二度目にはその違いを見事に聞き分けるという素晴らしい聴覚《みみ》を持っていた。今この操縦室附属の便器も、以前ポーリンの航時遊歩《タイム・ドライブ》の時に奉仕したことがあったので、今の口笛の主がだれであるか、知っていたのである。

彼は短い脚を運びながら、いそいそとポーリンのほうに進み寄った。コードが長いシッポのように床にはった。

ポーリンは、いきなり、

「違《ノウ》う！」としかるように制止すると、さらに数語をつけ加えた。「コッチジャナイ。オ客様ノゴ用ナンダヨ」と日本語でいった。

この数語は麟一郎を仰天させた。肉便器《ストウーラー》の姿を見ず、だれの発言か確かめるために振り向くこともできぬ彼は、クララの声でない以上ポーリンに違いないとは思いつつも、一瞬耳を疑わずにいられなかった。

クララも驚いた。肉便器の異様な姿態は、先ほどから続けざまに珍奇な事物を見て、ある程度神経が鈍磨してきていたのと、これがまだ首を伸ばさないので単に太った侏儒《こびと》のように見え、目、鼻、耳などは普通人と同じで人間らしい印象に富んだ点もあったことから、それほど彼女を脅かさなかったのだが、今この数語を聞いて、なぜとも知らず凝《ぎょ》ッとした。麟一郎との交際以来、日本留学生の会合などに出たりして彼らの会話を聞いたこともあり、自身も恋人の母国語に相応の関心を持っていた彼女は、意味はわからぬまま、それが何語かを直感的に悟ったのだった。

ポーリンが肉便器をしかった言葉は日本語だったのである。

いったい、どうしてポーリンは日本語を話せるのだろう。外でもない、これが家畜語《ヤプーン》 Yapoon だからだ。イースの人類は共通語としてイース語(平民方言、黒奴《ネグロ》方言、また各遊星での方言など訛《なま》りはいろいろあったが、基礎が英語であることは前述のとおり)を話すのだが、その片言を覚えるころにはもう家畜語をマスターする。家畜語音盤《ヤプーン・レコード》(既に二十世紀に着想されていた言語学習法——睡眠中、睡眠学習音盤という語学レコードを聞かせて下意識に教授する仕方——の進歩したもの)でしゃべり方を身につけてしまうのであり、またそれで充分なのである。いわばイースの人類にとっては、スプーンやフォークの使い方を覚えるのと同じような(事実「スプーンの次にヤプーンを覚える」という俚諺もあるくらいである)生活技術上の初歩的必須知識としてであり、シェークスピアの詩を暗誦するような精神的作業とはまったく異質な、いとも自然な状態で家畜語をあやつっているわけなのである。

家畜語文字《ヤプーン・レター》というものは全然用いられない。語彙《ごい》も貧弱である。もともと論理的・思想的表現に適しなかった家畜語は、語彙の貧困化に伴って複雑な思想の表現は不可能になったが、普通のヤプーの仕事は思想には縁がないので、白人がヤプーに命令するための言語としては充分である。敬語は非常に発達していたが、白人とヤプーとの間には対話は存在せず、白人が一方的に命令するだけだから敬語用法にも白人は無関心であった。

もっとも、ヤプーへ命令するのに家畜語を使わなければならないわけではない。人間の言葉で命令してももちろん構わないのである。ただヤプーは、一般に人間の言葉を理解し得ない。特別の用途に充てるため、人間の言葉を教える必要がある時には、睡眠学習音盤ですぐ教え込めるので、この点が知性ある家畜の有能な点ではあったが、普通は教える必要がないとされる、家畜が人間同士の会話を理解したりする必要はないからである。言語は系統立って教えられるか、自分で話し言葉として使ってみるかせねばマスターできるものではないから、自分で話すことを許されぬヤプーには結局人間の言葉は理解できぬままにとどまるのであって、この点他の知性なき家畜と全く選ぶところがないのである。したがってヤプーに命令するには家畜語ですればよい、これが伝統的な考え方だった。これに一石を投じたのが有名なクァドリー（女）伯爵《グラーフ》であった。彼女は家畜語は命令補助用具たるにとどめるべきで、命令は人間の言葉でなされるべきだと主張した。人間が家畜に命令するのに自分の言葉を捨てて家畜に迎合する必要がどこにあろう、前史時代の馬や犬に命令するのに人間は人間の言葉を使ったではないか。もちろん教え込める語数は人間の語彙の何分の一％にしかすぎまいし、大へんな鞭打《スパルタ》的教育の必要があろうが、しかしそうやって教え込んだ人間の言葉で行動させてこそ家畜を扱うという にふさわしい取扱いではないのか。もし人間の言葉で指示できない部分があるならば家畜語で命令するのもよいだろう。しかし、妾はそんな場合にも鞭《むち》と手綱で自分の思いどおりの行動に強制しうると信じる……。

この説は一般世論を動かし、以来、白人のヤプーに対する命令はまず簡単な人間の言葉でなされ、家畜語はその説明補助に用いられるのが普通になった。要するに、ヤプーは白人に対しては「口のきけない家畜」たるにとどまるのだ。

黒奴《ネグロ》との関係は多少異なる。黒奴はヤプーに話しかけるには家畜語をもってしなければならないし、白人とは会話することのできないヤプーも、黒奴に対しては、許された時、必要ある時、口をきくことができる。ただこの場合の敬語は「アリマス」調にすべきで「ゴザイマス」調は使ってはならないとされる。後者はヤプーの神、すなわち白人への祈祷にのみ用うべきものである。黒奴はヤプーの用語が正しい敬語法を守っているかどうかわからねばならぬ必要から、白人よりは家畜語の知識が深く、幼児期に充分マスターさせられるのである。

もっとも、黒奴に対して話すことができるなどといっても、実際問題としてヤプーが口をきくことはきわめて稀《まれ》であり、肉体的にも舌の構造等から唖《おし》であるのが多い(＊)のであるが、話しこそせね聞く能力だけはいちおう標準に達して、家畜語で解説すればいくらでも複雑な命令が可能であり、これが「言語を解する家畜」たる彼らの矜持《ほこり》なのであった。単純な文法と貧弱な語彙、イースでは家畜言語《キャットル・タング》と軽蔑され、言語として扱う価値がまったくないとされているとはいえ、家畜語はやはり知性動物の特徴たる言語の一種、少なくともその退化形態であるには違いなかったのだから。

（＊註）馬や犬はしゃべれないし、肉便器でも、昔はしゃべれたが現在の標準型はしゃべれない。舌が大きく発達し過ぎたためである。この過程を示すともいえる俚諺に「良く舐める《グッド・リック》（舌は）拙く語る《バッド・スピーク》」というのが残っている。

もし退化する以前の家畜語を知りたければ、ヤプン島に行けばよい。ここに飼育されている一億匹の土着ヤプーは、昔ながらの旧家畜語と家畜語文字を使って未開文明生活を送っているのである。

イース世界における家畜語の地位、機能がこのようなものであったことから、ポーリンとしては、ただ肉便器に指示を与えるというだけの意味で家畜語を使ったに過ぎなかったのだった。

二 ASHICK の諸議

しかられた肉便器は、あわててクララのほうに向き直って近寄ってきた。クララが気味悪そうに身を引くと、ポーリンははっと気づいて、

「そうそう、貴女《あなた》はまだ肉便器を使ったことがないんだったわね。……べつに面倒なもんじゃないんだけど……」

といいながら、それでも考えたうえで、

「じゃ、妾が使ってみせてあげるわ」

といって、今度はきつい口調で便器に命令した。

「Come here Ashicko.」

たびたびの脱線で恐縮だが、これから先もよく使われる言葉なので、ここでこの Ashicko という語の意味、由来、用法を、オクスフォード大辞典の最新版を訳して紹介することにしよう。用例はイースの事物に慣れぬ読者にはわかりにくい点もあろうから、訳注を付しておく。

ASHICK【əʃik】外来語【語源】Oshikko（旧家畜語）

【名詞】㈠【廃義《オブソリート》】尿。小便。比較→UNGK（大便）。①【本来は、古体 ASHICKO【æʃikou】を用いて】ヤプー尿（例1）。②【転じて】人尿（例2）。㈡【自動詞㈡から】（ヤプーが）起立すること。①（肉便器《ストゥーラー》の）立位（例3）。②（犬の）チンチン（例4）。③（馬の）立姿勢（例5）。④（原ヤプーの）起立（例6）。⑤【転じて】（黒奴の罰としての）立ん棒（例7）。㈢【他動詞から】（ヤプーを）立たせること。【特に】（肉便器を小便に）使うこと（例8）。㈣【熟語】ASHICK and ungk（立つことと坐ること）（ヤプーの）両姿勢（例9）（例10）。

【自動詞】㈠【廃義《オブリソート》】-ed, -ed. 排尿する。比較→UNGK（大便する）。①【本来は、古体 ASHICKO【əʃikou】を用いて】ヤプーが排尿する（例11）。②【転じて】（人間が）小便する（例12）。㈡【現在は、自動詞としては次の命令でのみ用いる。受命自動詞】命令形 ASHICKO【əʃikə】略体 SHICKO【ʃikou】（ヤプーに対する）「起《た》て」【起立号令】。反対→UNGKO【ʌ́ŋkə】（すわれ）。①【本来は】（三能型肉便器に対する命令）立位を取れ（例13）。②【広義化して】（ヤプー系動物への）起て。（犬に）後脚で立て（例14）。（馬に）立上れ（例15）。③【さらに広く】（原ヤプーに対して）起て（例16）。④【転じて】（矮人《ピグミー》に対して）掛れ（神々の競技や矮人闘技において）（例17）。㈢【熟語】to say ASHICO（起立号令をかける）。肉便器を使用する意の婉曲《えんきょく》語法（大小便を問わぬ）（例18）（例19）。

【他動詞】-ed, -t.【自動詞㈡から】㈠ 起立号令《アシッコ》をかける（例20）。㈡（ヤプーを）立たせる（例21）。㈢（ASHICKO の号令をかけて）起動させる（例22）。㈣【熟語】to ASHICK a person）ある人に起立号令をかける）原ヤプー扱いする。人格を無視して侮辱を加える意味（例23）。to ungk and ASHICO a horse（馬を坐り立たせる）馬にまたがる動作（例24）。

【語　史】ヤプーの文化史的運命を象徴する語の一つ。初期には、OSHICKO, ASHICKO とつづられ、ヤプーの（排）尿を意味したが、ポンプ虫寄生によってヤプーが排尿と無縁になって以後、語尾の -O が脱落して人間に転用され、肉便器への説明語として用いられる（用例12参照）うちに起立を意味する号令語と変り、女権革命後は尿の意はまったく忘れられ

て、起立の意味の受命自動詞として意識されるに至り、最後に他動詞化した。ただし、常にヤプー系動物に用いられ、人間には用いられない、黒奴《ネグロ》にも刑罰用語以外は用いない。逆にヤプーに対しては、Stand, stand up という語を用いず、すべて ASHICK で代用する。また、to say ASHICKO（アシッコという）が用便を意味するのは、ASHICK がいったん古義を離れ、排泄と無関係な起立動作のみの意義と観ぜられて後に（昔手と紙で尻《しり》をぬぐった時代に「手洗い」という語が便所を意味したような）、排泄に関する直接表現を避けた婉曲語法として成立したもので、語義変遷の好例とされる。

【用　例】

例1。人間でなく猿《エイプ》だということは雄《メーレ》特有の立小便のふうでもわかる。便所を持っていても猿《さる》真似した借り物に過ぎんから、尿意を催すと便所でない所で ashicko を放出するんじゃ。J・ラッセル編『**将軍《ゼネラル》マック言行録**』（地球都督時代編）』

例2。儂《わし》はその仔畜人《カブ》 cub にいった。「お前は今日から小便所《ユアリナル》じゃ。儂の ashick がお前の唯一の飲物《ドリンク》になるのじゃ」。B・スタンウィック編『**卿《ロード》P・ドレイパー書簡集**』

例3。歴史時代、印度仏教の経典に無量寿仏《あみだざま》の極楽世界を説いて、そこでは人は心に排泄を念《おも》えば大地が開閉して不浄を受け容れると叙しているが、心に放尿を念うと、すぐ、肉便器が Ashick で前に立つわれわれ貴族の生活は、昔の人には極楽《パラダイス》とも思えるわけだ。A・ヘプバーン『**古代宗教雑話**』

例4。満二年で完全に這《は》うことが身についたら、仔犬 puppy を外に出して、初めて ashick を仕込みます。I・バーグマン『**バウ星紀行**』

例5。さても女丈夫エド・フィエール／ashick の馬の肩に跨《またが》り／拍車 燦《きらら》 と輝いて／威風辺《あた》りを払いけり。J・モロー『**女城主《シャタレーン》**（**物語詩**）』

例6。ashick している原ヤプーを立っている人間と比べて見よう。どこが違うだろう？　S・ローレン『**ローゼンベルク畜人論の擁護**』

例7。妾は一方混尿酒《カクテル》を与えるとともに、他方気に入らぬ黒奴はどしどし ashick に処したから、彼らからは愛されると同じく恐れられた。女卿《レディ》ジャンセン『**回想録**』

例8。肉便器の ashick《つかいかた》 にも人によって違いがある。妾は両股で尿壺《ピス・ポット》頭を締めつけながらでないとうまく放尿できないが、感触だけで放出できる人も多いらしい。男にも、くわえさせるだけで出る人、吸わせないとダメな人、いろいろあるようだ。G・ケーリー『**随筆・こんなこと**』

例9。ashick《アシック》 と ungk《アング》 が家畜語にはいると、前者は立つためのアシ（脚）となり、後者はすわる意を保存したまま変音してエンコとなった。なお家畜語で柔らかい甘いものをアンコというのは、肉便器に対する ungko《アンコ》 から連想されるのが直輸入されたのであろう。D・デイ『**家畜語考**』

例10。「Ashick《アシック》 十二回、ungk《アング》 三回」健康体の意。（諺）。

例11。「おい、どこへ行く」「ハイ、oshiko に……」「その前にここへ首を入れろ、俺が小便《ピス》したい」。H・ネフ『**ゴンダ星異聞**』

例12。「お起ち《スタンダップ》」とお姫様は肉便器《ワアラ》に命じ、それにわかる言葉で付け足しました。「妾ハ ashick シタイカラ」。M・オハラ『**童話・情深いお姫様《テンダーハーテッド・プリンセス》の話**』

例13。肉襁褓《ディアプー》は生後十カ月くらいでとどめ、以後はひとりで排便させましょう。すぐ肉便器《ワアラ》が使えるようになります。ashicko《アシッコ》，ungko《アンコ》は片言でもいえますから、すぐ肉便器が使えるようになります。家畜語音盤を聞かせるのはずっと後でよいのです。J・シモンズ『**躾《しつけ》読本**』

例14。彼女の愛犬ニューマは脳の言語中枢を抜かれた犬であったが、ashicko といわれれば、どんな犬より素速く後脚で立って、獅子《ライオン》のように刈り込んだ上半身の長毛を誇示するのだった。J・ドール『**クァドリー伯爵伝**』

例15。飛び乗りながら ashicko と叫び力強い一鞭《むち》を入れた。馬は彼女を肩に、飛び起ち上って疾駆し始めた。E・ガードナー『**暗黒星雲《ブラック・ネビュラ》から来た娘**（**長編小説**）』

例16。九月三日。朝暗い中に伝声管を原《ロー》ヤプーの畜舎《ケース》に継《つな》がせ ashicko とどなって画面《スクリーン》を見ていたら、皆地面《じべた》からはね起きたが、一匹の雄だけは動作が遅《おそ》かったので、連れて来させ、巨大蜘蛛《ジャイアント・スパイダー》の生餌にした。shicko, shicko と励ましたが結局二時間で完全に縛られる。午前中の面白い消閑《ひまつぶし》だった。E・テイラー『**飼育所長日記**』

例17。トロイ戦争ゲームのシリウス地区予選決勝は、昨日L・ヤングの白組とA・バクスダーの青組との間に競われた。審判官たるウッドの ashicko の号令一下、二千匹の矮人《ピグミー》は縦横に斬り交じえ、激闘数時間、白組に勝鬨《どき》の上ったころは競技場の河流は真紅に染まっていた。(『アベルデーン・タイムズ』記事)

例18。「Ashicko と二度いう必要はない」。M・ディートリヒの言葉。（一度いって用の足りぬような肉便器は捨ててしまえ、の意）（故事成句）

例19。「一度二台に ashicko をいうな」（ムダなことをするなの意）（金言）

例20。夫《つま》は、妻《おっと》からたとえ ashicko されても口答えは禁物です。妻の望みなら、私はいつでもこの手を蹂躙《ふみにじ》ってもらおうと思います。妻は夫の主君なのです。T・ムーア『**じゃじゃ馬馴らし・五幕**』

例21。陛下の御足がベロ星の土を踏まれる間、全ヤプーを ashick し続けるように、との宮内庁の意向が内達された。G・ガースン『**セオドラ女王朝史**』

例22。近時有魂計算機《ヤパマトロン》の起動と制動を ashick, ungk の語で表現する者があるように聞き及んでおりますが、どうかと思うのであります。『**国語審議会議事録**（デボラ・カー委員の発言）』

例23。証拠算出計《エビデンス・マシン》によれば被告人の有罪度は八〇度強である。よって被告人は被害者を ashick したものと認め、名誉毀損《きそん》の罪により縮小刑二級三年に処し被害者に引き渡すものとする。V・リイ判事『**判決録**』

例24。母の血を引いたか、男のくせに子供の時から乗馬《ライディング》が好き、仔馬《ポニー》を買ってやると、上手に ungk-and-ashick します。今度は天馬《ペガサス》をほしがり始めました。E・パーカー『**おてんば息子を持てば**』

【訳注】（例1注）M将軍は地球占領軍司令官で初代地球都督となった人。当時ヤプーの語はまだなかったが、彼は類人猿《エイプ》と称んで人権を剝奪した。（五章三参照）

例2注。P・D卿は肉便器使用の先駆者。（七章三参照）

例3注。読心能付肉便器の使用を意味している。ashick の語が三能具だけでなく、単能具にも用いられる例。

例4注。外に出すとは、それまでは畜犬場《ケンネル》内の電流の通じた低天井の室で飼育されているからである。（第三章二参照）。バウ星は犬の生産地。

例5注。馬とは畜人馬《ヤプン・ホース》。騎手を肩車に乗せて走る巨人ヤプーで後章に詳述する。

例6注。『ローゼンベルク畜人論』は五章三参照

例7注。J女卿は第四章一参照。立ん棒は横臥を禁じる黒奴への刑である。混尿酒《カクテル》とあるのは、当時のは醸造過程がなく屎尿を酒に割るだけだし、黒奴酒《ネクタール》の名称もなかったため。

例8注。G・Cはモナコ星都督だったが、夫君は乳児時代肉襁褓《ディアプー》が悪い癖をつけたため、生涯強く吸わせながらでないと放尿ができなかった。それを不具《かたわ》扱いする人がいたので、彼女がこれを書いたといわれる。

例9注。D・Dは、学問の対象にならぬとされていた家畜語を初めて真面目に考察した人で、誤謬《ごびゅう》がなくはないが、研究の結果には卓見が多い。エンコ・アンコの解は既に定説である。

例10注。鳥類の長命は排泄物を体内にためないからである。イースの人は便意を我慢しない。健康な普通人で小便十二回、大便三回が一日の定数である。

例11注。（綴りがOで始まっているのに注意）。ゴンダ星での風習は第七章三参照。この時代にはヤプーが主人と対話したりする地方もあったことがこの記述からうかがえる。

例12注。ashicko が命令語として確立する以前には、stand up という命令も用いられたことがわかろう。warra《ワァラ》 は stooler の幼児語で オマル、 オカワ といった感じ。I'll《アイル》 make《メイク》 water.《ワーター》（小便したい）の末尾の語から訛ったもので、I'll spit.《アイルスピッツ》（唾《つば》を吐きたい）が転訛《てんか》して ilspy《イルスピー》（肉痰壺）になったのと同じ過程である。なお water は別途家畜語の語彙《い》にはいって、貴重な神聖な（すなわち白人関係的な）物質を意味する語ワラになっている。

例13注。diapoo は diaper-yapoo《おむつヤプー》 の縮合語で、乳児の股《こ》間を常時清潔に保つため襁褓被覆《ダイアパー・カバー》の下に矮人《ピグミー》を入れたもので、menspigmy と同様の着想にもとづく。紙や布の襁褓《ナプキン》のように、交換の時不快な便臭がないし、交換も六時間おきでよく、便の異常は矮人が教える便利なものである。

例14注。Q伯爵は本章一参照。ニューマNumaは畜人尨犬《プードル》（毛の刈り方は旧犬《カニス》の場合と同じ）の名で、犬の名としては最もありふれたもの。

例15注。後章の馬の乗り方参照。

例16注。E・T自身は寝台に寝たままでヤプーどもを起し、その態度を遠写画面《テレビ・スクリーン》で見ているのである。巨大蜘蛛は女郎《ぬ》蜘蛛をスクーターくらいの大きさにした変種で、美しさを愛でて貴族に飼われる。生餌をすぐ殺さずだんだん糸で縛るように、毒牙は抜かれている。（後章参照）

例17注。「神々の競技」と総称される、矮人を使う遊戯中いちばん大仕掛なのが Trojan Wargame で、武装の矮人千人ずつを指揮して戦争する。血みどろの戦闘をながめる気分がトロイ戦争に臨むギリシャの神々さながらなので、この名がある。規模を小にし、素手で格闘させる型のは矮人将棋《ピグミー・チェス》という（いずれも後章参照）。

例18注。立位を取らせるのに二度も号令を掛けねばならぬのは肉便器として不良品である。M・Dが息子が二度号令し

たのを見て不見識をしかった故事から出て、廃品や無能者を処分する時に用いられる表現。

例19注。もちろん、一度に二台の肉便器は使えないからである。

例20注。悍夫《かんぷ》ペトルキオが、結局は妻カサリンに征服されて貞淑になるという筋の喜劇。

例21注。ベロ星は肉便器製造の飼育所のある星（第七章三参照）。

例22注。有魂計算機は、電子人工頭脳の要処要処に矮人を入れて有魂にしたもの。

例23注。証拠算出計は、陪審員に代って証言の信用価値を計算する機械。縮小刑、その他の司法制度は後章で詳述する。

例24注。イースでは男性は学問美術音楽等に携わり、勇壮なことは、女性の領分だからである。

お断わり。なお、各例文には年代が掲記されてその意義での初使用時期を示しているが、イース紀元年数は、カルー星の一年を地球時の十八カ月として換算せねば無意味だし、ここではそこまでの必要もないと見て数字は省略した。

三　肉便器《ストゥーラー》初使用

かくイースの人々にとって ashick, ungk の両語は動作（起立と胡坐）を意味するのみで、排泄行為とは無縁な語であるが、この事情は「言語を解する家畜」たるヤプーにとっても変らない。彼らはこの両語を、特に語尾にOを付した語形で命令語として理解し記憶している。旧家畜《ヤプーン》語語彙での原義などはすべてのヤプーの誰も知らない。いや、大小便や飲食物の観念なく、単にCRにおける排液と充塡とを知るのみの彼らは、かりに原義を教えられても充分には理解し得ないだろう。（ストゥーラーの神話でもわかるように、ある程度の概念はあるらしいが。）

この点、肉便器たちは多少特権的地位にある。彼らは自ら誇りをもって一見黒奴風の摂食排泄を営み、また職掌柄も人間の排泄を理解している。――が、大小便と飲食物という、本来まるで違った異質の事物が、概念において混然一体になっている点では、やはり畜生《ヤプー》は畜生、黒奴たちとはまったく違うのだ。

彼らは food《たべもの》 と drink《のみもの》 という二つの概念だけで事態を理解する。彼らが口から摂取する固体・液体は、とりもなおさず人間の肉体から出る固体・液体なのだから（それに、彼らの排泄する液体も黒奴酒《ネグタル》原料として drink の性格を持っている）、彼らは feces だの urine だのという他の概念の必要を感じないのである。

彼らはこの両概念を食事の作法（ベロ星訓練場で模型人体を使って仕込む）とともに覚える。「神様は食べろとか飲めとかはおっしゃらない。坐れとか立てとかおっしゃるだけだ。坐れ《アンコ》とおっしゃったら food《たべもの》 の時間――坐位で仰向くのだ。立て《アシコ》とおっしゃったら drink《のみもの》 の時間だ。立位で神様――臥《ね》るか腰掛るか立つか、どれかの姿勢を取ってらっしゃるが――の股まで首を伸ばし顔を近寄せていくのだ……何を食い何を飲もうなど思いわずらうな。神様の思召し次第なのだから……」。こうして仕込まれ、号令に条件反射しうるようになった彼らには、ashicko はまさしく drink と同義になったのである。

ともあれ、ポーリンの ashicko という命令には、このような複雑な文化史的背景があった。だから彼女には起立号令であるものが、St St（標準型肉便器）には drink の合図であり、鱗一郎にはオシッコと聞え、クララにはまるで無意味《ノンセンス》だった。

声に応じてそのStStは回れ右をした。ポーリンが両足を踏み開いて近寄りつつ、首のとぐろをほどき、するすると伸ばす……と見る間に頭部は見えなくなる。初めての光景に接したクララには、首の伸びてゆく有様が悪夢のように印象的だった。頭部が急に隠れたのにも何がしか魔法じみた妖しげな世界をそこに感じた。StSt右手がポーリンの左脚に、左手が右脚に、それぞれかかった瞬間、ズボンに穴があいたのだ。

金属《メタリック》ゴムと称ばれる合金は特殊弱電流を通じると急激に伸張し、電流を断つと元にもどる。この性質を利用して、イース工業界ではいろいろな応用品が作られていたが、その一つが孔《ホール・》釦《ボタン》である。真ん中に針で突いたほどの小孔のある径二ミリくらいの平たい丸い金属片が布地中にはめ込まれていた。電流が通じると環状に広がり、径三十センチの針金の環のようなものになる。布地は伸縮自在だから、瞬間的に布地に大穴があいたようになるわけだ。この孔釦が昔の男子ズボンで、いちばん下のM釦のあった位置に付けられている。StStの全身にはコードを通じているので、その両手が使用者のズボンのどこにでも触れさえすれば、爪のない両指先が電極として作用し、孔釦を開かせるのである。手を放すと電流が切れ、即時に元にもどる。使用中うっかり手を放させるとStStの首が締って扼殺《やくさつ》――家具の一種だから「破損《こわ》す」と表現されるが――の結果を生じるくらい復元力が強い。この孔釦が黒奴服（後述のように、これはコンビネーション・スタイルである）以外のあらゆるズボンやパンツに付けられているから、イースの人々は排泄行為に当って自分の手を使う必要がまったくないのである。下着の紐をいちいちほどいている未開の人には、二十世紀人のゴム紐のパンツが不思議に見えるであろうように、二十世紀人にはこの金属ゴムの孔釦は魔法のように思えるのだが、慣れればあたり前の被服部品なのであった。

水平に伸びた細長い首がピクピクと波打ち、嚥下を示す。放尿につきものの物音は少しもしないが、隠れた部分でどんな作業が行なわれているかは、気配でクララにも充分想像がついた。

彼女はびっくりした。しかし後から考えると不思議なくらいだが、その驚きの大部分は、若い女性が立ちながら放尿しているという事実そのことに対するもので、人体が便器になっているという、本来いっそう驚くべき事実に対してではなかった。

それは、ポーリンの態度の、あまりの平然さのせいでもあったし、StStの体でいちばん人間的な部分である頭部が隠れ、目に見える部分がひどく非人間的な姿態――ことに馬蹄肉瘤《ホースシュー・ハンプ》の凹みから水平に伸びた細長い首がズボンの中に消えているのは、ポンプにつないだゴムホースを示していたためでもあろうが、ポーリンから聞かされたヤプー本質論に、いつの間にか彼女の下意識が説得されかかっていたことがいちばん大きな原因だったともいえた。さっきは、クララはポーリンにむきになって反対したが、それはひとえに愛人のためであった。最初ポーリンの体の下に緩衝布団《クッション》代りになっていた奇形侏儒《ピグミー》を見た時も、次に四這人間が人犬《ひといぬ》になって飛び出して来た時も、彼女はただ人間に対してこのような取扱いに対する疑問を感じたのは理性上においてのことに過ぎず、感情からの反発はなかった。だからそれらが人間でなくヤプーであり知性猿猴《シミアス・サピエンス》という猿《エイプ》の一種だとするポーリンの議論は、本来ならそれだけで彼女を安心させたに違いなかったのだ。ただ、ポーリンの結論は、彼女の愛人麟一郎もそのヤプーだというにあったから、その限り彼女は反発せざるを得なかったにすぎない。

つまり表立って意識こそせね、彼女は肉足台や人犬に対して人間的 sym=pathy（共=感）は感じていなかった。そこへこのStStであった。ゴムホースのような首の奇形侏儒に対する同類意識はちっともわかない。だから人体を便器に思えないのだ。むしろ気になるのはポーリンの姿態だった。これこそ彼女のまぎれもない同類なのだから。

踏み開いた両脚を少し曲げて、腰を少しばかり落したポーリンの格好は、クララには米国旅行の折りに見たサニスタンドを思い出させた。腰を下ろせないのが妙に不安で、到頭使わないで出て来たクララであった（＊）。

（＊）「ポーツマスの新式小便所に震え上って逃げ出した婦人たちは、立ったまま両脚を開き、スカートをまくり、体の下から、そんなに長い放射を垂らすのが、女性として非常に猥らなことであると考えたに違いないと思います」

（——ボーヴォワールの著書から）

だから、ポーリンが朗らかに、

「わかったでしょ。さあ、ashicko っていってご覧なさい」

と勧めた時、クララの心中にあった躊躇の大部分は、自分が取らねばならぬ姿態に在ったのである。

しかしこの躊躇を吹き飛ばしたのはひとえに激しい尿意にあった。他人《ひと》が放尿《すま》したのを見るともう我慢できない。呪文の意味は知らぬままに、

「Ashiko.」

見真似で足を踏み開いた。人間とは思ってなくても、人間同様の顔が伸びて来た時、無理もないことだが、一瞬恐怖に伴う後悔があった。「人間だろうか？」という疑惑も改めてわいた。「人間じゃない。こんな細長い首の人間がいるわけがない——」「いや、あの足台も元は正常な人間だったという話だった、奇形というだけでは……」——「いったい人間がこんな仕事をさせられたってするものか。それを喜んで首を伸ばして来るような奴は、やはり人間でなく、ヤプーとかいう動物に違いない」

自問と自答を一瞬の躊躇のうちに終ると、後は耐えて来た膀胱の緊張のゆるみゆく快感だけが彼女の心を占領した。下に長い放射を垂らさないで済むのが、サニスタンドになかった安心感を与えた。自分の排泄したものが自分の前に立つこの奇怪な動物の体内に納まってゆくという、今まで考えたこともなかった事態が何か当然のことのように思われて来るのだった。姿勢もそれほど不自然でもないように思えて来た。

何かくすぐったい感触を覚えたかと思うと、首は早くも抜き出され、首が畳まれて凹みの埋まった肩の線の上にチョコンと載っていた。紙でぬぐったように、局部は少しも濡れていないのを感じる。

思ったよりあっけなかった。だが、これがクララがイース文化を味わった最初の記念すべき瞬間だったのである。今後もう二度と再び、彼女の体から出たものが無駄に捨てられることはないだろう。彼女の姓 V. Kotowityz《コトヴィツツ》に因んで「Kotovicky《コトブキ》」と命名された黒奴酒《ネグタール》の銘酒が誕生する日も遠くはあるまい。

カルー星どころか、まだ一九六×年号球面を離れもせぬうちから、クララの心は早くもイース文化に傾きそうに見えた。彼女はヤプー家畜論を、知性猿猴《シミアス・サピエンス》の実在を信じ始めたのではな

いだろうか。……もちろんいまだ彼女の一麟郎に対する愛情には変りはない、彼女に問えば彼女はそう答えるに違いないのだ。が、下意識ではどうであろうか。先ほどポーリンのStStに話しかける言葉が日本語なのを聞いて凝《ぎょ》ッとしたのも、自分には同類意識のない奇形侏儒と自分の愛人との案外な共通性を暴露されたようなその感じに、将来の不安を無意識に予感したためではなかっただろうか。

麟一郎はさっきと同じ姿勢ではいつくばっていた。女二人は彼の視界を去ったままで、彼は何も見ていない。ただ耳から聞えるもので、今着替えをしたな、用便したな、と見当をつけるだけであった。もし彼にStStの仕事振りが見えたのだったら、彼はたとえ全身不随のままでもいいから、この球面に残りたいと思ったに違いない、それだけその仕事のおぞましさを見るに忍びなかっただろうから。

いや、何も見ていなくてさえ、彼の直感はクララに伴われて行くイースへの旅に何か気味悪いものを感じ始めていた。先ほど涙を流して喜んだ彼女の愛情への信頼だけが、彼女の内心に何が芽生えたかを知らぬ彼の不安を救っていたのである。

短い口笛の一吹きでStStをSCに追い返したポーリンが、その時、つと円卓上の立体レーダーをクララに指し示した。細長い直立円筒が立体盤《ステレオ》の真上を示す位置に突如出現していた。ついに迎えの航時快速船氷河号がこの球面に到着したのだ。

第九章　二千年後の地球へ

一　円筒船「氷河号」

一時間あまり前、タウヌス山麓で蝶の採集をしていた時に、山中に円盤状の物体が落下するのを目撃し、少年らしい好奇心に燃えてさっそく山道を登って来ていた二人の中学生は、この時思わず立ち止って前方の空を注視した。

忽然と、まったくいきなりわいて出たように、大きな円筒型の物体が空に浮んでいた。直径三十メートルの円形底面に、高さ百メートルの完全な円筒体、日本人なら茶筒を連想するだろう、窓も何もないオレンジ色に輝く物体が地球に対して垂直に静止していた。

「あッ、円筒だ」

「オロロンの時と同じだ。さっきのはやっぱり空飛ぶ円盤だったんだぜ」

一九五二年十月、南仏オロロン市に円盤を伴う円筒が出現し、あとに「天使の髪《エンゼル・ヘアー》の手」と呼ばれる不思議な蒸発繊維を残して去ったことは空飛ぶ円盤《フライング・ソーサー》に関心を持つ人なら知らぬ者はない事実である。二少年はますます昂奮して、早くその真下まで到達しようとした。円筒体の静止した下の地点に、さっき見かけた円盤がまだあるような直覚が働いた。未知の物体、世界の謎、中にはきっと宇宙人が……知らず知らず彼らは駆足になった。

道が渓流に沿って回り、木樵小屋のある山腹の広場の端に二人の少年はたどり着いた。

「あッ、山小屋が……」

「円盤だ……」

小屋は押しつぶされ、それにのしかかるような格好で一部分が破壊された円盤が坐っていた。その真上おおよそ三百メートルの上空に悠然と円筒が静止していた。


こちらは円盤艇の操縦室の中——

急にブザーが鳴った。ポーリンがスイッチを入れると、立体《ステレオ》受像台にドリスの半身像が現われて姉に向い、

「壊れてるようだけど、上って来れない?」

「うん、動けない。牽引線で吊り上げてもらうんだわね」

「わかった、今青光線《ブルー・レイ》の用意させるから、ちょっと待っててね」

あわただしい会話をして像が消えた。

ポーリンは、クララを省みて、

「大気《アトモスフィア》が青くなるけど、心配要らないのよ」

いい終って間もなく、部屋全体が青い気体に包まれ、まるで窓のあるあたりで夕暮を感じるかの思いがすると同時に、エレベーターのような上昇感とともに、卓上の立体レーダーに示されている氷河号の船体がぐんぐん近寄って拡大してきた。

「ところで、ねクララ嬢《さん》、貴女のことを皆にどういおうか…」

ポーリンは少々心もとなさそうな様子で、「前史時代人だとわかったら、貴女を乗せることを承知しないと思うの。そりゃ、ゆっくり事をわけて説得すれば別だけど、すぐには承知しっこないわ、犯罪だもの。だから、妾こうしたらと思うの。貴女もイースの人だけど、航時遊航《タイムライブド》中に妾みたいに墜落したか、それとも故意に無断着陸したか、とにかく、この球面に降りた。ところが何かの事故で航時機《タイム・マシン》が壊れて帰れなくなると同時に、その事故の衝撃《ショック》で貴女は過去の記憶を喪失してしまった。名前がクララということだけは覚えてるんだけど、外のことは、姓も生国星《ボーン・プラネット》も経歴も、イース人だということさえも全部忘れてしまっていた。その事故の直前に、捕獲してあったヤプーが忠実に貴女に仕えて世話をしていた。……そこへ、妾が墜落して、貴女に救われた。妾は一見して貴女をイース人と認知したし、貴女も円盤を見て朧ろげながら自分がイースのどこかの植民星で生れたことを思い出した。それで妾が貴女を連れ戻ることにした。……どうかしら、このお芝居?」

「わかりました。そういうことにしなければ乗せてもらえないのなら、仕方ありませんわ」

「貴女にとっては初めてのものが沢山あるでしょうけど、記憶喪失ということでしばらくは誤魔化しておけると思うの、……さあ、船倉の底に収まったわ。すぐ皆が来るわよ」

青い光が消え、円盤は静止した。


馳せ寄って円盤のすぐそばまで来ていた一少年は、にわかに空間が濃青色になって一寸先も見えなくなったのを感じて思わず悲鳴をあげた。

あとに続いていた一人は、突然目の前に真っ青な光の柱が立ったのに驚いて、立ち止った。

その太い光の柱は三百メートル上空の円筒の底面全体から下りて来ていた。光線の束が垂直に地面に放射されて円盤をすっぽりと隠してしまっていたのだ。……一分半くらいもしたであろうか、光柱は消えた。驚くべし、円盤は見えなくなっていた。光柱の中にいた一人は上空を指さした。

「上昇して行ったよ。回りは真っ青で何も見えなかったが、手

探りで円盤の端に触れた。それは上に動いて行った……」

見上げると、真ん丸な円筒の下面に同心円状の黒い部分があって、急速に丸く縮むのが見えたがたちまち黒点と化してそれは消えた。

「カメラの絞りと同じ構造じゃないかしら」

「うん、穴があいて円盤を収め、それから閉じたのだろうね」

「今の青い光は何だろう？」

「円盤の上昇を僕らから隠すため……あッ」

「ヤッ、消えた！」

まったく、消えたというよりいいようがなかった。円筒は見上げていた二人の目の前で忽然と消滅してしまったのだ。白雲のたなびく真昼の空が二人には眩しかった。

茫然と佇立する二少年の顔を、蜘蛛糸のようにふんわりした青い糸筋がなぶった。見回わすとそれらの奇妙なものが何本も四囲《まわり》に漂っていたのである。

「エンゼル・ヘアだ」

「宇宙船だったんだね」

「宇宙人に会いたかったなア」

後になって、彼らが円筒の忽然たる消滅を繰り返し証言した時には、多くの人は二少年の言葉を超音速飛行の見聞を誇張した表現であると見た。彼らにはそれが不満だった。もちろん彼らは円筒が航時船であることも、エンゼル・ヘアが青光線空間内牽引線であることも、ちっとも知らなかった。しかし彼らは円盤と円筒がこの世界のものでないことを直感していた。だから、彼らの報告にもとづいて現場を捜索した結果、二匹の馬の死体や麟一郎の衣服が発見されたことから、宇宙船説が一転してソ連の秘密兵器説となり、日独男女二人の不可解な失踪は東独またはソ連への逃避行か誘拐であるとして報道された後にも、この二少年だけは、自分たちが宇宙船を見たことを確信していた。彼らの想像したような宇宙人でこそなかったが、円筒の中にいたのは確かにこの二十世紀の世界に属する人ではなかったのだから。

二　三貴族登場

引揚げの際、室温調整が損じでもしたのだろうか、室内が急に涼しくなった。その時扉《ドア》が外から開かれて、一人の美少女が飛び込んで来た。ドリスであった。ふさふさした金髪をおおい隠せず、軽快にチョコンとかぶりこなしたポロ帽の庇の下に、ほとんど黒と思われるほどの渋い青色のつぶらな目。完全な美しさというには少々いかつい顔の輪郭、表情も精悍だが赤い唇は可愛らしい。横に太目の縞のはいったポロシャツが胸の隆起をかたく押えていた。クララが一時間前に受像機で見た時と同じ服装であった。ポロ練習着の着替の暇もなしに、氷河号《グレイシア》に乗り込んだというわけであろう。さっきは見なかった下半身を、両脚をジョッパズ風の乗馬ズボンに包み、長靴を穿き、右靴の胴に鞭を差し込んで柄が上に見えていた。皮革《かわ》は薄紅色に底光りする見事なもので、洗靴奴《シュー・ウォシャー》の涙で洗う天馬皮革《ペガサス・レザー》などとは知らぬクララにも、横に脱ぎ捨てたばかりの自分の乗馬長靴がこれに比較しては乞食の靴みたいにみすぼらしいことが気になった。服の布地のことはいうまでもない。

「ほんとうにこの方の勧めたとおり、着替えしておいてよかった。あんな服、あんな靴だったらどんなにか恥ずかしい思いをしたことだろう」と、クララは思った。

続いて二人がはいって来た。男か女か、クララは思わず戸惑った。着ているものからは女という印象を受けた。一人はキモノに似た前合せのワンピース・ドレスを着ていたが、床に達するほどの長いスカートに花模様があり、床を向いたままの麟一郎の視界のすみにこれが映った時、彼はキモノを着た日本婦人と錯覚したくらいだった。もう一人は下はズボンだが派手な色だし、上半身にまとっているのも二十世紀人の通念からすれば婦人用ブラウスとしか思えぬもので、ドレッシーな感じが、クララが借着している服のスポーティな簡素さと比べてはるかに婦人服らしかった。前者は金髪を弁髪のように編んで顔の両側に垂らし、後者は濃い亜麻色の髪を伸ばして後頭部で一縛りしただけであったが、頭の上にトルコ帽風の小型の帽子を乗っけた粋な姿であった。服装や髪形が婦人を思わせるにかかわらず、顔や体の感じは男性的だった。二人ともよい体格で、ことに後者は百八十センチはあろうという体、その肉体の線や衣装の下にうかがわれるたくましい筋肉は明らかに男性のものに違いなかった。

　顔も整っていた。金髪のほうは一見してポーリンやドリスの同胞《きょうだい》とわかった。細く濃い眉、長い睫毛も、格好よいとがった鼻、引き締った口元の薄紅色の唇、肌は玉貝《カメオ》か乳色の琥珀のようで、髭もないのだが、やはり男の顔である。亜麻色の髪をしたほうは、単に美男子という点では前者に劣るかも知れぬがそれだけ個性的な顔立で、しかも若さにあふれていた。濃い、多少迫り気味の眉、大きな灰色の明るい目、鷲の嘴のような鋭い鼻、日に焼けて赤らんだ肌――、類いまれな美青年といえた。前者には服装にふさわしい女性的な物腰があったが、後者はそうではない。もっとも軽く微笑んでいる表情の柔らかさは、クララの目には男よりも女のものに見えた。年はどちらも二十代には違いないが、後者のほうが若いであろう。

　男か女か、半男半女《ふたなり》のように肉体的な変態ではないから、男の服装の奇妙さを風俗の違いとして受け取ってしまえば、それほど倒錯的な感じではなかった。態度こそ物優しいが、体はとことんまで男性なのだ。男も男、クララはこんな美男子が二人もそろっているのに出会ったことがない。ことに年若な男の態度には女性的なところが少なく、二十世紀の婦人であるクララはそれだけこの男のほうに気をひかれた。

　三人はこもごもポーリンを抱擁し、接吻《キッス》して、祝辞を述べたが、そのたびにそれぞれよい匂いがクララの鼻を打った。一人一人が違う香水を使っているのだろうか？　それとも体臭だろうか？　だがあまり不思議そうな顔は禁物――、イース人ということになってるのだから……。

　ポーリンは三人を一まとめに次々と紹介した。

「クララ嬢《さん》、ご紹介しますわ。こちら、妹の嬢《ミス》ドリス・ジャンセン、まだ十代娘《ティーンエイジャー》よ。スポーツ狂《きちがい》でポロの正選手、次のオリンピックで五種競技（二十世紀オリンピックで近代五種といわれたものに当る）の選手権を取るんだってがんばっている人よ……その横が兄のセシル、結婚して今は伯爵《グラーフ》メアリ・ドレイパアの忠実なる夫君《ハズ》、家畜文化史を専攻してる学者よ。

　ご主人の卿《レディ》ドレイパアは国軍中堅将校で、遊星間戦争競技会《インタープラネタリ・ウオア・ゲーム》（各遊星が対抗してヤプーの兵隊を戦闘させ、戦争術の優劣を争う競技）のカール代表軍にも選ばれたことのある人。ドレイパア伯爵家も古い家柄だわ。……それからそっちが卿《レディ》ドレイパアの弟の郎《オス》ウィリアム・ドレイパア（＊）、男のくせして武骨な荒事が大好きという、アベルデーン切ってのおてんば青年よ。……こちらは嬢《ミス》クララ、今日危ないところをこの方に救っていただいたの。姓のことはあとでいうわ」

（＊）郎《オス》 Oss は既婚男子に対する夫君《ミスター》と区別して、未婚男子の姓名に冠せられる。もちろん女権制確立後、男子の童貞が重んぜられるようになってからの新語である。女子の嬢《ミス》、婦《ミセス》も昔からの慣習で用られているが、二十世紀での嬢《ミス》、夫人《ミセス》に当る区別は、男子の郎《オス》、夫君《ミスター》である。爵位を離れていえば、メアリ・ドレイパア嬢とセシル・ジャンセン郎が結婚して、メアリ・ドレイパア婦と同夫君セシルになる。婦《ミセス》と夫君《ミスター》とが昔の氏《ミスター》と夫人《ミセス》に相当するのである。

クララは一人一人と握手した。ポーリンは語を継いで、

「こちら、とても変った体験なさったの。そのため今でもご自分の姓や生国星の記憶がなくてね」

「えッ、記憶がない？」

三人は異口同音に叫んだ。

ポーリンは手短かに事の経緯《いきさつ》を説明した。墜落のこと、クララに救われたこと、ヤプーを連れていたのでイース人と知って話したところ、相手は過去の記憶をまったく喪失していることがわかったこと、タロがヤプーを噛んだこと……先ほど打ち合せたとおりのことであった。

ポーリンが、クララはこの土着ヤプーをヤプーと思わず、人間扱いしていたのだというと三人は吃驚し、無遠慮なドリスなどは失笑して姉からたしなめられたりした。

「何しろイース人としての生活の記憶をなくして原始生活していたんだから、そのつもりで彼女の身にもなってあげなくちゃ」、ポーリンは大声でそういったあと、今度はクララには聞えぬほどの低声で三人にささやいた。「記憶が復活するまでは前史時代人と違いがないの。でも円盤《ディスク》を見て内部《なか》にはいって来たくらいだから、目で見、耳で聞けば、記憶が戻るらしいわ。とにかく、彼女の反応ぶりが少々おかしくても笑っちゃだめよ。彼女も記憶の回復に一生懸命なんだから……とにかく平民じゃないわ、植民地貴族には違いないの」

三人はうなずいて、クララに対し、記憶の回復にできるだけお手伝いをしましょう、と申し出た。彼らは彼女に無躾な視線を浴びせたりすることは決してしなかった。しかし、部屋の一すみに裸のまま四つんばいになっている、放浪の女主人に仕えたという土着ヤプーに対しては好奇心に満ちた視線を向けることを辞さなかった。

クララは不快を感じた。彼女のたいせつな婚約者の身を、そんな無遠慮な視線にさらしたくなかったからだ。もしその視線が麟一郎に対する敵愾心を、否定的評価を感じさせるものだったら、彼女はなおのことそれに反発していたかも知れない。しかし、彼らの目にはそんなものはなかった。軽蔑すらもなかった。彼らの示したものはただ純粋な好奇心だけだった。厩舎で新しい馬を見る時に彼女が示すような目つきで彼らは麟一郎を見ていた、それが彼女をだんだん不安にした。さっきポーリンの口から聞いた日本語のことがふと思い出された。妾は間違っていたのかしら？　麟はほんとうにヤプーとかいう似而非人間《ゾンイド・メンシュ》なのかしら？　そういう疑いが初めてクララの心にきざしたのだった。

だから、クララがこのヤプーと婚約関係にあったと聞かされた三人が唖然として、さっき姉に釘をさされたドリスではあったが、黙ってとがめるような目つきでクララのほうを見た時には、彼女は内心は必死になって、「妾の麟に対する気持は正し

いんだわ――少なくとも正しかったはずだわ」と自分自身にい聞かせてはいたが、魅力的なウィリアムが美しい灰色の目をみはって、麟一郎と彼女とを交互に見ながら、心なしか目に哀れみの色を浮べたのを見た時には、思わず顔を赤らめて麟一郎への愛情を恥じる気持を感じたのだった。

三　腕送話器と頭蓋内蔵受話器

「さ、着くまで、一時間あるわ。上階《うえ》の船室のほうに行きましょう」

互いに紹介の終ったところで、ドリスがいった。

「妾《わたし》は麟を……このヤプーを離れるわけにゆきませんわ、丈夫な時ならともかく、全身麻痺状態にあるので……」

今度こそ瀬部氏《ミスター・セベ》とはいえない。記憶喪失を装うとはいえ、イース人になりすまそうという手前、心ならずも麟一郎をヤプー呼ばわりはしたが、もともとこの旅行は、彼の麻痺を本復させるのが目的だったことを彼女は忘れていない。麟一郎はヤプーではないのか、と一抹の疑いこそ芽生え、彼に対する愛情も多少動揺し始めたのを自覚するクララではあったが、今、この状態にある彼をおいて自分だけが宴に招かれるような心境にはまだ程遠い。愛情よりも憐憫かも知れなかったが、とにかく彼を見捨てようとは思わなかった。……が、皆はそれでは承知しなかった。

「あら、いくら大事だって、そうまでヤプーに義理を立てなくたって……第一、お客様の貴女をこの部屋に置いて、妾《わたし》たちだけ引き揚げるなんてこと、できないわ」とドリス。

「そばに居ても居なくても、同じことですよ。どうせ注射するまで変化はないんだし、到着するまで、注射はできないんだから……」とこれはウィリアムの助言だった。

「一時間くらいいいでしょ。心配なら代りの者に見させてもいいんだし、もう二十世紀の球面にいるんじゃないんだから……」。あまり躊躇したらイース人と思ってもらえなくなるぞと、いわんばかりにポーリンがいった。

麟一郎を救うにはどうすれば賢明なのか、代る代る勧められて、クララの気持は動いた。前史時代人と見破られては何にもならない、迷っているところへ、セシルが、女にもしてみたいような美しい顔を赤くしながら、口ごもりつついった。

「尾籠な話で何ですが……貴女のヤプーは導尿処置をしてやる必要がありますよ。土着ヤプーは私たち人間と同じような泌尿排泄をするわけですが、麻痺させてあるとそれがうまくゆかないで苦しむんです。以前、ネアンデルタールを捕獲した帰りの船中、膀胱破裂で死んだことがあって、それ以来、衝撃牙《ショック・ファング》で麻痺させたあとはヤプーには導尿管《カテーテル》を挿入するのが普通になってるんです。それに土着ヤプーを裸にしたままほっといては肺炎になっちまいますから、そのほうの処置もしなければなりませんし……」

よく気づいてくれた、とうずくまったまま聴神経を緊張させていた麟一郎は心ひそかに感謝した。室温が艇の格納後急速に下降したらしく、肌寒さをさっきから感じていた。そして冷えるにつれて膀胱がしだいに充満して来ていたのだ。着替えし用便を済ませたクララは、自分は寒さも尿意も感じないので、そこまで気がつかなかったのだが、セシルはさすがに専門家で、土着ヤプーの生理をよく知っていたのだった。

「セシル、貴方のいうとおりだわ」。ポーリンはさっそく賛成し、ほんとうは自分も忘れていたのだが、取りつくろって弁明した。「妾もね、そう思ってたけど、遊歩艇《ヨット》では設備はなし、黒奴《ボーイ》はおらずで……」

「この船には両方いっしょにできる設備があるはずだから…」

「すぐ、黒奴《ニガー》にやらせるわ」とドリスが結論づけた。「クララ嬢、そんなこと、貴女は見ないほうがいいわ、黒奴が慣れてるから……」

ヤプーの排泄に関する作業など目や手がよごれるからおよしなさいという意味でいったのだが、クララはそうは取らなかった。しかし先ほどの自分の行動から考えて、麟一郎にも生理的必要はあると思われた。導尿管を挿入する作業に立ち会うことは躊躇された。ドリスの思ったのとは反対に、彼女は麟一郎の人格を認め、男性を認めているからこそ、それを見るのが恥ずかしかったのだ。体を知り合った夫婦ならそうは感じなかっただろうが、浄い恋愛婚約の間でしかなかった二人であった。……裸でおいていては肺炎になるから、という言葉も彼女は、常識的に彼に服を着せてくれるのだと理解した。その言葉が何を意味するかを知ったら、彼女は、別の行動を取ったかもしれない。しかし、ヤプーがすべて裸でいることなど全然知らない彼女がその真意を理解できなかったのも無理はなかった。だから、病人を入院させる時のような気持で、

「それじゃ、お任せして、妾は場をはずしますわ。ご案内いただきましょう」

と勧めどおりに従ったことを責めるわけにはゆかない。

ドリスは左手首の腕時計ようのものの竜頭《りゅうず》を押して蓋を開くと、口の前に近寄せ、低い声でささやくようにいった。

「今ね、船倉に入れた円盤の操縦室にいるんだけど、お客様が土着ヤプーをお連れになって、それが衝撃牙にやられてるの。……いつもネアンデルタールに使う棺《コフイン》は積んでるんでしょ？……じゃ、獲物置場《ゲイム・シェッド》からすぐ二人お寄越し」

これは腕送話器《リスト・マイク》という黒奴使役用の間接小型指令機であった。生体家具の発達した今日でも、貴族は家庭内に黒奴を養っている。昔ながらの生活様式を維持した面が上流になるとたくさんあるので、どうしても生体家具だけでは用が足りない。たとえば食事などは給仕人を後方に侍立させるのが貴族の家庭の習わしだが、この給仕人にはヤプーでなく黒奴を使うのだ。こういう、白人家庭内で使役される連中は選抜された最優秀黒奴であって、これを召使《サーバント》または従僕《フットマン》と称し、黒奴の最高階級を形成していた。

黒奴は半人間とて、ヤプーと違い多少は人権を認められているので、その肉体に読心装置を仕掛けることができない（また仕掛け得るほどIQの高いのも稀である）、そこで、彼らへの命令伝達には超短波《マイクロウェーブ》放送が用いられる。召使いはすべて脳外科手術によって内蔵受話器《ビルト・イン・イヤホーン》を耳殻内部外聴道下方に装置され、固有周波数を与えられる。指令機というシガレットケース大の送話器に命令を吹き込めば、それは極小型の放送局になっているので直ちに電波となり、召使いの耳の中で音波に戻って命令として響き渡る。特定の受信者一人を相手にする放送だが、召使い側には受信しない自由はなく、たとえ眠っている時でも命令が耳の中で鳴り響くのをどうすることもできない。しかし命令する主人の側では、各召使いの周波数を覚えたり、発令ごとにセットしたりする手間を面倒くさがって、召使頭《チーフ・サーバント》に直接指令機を持たせ、自分は間接指令機で召使頭に命令するのが常である。間接指令機は召使頭たちの耳の中の受話器を対象にその人数だけの周波数で足りるので極小型にできる。これが腕送話器《リスト・マイク》

なのである。各召使頭は別に脳波追跡装置で輩下十数名の召使いの現位置を常に掌握し、主人の命令を受けて、適当な召使いを選んで作業させ監督する。別名を中継奴《トランス》ともいう。普通職場単位に一組を構成するが、氷河号にも五十数名の黒奴船員がいるのでこれが三組に分れているのである。ドリスは乗り込むと同時にこの船の腕送話器を腕につけていたのである。

「ね、クララ嬢《さん》、これで安心でしょ。さあ、皆、上の大広間に行きましょう」

ドリスが先に立った。ポーリンがクララを促すように誘ったが、クララは、「私は後から……」と譲った。

ポーリン、犬のタロ、セシル、ウィリアム……の順に続いた。クララは最後に一人で麟一郎に一言慰めと励ましの言葉をかけてからいっしょに行こうと思って残っていたのを、ドレイパー青年は立ち止ってにっこりと手を差し伸ばし、彼女を待っているのを見たクララは、いったんは踵を返して部屋のすみに近づきかけたのだが、裸のまま四つ這った麟一郎の姿が目にはいると、アポロのような美青年を待たせておいて、ファウンのような黄色い肌の男にかまっているのは気がひけるように感じられ、わずかに思い返すと、そのまま言葉を掛けずに回れ右して、彼女はアポロと手を組んで出て行った。

あとには肉足台の舌人形と並んで、床の上に這いつくばった麟一郎が寂しく取り残された。

――クララ、行かないでくれ、僕を見捨てないでくれ。

心中必死に呼びかけたが、唇ひとつ動かせぬもどかしさ――

室内はますます冷え、尿意も迫って来た。

第十章　別々になって

一　皮膚窯

柔らかい肉質金属床なので足首は少しもしないが、うずくまったまま神経をとぎすませている麟一郎には、人の近づいて来る気配がわかった。

クララが帰って来てくれたのか？　と喜んだ時、扉《ドア》が開いて、

「これか」

「なかなかいい肉づきじゃねエか」

「この部屋で脱がせて裸にしたらしい。見ねエ、乗馬服や長靴があるぜ。ヤプーの分際で馬に乗ってたってわけだな……だが悪い皮革《かわ》だ、こりゃ」

「ヘッ、生意気に鞭まで持ってやがったんだ」

下品な言葉づかいの会話とともに、クララの残した鞭を拾う、黒い腕と黒い首が視界のすみに写った。黒人二人らしい。

「若奥様がお獲《と》んなすったのかと思ったが、そうじゃねエんだって？」

「うん、今来る途中で拝んだ中にお客様がいらしたろう？　あのお方の飼ヤプーよ」

「飼ヤプーたって首輪してねエ……」

「バカ、これから登録しようてんじゃねえか。珍棒《チィンボウ》(後章参照)で飼ヤプーに慣らそうてんだよ。見ろ。背中ののっぺりしてること……」

「そのうちあのお方のお手々で綺麗な模様ができるってわけか、この辺にな」

ピシリ、麟一郎の背中に軽く鞭が当った。黒人の一人が今拾った乗馬鞭を戯れにためしたらしい。

「アッ、お前《めエ》、そんなことしていいのか、この土着ヤプーの背中は〝鞭の処女地《ウィップ・ヴァージン》〟なんだ。それを命令もなしに……」

「いや、今のは鞭ったんじゃねエ、冗談に当てただけだ」

「どうだか。とにかく今日俺は報告するからな」

「とんでもねエ、断じて鞭ったんじゃねエ……」

ヤプーには自分たちの話はわからぬものと思い込んでいる二人は、無遠慮に話し合いながら、麟一郎をかかえて担架に乗せ、手足を伸ばさせて仰臥させた。

目のすみに見える彼らの頭部を見て、麟一郎は西遊記の孫悟空を連想した。後頭部を一周した末、前額部で拝み合わさって短く上にはねた孫悟空の金の鉢巻にそっくりの金属輪を二人とも巻いていたからであった。これは実は、彼らの耳内に存在する受信装置《レシーバー》のアンテナで、前述の頭蓋内蔵受話器《ビルト・イン・イヤホーン》とともに召使《サーバント》族の肉体の一部に化しているものである。

担架は円盤艇を出て、船倉の高い天井の下に出た。目の玉が動かせないのではっきりとは見えないが、半袖シャツ、半ズボンの白地の制服らしい背中には、さっきタロの額に彫りつけてあるのを見た紋章が、胸のほうには何やらの数字が見えた。麟一郎には何とも見当がつかなかったが、各召使いの固有番号を示す数字らしかった。鞭をふるったほうが8番、もう一人が13番である。

高い天井がにわかに低くなった、獲物置場《ゲイム・シェッド》に来たのだ。さらに寒くなってきた。氷点近いだろう。

「可哀そうに、鳥肌立ててやがら」

「すぐ暖かにしてやるってことよ……オイ、ヤプー」、急に日本《ニッポン》語になって、「手前《テメエ》モ今マデハ人間ミテエニ着物ヲ着テタンダロ。サゾ面倒クサカッタロウナ。安心シナ、コノ棺ニハイリャ、ソンナ面倒ハナクナルンダカラ……」

「手前ハ着物ノ要ラナイ体ニナルンダ。アリガテエト思イナ、御主人《オカタ》様の思召シヲ」

「ソノウチニャ飲ミ食イモ無用ニナルッテネ」

口々に毒づきながら無気味な予言をする。担架から下ろされる時に視野に周囲の情景が写ったが、エジプトのミイラの棺のようなものを載せた寝台くらいの高さの台が数脚見えるだけの殺風景な部屋だった。設備があるというのはこの台のことであろうか？　麟一郎は知る由もなかったが、これは皮膚窯《スキン・アブン》というものだった。

それより驚いたのは、黒人どもの服であった。半袖シャツ、半ズボンと思ったのは、両方連結していたし、ズボンの下が割れて重ね合せになっているので、ちょうど下着のコンビネーションと同じなのだ。これは真空便管《ヴァキュアム・シュア》の先端器《コブラ》を使用するのに便利なためもあるが、おもなねらいは、懲罰鞭打《バスチネード》に際してすぐ臀部を露出させることができるようにするにあった。イース中、どこでも召使《サーバント》族のお仕着せはこのコンビネーション仕立《スタイル》の服と定まっていたのである。

が、よくながめる暇もなく、麟一郎は人型の棺の一つに入れられてしまった。内部は例の肉質金属で人体に合せてえぐってあり、ほとんど隙間を感じない。足裏に何か薬を塗られ、蓋が閉ざされた。ただされ全身麻痺の身が耳目も奪われて、完全に外界と遮断されてしまったのである。

肉壁がだんだん膨張してきて全身の表面をピタリとおおった。呼吸は何ともない。同時にその温度が上って体温と同じになった。入浴のような快適さ。なるほど、この中にはいれば着物は要るまい、と麟一郎は先ほどの黒人の言葉を理解した。外から操作する仕掛でもあるらしく、その時そろそろと導尿管が挿入された。やはり設備とはこの棺のことだったのか。膀胱の緊張が解けて楽になった時、彼はセシルと呼ばれた白人にひそかに感謝した。

と、気持の悪いことが起った。肉壁の膨張でわずかばかり押し開けられた両唇の間から、何か細長いものが口の中へはいって来たのだ。しかも蠕動《ぜんどう》していた。生きているのだ。蚯蚓《みみず》か蛭のような長虫らしい。それが麻痺した舌の上を伝わって咽喉からそろそろと食道のほうにはいってゆく。何という気味悪さ！

読者諸君には説明するまでもない。これは代謝回虫《ポンプむし》の幼虫であった。胃にはいり、幽門に取りついて急速に尾部《しっぽ》を成長させてゆく。ヤプーの赤ん坊に生後すぐ呑ませた時で十時間、成人ヤプーでは百時間が尾部の成長に費やされるはずであった。……あと百時間のうちにはいろいろなことが起ることだろうが……。

今度は肛門に何か挿入されるのを感じた。「また虫か？」と思ったが、今度はそうでなく細長い管らしかった。浣腸だろうか？ただの浣腸器《クリスター》にしてはひどく長いようだ。腸内奥深くはいってゆく。実は、これは腸内注入管《エネマ》と呼ぶヤプー用の投薬具なのだ。ヤプーはポンプ虫を寄生させているのが原則で、肛門が口の役割を兼ね、顔にある口は摂食の用をなさないのだから、彼らに対しては経口的内服薬が使用できない。そこで、これを下から投与するのである。ヤプーに対する投薬は注射か腸内注入かのいずれかで、内服は行なわれないのだ。

腹腔に何か暖かいものがあふれるような感じがし、「何を浣腸したのか？」と怪しむ間もなく、体中がほてり出した。弾力的にピタリと全身の皮膚に密着していた肉質金属の温度がだんだん上昇してきたのであった。体温をとうに越し、摂氏四十度以上五十度にも達したろうか。カッカッと脂汗がにじみ出て、それは肉質金属に吸われてゆくのである。

――いったい何事だ？ この黒人たちはあの白人から、俺を保温器に入れて暖めてやれ、尿を取ってやれ、と命ぜられたのに違いない。この箱がその保温器なのだ。ところが、奴らは俺に抵抗力のないのをいいことに、玩具にして、気味の悪い虫を呑ませたり、悪戯の浣腸をしたり、こんな高熱を加えたりして俺を苦しめてるんだ。でたらめな黒人たち！ さっきのあの親切な白人よ、あんたの命令を黒人は守ってませんよ！ クララ、僕のこの苦しみを知ってるか！ 救けてくれ！ なんでこんな無意味な拷問を俺は受けねばならないんだ。

真っ赤にうだりながら、麟一郎は心に絶叫した。クララを呼び求めた。

だが、答えはなしに、温度はかえって上昇していくのだった。もう摂氏何度かわからない。心臓が破裂しないのが不思議だった。腹腔への液体の注入も依然続いていることが感じでわかった。

窯の外では黒奴二名が忙しく作業していた。麟一郎には無意味な拷問と思えたが、実は拷問でも無意味でもなかった。彼らは決して悪戯をしていたのでもない。「新捕獲の土着ヤプー一匹が船倉に入れた円盤の操縦室にいる。麻痺体。直ちに受領して処置せよ」という召使頭からの命令を受けて後、獲物置場係《ヴィム・シェッド》の黒奴《ニガー》として為《し》慣れた作業をしているだけであった。まず窯に入れ、導尿処置をし、ポンプ虫を吞ませ、次に皮膚強化処置《ダルマタイジング》の最中なのである。

皮膚強化処置とは何か？　これこそポンプ虫寄生と並んで、ヤプー化に必須の手続である。ヤプーは全裸体でいなければならぬ。しかし服を着慣れていた土着ヤプーを裸にして放置すれば、肺炎になってしまう。そこで、飼育所《ヤプーナリー》では生後直ちに施行されることになっている皮膚強化処置が、土着ヤプーにも捕獲後可及的速やかに施されて、裸のまま気温の激変に耐えられるようにするのである。

これは高熱により非常な苦痛を伴うのだが、この処置は、ヤプーを使用する人間にとって必要にして有益であり、その限り、それがヤプーたちにとって、苦痛を伴うかどうかは問題にされない。犬の姿をよくするためその苦痛にかまわず耳をそぎ落してピンと立たせるのと同じ論理である。その際不必要な加害は動物愛護の精神に反するが、人間に有用ならしめるために必要な限りの加害は許される。動物はそのための苦痛を忍ぶべきなのだ。

では、この窯内の高熱は必要なのか？　然り、必要である。これを説明するためには血液媒剤《コサンギニン》(cosanguinin)という薬のことを述べねばならない。血液中の異常成分はすべて肝臓で吸収されてしまうのが人体の生理であるが、このコサンギニンという薬を加えると、異常成分は肝臓で吸収されなくなる。一方、皮膚表面を強く熱して脂汗を流れさせると、毛細管現象が平温の時とは変化して来てコサンギニンに媒介された異常成分を皮膚細胞に定着させる作用を営むようになるのである。

これは非常に応用の広い現象で、各種色素を与えた定着温度を調節することで、生体表面の細胞を自由に染め分けることができ、電気焼筆《ブランディング・ペン》はこの原理にもとづいて発明されたものだし、水中や、気圧の異なる遊星大気内で作業させるための鉄皮《アイアン》畜人《クラウド》も、生体のまま皮膚細胞を特殊金属化して作られるのだ。……が、この種の血液媒剤《コサンギニン》の利用の詳細は、後日クララが皮革工場を視察する日まで保留し、ここでは麟一郎の受けている処置の説明だけにとどめよう。

彼の腸内に注入されているのは皮膚強化剤《ダルマトローム》を血液媒剤《コサンギニン》に溶かした薬液であった。ヤプーの皮膚から精製する有機化合物に皮膚素《キューティニアム》というものがある。これを陽イオンで処理して繊維にした皮膚繊維《ダルマトコン》は断熱性に富み、服地強化用原料として重用されるが、逆に陰イオンで処理すると細胞膜を冷熱に対して強くする皮膚強化剤《ダルマトローム》になる。定着熱度摂氏八十度で約四十分かけてこれを皮膚細胞に沈澱付着させると、ちょうどデルマトコン混織の衣服を皮膚の内側に着込んだようになって、極暑極寒に耐えられるようになる。断熱性に変化が生じるのみで肌色、肌触り、触覚能力等には何の影響もないが、デルマトコンにだけは（イオン処理が反対なので）陰陽相引く反応を示し、長くデルマトコン布地に触れると皮膚剝離を生じる。ところがイースでは服地にはすべてデルマトコンを混織してあるから、デルマトロームによる皮膚強化処置を受けたら、もう服を着ることはできない体になってしまうわけだ。そこで、この処置は、どんな衣服も着る必要のない動物であるヤプーに対してなされるにとどまり、白人、黒人には施されないことになっていた。

とまれ、麟一郎は今その処置を受けていたのだ。温度計の針は摂氏八十度で止った。あと四十分、この航時快速船が二千年後の地球球面に到着する直前まで、彼はこの棺桶型の窯――それはまさに古い瀬部麟一郎を葬る棺桶だった――内で身を焼かれねばならないのである。腸内ではポンプ虫の尾部が伸び始めたことだろう。

一　霊液と矮人

円筒船最底部で麟一郎が、苦悩のあまり声なき悲鳴をあげてクララに呼びかけていたころ、最上階の応接用大広間ではクララが愉快に談笑していた。壁には抽象派の画《タブロ》が掲げられ、すみには不思議な大輪の花を咲かせた鉢植の木があり、花の異香は彼女の鼻を快く刺激した。その枝には丸い鳥籠がかかり、紫と黄との混った派手な模様の羽色をした鸚鵡が首をかしげつつ、動かぬ目で彼女を見ていた。奥の壁に掛っている電蓄からは妙なる器楽の音、ドイツ生れで音楽の素養の深いクララも初めて耳にする美しい交響曲だった。

五人は丸く輪になって腰を下ろしていた。犬のタロはポーリンの足元に長々と横たわっていた。初め異様に感じた男たちの派手な服も、慣れれば竜騎兵の制服の赤いのと同じで、ちっともおかしくなく、そういうものとして美しかった。

案じていたような気づまりはなかった。ポーリンは主人役《ホステス》として気を配っていることはもちろんだし、率直明朗なドリスは、年齢《とし》も同じくらいのクララと大いに意気投合して、自分から、「貴女とは古くからのお知合いみたいな気がするわ。貴女は貴族よ。一目見てわかったわ。私たちもクララで呼ぶんだから、貴女も名で呼んでちょうだい――ねえみんな、それでいいわね」

といい出したくらいの打解け方だった。セシルは古代史通をもって任じるだけに、二十世紀球面に放浪したというクララには特に関心と好意を持っていたようだし、ウィリアムに至っては、明らかに好意以上のものを彼女に示し始めてひどく親切だった。さっき船倉を出てこちらに上って来る途中、廊下で船倉のほうに行く二人の黒奴に出会い、彼らが土下座して一行を避けるのに答礼しようとした時に、手を組んでいた彼がぐっとクララを引き留めた。そして人間が半人間に答礼する必要はないことを彼女に思い出させてくれた。無知からするそんな妙な言動のたびに、彼女は矯正され、記憶を回復するのだった。

――知識のうえではこの人たちとの間に二千年の隔たりがあるわけだけど、まるで親友の家庭に招かれたようなくつろいだ気分でいられる、クララはそう思った。

声をかけずに来てしまったのが気がかりになっていた麟一郎のことも、もう服を着せられて寝かされているに違いないと考えて、無理にも安心した後は念頭から去ってしまっていた。代ってウィリアムの男性的魅力がしだいに彼女の心を領し始めていた。

彼女は円盤の墜落を見、中にポーリンを発見した顛末を話したが、意識的にか無意識的にか、彼女一人の行動を述べ、麟一郎の名に触れなかったから、聞くほうには、ポーリンを正気づけたのも彼女であるように聞えたことだろう。セシルは二十世紀球面での彼女の生活や、記憶喪失の原因になった事故について聞きたがったが、ポーリンが、

「クララは、まだそれを話すことができるほど気持が落ち着いていないわ。記憶が回復してから、彼女が充分自分を客観視できるようになってから聞くほうがいいんじゃない?」

と押し留め、ウィリアムもさかわらずに、

「そう。それより、クララの生国《ボーン・プラネット》の遊星を捜すのが先決だよ。

巻末特典　康 芳夫 コレクション 小説『家畜人ヤプー』（血と薔薇４号より）

僕、捜しますよ、クララ」

と真剣な顔でいうのだった。

「ありがとう。皆様のお力添えで生国星に帰れましたら、どんなにうれしいでしょう。地球での事故のことは今全然お答えできませんの。放浪中のことは話せます。いずれ詳しくお話しする機会が来ると思いますけど、今は疲れてますから……」

クララがそういうと、ポーリンは、

「ソーマ(soma)を飲みましょう。体力とともに記憶のほうも回復するでしょうよ」

とドリスに合図した。

ドリスが心得て、腕送話器《リスト・マイク》にささやいた。

「ソーマを持っといで」

配膳盆をさされた召使いがはいって来た。麟一郎を処置している黒奴と胸の数字が違う以外はまったく同様のなりかたちである。これは胸番号2番だった。と、交響曲の快い響きを破って、突然、横から、

「ソーマ、ソーマ、ソーマ、の、じかん、です、ソーマ」

金切声がクララの耳を驚かした。鸚鵡だった。

ソーマ、とは何かしら? 飲物らしいが?――と思った時、どこからかひとりでに一台の丸型茶卓《テーブル》がすべるように動いて来て、丸く坐している五人の中央にピタリと静止した。卓の中央にマッチ棒ほど細く鉛筆ほど長い棒が立ち、それを右手で横桿《レバー》状に握り、左手では背中にかついだ大きな袋の口を押えた高さ十四センチほどの人形がその横に立っていた。卓上装飾用のサンタクロースだ。白い顎髯は植えたのだろうか。赤い三角帽子、赤い外套、白毛皮の縁取り、そして黒い長靴、このままの寸法で全体を十二倍したら、まるで本物ではないか。


召使いが卓上に五つの空コップを配った。

サンタ人形は、右手に握っていた棒を放して、つと前に進み出て来た。動作に少しも人形らしいぎこちなさがなかった。何という精巧な自動人形だろう、とクララは感服した。

「妾は二つ、お客様には三つがいいわ」

とポーリンがいった。人形は白髯を揺るがせつつ一礼すると、背中に背負った白い袋から、丸い錠剤を取り出し、二人のコップにその数だけ入れた。

「妾二つ」とドリス。

「僕も」とセシル。

「僕は要らない」とウィリアム。

コーヒに入れる角砂糖みたいに各人の好みによるらしい。人形は一々お辞儀して、注文の粒数だけを入れてゆく。待っていたように召使いがポットを傾けて、湯気の立つ緑色の液体を注いだ。馥郁《ふくいく》たる香気が部屋一面に漂った。

「ソーマのこと、思い出しましたか?」、ウィリアムは一口二口すすりながら、「別名を人類愛の蜜《ヒュマニティ・ハニー》という奴です。トガルド星の巨樹イグドラジルに年に一度数万の花が開く時、空中矮人達《エアロ・ピグミーズ》に花の蜜を集めさせて……ああ、記憶がもどったようですね。で、お好きですか?」

「ドレイパア郎《オス》が心配してるわけはね、クララ」、ポーリンが笑いながらいった。「彼は貴女の生国星を捜しに、貴女といっしょにイース中回るつもりでいるからよ。彼はソーマなしでは一日も暮せない男なの。だから、貴女がこれを嫌いといったら、彼は閉口するわけよ。もっとも好きといったら、旅行中一日に五度も付き合って飲まされる覚悟でなきゃア……」

クララは、こわごわ一口すすってから、ぐっと飲み干した。

西独が連合軍に占領された当時、米国からはいって来て飲んでなじみになったコカコーラにちょっと似ていてはるかに微妙な漂渺たる趣のある味だった。

「飲んでみて、はっきり思い出しましたわ。ソーマの味。妾、好きでしたし、今飲んで見て懐かしくて……今でも好きよ」

そばの美青年を省みて微笑みながら彼女はいった。

「ソーマに祝福あれ、貴女にも」

目を細くしてウィリアムは叫んだ。

「二十世紀人ならコカコーラに似ているといったでしょう」

今度はセシルのほうを見て、クララはいった。

「コカコーラ？」他の人にはわからなかったが、

「そう、前史時代、末期にコカコーラという飲物が流行《はや》ったのでしたね。私は文献で知ってるのですが、貴女が放浪中それを味わわれたとは貴重な経験でした。そうですか？　ソーマに似てますか？……」

セシルは古代史の知識をひけらかす機会を喜ぶように、「しかし、コカコーラはソーマほど日常生活にはいってないんじゃないですか？　味の点を離れていえば、ココアとかコーヒーとか紅茶《ティー》とかのほうに近いんじゃないかな？　お茶の時間《ティー・タイム》という言葉がソーマの時間《タイム》という言葉に取って代られたと国語学者はいってますからね」

「おっしゃるとおりですわ。それで妾は、ソーマがどんなに日常的な飲物だったかを、やっと思い出しました」、苦しい返事だった。

この時卓上の人形が少し動いて、髯が揺れた。

「この人形はずいぶん精巧な機械仕掛《メカニズム》ですのね」

皆が妙な表情をしたのに気がついて、また何か間違ったのかしら、と思った時、ウィリアムの日に焼けた手が人形を鷲づかみにし、彼女の目の前に持って来て、掌を開いた。

「機械じゃありませんよ。（薬味）袋持ち《バッグ・ポーター》とか薬味《スパイス》サンタとかいう食卓矮人《テーブル・ピグミー》の一種ですよ。ソーマを飲む時薬味錠《スパイス》を入れるのに使う道具です。思い出しませんか？」

白い大きな掌の上で、赤く塗られた人形は立ち上って向き直ると最敬礼をした。その動作、白い顎髯と目尻や額の皺との見事な調和からかもし出される豊かな表情……人形にしては精巧すぎる、生きているのだ、小人なのだ。これを食卓矮人《テーブル・ピグミー》というのか？　さっきは空中矮人《エアロ・ピグミー》という言葉を聞いた。その時は蜜蜂のようなものかと思っていたのだが、こういう小人を pigmy と称《よ》ぶのだろうか？　ガリヴァー旅行記に出て来る小人島《リリパッド》の住人たちと同じような人間の縮小体《ミニアチュア》……二千年後の世界には何と空想的な生物がいることだろう。この人たちがそこから来たという遠いシリウスの世界には、こんな小人が住む星があるのだろうか？

「ええ、だんだん思い出して来ましたわ。矮人《ピグミー》……他にもいろいろ使うんじゃなくて？」とハッタリだったが、

「もちろん、矮人《ピグミーズ》たちの用途は無限ですよ」

ウィリアムの声を聞きながら、このサンタクロースの扮装をした小人の髯のある立派な顔の肌色が黄色味を帯びていることにクララは気づいて、ふと心を曇らせた。

美青年の手が小人を卓上に戻すと、彼はチョコチョコと中央の棒のところに走り寄った。と、円型茶卓はひとりでに――いや、槓桿《レバー》を握った小人に操縦されながら、走り去って行くのだった。

「ここにも居てよ」、ポーリンが鸚鵡の籠を下げて来てクララ

に見せた。「これは鳥籠奴隷《ケイジ・スレイブ》っていうの、今雌しか見えないけど」

鳥籠の底はたいてい汚ならしいものだが、これはピカピカに光っていた。籠の底に鳥の羽色に合わせたらしい紫と黄とに塗り分けた、中世騎士の甲冑のようなものを着込んだ同じ大きさの小人が見えた。ままごとの匙くらいのシャベルで、今しがた鳥のお尻から落ちた柔らかな糞をすくって横の穴に入れ、掃除をしていた。籠の底が二重になっているらしい。鳥の糞《ふん》といってもこの小人にとってはちょっとした一堆積《やま》で、大作業だった。……と底のすみに別の穴があき、同じなりの雄がもう一匹出て来てはねつるべのような仕掛を使って、下の蛇口から出る水を桶に入れ、うんうん力《りき》みつつ引き掲げて、上方の水飲器へ満たし始めた。

「雌雄《めおと》でこの鸚鵡に仕えている奴隷だけれど」、その鸚鵡の飼主が説明した。「主人《あるじ》が気が荒くて、いつ嘴や爪でやられるかわからないので、甲冑をはずせるのは、自分の巣に戻った時だけなのよ。どう、思い出すでしょ？」

鳥糞を落す二重底の中に巣を営んで、主人たる鸚鵡に隷属しつつその身辺の世話をする鳥籠の奴隷……仕事振りからは知性を備えた人間の縮小体《ミニアチュア》に違いないが、それをこんなところでこんな風に飼うとは……。

クララは度胆を抜かれて、返事の声も出なかったが、その驚きを面白がるかのように、ドリスは、長靴の胴から抜き持った天馬鞭《ペガサス・ウイップ》で、今しも第三楽章にかかった交響曲の美しく流れ出す壁の電蓄を指し示しながらいった。

「あの携帯用管弦楽団《ポータブル・オーケストラ》だって、そうなのよ」

「あの電蓄——ラジオかしら……」

「まあ、ラジオだと思ってたの」

とドリスは笑って、いつの間にか例の腕送話器《リスト・マイク》を使っていたらしく、ちょっとこの時、腕力強そうな召使いが入って来たのに命じて、その箱を下ろさせ、クララの前に持って来て開かせた。大型のトランクに似て取手が付いていた。蓋が開かれ……

「ほら、小伶人達《リツル・ミュウジシャンズ》」

「あらッ！」

驚く様を見せまいとしていた彼女も、思わず大声をあげて、また一座を微笑ませた。電蓄でもラジオでもなかった。箱の中には、礼服を着た小人の楽人五十人くらいがそれぞれ席につき、楽器を持ち、指揮者のタクトに従って整然と演奏をしていたのだ。天井蓋が開いて五人の顔が上からのぞいたのにも、わき見一つしない真剣さだった。トランクの中に詰った小人たちの管弦楽団……

「どう？思い出した？」ドリスはクララに目で笑いかけながら鞭の手真似で召使いにそれを元通りにさせた。蓋が閉じられ、黒奴《ボーイ》の太い手が取手を握って箱は横にぶらさげられる。思わず、

「あッ、横にしていいのかしら」

中の小人たちが下のほうにずり落ち押しつぶされはしないかと心配したのだが、

「底に引力板《グラヴィ・ボード》が張ってありましてね、どう傾《かし》いでも平気なんです」、横からウィリアムが説明してくれた。「この船だってそうです。宇宙船は皆床に引力板を使っているのです」

「そうでしたわね。引力板《グラヴィ・ボード》という言葉に記憶《おぼえ》がありますわ」

とクララは苦しい受け止め方をした。

「矮人《ピグミー》のこと思い出した、すっかり？」とポーリン。変なこといい出される前に説明するつもりらしい。

「多少は。でも彼らがどこの星で生れたのか伺いたいわ、そんな小人島《リリパット》のような星が……」

「まあ、思い出したじゃない。釣堀《フィシング・ポンド》の本当の名前を。その調子」とドリスが喜んだ。

「そう、矮人族《ピグミーズ》の最大生産地は小人島《リリパット》の牧場よ。ほんとによく思い出したわね」

星の命名がガリヴァーの古典にもとづくことを知らぬポーリンは、クララがイース人でないとわかっているだけに、どうしてわかったかとこの適中が不思議だったが、これ幸いと語を継いで、

「矮人牧場《ピグミー・パスチュア》というだけなら外にも星はあるけど、小人島には野生矮人《ワイルド・ピグミー》がいる。貴女が覚えてたのは、きっと前にそこで矮人釣をしたことがあったのね」

「クララが貴族だということは、今や一点の疑いもないね」とウィリアムはうれしそうだった。

「この小ささは何から？」とクララが訊くと、

「縮小《ディミニッシュト》ヤプーが変種として固定したものですね」

「縮小《ディミニッシュト》……元は人間なのが、縮んだ……」

「人間じゃありませんよ、全然――」

「あら、妾、『元はヤプーなのが』っていうつもりだったの……ヤプーが縮んだんだったわね」

「そうです、十二分の一に」

縮んだということのほうに気を取られて、クララは無心に訂正したが、いつの間にか人間とは別のヤプーという動物の存在を認めてしゃべっているのを自分では意識しなかった。

「そうだ」ドレイパア青年は何を思ったか、急に顔を輝かせてドリスに向うと、「さっきのこと、矮人《ピグミー》に決めさせよう」

「いいわ」とドリス。

「いったい何のこと？　何を決めさせるの？」

とポーリンが訊くと、青年は赤くなって、

「いえね、アベルデーンで、貴女の次にクララ嬢の歓迎招宴《ウエルカム・パーティ》をする役を僕とドリスで取り合っているんですよ」

「矮人決闘《ピグミー・デュエル》で決めるのなら、生き残ったほうをクララに贈物《プレゼント》するわ」

未来のジャンセン家当主として、母に次ぐ処分権を持つポーリンがいった。

「僕の選んだのが残ったら、僕はこのごろ手に入れた珍品を持参金代りにその矮人に持たせよう――置物の船だけど」

「妾のが勝ったら」と ドリスが負けずにいった。「妾の厩の中で、好きな馬を一匹クララに選ばせるわ」

「旧馬《エクウス》に乗っていたクララに畜人馬《ヤップ・ホース》を思い出させるには絶好の思いつきね」とポーリン。

「僕も何か贈物《プレゼント》を考えなくちゃ」

金色の編髪を揺すりつつ、ドレイパア伯爵夫君がいった。

三　矮人種の歴史と現状

千六百年ほど前、シリウス圏が征服され、テラ・ノヴァ星のトライゴンからカルー星のアベルデーンへと大遷都が行なわれたころ、前後して畜人制度《ヤプー・フッド》完成期の三大発明の一といわれる生《ディ》体縮小機《ミニッシング・マシン》が案出された。

完全気密の吊鐘状水晶瓶《クリスタル・ベル》の中に動物を入れてから水晶発振機を動かし、特殊の放射線を注ぐと鐘《ベル》が縮み、それにつれて中の動物も縮む。しかも生体各細胞の分子が一定割合で体外に呼気になって排出されてゆくので、縮小された動物には元の個体性

が維持されている一方、この呼気を他の個体の呼気と分離して保存しておけば（換言すれば、気密鐘を毀しさえせねば）、逆装置によってもう一度原形に復させることも可能なのであった。こうして生体を任意の寸法に可逆的に縮小しうるに至ったのだ。

これは遷都後の輸送業務にとっては大福音と思われた。つまり多人数を輸送する際はいったん縮小し、到着後復元してやればいいのだ。

すぐ人間には試みず、まずヤプーについて試験してみたところ、縮小中は、わずかだが宇宙線疾患羅病率が増加することがわかったので、結局人間への使用は中止された（もっとも、後章で述べるように、後に白人にも縮小刑というものが制定された）が、この疾患による損失《ロス》を見込んでも、輸送能率向上から経済的に採算は取れたから、黒奴とヤプーがもっぱら縮小機にかけられた。しかし二分の一以上の縮小率だと雄の生殖能力が消失することが証明された結果、黒奴縮小率は二分の一止りと定められた（ただし黒奴が半人間《ハーフ・ウマン》といわれるのがこれにもとづくというのは俗説である）。

ヤプーに対しては黒奴と違ってまったく人権的な顧慮の必要がないから、積載数を少しでも増そうと縮小率はしだいに高められたが、十二分《トウエルヴス》の一以上になると知能が著しく減退することがわかったので、十二分の一というのが最高の縮小率となった。これによって輸送能力は実に十二の三乗、すなわち千七百二十八倍することになったのである。

ところが、こうしていろいろ縮小率を変えて縮小ヤプーを輸送していると、おもしろい事実がわかって来た。縮小されている間は縮小率に応じて時間の経過が加速されるらしいのである。三分の一物にとっては普通の四ヵ月が一年にあたる。十二分の一物は一ヵ月に一年分を取る。肉体と同時に人生も縮小されるのだ。

この性質を利用して、生体縮小機は生長促進機として応用されるに至った。たとえば畜人犬《ヤップ・ドッグ》は（第三章既述のとおり）短脚ヤプーを天井の低い室に入れて生後二ヵ月飼育し、その間基礎訓練として四つ這いの癖をつけたものであるが、それを十二分の一形態で飼えば（鐘を天井の低い特殊の形のものにする必要はあるが）二ヵ月に短縮でき、二ヵ月後に逆装置に掛ければ繁殖力こそないが立派な二歳仔として以後の訓練に耐えるのである。

こうして縮小機は広く使用されるに至ったが、輸送中の事故で鐘が割れ、中の呼気が散逸したため、到着先で原形に戻せず、仕方なく植民星人の玩具とされた縮小ヤプーが、偶然本国貴族の目に触れ、その頽廃した猟奇趣味に投じて「生きた人形」として珍重されたことから、それまでは輸送や生長促進のための一時的手段に過ぎなかった縮小形態は、一転して自己目的として存在を主張するに至り、呼気を保存せずに初めから人形用として生産された縮小ヤプー《ディミニッシュト》が出現するに至った。

玩具としての恒常的需要が生じると、いちいち縮小機に掛けずに済むよう、縮小ヤプー自体の再生産が要求されてくるのは自然の成行きである。しかし前記のように、性能力は二分の一形態までしか維持できないので、玩具向きの小型のものについては当初再生産は不能だった。

ところが、縮小機の発明後ほとんど五世紀を経て後、ついに生殖能力を持つ十二分の一縮小ヤプーが発見されたのである。ヤプーの中に純血種《サラブレッド》と称せられる血統があった。地球征服者マック将軍は、旧ヤプー首長一族を捕虜としテラ・ノヴァなるトライゴンの宮廷にもたらし帰って王に献じ、爾来彼らは宮廷用として王室飼育所《ローヤル・キャブーナリー》が繁殖させられ、性能の優秀な純血種《サラブレッド》ヤプーとなった。

ヘレン三世が王女クリスチーナの十二歳の誕生祝いに、十二分一縮小ヤプー二百匹を「生きた玩具の兵隊」にして、「矮人《ピグミー・》中隊《カンパニー》」と名づけて贈物《プレゼント》した時も、もちろんこのサラブレッドを材料にしたのだが、そのうち隊員中に性能力を維持し続けている者が一匹発見された。突然変異であったろうが、サラブレッドからこれを生んだのは偶然とはいえまい。これはアダムと名づけられた。

彼は、性能力の続く限り、毎日何回でも雌の縮小ヤプーを相手に子孫を作らされた。彼の相手はイヴ一号とか百号とかイヴ号数で呼ばれたが、イヴ同志は母娘直系が多かった。つまり彼は変種作出のため、娘、孫娘、曽孫娘等と戻交配を強制されていたわけだ。かくてアダムの後に残された一群の小人族はヤプーの一大変種として公認されたが、これを矮人種《ピグミー》と称ぶのはクリスチーナ王女の玩具の兵隊「矮人中隊」にちなんだ命名であった。

彼らは二十四日で母胎を離れ、一年半で成熟し、六歳まで繁殖し十年で老衰死する。肉体的にはあらゆる点で十二分一になっていたが、知能その他の精神的能力は普通のヤプーと少しも異ならない、立派な知性動物だった。

矮人種の作出はヤプー文化史に一時期《エポック》を画した。始祖アダム・イヴからの系統図がわかっているうえ、世代の交替が早いので遺伝学・優生学・育種学の実験用動物としては最適であった。しかも肉体は人体の完全な縮小体《ミニアチュア》である。医学・生理学・病理学でのモルモット代用としても手軽で、結果が早く出る等、原《ロー》ヤプーを使うよりずっと便利な点が少なくない。……が、歴史的に見れば、いちばん大きな収穫はその機械工学的利用にあった。読心能矮人《テレパシック・ピグミー》は命令脳波エネルギーが少しでも（つまり◎Qの低い平民でも）動かせる。それでこれを機械の要所要所に生体家具化して備えつけた完全自動装置が生産（これは平民の仕事である過程に使用されることになった。有塊計算機《ヤパマトロン》を代表とする、いわゆる有塊機械《ソウルド・マシン》こそは第三次機械自動化《オートメーション》による第五次産業革命の基礎となったものである。巨大なビルのような体積を誇っていた人工頭脳が、これにより一挙に千分の一の大きさになった有様は、二十世紀人の読者に対しては、真空管ラジオがゲルマニウム・トランジスターの使用によって小型化したことに比喩するのがいちばんわかりやすいであろう。とにかく、矮人《ピグミー》種は読心装置《テレパシー》と結合することによって、真に革命的な意義をになうことになったのだった。

しかし、もちろんこればかりではない。いちいち縮小機に掛けて生産された時代には高価な贅沢品としての「生きた玩具」でしかなかったものが、小人島《リリパット》の大牧場（＊）で量産されるようになると、広範な実用的用途が開けてきた。

（＊）注　大気が希薄なため、人間には住めぬような星でも矮人は呼吸量が少ないので生存できる。そこで、そういう遊星の一つ（リゲル圏第六遊星）が矮人飼育用に選ばれ、人間は気密円頂閣《ドーム》に住みながら、外に屋外飼養場《オープン・ファーム》を施設して矮人族を収容飼育繁殖させることになった。これが矮人牧場《ピグミー・パスチュア》である。

牧場に事故があって、放牧中の一部矮人が逸出したことがあり、いつか囲障外で食をあさりつつ野生化した連中が多数群がり住むに至って、小人島《リリパット》の称を生んだ。生態学的研究《エコロジック・スタディ》の宝庫といわれるこの星を、イース貴族たちは釣堀《フィッシング・ポンド》とも称《よ》ぶ。人間の住めぬ大気層だから、気密帽《ヘルメット》や宇宙服《スペース・スーツ》を着けねばならぬ点で海底にもぐるに似ているので、野生矮人《ワイルド・ピグミー》の捕獲は猟《ハンチング》でなく釣といわれたのである。矮人釣《ピグミー・フィッシング》は、貴族以外味わえぬ楽しい消閑《あそび》の一つだった。さてこそクララは貴族に違いないとの信用をかち得たのもここにあった。

客間でクララが見聞した食卓矮人《テーブル・ピグミー》（薬味サンタはその一種に過ぎない）、鳥籠奴隷《ケイヂ・スレイブ》など、いずれも従来の生体家具では用をなさなかった微小領域を矮人利用化《ピグミーゼーション》によって新たに活性化したもので、この類の応用はほとんど無限だった。机矮人《デスク・ピグミー》(注1)。香水瓶奴隷《パーヒューム・スレイブ》（注2）。浴槽矮人隊《バスタブ・ピグミーズ》（注3）。靴底矮人《インソウル・ピグミー》（注4）。肉襁褓《ダイアプー》（注5）。……さらにソーマの原液を花から集める空中矮人（注6）。に至っては、従来のヤプーでは考えることもできぬ微小作業を蜜蜂や蝶と同じように遂行する。この種の機械と同一体化したものも各種存在している。

（注1）机の上に住んで、文房具の運搬と操作とに使役される。

（注2）鏡台の引出に住んで香水瓶を背負っており、主人の意に応じて香水を吹き掛ける。

（注3）潜水兜《ヘルメット》をかむり十二匹一組《ダース》になって、浴槽に安臥している主人の体を湯の中にもぐって洗うのを仕事とする。蛙矮人《フロッグ・ピグミー》ともいわれる。

（注4）血液媒剤《コサンギニン》によって強度に鉄皮化したうえ、四股を切断し、胴体だけにしたのを、足裏の土踏まずに当るように横にして靴底に入れたもの。絶え間ない圧迫と足裏の脂を皮膚から吸収する関係で、普通矮人の三分の一の三年くらいしか平均寿命のない消耗品であるが、使う側からいえば、弾力のある踏み心地のよさは格別で、歩き疲れがないし、脂を吸い取らせるので足裏の美容にもよい。

（注5）diapoo, mens-pigmy のことは第八章注13で触れたから省略する。

（注6）超小型空中車《エアロ・カー》（一般の空中車と異なって、回転翼利用である）に下股を切断した矮人を生体糊で接着固定したもの。室内でも使用しうる。用途ははなはだ広く、花蜜採集だけではない。

この際、原種ヤプーに比べて矮人《ピグミー》の長所だったのは世代交替の早いことから優生交配による品種改良が急速に行なわれ得たことである。さっき、ウィリアムが賭けた「置物の船」とは、「生きた七福神を載せた宝船」なのであった。布袋の大きな腹、福禄寿の長い頭、皆そっくりそのままの形で、しかも生きているのだ。すべて育種的に作出した奇形矮人なのである。たとえば福禄寿の長い尖《とん》がり帽子のような頭部にしても、放射線で突然変異させた奇形矮人中から尖頭児を選んで交配し、変種を確立したものだ。染色体手術法の発明前にこうして原矮人からは続々珍奇な変種が作られた。肉体だけではなく、たとえば音楽の天才をやはり交配によって純血血統として確立するのも何でもない。この血統の小伶人《リトル・ミュウジシャン》を特に一年間（人間の十二年にあたる）訓練し、一人前に仕込んでから、超小型ピアノに付属させて自動演奏具《オルゴール》の中に仕込んだり、一組にしてトランクに入れ携帯用管弦楽団を作ったりするわけだ。これらは、高級玩具として、先に列記した実用具とはまた別に、広い需要を呼び起した。玩具だからといってバカにすると間違いで、現にトランクの中に住む五十人のどの一人でも、二十世紀の地球世界なら大演奏家として通用するに違いない天才たちなのだ。楽器は小さくても性能がよいから、そのままの形でも二十世紀人の演奏家にひけをとるまい。

音楽に限らず何か特技を持たされた矮人が、このようにどしどし生産される。その特技として武術を選ばされたものが後節に紹介しようとする小決闘士《グラジャトーレット》であった。決闘士《グラジャトール》には原《ロー》ヤプーをそのまま転用しうる関係で、畜人決闘《ヤプー・デュエル》は古来からイース人士の愛好する娯楽《アミューズメント》だったのだが、これが矮人化《ピグマイズ》されたことにより、矮人決闘《ピグミー・デュエル》というきわめて手軽《ハンディ》な形式で室内遊戯場に持ち込れまるに至り、ことにアングロサクソンの伝統で賭博好きな貴族たちは、ちょっとした賭けでも「矮人《ピグミー》に決めさせる」ので、短日月の間に広く普及したのであった。ジャンセン家の財力は、屋敷内ばかりでなく、氷河号のような持船の中にまで立派な小決闘士《グラジャトーレット》の組物《セット》を備えているのである。

この小決闘士《グラジャトーレット》を手兵として戦争するのが、先に触れた「神々の競技」である。しかし、あまり横道にそれぬうちに、この程度の予備知識で満足して、われわれはクララや麟一郎のところに戻ってゆくことにしよう。（＊）

（＊）注。本節では、極小《ミニム》ヤプーのことは触れなかった。これは智能劣弱化をかまわず縮小した身長五センチ半の三十分《サーティス》一物だ。一寸法師《トムサム》とよばれる上等のものは主人の頭部諸孔の管理が任務で、眼係（睫毛を刈りそろえ、目糞をとる）、鼻係（鼻毛を刈り鼻糞をとる）、耳係（耳垢をとる）、口係（常務は歯垢の除去。臨時には爪楊子の代りもする）等がある。トンネル虫《ワーム》と呼ばれる下等のものは粘液環境《トンネル》内作業を天職とするが、vagina-scraper, glans-knocker, semem-drinker など各種がある。しかし矮人のような生殖繁殖能力がなく、いちいち縮小機で作るのだし、複雑な作業もできぬから文化史的意義では矮人種の重要性に及ぶべくもないのである。

（以下次号）

イラストレーション／宮下芳子

Athletic events have always been extremely interesting to me, particularly those where two individuals meet in a face to face contest. Each man, while supported by his team of assistants, must, at the moment of truth, rely only on himself; his talent, his instincts, his own desire to be the victor. At the very moment of confrontation, each of the combatants is alone in this world even while thousands of spectators surround him.
As a former wrestler, I know this feeling intimately. And, as a Japanese businessman doing business in the United States, I am required to face similar challenges every day on behalf of Benihana of Tokyo.
So, while I am generally familiar with the feelings of the athlete, there are deep personal emotions involved in this particular fight. Since both Muhammad Ali and Mac Foster are friends of mine, I am extremely proud that these two men are engaging in the first major heavyweight boxing match to be held in my homeland of Japan. And my association with Prime Organization in helping to make this great event possible will be among my most cherished memories. Yet, when I watch these two friends enter the ring, I will be filled with mixed emotions. I know that only one of them can emerge victorious; the other one must lose. But I am certain that both men will give the best they have so there will be honor, even in defeat.
To me, Muhammad Ali is the only real heavyweight champion of the world even though another man wears the crown. I have seen him fight numerous times and he is a superbly conditioned athlete who is endowed with unusual speed, strength and agility. For one so large, he is unbelievably mobile and quick. But these natural attributes alone have not made him the champion that he is. From my close observation I have learned that Ali-san is a champion as a boxer because he is a champion as a man. Knowing his character I can say that he would have been a success in whatever he attempted.
Loyalty, dedication, courage — these are more than words for Muhammad Ali. They are what he is made of. They are what led him to the greatest fight of his life; against the establishment and the Government of the United States. It was a long and painful struggle for him. I am proud to have been among those who cheered when, once again, he was pronounced "the winner." And now, to have the opportunity to accompany this man to Japan, to show him the ways and mores of my people is a pleasure I cannot put into words. His interest in and love for people — of all colors and persuasions — is what I admire most in Ali, the man. To him I wish all the best that life can offer for he truly merits it.
In Mac Foster, we have a man who is returning to a land he knows and loves. Mac-san is a warm and friendly man — until he steps into the ring. His record of knockouts tells you that he is a hard, strong fighter. A former United States Marine, Mac Foster spent several years in Japan. He is familiar with our traditions, our food, music and language. I am pleased to say "Welcome Home" to my friend Mac Foster. And so, they will fight, these two friends of mine. And to me, this encounter should have been labeled a title match for both men are worthy of participation in such an event. The winners in this case are the people—on both sides of the ocean—who will see this fight. It represents an exchange between two great countries, something I see as most important. Just as I have taken a bit of Japan to America through my Benihana restaurants, so I am proud to participate in bringing a bit of America to my native land.

ROCKY H AOKI
OFFICIAL SPOKESMAN

ロッキー　青木
オフィシャルスポークスマン

私はいつもボクシングとかレスリングの試合は興味を持ってみてきました。特に1対1で自分の力のみを頼み、テクニック、本能、勝利者への欲望でもって試合に臨む気持ちは私自身が以前レスリングをやっていただけに何ともいえないものです。何千という群衆の中でただひとりの挑戦者と相対した時の孤独な気持ちは、私自身のアメリカの仕事の上にもよく経験する事です。

このアリとマックフォスターは両者共私の友達であり、ここにこうして両者のスポークスマンとして登場できる事、そして彼らが私の生まれ故郷での最初の世界的なヘビー級試合に臨むことを、とても誇りに思っております。しかし、この両者がひとたびリング上にあるとき、どちらが勝ちどちらかが負けるという勝負の世界の宿命を感じると何とも言えない複雑な感情におそわれます。

しかし、私は両者がベストをつくして戦う事を信じますし、又どちらが負けてもベストをつくした事への心からの声援を送りたいと思います。

私にとってモハマッドアリは、いつでもただひとりのヘビー級チャンピオンでした。彼がタイトルを奪われた時でも、この気持ちはかわりませんでした。彼の試合はもう何回となく観ておりますが、彼ほどスピードと力と機敏さを身につけているボクサーもないと思います。しかし、彼の天性だけが彼を今日の偉大なるボクサーにしたのではありません。

私はいつも近くからみて、彼はボクサーとして偉大のみならず、同時に人間として偉大である事が彼をすばらしいボクサーにしたてていると思います。彼の性格から言って、ボクサーとしてでなくても何をしても成功した様に感じます。

アリについて語る時、必らず忠義、献身、勇気といった言葉が浮びます。それらの性格が彼の生活そのものであるファイトに彼をかりたてるのです。アメリカ政府に対する反体制的な痛烈な批判もそこから生まれてくるのです。そして彼にとって長く苦労のある戦いでした。私は彼が覇者として発表された時のことを今でも思いおこしますが、まるで自分の事のように誇りをおぼえます。

そして今ここに、日本にこのアリとともにくるチャンスをもち、又、日本の皆様に紹介できる喜びはひとしおであります。彼のカラーを越えた人類愛は私が最も好きな点です。

マックフォスターについては、海軍時代に日本に来た事があり、日本の風土にも馴じみ、日本語も片言でしゃべります。ここでマックフォスターに彼がしばしの故郷になった日本へ"ようこそ"と述べたく思います。彼は温和で親しみ深い男ですが、彼が激しいファイトをする事は、ノックアウトの記録で皆様もご存知の事です。さて、この2人の私の友人の戦いですが、これがタイトルマッチのように意義があり、又、両者共がアメリカ人であり、今、世界の人々がこの試合に注目していると思います。私にしてみれば、これがいくらかでも、両国の交流のひとつになればと思います。

私がベニハナレストランを通して日本をアメリカに紹介しているように、今度はアメリカの一部をこの私の生れ故郷が紹介できた事、そしてこの試合を皆様がエンジョイして下さることと確信しています。

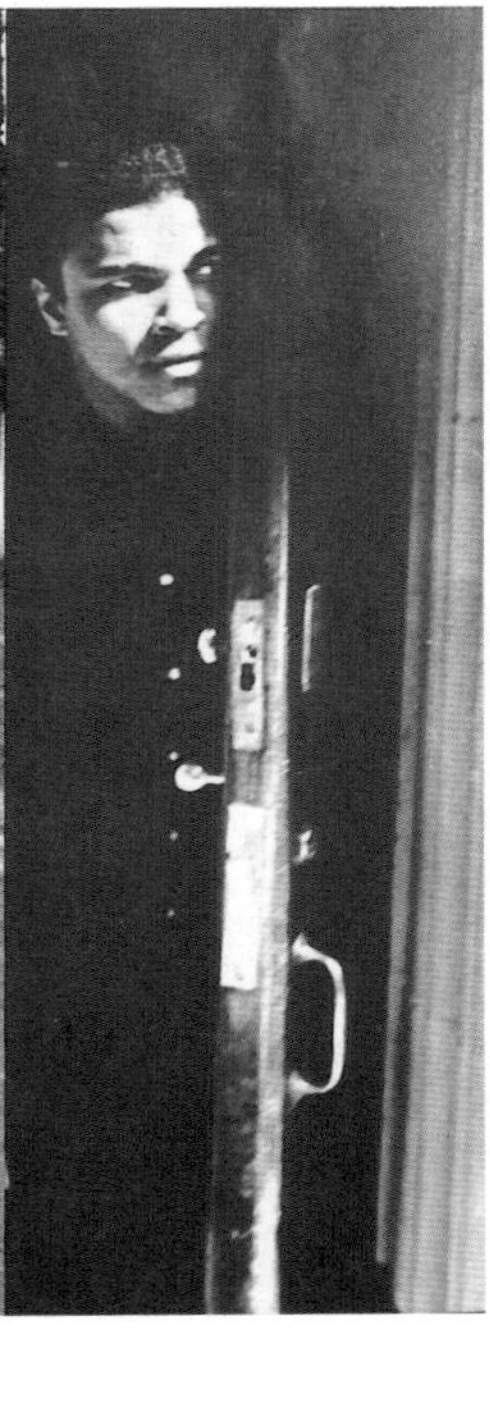

ファイティング原田

（元世界フライ級&バンタム級チャンピオン）

岡本　不二

（片岡　昇を育てた不二拳闘クラブ会長）

日本で唯一のヘビー級チャンピオン
片岡　昇（現役時代）

まえからクレイは尊敬していた。何回で倒すと予言して、そのとおりやるというのは、ボクシングというのは相手がいることだから、たいへんむずかしいことだ。それをズバズバやってのけるクレイはすごいと思っていた。フレイザーには負けたけれど、3年くらいブランクがあったあとでも、また世界タイトルを戦えるのはたいしたことだ。ぼくも、やめて3年たつけど、もう一度ボクシングをやってみたいという気持ちはあっても、実際に身体を動かして試合をするなんてことはとてもできない。その点でもクレイは偉大だと思う―。ヘビー級の試合は、ぼくもロスで4回戦を何度か見たことがあるが、あの大きい人がひっくり返るのだから迫力は最高だ。ランキングボクサーどうしの対決となれば、迫力はなおさらだろう。日本のファンのまえにいい試合を見せてほしい。

軽量級でどんなに強いといってもヘビー級にはかなわない。ひとつ最強のものをつくって世界へ出ていこうという野心をもってヘビー級の育成に乗り出したのが、もう十数年前になるだろうか。新聞で募集したり、相撲界をまわったりして10人以上の選手を集め、予選をしてチャンピオンを決めた。相撲出の片岡昇が初の王座についた。
だが、初めは皆いきごんでいたけど、殴りっこをやっているうちにだんだん減っていって、しまいに興行ができなくなってしまった。もうちょっとのところだったのにと、いまでも残念に思っている。チャンピオンの片岡は九州に地方興行にいったとき、そこで恋人をつくって、そのまま帰ってこなかった。その後どうなったか知らないが、どこかでこの試合を見ていることだろう。もしかしたら、この会場にきているかもしれない。

作家
五木　寛之

白い祭りの後に

――カシアス・クレイ小論――

カシアス・クレイについて、私はかねがね或る種の微妙な偏見を抱き続けてきた。

それは彼がリングの外においても、きわめて勇気あるヒロイックな存在たり得ているという点に起因していたようである。カストロやアルベルト・バーヨをはじめ、現代史における英雄的な人々が例外なく最底辺の民衆の出でなく、むしろそれら非人間的な状況の下に苦悶している階級に限りない共感と連帯を感じうる立場から成長してきていることを、私は歴史の大いなる皮肉として受け取ってきたのだった。あの善良なる黒人市民フレーザーとくらべて、カシアス・クレイの限りない果敢さと過激さは、本当の世間の垢と汚辱を骨身にしみて感じたことのない恵まれた少年の勇気のように眺められたのだった。

だが、いま私はそのクレイのストレートな怒りや苛立ち、そしてその行動の背後にひそむ冷徹な志を、少しずつ理解しはじめようとしているのだ。そのフレーザーとの共通の連帯に気ずかなかった自分を、ひどく恥ずかしくひどく幼いものとして認め、そして黒人であると白人であるとを問わず、ひとつの戦いがいかに屈折した、巧智にたけたものでなければならぬかにようやく気づこうとしているのである。

フレーザーは、いわばクレイの敵ではなく、その同志であったと私は思う。彼らは対立することで共通の敵と共同して戦ったのだ。クレイは常にそのような状況の中で、おのれの役割りを演じつづけてきたのではあるまいか。カシアス・クレイは、いわば世界の歴史を舞台に選んだ巨大な演技者である。彼にとって、リングの外と内とは全く同じ戦いの場であった。カシアス・クレイの悪口雑言、そのハッタリ、負け惜しみまでの全てを含めて、私はそのあらゆる片言隻句に、ユーモラスに感動させられる自分を感ぜずにはいられない。

私たちは彼の試合に、スポーツとしてのドラマを見るわけではない。勝とうが負けようがそこにひとつの劇的な運命への挑戦ぶりを目のあたりにするのだ。クレイのその姿は、どこかシジフォスの神話を思いおこさせる。クレイは、その意味で現代の神話の輝かしい語り手であり、同時にその劇中の人物として私たちの前にあるといっていい。

クレイがそのグラブを相手のストマックに振るとき、打たれているのは挑戦者ではなく、観ている私たちなのだ。私たちはクレイと共に戦い、彼と共に敗れ、いわば勝者と敗者が同時に達成する荒々しい抗議の爽かさを共有するのである。

私たち日本人にとって、野球と映画とボクシングは、西欧文明に対するアメリカ文化の自己主張そのものとして映じてきた。冬季オリンピック、またの名を〈白いオリンピック〉が、その空しい反響を恵庭岳や大倉山にひびかせ、準白人であるわれわれの一族がそこで数本の国旗をかかげた祭りの後に、私たちはここにその純白への志向を一挙に逆転すべき美しきヒーローを迎えることとなった。私の内部にわだかまっていた或るよどんだ感情が、カシアス・クレイの一挙手一投足によって、激しく吹き拂われるであろうことを私は疑わない。そこで戦うのは、単なるカシアス・クレイ個人ではない。彼は私たちの分身であり、挑戦者もまたそうなのだ。いわば、この試合に観客として参加することが、私たち自身も１人の神話伝説中の人物として新たなる生を体験することになるのである。

左より　1971年9月ニューヨークにおける記者会見：プライム・オーガニゼイション・インターナショナル チーフプロデューサー康 芳夫、モハマッド・アリ、マック・フォスター

スポーツ評論家
虫明 亜呂無

夕立ちの街路

ボクシングは子供のころから好きだったし、四十才をこしてから、そのおもしろさもわかりだしたが、ボクシングのエッセンスにふれた思いが実感となったのは、アメリカに行ってからである。

奇妙なことだが、朝のオフィス街の地下食堂で、例の典型的なアメリカ風の朝食をたべながら、舗道をゆきすぎる人びとの脚を見ているとき、突然、天啓のように、

　「あ、ボクシングは、このような風土に生れ、育ったのだ」と、思った。

ボイルド・エッグに、トースト、それに、薄いコーヒーという簡単な食事を噛みしめ、あわただしく街をゆく人びとの残してゆく生活のにおいをかいでいると、ボクシングは、この国にしか発達しなかったのではないか、と、思われた。

風土が荒涼として、生活がきびしく、そこを生きぬいてゆく人間の絶望とか、怨念が、空気を染めて漂っている。僕はその漂よいように、ある種の感動をおぼえ、つぎに、人なつかしさに魅せられたのかもしれない。

街は高層建築がならび、店の装飾はポップ調の濃いものだった。それも、ボクシングを連想させた。もし、街がヨーロッパの街のように古風で、荘重なたたずまいをたもち、道ゆく人の表情に秩序に従いきった諦念があったのなら、僕はボクシングを思わなかったにちがいない。

人が生きてゆくさまは、国境をこえて、風土を異にして、それぞれに、その人なりの重い影を宿しているものだが、アメリカでは、その影の輪郭をなす部分が、妙に一打必殺のムードに連結しているようであった。たとえばビリー・ホリディの歌をきいても、マイルス・デビスの音楽をきいても、それは、どこかでボクシングのある部分を連想させるに充分だった。

僕はニューヨークのオフィス街で食事をしながら、肉体さえもプロでなくては通用しない、というこの国の厳しさを感じた。肉体という生存を支えている最大限の素材すらも、プロでなくては生きてゆかれない社会の凄まじさを、薄いコーヒーと、淡いパンの味覚から受けとった。食べるという最小単位の行為が、せつないほど味気なく、素っ気なく、乾いていることが、生きていることの荒寥さを呼びさました。

アメリカの魅力は、といえば、一言でいったら、そういうことになる。僕がボクシングを想ったのは、そのためであった。

ニューヨークの裏街をタクシーで通りぬけているとき、夕立ちにあったことがある。夕方だったが、街は一瞬に、暗くなり、電鳴がとどろき、視野は雨足のはげしさにとざされた。と、タクシーの運転手は車をとめ、僕にふりかえり、

　「アイスクリームを喰べないか？」

と、云った。僕がうなずくと、老人の運転手は夕立ちのなかを、ドラッグ・ストアに走りこみ、アイスクリームを二つ買ってきた。

僕らは夕立ちをついて、車を走らせていった。ブルックリンの橋を赤紫に染めて、稲妻が空を裂いたりした。僕らは車を除行させて、アイスクリームを食べおえた。と、夕立ちはやみ、真暗な煉瓦づくりの家がならぶ街なみに車はさしかかっていた。街には燈がなく、街の背後には、夕焼けだけしかなかった。

水たまりの多い路上では、黒人の子供たちが、かたまってボクシングのまねをしていた。彼らは柔かい体を左右に、前後にしならせて、みごとなシャドー・ボクシングをしていた。彼らの姿体は、ほとんど夕闇にまぎれていた。

アイスクリームは甘味に抑制がきいて、なにか、残酷な味だけを強調しているように作られていた。

僕はそのとき、もう一度、この国の、この都会にだけ、ボクシングは発達してゆくのだ、と、思った。

ALI'S REMARKS

クレイ名言集

★チョウのように舞い、ハチのように刺し、8回までにケリをつけてやる——**リストンとの世界タイトル戦を前に**

★オレはもうカシアス・クレイではない。これからはモハマッド・アリだ——**回教徒になって**

★人間なら誰もこわくない。こわいのはアラーの神だけだ——**白人過激団体ＫＫＫが生命を狙っているという噂を聞いて**

★ベトコンと戦うつもりは毛頭ない。米国内で自由を与えられない黒人が、なんでよそさまの国に自由を与えに行けるのか——**徴兵を拒否して**

★オレのタイトルは与えられたものでも、人種や宗教によるものでもない。オレはそれをリングの中で、自分のボクシングの能力によって獲得したのだ——**タイトルをハク奪されると聞いて**

★ニクソンは米国のチャンピオンだが、オレは世界のチャンピオンだ。オレが兵役を拒否したのはアポロの月旅行に匹敵する歴史的な出来事だ。フレイザーなんかアマチュアさ、試合にならんよ——**フレイザー戦を前に**

★若者は教育をうけることに専念し、決してボクサーになろうなどと考えてはいけない——**ロンドンにて**

★オレは宗教人だから、観客のために人を殺すわけにはいかない——**マシスをＫＯしなかった理由**

★聖地に参ったから、こんどこそフレイザーのヤツを叩きのめしてやる——**アラビアを旅行して**

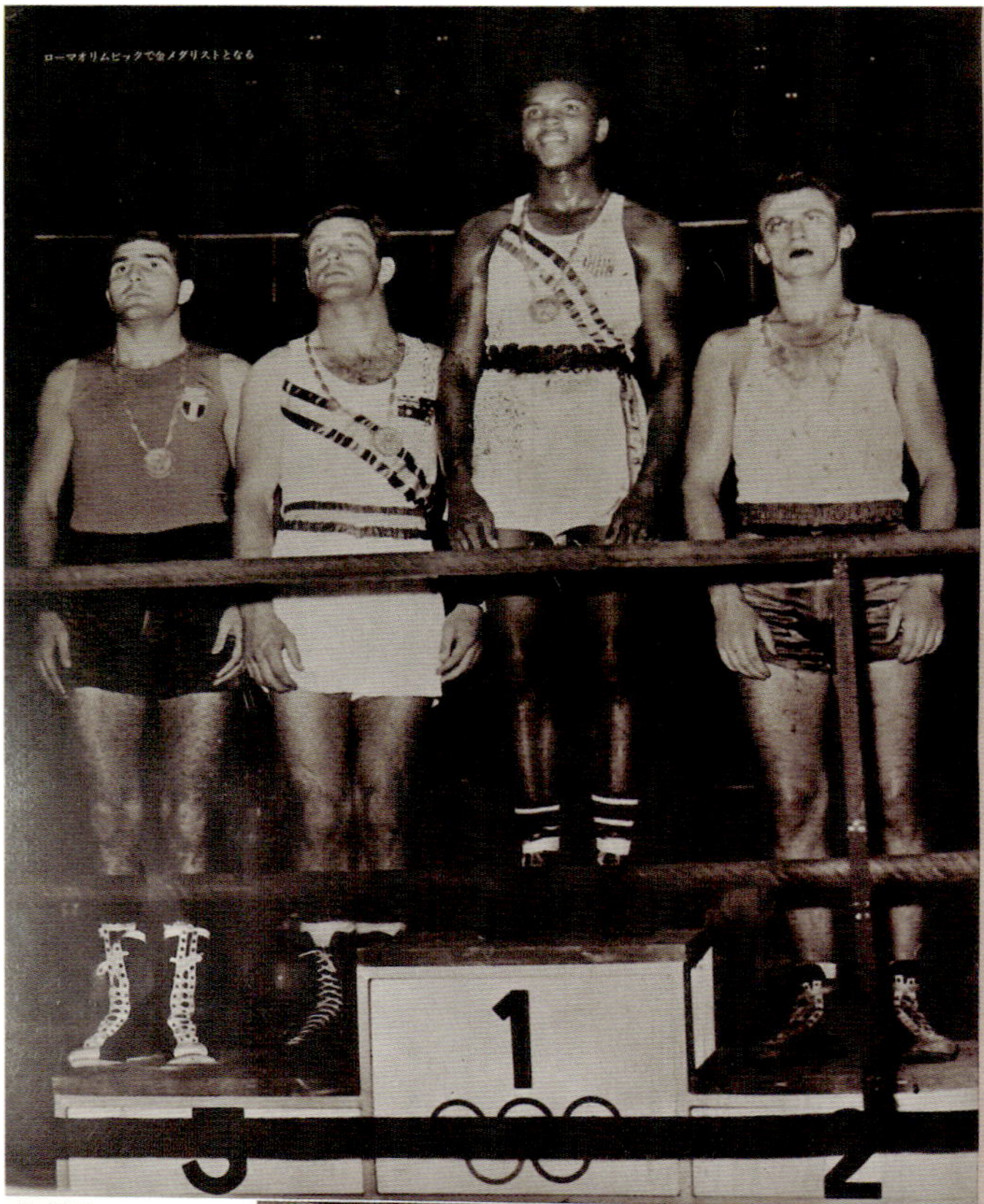

ローマオリムピックで金メダリストとなる

クレー11才の時

あるとき小学生のカシアスは父親に「なぜぼくは金持ちになれないの」と聞いた。すると老クレイは息子のクルミ色の手をつかんで「これのせいだよ」と答えた。肌の色のことをいったのである。しかし息子は、まさにその手によって金持ちへの道を切り開くことになった。

カシアスの戦いぶりは最初から天才的だったが、しかし彼の出現には、単に強さだけからくるのではない、どこか異常な興奮がつきまとっていた。

これはある男の物語
鉄のこぶしと美しいなめし皮の肌
大きなことをいい　自慢する
力強いパンチとスピードを

詩を読むボクサーなんて前代未聞だったし、こんなに相手を口ぎたなくののしる選手も初めてだった。おまけに、相手を倒すラウンドを予言し、ほぼ確実にそのとおり実行するようになると、もうこれはただの名選手とは違うということは誰の目にも明らかとなった。

従来のボクシング・ファンの範囲をこえて、彼の挙動が世間の注目を集め始める。半分の人々は彼の奇行を歓迎し、もう半分の人たちは、このナマイキな若僧が早くのされればいいと願った――クレイの試合が異常な人気を呼ぶようになったのは、このようにファンとアンチ・ファンとが半々に分かれていたからだ。興行的にはこれは理想的な形だった。「クレイがもう 3人もいてくれたらなあ」とあるプロモーターはいったし、J・デンプシーも「私は彼の味方だ。ボクシング界がまた生き生きしてきたじゃないか」といったものである。

だがクレイはそういう人気の世界をつきぬけて、さらにつっ走ったのだった。アメリカ社会の白人支配に挑戦するブラック、モスレムスの信者であることを表明したとき、彼は単なる人気商売の一員から、明確な主張をもった一個の個性へと転身したのである。「デンプシーやリストンには、新聞記者は『パンチの調子はどうだい』と聞くだけだった。だがオレにはまず『ベトナム情勢をどう思う』と質問するようになるだろう」

今までの奇行を、もしかしたら演出かもしれないと思っていた人たちも、これは本気なのだということがわかった。それと同時に、今までのアンチ・ファンは彼にほんとうの憎しみを抱くようになった。ここからクレイの悲劇が始まる。「あなたはボクシングのチャンピオンであるばかりでなく、正義と平和と人間の尊厳のチャンピオンでもあります」――キング牧師未亡人。

ボクシング生命とひきかえに徴兵を拒否し、3年後に許されて戻ってくると、彼はまた何ごともなかったようにホラを吹き、リングに上ってパンチをふるった。変わったのは世間のほうだけで、クレイ本人は一貫して自分のしたいことをやっているにすぎないのだ、素直に、真剣に、陽気に――世間はやっと彼の行動の原理をのみこみ、そこにほんものの人間の手ざわりを感じたのだった。

「キャデラックもプールつきの家も、欲しいものはもうみんな手に入れた。これからは社会の不正と戦うためにファイトしたい」と最近のクレイはいっている。老クレイが指摘した金と肌の色の問題を、息子カシアスは独自のやり方で、両方とも強烈に解決したのである。

PROFILE

ニックネームはダイナマイト・フォスター

日本のファンになじみは薄いが、日本とは縁の深い選手である。海兵隊員として日本に駐留中にボクシングを始めたからだ。ちょうど日本で一人の女性を見そめてつき合い始めたところだったが、ボクシングのほうが面白くなって別れてしまったという。そのおかげで海兵隊日本チャンピオンを手始めに、全海兵隊チャンピオン、全米軍チャンピオンなど14の軍タイトルを獲得し、全米アマチュア・チャンピオンにもなった。

1942年7月29日、ルイジアナ州に軍人の子として生まれた。名前のマックはマッカーサー元帥にあやかってつけられたものだという。生まれるとすぐにカリフォルニア州に移住し、そこで8人の兄妹とともに育った。小さいころから農園で綿つみなどの重労働を毎日10時間以上やっていたという。高校を卒業するとすぐに17歳で海兵隊に入り、日本や沖縄に勤務。ベトナム戦線にも13ヵ月参加している。6年半後に除隊すると、アマチュアの戦歴20勝（17KO）1敗をもって、そのままプロに転向。前王者リストンを公開スパーリングで倒したりして、たちまち頭角を現わした。69年3月に世界ランキング入りし、70年6月クオリーに破れるまでは24戦オールKO勝て、打倒フレイザーの最右翼と目されていた。

フォスターの強みは並外れたパンチ力にある。故ロッキー・マルシアノもリングサイドで舌を巻いたほどで、「一発のパンチ力にかけてはオレの右に出る者はいまい」と、日ごろは控え目な本人も、それだけは大いに自慢にしている。クオリーには不覚の一敗を喫したが、その後また4連続KO勝を続けて、相変わらずKO率10割を誇っている。

「オレは黒人である前にまずアメリカ人だ」というフォスターは、経歴からもわかるように模範的な愛国者だ。そもそもプロに転向した動機が「クレイのお喋りがあまりアタマにきたので、これはオレがプロになってリング上で対決するしかないと思った」からだと語っている。体制対反体制というわけか。とにかくこの試合は、酒もタバコもやらないマジメ独身ボクサーが、デビュー以来5年目にして迎えた宿願の一戦なのである。

体重——96.8kg
身長——188.0cm
首回り——45.7cm
胸囲　普通——106.7cm
　　　拡大——111.8cm
ウエスト——87.6cm
大腿周囲——66.0cm
ふくらはぎ周囲——38.1cm
リーチ——200.7cm
こぶし周囲——30.5cm

戦績— マック・フォスター

1966年

❶11月　ジム・ギルモア…………3回KO勝
1回にカウント9のダウンを2度も喫しながら、3回に逆転KOしてデビュー戦を飾った。

1967年

❷1月　バート・バーミンガム…1回KO勝
❸2月　サム・ワイアット………1回KO勝
❹3月　L・J・フィーラー……6回KO勝
❺5月　ルー・フィリップス……3回KO勝
❻6月　リノ・アーメンテロス…3回KO勝
❼8月　フロイド・ジョイナー…7回KO勝
9月　ロバート・ダヴィラ(アルゼンチン)…KO勝
❽10月　レイ・エリス……………2回KO勝
❾11月　ロイ・ウオレス…………7回KO勝
12月　ボブ・ウィバー(カナダ)……KO勝

1968年

❿1月　ヒューバート・ヒルトン…5回KO勝
フォスターが初めて相手にした一流選手。ヒルトンはボナベナ、クーパー、ボデルらと互角に戦っていた選手だったが、その彼も5回、血みどろになってフォスターの破壊力の前に屈した。
⓫2月　スティーブ・グラント…2回KO勝
⓬4月　ソニー・ムーア…………2回KO勝
ムーアは元テキサス州チャンピオンで、リストンら第一線の選手と何度も戦っているベテランだった。
⓭7月　カーチス・ブルース……3回KO勝
⓮8月　トミー・バーンズ………1回KO勝
⓯8月　トミー・フィールズ……1回KO勝
⓰11月、ジョー・ヘンフィル……3回KO勝

1969年

⓱1月　ロジャー・リシャー……4回KO勝
リシャーは世界ランクの上位にもいたことがあり、クレイのタイトルに挑戦した英国チャンピオンのヘンリー・クーパーに勝っている選手。これに勝ってフォスターは初めて世界ランキング(WBA)入りした。
⓲5月　サド・スペンサー………1回KO勝
この相手はジャック・ボデル、ダグ・ジョーンズ、アーニー・テレルらの強豪を降して、前年まで世界3位にいた。フォスターの強さが本物かどうかの試金石と目された試合だったが、右アッパーから左フックをアゴに叩きこんで1回2分49秒、あっさり倒してしまった。
⓳8月　ロジャー・ラッセル……3回KO勝
世界ランカーのゾラ・フォリーと引き分けているラッセルを、フォスターは3回ではふって、WBAランキングの7位に。
⓴9月　クリーブランド・ウィリアムズ
…………………5回KO勝
㉑10月　クリーブランド・ウィリアムズ
…………………3回KO勝
66年クレイの世界タイトルに挑戦して3回TKO負けしたウィリアムズが、再起を賭けて戦いを挑んだ。特に2度目の試合の彼の気迫はすさまじく、3回、その鋭いパンチの連続にフォスターも危うくヒザを落しかけたが、フックを返り打ちしてウィリアムズを3度マットに這わせた。このラウンドは「リング」誌の年間優秀ラウンドの1つに選ばれた。
㉒12月　ボブ・フェルステイン…2回KO勝
この年フォスターは「リング」誌の躍進賞第1位に選ばれ、年間ランキング世界3位にまでのし上がってきた。

1970

㉓3月　ジミー・ロゼット………4回KO勝
ロゼットはアマチュア時代にフォスターが負けたただ一人の相手。フォスターのほかジェリー・クオリーや現ライトヘビー級チャンピオンのボブ・フォスターにも土をつけており、クレイにも僅差で破れた巧者だったが、フォスターはみごとにKOで雪辱した。
㉔4月　ジャック・オハロラン…1回KO勝
㉕6月　ジェリー・クオリー……6回KO負
フォスター6位、クオリーは4位だったが上位でフレイザーと戦ったことがないのはフォスターだけなので、この試合に勝てば次期挑戦者になるのは確実と見られていた。ところが、3回、強烈な右をアゴに入れたのにホールドにはばまれて勝機を逸したフォスターは、6回、突然ラッシュに出てきたクオリーの連打を浴びてリング外に叩き出され、もうろうとしたままカウント3でレフリーストップされてしまった。フォスターにとっては初のニューヨーク舞台だったが、痛い初黒星になった。
㉖9月　ゾラ・フォリー…………1回KO勝
3年前クレイの王座に最後に挑戦して7回KOされたフォリーを、フォスターは1回で倒して、再起第1戦を飾った。

1971年

㉗3月　マイク・ボスウェル……4回KO勝
㉘7月　ビリー・ジョイナー……5回KO勝
㉙12月　ベビー・ロス……………8回KO勝
ロスは東京五輪の銅メダリスト。イタリア・ヘビー級チャンピオン。

戦績―カシアス・クレイ

1960年

❶10月　タニー・ハンセイカー…6回判定勝
プロ第1戦の相手はウエスト・バージニアの前警官主任。「ヤツは飲んだくれだから一発でKOさ」とクレイは早くも景気のいい予言をしたという。この試合の前、クレイのマネージャーを買って出る者が大ぜいいたが、クレイは11人の実業家との契約にサインした。この11人が、のちにクレイが世界王者となったあとまでも、彼の後援者となった。

❷12月　ハーブ・サイラー………4回KO勝

1961年

❸1月　トニー・エスペルチ……3回KO勝
❹2月　ジム・ロビンソン………1回KO勝
❺2月　ダニー・フリーマン……7回KO勝
❻4月　ラマー・クラーク………2回KO勝
❼6月　デューク・サベドング…10回判定勝
クレイ初の10回戦。相手はハワイチャンピオン。
❽7月　アロンゾ・ジョンソン…10回判定勝
❾10月　アレックス・ミテフ……6回KO勝
❿11月　ウィリ・ベスマノフ……7回KO勝

1962年

⓫2月　ソニー・バンクス………4回KO勝
⓬2月　ドン・ウォーナー………4回KO勝
⓭4月　ジョージ・ローガン……4回KO勝
いよいよWBAの世界ランキングに登場。このころから、相手を倒すラウンドを予言し詩を口にするボクサーとして異常な注目を集め始める。
⓮5月　ビリー・ダニエルズ……7回KO勝
⓯7月　アレヤンドロ・ラボランテ………5回KO勝
世界ランクの中位を保っていたアルゼンチンの強豪を、予言どおり5回でKOした。
⓰11月　アーチー・ムーア………4回KO勝
ムーアは元世界ライトヘビー級チャンピオンだが、すでにこの試合が220戦目という超ベテラン。クレイは予言どおり4回に3度のダウンを与えて、ムーアに7つめのKO負けを記録させた。

1963年

⓱1月　チャーリー・パウエル…3回KO勝
予言どおり。これで17連勝14KO、そのうち予言した回に倒したのが13回になった。「21歳の誕生日までに必ず世界チャンピオンになる」と豪語するクレイの実力を、専門家たちも本気で認めるようになってきた。
⓲3月　ダグ・ジョーンズ………10回判定勝
リストンへの挑戦をねらうクレイが迎えた最大の強敵。ジョーンズは世界5位。4回KOを予言したが意外に苦戦し、やっと判定で勝った。試合後クレイが「次はリストンだ。ヤツはジョーンズほど速く動けないから8回で倒せる」というと、リストンは「もしオレがヤツと戦ったら、オレが殺人犯になるだけさ」とうそぶいたという。
⓳6月　ヘンリー・クーパー……5回KO勝
英国チャンピオンの敵地に乗りこんでの戦い。4回クレイは左フックを食ってダウンしたが、5回、この回の1分15秒でケリをつけるといった予言にわずか20秒遅れただけでTKO勝ち。

1964年

⓴2月　ソニー・リストン………7回KO勝
〈世界タイトル獲得〉クレイの軽快な動きについてゆけないリストンは、クレイのパンチで左肩を痛め、7回開始のゴングが鳴ってもコーナーから出てくることができなかった。「あの大きな醜いクマは8回までさ」と大ミエを切ったクレイが、7対1の予想をくつがえして勝ちとった大番狂わせだった。

1965年

㉑5月　〈防衛1回〉ソニー・リストン　1回KO勝
わずか1分、クレイの右一発で勝負は終わったが、リターンマッチを認めないWBAはクレイを王座から外した。
㉒11月〈防衛2回〉フロイド・パターソン12回KO勝
良識人をもって任じる元世界チャンピオンパターソンは、クレイが過激団体に属していることが気にくわず、「自分が十字軍のつもりで戦う」と抱負を語っていた。クレイはそのパターソンをウサギ野郎と呼び、「ウサギ野郎にはせっかんが必要だ」と毒づいて、そのことばどおり、パターソンをまるでオモチャのように痛めつけて問題としなかった。

1966年

㉓3月　ジョージ・シュバロ……15回判定勝
〈防衛3回〉「fight of the century」（世紀の一戦）という謳い文句を「flight of the century」（世紀の逃走）と皮肉られた。徴兵問題にからむ非愛国的な言動により、アメリカ各地からしめ出され、やっとカナダに試合地を見つけたからである。以後しばらく国外での試合がつづく。
㉔5月　ヘンリー・クーパー（英）6回KO勝
〈防衛4回〉
㉕8月　ブライアン・ロンドン（英）3回KO勝
〈防衛5回〉
㉖9月　カール・ミルデンバーガー（西独）……12回KO勝
〈防衛6回〉相手は欧州チャンピオン。
㉗11月　クリーブランド・ウィリアムズ……3回KO勝
〈防衛7回〉

1967年

㉘2月アーニー・テレル…………15回判定勝
〈防衛8回〉WBA公認チャンピオンとの王座決定戦。試合中クレイは「What's my name？」を連発して話題をまいた。「いままでどうしてもヤツはモハマッドというオレの本名をいってくれないので、いまこそいわせてやろうと思ったのだが、ついに口を割らなかった。あんまりひっぱたかれたんで口が動かなかったんだろう」
㉙3月　ゾラ・フォリー…………7回KO勝
〈防衛9回〉チャンピオンとしての試合はこれが最後。このあと4月28日に最終的に入隊を拒否したため、タイトルとライセンスの両方ともハク奪された。

1970年

9月ニューヨーク連邦地裁はコミッションがクレイからライセンスを取りあげたことを誤りと判決。リングへ戻る道が開かれる。
㉚10月　ジェリー・クオリー……3回KO勝
カムバック第一戦の相手は世界1位。予想は5分5分だったが、クレイの強い左でクオリーの目が切れてTKO。健在ぶりを示した。
㉛12月　オスカー・ボナベナ……15回KO勝
KO負が一度もなく、フレイザーを2度ダウンさせたこともあるアルゼンチンの"猛牛"を、最終回劇的なKOでほふる。

1971年

㉜3月　ジョー・フレイザー……15回判定負
〈世界タイトル戦〉いつものパンチが不発のまま、最終回にはダウンまで喫する歯がゆい試合運びで判定負。宇宙中継を通じて全世界に放送されたその試合ぶりは、まだ記憶に新しい。
㉝7月　ジミー・エリス…………12回KO勝
再起第一戦の相手は世界2位で、クレイの長年のスパーリングパートナー。最終回の猛打でレフリーストップとなった。
㉞11月　バスター・マシス………12回判定勝
フレイザーと空位の世界王座を争った戦歴をもつマシスから11、12回にダウンを奪って一方的に勝った。
㉟12月　ユルゲン・ブリン（西独）7回KO勝

ボクサーとしてこれほど世界をシンカンさせ
た男はいない。久びさにボクシング界に活気
をもたらした風雲児であるとともに、ボクシ
ング界きってのトラブルメーカーである。「デ
キシーランドのような賑やかさ」といわれた
その活力は、とてもリングの中だけで納まっ
ていることができず、そのために社会の敵と
して憎まれたり、時代の苦悩を象徴する人物
として讃美されたりしてきた。
1942年1月17日ケンタッキー州ルイスビルに
生まれる。先祖はリンカーン時代のロシア公
使クレイ家に仕えていた奴隷だったといわれ
る。父はルイスビルの看板書き。12歳のとき
町の巡査に勧められてボクシングを習い始め
た。高校生の身で数々のアマチュアタイトル
を獲得してローマ五輪の代表に選ばれ、ライ
トヘビー級の金メダリストとなる。アマ時代
の戦歴は100勝8敗。
当時のミドル級世界王者シュガー・レイ・ロ
ビンソンの甘い生活に憧れてプロになったと
いうが、デビュー後無敗の快進撃をつづけて
いるうち、予言と詩と悪口を派手に吹きまく
ってぐんぐん人気を高めていった。
そして64年、予想を裏切ってリストンから世
界タイトルを奪い世間を驚かせるが、同時に
黒人過激団体と見なされていたブラック・ム
スレムズ（黒い回教徒）の信者であることを
公表して、いっそう騒ぎを大きくした。リン
グ上では無類の強さを誇りながらも、その反
国家的な言動のために迫害をうけるようにな
り、防衛9回ののちついに67年4月、徴兵拒
否を理由に禁固5年、罰金1万ドルを言い渡
されてタイトルもハク奪されてしまう。
3年のブランクののち、政治情勢や世論の変
化で再び試合ができるようになると、71年3
月、留守中に王座に納まっていたフレイザー
に挑戦したが、判定で破れた。この試合の
ヵ月後、最高裁は正式にクレイを無罪にした
フレイザー戦後は、講演家として西に東に
忙な毎日を送っているが、リングの上でも
連勝して完全に立直っている。憧れだった
勢な生活ももう手に入ったので、引退も考え
ているが、その前にもう一度フレイザーと戦
って、今度こそ叩きのめしてやらなければ
がすまないのだという。対フォスター戦は、
その前哨戦といえる。2度目の妻との間に
児がある。

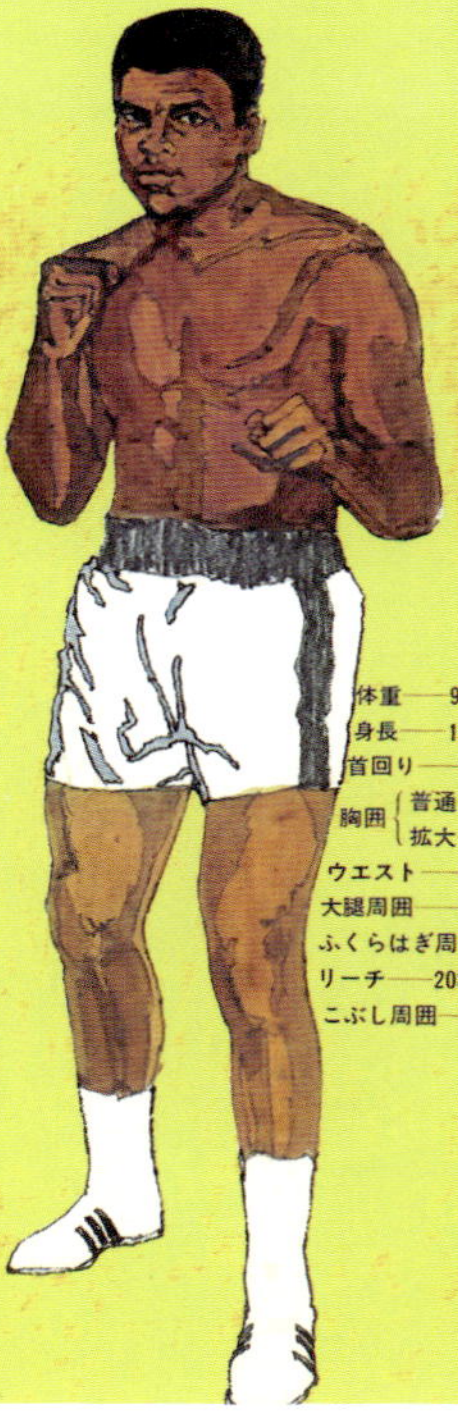

作家
深沢 七郎

クレイの人間味

カシアス・クレイがチャンピオンになったとき、相手のソニー・リストンに対して、「あの、ノロノロの熊の奴が、俺にのされて、のびてしまった」というような凄い侮辱の言葉を相手にあびせた。それで、クレイという人間は下劣な、傲慢な、大きなことを言う野郎だという印象を受けたようだった、だが、これは、大へんな、スバラシイ勇者の出現だと私は思った。たいがいのチャンピオンは相手を倒したとき、「マネージャーの言うとおりの作戦でやりました」とか、「コーチの先生に教えられたとおりにやりました」とか、「ラッキーなパンチでした」というような体裁のよい、きまりきった言葉——これらの言葉は用意されていた言葉だと疑問に思う。ほんとに、ちからと、腕と、闘争心の結果だからヘリクダることはツマラナイことを言っているのではないだろうか。その時の、クレイの暴言は勇者の貫禄を示したものだと思う。

彼が試合中、相手を睨みつける眼つきは怖ろしい、タブーであるおしゃべりさえもしてしまう。それも、彼のすさまじい闘争心の現われだと思う。倒すか、倒されるか、その結果で正邪善悪までも決定してしまうボクシングの世界に生まれた新しい型、新しい心の持主のボクサーだと思う。勝者は善人であり、親孝行であり、友人に忠実である。負ければルーズであり、不勉強であり、馬鹿である誠に不思議な腕力のスポーツなのだ。1971年3月、ジョー・フレイザーにクレイが倒されたとき、「神さま、クレイが倒れました」と或る女性は天を仰いだ。クレイのような勇者がマットに沈むことは天変地異だと思ったからにちがいない。彼は戦場に率かれるのを拒否したために刑務所に率かれた、戦争という人殺しの営利事業には彼ほどの勇者は罪人となっても抵抗した、偉大な抵抗だった。刑務所に入ったことは彼の勇者を物語る事実で、不名誉ではなく絶大な名誉だと私は思う。

作家・参議員議員
石原 慎太郎

マッハのヒーロー

ヘビー級のタイトルマッチは、そのマッハ性において、他のクラスの試合とは隔絶したスリルと迫力をもっている。それは丁度、自動車レースにおけるF・1の魅力に等しい。

要するに最高最大のクラスの試合の持つ極限性のすさまじさであって、その投機的な危険性こそが実はスポーツ本来の魅力に他なるまい。

そしてクレイこそ、このスポーツの極限性をその天才をもって超えたボクサーであった。

歴代のチャンピオンの中で、彼だけが、その天才と意志力で、この最高最大、そして最投機的なクラスのスポーツを克服し、君臨した。

政治問題でチャンピオンの座を去るまでの彼の試合ぶりには、相手の選手はボクシングをしているのに、彼だけは全く他の種の競技をしているような余裕と優雅さがあった。

その後長い空白の後にカムバックの一戦でフレイザーに負けたが、あの一戦のクレイは、選手としての意識においてはクレイではあったが、肉体的にはその試合ぶりからして最早決してクレイではなかった。あの巨きくしなやかな肉体を運ぶ肢のスプリントを喪くしたクレイに、優雅なる破壊力のありようがなかった。

しかし、その後のクオリーとの一戦で、彼は実質的なカムバックをとげた。私たちはテレビを通じて蘇ったクレイを見たのである。そして、不可能と信じられていた復権への道程にあるクレイを、我々は思いがけなくもこの東京で見ることが出来ようとしている訳である。私の旧友康君の手に成るこの快挙は、ある意味で日本のショオビジネスのマッハ性を証明するものかも知れない。

いずれにしても、すべての刺激に麻痺しかけた日本人にとっても、この一戦が快く大きなストレスになることは間違いあるまい。

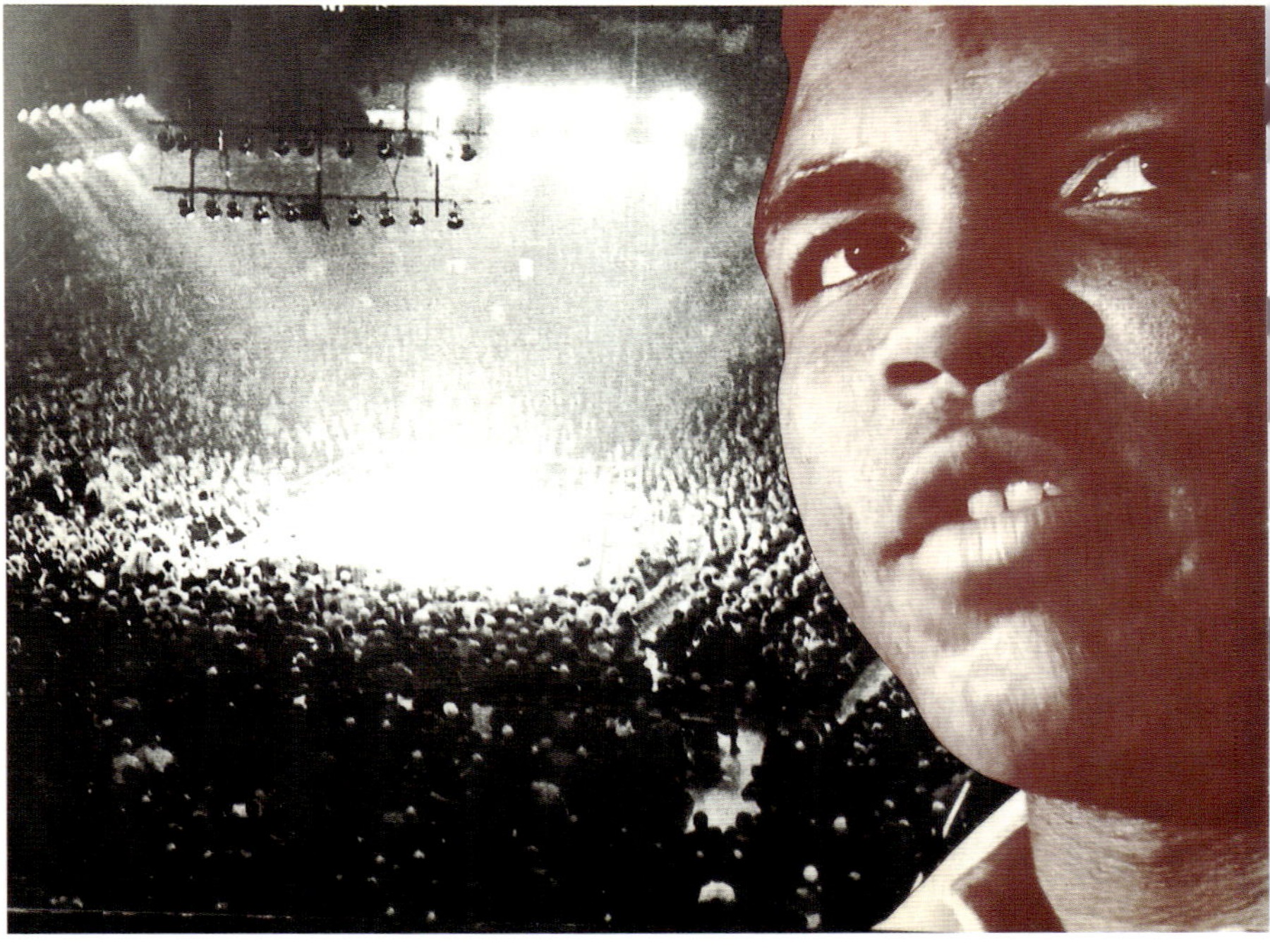

HISTORY OF HEAVYWEIGTS

●近代ボクシングの始まり

格闘技としてのボクシングは人類の歴史とともに古く、古代ギリシャのオリンピックでも重要な種目になっていたが、ローマ時代に入って残酷な見せ物と化したため、キリスト教の普及とともに禁止された。

中世の間、護身術として秘かに存続していたボクシングは、16世紀英国でプライズ・ファイト(懸賞拳闘)として復活し、1719年ジェームズ・フィッグが最初のチャンピオンとなるとともに、世界で初めて拳闘学校を創設して、この競技は英国国内や植民地アメリカで盛んに行なわれるようになっていった。しかし当時のボクシングは、体重など関係なく、ベアー・ナックル(素手)によって相手が倒れるまで闘うという荒っぽいものだった。それが現在のような近代スポーツの形を整えるまでには、グローブの発明、体重制の採用、ルールの整備など、なお200年近い年月を要したのである。

1892年世界ヘビー級チャンピオン、ジョン・L・サリバン(米)対ジェームズ・J・コーベット(米)の世界タイトル戦に、ラウンド制を導入した「クインスベリー侯ルール」が採用された時をもって、いちおう近代ボクシングの始まりとされている。

●ヘビー級の名選手たち

サリバン、コーベットは単にヘビー級の名選手としてだけではなく、ボクシングの草創期を飾る人物として必ず引きあいに出される名である。特に、フットワークとジャブによる新戦法をもたらした銀行員あがりのコーベットは科学的ボクシングの始祖といわれる。本人が主演した映画『深夜の人』は大正期わが国にボクシングが広まるきっかけをつくった。最近ではエロール・フリンがこの役を演じたものがテレビで放映された。

黒人初の世界チャンピオン、ジャック・ジョンソン(米、在位1908～15)は、「リング」誌のオールタイム・ランキングでも常にNo.1にランクされている。その派手な言動と社会から受けた迫害は、どことなくクレイに似ているところがある。彼の半生を描いた映画「ボクサー」が昨年日本でも公開された。

両世界大戦の間に活躍したジャック・デンプシー(米)、ジーン・タニー(米)は「100万ドル試合の黄金時代」と謳われ、世界的なボクシングの興隆期を築いた。カルパンチェ(仏)、シュメリング(独)のヨーロッパ選手も忘れられない。

　戦後は、12年間に25回の防衛をなしとげた“褐色の爆弾”ジョー・ルイス(米)が群をぬいている。無敗のまま引退したロッキー・マルシアノがそれに続く。そのあとの、唯一のヘビー級返り咲き王者パターソン、スウェーデン人王者ヨハンソン、“悪役”リストンらの戦いぶりは、まだ記憶に新しい。

●日本におけるヘビー級の試合

日本がこれまでヘビー級の試合とはまったく無縁だったわけではない。すでに大正期にルイカーというロシアの巨漢と日本選手が戦ったという記録が残っている。

戦後は、昭和26年に前チャンピオンのジョー・ルイスが、28年に現役チャンピオンのロッキー・マルシアノがそれぞれ来日し、いずれも後楽園でリングに上っている。ただしこの2人の場合は、軍隊慰問のついでのエキジビション試合。

それよりも、昭和31～2年には日本人自身のヘビー級選手が誕生している。現不二拳会長の岡本不二氏らが中心になって養成したもので、何度か試合が行なわれた。32年に決定戦により片岡昇が初代日本ヘビー級チャンピオンになった。しかし、チャンピオンが米国から呼んだ二流選手にあっさりKOされるなど、あとが続かず、人材不足のために1年たらずでこのクラスは消滅し、今日に至っている。

プライム・オーガニゼーション・インターナショナル・スタッフ

チーフプロデューサー
康　芳夫
YOSHIO KOU――CHIFE PRODUCER

社長
肥田　彬
AKIRA HIDA――PRESIDENT

営業本部長
手代木 景任
KAGETO TESHIROGI――BUSINESS DERECTOR

これは芸術です

これからここで繰り展げられようとしているのは、一つの競技会ではなく、長年の間私たちがこの目でじかに目撃することを待ち望んできた芸術の祭典です――そう私たちは思っています。

私たちが初めてカシアス・クレイの姿に触れたのは、８年前、彼がリストンの持つ世界タイトルに挑戦したときでした。一目見た瞬間、これはタダモノではないということを、私なちは覚りました。私たちはボクシングに関しては門外漢でしたが、リングの上を舞うように縦横自在に往き来するその動きを見ただけで、彼が一般のボクサーの概念をはるかに超えた存在であることが感じられたのです。

彼にあっては神経と肉体が完全に一致しており、その動きは機能的な極限に達しています。彼の言葉どおり、190cmの巨体が、チョウのように舞い、ハチのように刺す。これはまさしく芸術以外のなにものでもありません。

それ以来、私たちはクレイのとりこになってしまいました。この世界にはまったく素人であるというハンデキャップを克服して、クレイの試合を日本で開催することに全力を注いだのです。これは損得の問題ではなく、私たちの情熱のなせる業なのでした。

５年前にこの試みは一度実現しそうに見えましたが、彼の徴兵拒否によって挫折してしまいました。これは私たちにとっては痛手でしたが、しかしクレイのボクサーとしてだけでない人間的な強さを知って、彼に対する尊敬の念はいっそうつのり、彼が禁圧の身にある間も、私たちはつねに接触を絶やさないように努めていたのです。

そしていよいよこれから、強い精神と完璧な肉体ときらびやかな才能とを持ったカシアス・クレイのドラマが、マック・フォスターという好敵手を迎えて、ここに始まろうとしています。

もうなにもいうことはありません。私たち日本のファンを、どうか心ゆくまで陶酔させてほしいと願うだけです。

This is art in its most perfect form.

What you are going to witness is not just an ordinary athletic meeting, it is an art festival. Something, honestly speaking, we have been looking forward to for many years.

Our first meeting with Mohammed Ali was eight years ago when he challenged Liston to the world heavyweight title. As soon as we saw him, we realized that he was not an ordinary boxer. At that time we knew nothing about boxing, but just watching his free and easy movements in the ring, like a dancer, we felt that he was much more than the usual boxers that we generally think of. His nerves, body and reaction completely coincide and reach the ultimate in perfection of movement. As he said, his huge body, 190 centimeters in height, 'floats like a butterfly and stings like a bee.'

From our first meeting, we lost our heart to Ali. Overcoming the handicap of being amateurs in this field, we concentrated all our efforts on realizing his bout in Japan. Only because of our great admiration and belief in him, apart from any monetary consideration, have we been able to finally realize this fight.

Five years ago, an attempt was also made to hold Ali's fight in Japan, but due to his evasion from the draft, negotiations collapsed half way through. It was very disappointing for us, however, we have since found another side to his wonderful personality and our respect for him has risen to new heights. While he was restricted to his country we always tried to keep in contact with him.

Now at long last, Muhammad Ali is here. With his fighting spirit, perfect body and dazzling talent, he meets a worthy opponent, Mac Foster and the drama of gladiators will start.

We hope that he intoxicates his Japanese fans with a wonderful performance so that they will always remember the fight of their lives.

We cannot say anything more. Thank you.

YOSHIO KOU CHIEF PRODUCER
PRIME ORGANIZATION INTERNATIONAL CO LTD

Akira Hida

東京12チャンネル
本部長 河口　静雄

東京12チャンネルでは、これまでに世界フェザー級西城正三対フランキー・クロフォード、「これこそ我々が待っていたボクシングだ！」とファンを熱狂させた世界バンタム級金沢和良対ルーベン・オリバレスの両タイトル・マッチの放送に始まり、その間、人類の月征服にも匹敵する快挙と言わせた世紀の一戦、ジョー フレイザー対カシアス・クレイの世界ヘビー級タイトルマッチを宇宙中継し、ボクシングだけがもつ、あのスリルと興奮を皆様に味わっていただきました。このたびは、又、50年の日本ボクシング界の歴史に新しい１ページをつくるとさえ言える、日本のリングでの外人同志の初の試合、世界ヘビー級15回戦カシアス・クレイ対マック・フォスターを主催、放送できますことは、非常な喜びに堪えません。両選手とも持てるパワーを最大限に発揮し、この試合の勝者こそが、ジョー・フレイザーの持つ世界タイトルに挑戦し、これを破り、真の王者に君臨することを確信し、ご挨拶にかえさせていただきます。

Channel 12 Tokyo first began televising world title boxing matches with the title bout between Syozo Saijo and Frankie Crauford and after we televised another world title bout between Kazuyoshi Kanazawa and Ruden Olivares. These two televised world title fights really whet the appetite of the Japanese boxing fans who asked for more.

Last year, we handled the relay by satellite, of the world heavyweight title fight between Muhammad Ali and Joe Frazier which caused as much interest here as man's first trip to the moon.

For the first time in Japan, not only the boxing fans but everyone, watched and listened to all the excitement and thrills of a world heavyweight title fight.

We are most grateful that now, Channel 12 has the opportunity of sponsoring and televising the first boxing match between two foreigners in Japan and especially, as it is a 15 round heavyweight contest between Muhammad Ali and Mac Foster. This bout opens a new page in Japanese boxing history. We hope that the two fighters do their best in the ring and make this fight most memorable, not only to the boxing fans but to everyone. It is our firm belief that whoever is the winner of this contest, will meet Joe Frazier for the world heavyweight title fight and beat him. This will finally prove, once and for all, that the strongest man finally wears the world heavyweight championship crown.

SHIZUO KAWAGUCHI
PRESIDENT
CHANNEL 12 TOKYO

Shizuo Kawaguchi

世界ボクシング協会(WBA)
会長 ビル・ブレナン

親愛なる　真鍋コミッショナー

来たるべきモハマッド・アリ対マック・フォスターのヘビー級試合は、日本ボクシング・コミッションにとって画期的な大事件であります。

この非常に重大なボクシング試合が全世界のボクシング・ファンを興奮させることは間違いありません。モハマッド・アリはボクシング史上前代未聞の喧噪かつ論争ずきの人物であるとともに、ヘビー級の歴史を飾る最高ボクサーの一人であります。

対戦者のマック・フォスターは、世界タイトルへの挑戦資格を持つヘビー級選手です。破壊的なパンチ力を持ち、群を抜くノックアウト記録を誇っております。彼の戦いぶりとパンチ力に対しては、モハマッド・アリも全力を出して臨むことでしょう。

世界ボクシング協会は、この世界的な大試合を東洋で開催することに注がれた日本ボクシング・コミッションの努力に敬意を表します。今後の成功をお祈りするとともに、心からの支援をお送りします。

敬具

Dear Commissioner Manabe :
Mr. Yachiyo Manabe, Commissioner
Japan Boxing Commission
Misaki Building
2-9, 1-Chome, Misaki-cho
Chiyoda-ku, Tokyo, Japan
Dear Commissioner Manabe:
The forthcoming heavy-weight contest between Muhammad Ali and Mac Foster is a milestone for the Japan Boxing Commission. This most important boxing event is sure to excite boxing fans the world over.
Muhammad Ali, besides being one of the most loquacious and controversial boxing personalities of all time, is also one of the finest boxers in heavy-weight history.
His opponent Mac Foster is a heavy-weight worthy of world title recognition. Foster is a devastating puncher with an outstanding record of knockouts to his credit. His style and punching ability will extend Muhammad Ali to the limit.
The World Boxing Association salutes the Japan Boxing Commission for its effort in bringing this world renowned boxing contest to the Orient.
With every good wish for your continuous success and with warm personal regards, I remain.

BILL BRENNAN PRESIDENT
WORLD BOXING ASSOCIATION

Bill Brennan

日本ボクシング・コミッショナー
WBA終身名誉会長
真鍋　八千代

クレイの来日におもう

今回、クレイの来日が本決まりとなって、関係者や、ファン各位の、ご関心、ご期待は大変なものであると思います。

　さて、クレイというボクサーは、まことに不思議な人間であるとおもう。チャンピオン当時は勿論のこと、一ボクサーにすぎない今日ですらクレイの一挙手、一投足のすべてが、世界マスコミの電波となって地球上をクマなくかけめぐる。こんなことは、世界政治の場における周恩来・ニクソン・コスイギンにも匹敵する。クレイのどこにそんな魅力があるのであろうか。

曰く、彼は信仰に基いて徴兵に抵抗し、長い間の公判闘争をかちとった不屈の殉教者である。

曰く、彼はマネジャーの下で闘うボクサーとしてでなく、彼自身が多くのスタッフを擁して、企画し、行動し、ファイトする教祖的存在である。

曰く、国法の被告人となり、タイトルをはく奪されるなど、散々にうちのめされたにもかかわらず至難な再起を立派にはたした不死身である。など、喧伝されている。

私どもとしては、この試合には莫大な資金が動くのであるから、ファイトマネーその他で金銭的なトラブルがおこらぬよう、またリング上のファイトもルールに遵う真剣試合であるようにあらかじめ、関係者は勿論のこと、クレイとその対戦者であるフォスターの所属するコミッションにも要請や、注意を喚起しつつ今日にいたったものであるが、幸いに関係者の協力によって、この大試合が成功し、ファン各位のご満足をいただければ、ボクシングの奉仕者としての私の無上の光栄、欣快とするところである。

Muhammad Ali's arrival in Japan is confirmed at last and boxing fans' interest in world heavyweight boxing is really mounting.
I think Muhammad Ali is a very interesting man. Not only when he was champion, but even now, his every action is reported throughout the world and may be equal to news about Chou En-lai, Nixon, Kosygin in the political world.
Why is he able to appeal to all people?
Because he is a martyr.
Some say he fought the American government against the draft and won after a long struggle because of his faith in his religion.
Others say, he is not a mere boxer controlled by his manager, but a boxer who plans, acts and fights with an independent will.
Although he was charged for draft evasion and was stripped of his championship title, he came back like a phoenix overcoming all those difficulties.
Since this fight involves huge money and is between two foreigners, we requested the promoter and the boxing commissions to which the fighters belong, to make sure that the fight be conducted fairly by observing the rules of the Japan Boxing Commission and International Boxing Rules.
As Commissioner of the Japan Boxing Commission, I would like to say that it is with great honor and privilege that we are finally able to hold this fight in Japan through the great cooperation of all people concerned and thus meet the expectatations of not only the Japanese fans but fans all over the world.

YACHIYO MANABE
JAPAN BOXING COMMISSIONER
WBA LIFE HONORARY CHAIRMAN

Y Manabe

全日本ボクシング協会
会長 笹崎　僙

大成功を心から祈る

本日の試合は大正12年にボクシングが日本に発足、そして昭和27年にコミッションが創立されて外人同志の試合は禁断のタブーに成って居りました。併し吾が業界も先に白井義男、ファイティング原田、藤猛等に次いで現在の3チャンピオンを加え10名もの世界チャンピオンが育ちました。

ファン皆様のご要望も観る価値のある試合は外人同志も公開せよの風評に変りました。この時に当り前世界ヘビー級チャンピオンで話題の男、世界ヘビー級1位カシアス・クレイ対世界ヘビー級7位マック・フォスター戦をマッチメークしてプライム・オーガニゼイションの康氏が、協栄の金平氏を通して我がボクシング協会に持込まれたのでした。そして協会は全員一致してファン皆様のサービス心からも協力を誓い、コミッションの快諾もあってプロモートにはマスコミ界の帝王電通がバックアップしてくれる事になり巨費を投ずる前記のヘビー級戦が4月1日、武道館で開催の運びに至りました。

カシアス・クレイはファン皆様には先刻ご承知の前世界ヘビー級チャンピオンで、現在は世界ヘビー級第1位、宇宙中継で魅せられたジョー・フレーザーとの死闘、この試合には破れこそすれ、その後3戦して全勝(3KO)そしてフレーザーへの仇討を誓って、その前哨戦に彼の曰く軽快に蝶の舞う様に動いて、そしてフォスターの巨体に蜂の様にパンチの針を射して止めをさすか？フォスターが30戦とはいえ無敗でオールKO勝のアトミック爆弾で縦横に暴れてクレーの息の根を止めるか？そしてフレーザーにタイトルマッチで挑戦権を握るのはどちらか？

試合が成功裡に終りますようファン皆様並に関係各方面のご援助を切にお願いする次第であります。

Boxing in Japan first started in 1923, but it was not until 1952 that the Japan Boxing Commission was formed.
Since its formation, the Japan Boxing Commission has had ten world championship boxers, including Yoshio Shirai, Fighting Harada, Takeshi Fuji and the three present reigning world champions.
In line with the regulations of the Commission, fights between foreigners in Japan has been strictly prohibited up to the present time. This regulation was to protect boxing in Japan.
However, boxing fans'opinion of this strict regulation started tb change and they requested that a fight be held in Japan, between the world's best boxers.
About this time, Mr. Kou, chief producer of Prime Organization International proposed to the Japan Boxing Commission, through Mr. Kanehira, vice-chairman, Japan Boxing Association, that a bout between Muhammad Ali and Mac Foster be held in Japan.
With the approval of the Japan Boxing Commission, all the Association members agreed to give their closest cooperation, together with "Dentsu", Japan's top public relation organization, in the promotion of this fight, which involves huge money, and for its successful realization at Budoukan Hall on April 1st.
As boxing fans well know, former world champion Muhammad Ali has had three successive victories since his fight with Joe Frazier for the world championship. Although Muhammad Ali, lost this fight, he promised that he would have a return match with Frazier and beat him.
Certainly, his fight in Tokyo on April 1st is most important as its the next stepping stone before he meets Joe Frazier for the heavyweight championship of the world.
On behalf of all those connected with the promotion of this memorable event, I wish to thank all coucerned for their kind cooperation.

TAKESHI SASAZAKI
CHAIRMAN
ALL JAPAN BOXING ASSOCIATION

Takeshi Sasazaki

Muhammad Ali
the champion of champs.
why I say this, he is the
fastest heavy weight champ
in boxing history.
He will knock out
Mac Foster any time he
wants to and will -
gain his title back aga-
in I can't wait un till
he gets Joe Frazier in
the ring again.
It will be a
terible sight after the
fight.

Miami Beach
Feb. 29-1972

Cassius M. Clay, SR.

モハマッド・アリ、父、メーセージ

モハマッド・アリ――チャンピオンの中のチャンピオン

何故、私がこう言うかと言えば彼はボクシングの歴史上最も速いヘビー級のチャンピオンだからです。

彼はマック・フォスターを何時でもノックアウトし、彼のタイトルを再び奪い返すでしょう。

彼がジョー・フレイザーと再びリングでまみえる日が待ち遠しい。

試合の後はすさまじい場面になることでしょう。

マイアミ・ビーチにて　カシアス・クレイ・SR.　1972年2月29日

I am looking forward to
Comming to Japan to see
and fight for all of my
Japanese brothers and sisters,
I have always Wanted to
Come to Japan, The black
people of america are
that I know are sorry
that they fought aginst
Japan in World War II
I Love the Japanese people,
and I am honored to Come
to Your Country.

Your Brother Muhammad Ali
Feb 26-72

モハマッド・アリ、メッセージ

私の日本の兄弟や姉妹の為に日本へ来て、皆さんにお目にかかり試合をするのを楽しみにしております。

私は今迄も何時も日本へ来たく思っておりました。

私の知っているアメリカの黒人達は第二次世界大戦で日本と戦ったのを残念に思っております。

私は日本を愛し、貴方々の国へ行くのを楽しみにしています。

貴方のブラザー　　モハマッド・アリ　　1972年２月26日

目次

CONTENTS

認定●日本ボクシング・コミッション
主催●プライム・オーガニゼイション・インターナショナル／東京12チャンネル
後援●日本経済新聞社／日本ボクシング協会

THIS HEAVY-WEIGHT BOXING MATCH WAS PROMOTED BY PRIME ORGANIZATION INTERNATIONAL CO.,LTD
(ROOM568, HOTEL NEW-JAPAN 2-13-8 NAGATACHO, CHIYODAKU, TOKYO, JAPAN)

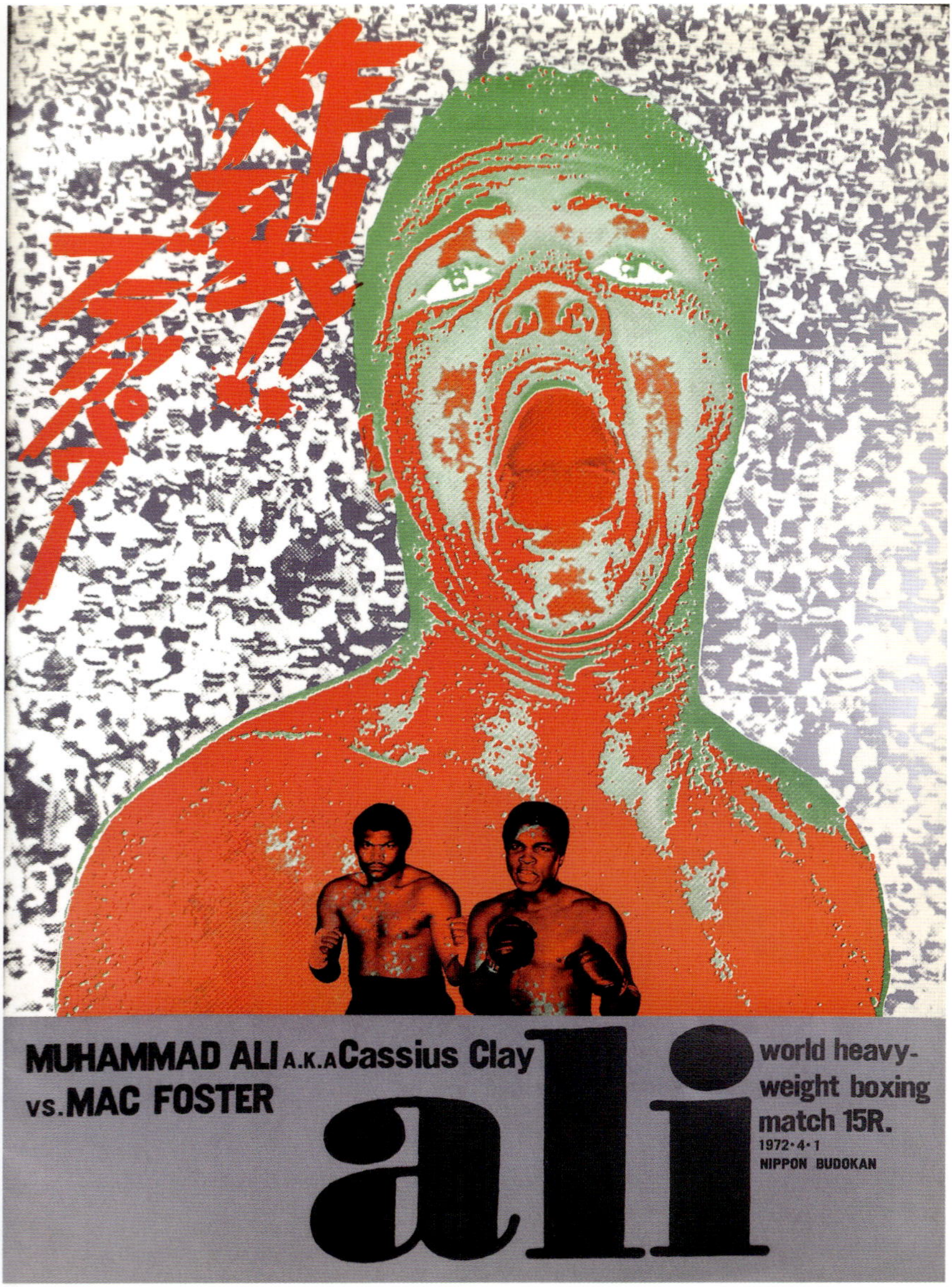
炸裂!!
ブラックパワー
MUHAMMAD ALI A.K.A Cassius Clay
vs. MAC FOSTER
ali
world heavy-weight boxing match 15R.
1972・4・1
NIPPON BUDOKAN